Ina Kraft
Militärische Multinationalität in Europa

.

Ina Kraft

Militärische Multinationalität in Europa

—

DE GRUYTER
OLDENBOURG

Für B.L.

Redaktion: Zentrum für Militärgeschichte und Sozialwissenschaften der Bundeswehr,
Fachbereich Publikationen (0925-01)
Projektkoordination, Lektorat, Bildrechte: Michael Thomae
Layout, Satz, Tabellen, Grafiken: Carola Klinke
Karte: Bernd Nogli

ISBN 978-3-11-153440-4
E-ISBN (PDF) 978-3-11-158965-7
E-ISBN (EPUB) 978-3-159024-0

Library of Congress Control Number: 2024944672

Bibliografische Information der Deutschen Nationalbibliothek
Die Deutsche Nationalbibliothek verzeichnet diese Publikation in der
Deutschen Nationalbibliografie; detaillierte bibliografische Daten sind
im Internet über http://dnb.dnb.de abrufbar.

Titelbild: Flaggen der NATO-Mitgliedstaaten, 1995.
(*Bundeswehr/Detmar Modes*)

www.degruyter.com

Inhalt

1 Einführung

Der Begriff der militärischen Multinationalität bezeichnet die unmittelbare und institutionalisierte Zusammenarbeit von Teilen nationaler Streitkräfte unterschiedlicher Staaten unterhalb der Ebene der Sicherheits- und Verteidigungspolitik. Militärische Multinationalität ist ein weitgefächertes Phänomen. Darunter fallen die Entwicklung der Eurodrohne durch Deutschland, Frankreich, Italien und Spanien seit dem Jahr 2015; die im Irak eingesetzte Multi-National Force[1] (2003–2011); das NATO Großmanöver Trident Juncture 2018 in Norwegen; das Hauptquartier der Multinational Division South-East in Bukarest; die NATO Response Force; die EU Rapid Deployment Capacity.

Multinationalität bezieht sich also auf verschiedene Facetten der Organisation Militär: Das sind die militärischen Organisationsstrukturen wie beispielsweise die integrierte Kommandostruktur der NATO, die Franco-German Brigade (Deutsch-Französische Brigade) oder die Unterstellung der niederländischen 43. Mechanisierten Brigade unter die 1. Panzerdivision der Bundeswehr. Multinational sind ebenso jene Prozesse in den Streitkräften, die zur Herstellung und Beibehaltung militärischer Handlungsfähigkeit vonnöten sind, wie Ausbildung, Übungen, Planung, Ausrüstung und Doktrinentwicklung. Multinationalität beschreibt letztlich auch das, was das Militär tut. Auch wenn sie nicht überall und stets bestimmend ist: Fast alle Tätigkeitsbereiche heutiger Streitkräfte in Europa – je nach Verfassungsauftrag also die Landes- und Bündnisverteidigung, internationale Einsätze, Heimatschutz und Katastrophenhilfe – sind von multinationaler Verflechtung geprägt.

Dieses Buch beschäftigt sich mit der militärischen Multinationalität in Europa, insbesondere der Zusammenarbeit von Streitkräften der NATO- und EU-Mitglieder sowie von Staaten, die politisch eng mit diesen beiden Organisationen verbunden sind.[2] Die Streitkräfte der europäischen Staaten sind heutzutage in unterschiedlichen Graden multinational organisiert. Seit den 1990er Jahren hat sich mit der

---

1 Im Folgenden werden, wo vorhanden, die offiziellen englischen Bezeichnungen multinationaler Arrangements verwendet, um der Leserin und dem Leser eigene Recherchen zu erleichtern. Der Einheitlichkeit wegen wird dieses Prinzip auch in Fällen wie der Deutsch-Französischen Brigade, hier Franco-German Brigade, angewandt, in denen im deutschsprachigen Raum die deutschen Begriffe üblicher wären. Finden sich in offiziellen Dokumenten uneinheitliche Schreibweisen von Namen (zum Beispiel Multinational Division North East und Multinational Division Northeast) oder Abkürzungen (MND-NE und MND NE), wird im Folgenden eine Schreibweise verwendet.
2 Aus pragmatischen Gründen werden in diesem Buch die Begriffe „Europa" und „europäisch" für Staaten verwendet, die NATO- und EU-Mitglieder sind, sowie für jene europäischen Demokratien westlicher Prägung, die politisch eng mit diesen beiden Organisationen verbunden sind. Die Geschichte des Warschauer Paktes wird weitgehend ausgeklammert. Gleichwohl spielen ehemalige

https://doi.org/10.1515/9783111589657-001

Aufstellung multinationaler Truppenkörper auf dem europäischen Kontinent die Anzahl multinationaler Arrangements enorm erhöht. Zugleich haben sich multinationale Formate in ihren Erscheinungsformen ausdifferenziert. Entstanden zu Beginn der 1990er Jahre vor allem militärische Großverbände, so kamen schon bald auch Verbände auf unteren Führungsebenen hinzu, etwa Bataillone. Neuartige Formate, wie die nicht permanenten EU-Battlegroups oder die rotierenden eFP-Battlegroups der NATO – eFP steht für enhanced Forward Presence, sprich: die „verstärkte Vornepräsenz" der NATO als Reaktion auf das zunehmende Bedrohungspotenzial durch Russland –, unterscheiden sich maßgeblich von den klassischen, festen militärischen Truppenkörpern. Multinationalität findet sogar auf der nationalen Ebene statt, wenn Staaten, hier sei auf die ausgeprägte deutsch-niederländische Heereskooperation hingewiesen, sich gegenseitig militärische Truppenkörper unterstellen.

Zahlreich und vielfältig sind auch die multinationalen Verflechtungen in militärischen Prozessbereichen. So war die Bundeswehr 2019 allein auf dem Feld der Fähigkeitsentwicklung in knapp 200 multinationale Projekte eingebunden.[3] Hinzu kamen für die deutschen Streitkräfte im selben Jahr zwölf multinationale Einsätze. Insgesamt waren die Streitkräfte europäischer Staaten 2019 in 37 multinationalen Einsätzen eingesetzt.

Multinationalität wird heutzutage bereits als Zustandsbeschreibung der Streitkräfte europäischer Staaten benutzt. Sie wird in den militärischen und sicherheitspolitischen Fachdiskursen als Mechanismus zur Beibehaltung militärischer Effektivität in Zeiten von Streitkräftereduzierungen verstanden, als Mittel zur Steigerung der Effizienz bei Beschaffungsvorhaben beworben, als strategisches Mittel der Abschreckung durch die Einbindung militärisch potenter Partner konzeptualisiert und als Instrument einer vertieften europäischen Integration bewertet. Sie folgt zudem gesellschaftlichen, politischen und institutionellen Motivationen, je nachdem, ob sie als Sicherheitsgarant, Integrationsmodell oder Karrieremöglichkeit begriffen wird.

Um Multinationalität in ihrer Komplexität zu verstehen, ist es daher unerlässlich, das Phänomen durch theoretische Perspektiven und eine umfassende Sachstandsdarstellung zu fassen. Verflechten Staaten ihre Streitkräfte und kooperieren sie bei der Herstellung ihrer Handlungsfähigkeit und bei der Auftragserfüllung, so hat das Auswirkungen auf die sicherheitspolitischen Spielräume der beteiligten Staaten, auf interne und externe sicherheitspolitische Perzeptionen, auf organisa-

---

Mitglieder des Warschauer Paktes eine Rolle für die Untersuchung, weil ihre Streitkräfte nach dem Ende des Ost-West-Konflikts im Rahmen von NATO und EU multinational zusammenarbeiten.
3 Hintergrundgespräch im Planungsamt der Bundeswehr am 7.8.2019.

torische Verfahrensabläufe sowie auf den militärischen Dienstalltag der Soldatinnen und Soldaten. Kurzum, Multinationalität in Europa prägt das verteidigungspolitische Profil der europäischen Staaten und das Gesicht ihrer Streitkräfte.

Kenntnisse über Umfang und Tiefe der multinationalen Zusammenarbeit im Militär, ihre Bedingungen und Ausprägungen sind daher unerlässlich, um die Verteidigungspolitiken europäischer Staaten und den Zustand ihrer Streitkräfte zu verstehen. Zu diesem Zweck erschließt dieses Buch das Phänomen Multinationalität theoriegeleitet und empirisch. Die Facetten der Streitkräftezusammenarbeit in Europa werden systematisiert, theoretisiert und diskutiert. Neben der Darstellung eines komplexen Phänomens will die Studie eine Forschungslücke schließen. Denn obwohl es auf dem Feld der Internationalen Beziehungen eine komfortable Literaturlage zur sicherheitspolitischen Kooperation gibt, sind die Aspekte der Streitkräftezusammenarbeit, also der Kooperation unterhalb der Ebene der Sicherheits- und Verteidigungspolitik, noch nicht gesamtumfänglich untersucht worden. Zwar existiert eine breite Literaturbasis zur NATO, allerdings sind die militärischen Strukturen unterhalb der militärisch-strategischen Ebene bislang kaum in den Blick genommen worden (Corbe 2018a: 80). Neben den allgemeinen Problemen des Forschungszugangs zu militärischen Organisationen (Ben-Ari/Levy 2014) mag hierbei auch eine gewisse Unkenntnis über die wachsende militärische Verflechtung eine Rolle spielen. So konzeptualisieren nur wenige Autorinnen und Autoren die Multinationalisierung als einen wesentlichen aktuellen Trend europäischer Streitkräfte (etwa King 2011; Soeters 2022).[4]

Dieses Buch verfolgt drei Ziele: *erstens* die Beschreibung von Multinationalität in Europa, *zweitens* ihre Ordnung und Systematisierung sowie *drittens* die kritische Diskussion ihrer wissenschaftlichen Erforschung. Die zahlreichen Erscheinungsformen multinationaler Kooperation in Europa werden mithilfe einer theoriebasierten Klassifikation nach folgenden Kategorien klassifiziert: multinationale Strukturen, Prozesse und Aktivitäten. Durch die umfassende Darstellung europäischer Streitkräftekooperationen kann der in der Forschungsliteratur bis dato nur beispielhaft illustrierte und somit lediglich implizite Grundkonsens eines Trends hin zu multinationalen Formaten seit den 1990er Jahren (King 2011: 40–42) nun auch empirisch belegt werden. Vor diesem Hintergrund ist diese Studie als Überblickswerk zu verstehen, das einen Mittelweg beschreitet zwischen phänomenologischer Grundlagenarbeit, theoriebasierter Annäherung und deskriptiv-analytischer Verortung.

---

4 So gehen beispielsweise Terriff et al. (2010) in ihrem vergleichenden Band über das Ausmaß und den Verlauf des militärischen Wandels in ausgewählten europäischen Staaten auf die zunehmende multinationale Verflechtung nicht gesondert ein.

Politiktheoretische, normative oder politikpraktische Diskussionen sind ausdrücklich nicht das Anliegen dieser Arbeit. Unbestreitbar sind Streitkräfte eng mit der Entwicklung des modernen Nationalstaats verbunden, und sie stellen bis heute einen Pfeiler unabhängiger staatlicher Souveränität dar. Die Frage, ob Multinationalität die Verbindung zwischen Staat und Militär schwächt oder eher stärkt, steht hier *nicht* im Zentrum der Betrachtung, auch wenn die entsprechende Debatte im Theoriekapitel nachgezeichnet wird. Gleichfalls werden keine Spekulationen über Zukunftsvisionen, zum Beispiel einer europäischen Armee, angestellt oder Ratschläge erteilt, wie derartige politische Projekte umzusetzen wären. Ein Mangel an Debattenbeiträgen über die verteidigungspolitische Zukunft Europas besteht nicht. Interessierte werden sicher schnell fündig, wenn sie nach Argumenten für oder gegen verteidigungspolitische Integrationsschritte suchen.

Das Buch ist nüchtern, deskriptiv und analytisch gehalten. Es will Multinationalität als wissenschaftliches Phänomen fassen. Es richtet sich somit an Studierende, Forschende und Lehrende der Politikwissenschaften, der Internationalen Beziehungen, der Soziologie und hier speziell der Militärsoziologie. Es setzt kein besonderes militärisches Vorwissen voraus. Des Weiteren sollen jene Praktikerinnen und Praktiker auf das Buch zurückgreifen können, die in einem multinationalen Umfeld arbeiten.

Eine Überblicksarbeit zum Thema Multinationalität in Europa zu verfassen, ist eine Herausforderung: Multinationalität als wissenschaftliche Kategorie ist bisher kaum, und wenn, dann nicht zufriedenstellend, definiert und untersucht worden. Wie im Folgenden dargelegt wird, stehen zudem die Beiträge aus verschiedenen Forschungsfeldern zu Aspekten der multinationalen Zusammenarbeit unverbunden nebeneinander. Eine verbindende Perspektive auf die unterschiedlichen militärischen Kooperationsfelder zu entwickeln, ist ein Ziel dieses Buches. Dem wissenschaftlich weitgehend unbestellten Acker der Multinationalität ist dabei nur mit dem Einsatz mehrerer Werkzeuge beizukommen. Begriffs- und Theoriediskussionen, empirische Forschungsarbeit und eine abbildungsreiche Überblicksdarstellung in Form von Karten, Organigrammen und Übersichten sollen einen möglichst breiten Blickwinkel auf das Thema gewährleisten.

Als Primärquellen für die empirische Arbeit standen 26 Ansprechpartnerinnen und Ansprechpartner aus dem militärischen Bereich für Hintergrundinformationen und Einordnungen sowie für die Beantwortung von Forschungsfragen zur Verfügung. Diese 26 Personen sind anonymisiert als Quellen ausgewiesen. Auch aus streitkräfteinternen Dokumenten wurden Hintergrundinformationen entnommen. Darüber hinaus haben offizielle Dokumente und Eigenpublikationen der Streitkräfte als Quellengrundlage gedient. Hinzu kommen Beiträge aus militärfachlichen und verteidigungspolitischen Spezialzeitschriften, etwa „Military Review", „Europäische Sicherheit und Technik", „Air Forces Monthly" oder „NATO's Nations and Partners for Peace". Die Analyse stützt sich zudem auf die einschlägige akademische und graue Literatur (etwa Pressemitteilungen) ab. Englischsprachige Zitate wurden zumeist ins Deutsche übersetzt.

Das folgende Kapitel 2 betrachtet zunächst den Begriff der Multinationalität näher. Das scheint geboten, weil es sich um einen Neologismus handelt, der in den nicht militärischen Feldern Unternehmensrecht und Betriebswirtschaft große Aufmerksamkeit erlangt hat, bevor er auch für die Beschreibung militärischer Kooperation verwendet wurde. Multinationalität wird außerdem von anderen sicherheitspolitischen Kooperationsformen abgegrenzt, beispielsweise der Allianz oder der zivil-militärischen Zusammenarbeit. Entstehung und Entwicklung des militärischen Multinationalitätsbegriffs werden sodann kritisch nachgezeichnet.

Kapitel 3 stellt den aktuellen Forschungsstand zu Multinationalität dar. Mit dem Thema hat sich insbesondere die Militärsoziologie befasst, wenn auch nur mit Blick auf die Auswirkungen von Multinationalität und nicht auf ihre Bedingungen. Auch in sicherheitspolitischen Studien nimmt Multinationalität einen breiten Raum ein. Allerdings beschränkt sich die Forschung zumeist auf die Untersuchung von Militärbündnissen und Koalitionen. Kapitel 3 konstatiert, dass die Frage nach dem Zustandekommen multinationaler Verflechtung bisher in der Forschung nur eine untergeordnete Rolle spielt.

Im Kapitel 4 werden die verschiedenen Formen multinationaler Streitkräftezusammenarbeit klassifiziert. Insbesondere wird die Unterscheidung von multinationalen Arrangements nach ihren Funktionszusammenhängen herausgearbeitet und eine theoriegeleitete Einteilung nach multinationalen Strukturen, Prozessen und Aktivitäten entwickelt. Diese Einteilung wird für die weitere Strukturierung der empirischen Kapitel des Buches herangezogen.

Im darauffolgenden Kapitel 5 *Multinationale Strukturen* werden multinationale Kommando-, Planungs- und Führungsstrukturen sowie multinationale Truppenkörper und nationale Unterstellungen betrachtet. Im Kapitel 6 *Multinationale Prozesse* stehen Ausrüstung, Ausbildung und Übungen im Fokus, Bereiche, in denen die Streitkräfte der europäischen Staaten gemeinsam militärische Funktionsfähigkeit herstellen. Im Kapitel 7 *Multinationale Aktivitäten* wird die militärische Kooperation bei Verteidigung, Einsätzen sowie humanitärer Hilfe und Katastrophenhilfe untersucht. Der Stand der empirischen Forschungsarbeit ist die Jahresmitte 2021. Aktuelle Entwicklungen, die sich aus der Reaktion auf den russischen Angriffskrieg gegen die Ukraine ergeben haben, wurden an den relevanten Stellen aufgenommen.

Das vorletzte Kapitel 8 thematisiert noch einmal die Forschungslücken und widmet sich den Motiven, warum Staaten ihre Streitkräfte verflechten. Dem Charakter des Buches als Überblickswerk entsprechend, ist es nicht als theorietestende oder theorieentwickelnde Studie angelegt. Falsifizierbare, das heißt empirisch überprüfbare Aussagen über Kooperationsmotive können in einem Überblickswerk nicht getätigt werden. Um dennoch einen ersten Beitrag zur Schließung der konstatierten Forschungslücke zu leisten, ist das Kapitel als Exkurs angelegt. Dieser extrahiert aus den Eigen- und Fremdbeschreibungen multinationaler Formate die unterschiedlichen Begründungen für multinationale Verflechtung und ordnet sie klassisch sozialwissenschaftlich nach rationalistischen und legitimitätsbasierten Handlungsmotivationen. Ziel des Exkurses ist es, die wissenschaftliche Auseinandersetzung mit multinationalen Formaten zu beleben und die Forschungsperspektive der Kooperationsbedingungen zu stärken.

Das Schlusskapitel 9 fasst die wesentlichen Ergebnisse der vorausgegangenen Kapitel zusammen und reflektiert über die weitere Entwicklung multinationaler Kooperation im Lichte des russischen Angriffskriegs gegen die Ukraine.

2 Zum Begriff der Multinationalität

Wie ist der Begriff „militärische Multinationalität" zu verstehen? Wie hat sich seine Bedeutung herausgebildet? Dieses Kapitel dient dazu, Multinationalität von anderen militärischen, sicherheitspolitischen und organisationsspezifischen Kooperationsbegriffen abzugrenzen und zu definieren. Dem schließt sich ein Blick auf die ungewöhnliche Begriffsgeschichte an. Der Begriff wird weder in der Praxis noch in der wissenschaftlichen Auseinandersetzung konsistent gebraucht, das wird dieses Kapitel zeigen. Er steht in Konkurrenz zu einem wesentlich weiter verbreiteten wirtschaftswissenschaftlichen Begriff, dem des „multinationalen Unternehmens". Die Anmerkungen zur Begriffsgeschichte legen offen, dass auch im Bereich des Militärs eine Mehrdeutigkeit von militärischer Multinationalität besteht, da in den verschiedenen Diskursräumen sowohl besonders fest verbundene als auch besonders lose Formen der Streitkräftekooperation als multinational bezeichnet werden. Schließlich werden die Herausforderungen beleuchtet, die der Begriff und seine Verwendung im akademischen Kontext mit sich bringen, und Vorschläge für seinen konsistenten Gebrauch gemacht.

2.1 Multinationalität und ihre Abgrenzung

Jointness, *combinedness*, *zivil-militärische Zusammenarbeit* und *Interoperabilität* sind militärfachliche Ausdrücke, die sich mit dem Begriff der Multinationalität in einem Bedeutungsraum befinden, mit ihm jedoch nicht gleichzusetzen sind. Daneben existieren mit *Allianz*, *Bündnis*, *Koalition* und *Multilateralismus* sicherheitspolitische Begriffe, die auf der Ebene der internationalen Politik Aspekte der sicherheitspolitischen Kooperation beschreiben und ebenfalls einen Bedeutungsraum mit Multinationalität bilden. Auch sozialtheoretische Begriffe wie *Multikulturalität* und *Diversität* bedürfen der Abgrenzung von Multinationalität.

2.1.1 Militärfachliche Kooperationsbegriffe

Jointness und *joint* beschreiben die Zusammenarbeit von Angehörigen unterschiedlicher Teilstreitkräfte, also Luftwaffe, Marine und Heer, innerhalb einer militärischen Organisation (Beaumont 1993; Rubel 2001; Snider 1996). Im Deutschen wird für diese Art der Zusammenarbeit der Begriff „teilstreitkräfteübergreifend" verwendet.

Combinedness und *combined* meinen dagegen in der Definition des US-Verteidigungsministeriums „zwei oder mehr Streitkräfte oder Behörden von zwei oder

https://doi.org/10.1515/9783111589657-002

mehr Verbündeten, die zusammen operieren" (U.S. DoD 2019a: 41). Dies kommt der Definition von Multinationalität bereits sehr nahe. Allerdings beziehen sich *combined* und *combinedness* vor allem auf die Zusammenarbeit in einem militärischen Einsatz (NATO 2018e). Sie decken nur einen Teil des Multinationalitätsbegriffs ab, denn Multinationalität bezieht sich ebenso auf die Zusammenarbeit von Truppenkörpern, die nicht in einem Einsatz stehen.

Civil-military co-operation (CIMIC) beschreibt die Kooperation von Streitkräften mit zivilen, zumeist staatlichen, seltener auch nicht staatlichen Organisationen (Broemme 2011), speziell in einem Militäreinsatz (Rollins 2001), wie zum Beispiel der International Security Assistance Force (ISAF, 2001–2014) in Afghanistan und dort in den Provincial Reconstruction Teams (PRTs) (Maley 2007). CIMIC ist ein militärisches Instrument, um den militärischen Auftrag zu erfüllen. Dafür kann es notwendig sein, durch kleinere Infrastrukturprojekte eine Vernetzung mit lokalen Autoritäten und Einwohnern herzustellen.[1]

In Deutschland bedeutet *zivil-militärische Zusammenarbeit* (ZMZ) hingegen die Kooperation zwischen zivilen und militärischen Organisationen in anderen sicherheitspolitischen Handlungsfeldern wie dem Heimatschutz und in der nationalen und internationalen Katastrophenhilfe (Adelmann/Meidenstein 2020).

Die Fähigkeit verschiedener Organisationseinheiten zusammenzuarbeiten, also Dienste für andere Einheiten bereitzustellen und von diesen anzunehmen, wird als *Interoperabilität* bezeichnet; zugleich umfasst der Begriff den Grad der Zusammenarbeitsfähigkeit (Hura et al. 2000: 8). Interoperabilität kann sich auf unterschiedliche Formen der Zusammenarbeit beziehen: von Teilstreitkräften innerhalb einer militärischen Organisation, von Streitkräften oder Teilstreitkräften verschiedener Staaten, von militärischen und nicht militärischen Organisationen. Sie kann also je nach Kontext multinationale, teilstreitkräfteübergreifende oder ressortübergreifende Zusammenarbeit beschreiben. Zusammenarbeit bedeutet hier, dass die Streitkräfte ihre Doktrinen, die Gesamtkonzepte ihrer militärischen Planung, ihre Prozesse, Infrastrukturen, Kommunikationswege und ihr technisches Material so angleichen, dass sie mit anderen Organisationen operieren können (Maranian 2015; NATO 2006b: 1).

Einige Soziologinnen und Soziologen sowie Sozialpsychologinnen und -psychologen weiten die Bedeutung des Interoperabilitätsbegriffs über die technischen und prozessualen Aspekte von organisationaler Kooperation im Militär aus: Kulturelle Interoperabilität sei die Fähigkeit von Soldatinnen und Soldaten aus unterschiedlichen Nationen mit ihren je eigenen Sprachen, Berufssozialisationen, Traditionen

---

1 Hans-Peter Kriemann sei für den Hinweis auf das militärfachliche Verständnis von CIMIC und die Abgrenzung zu zivilen Wiederaufbauprojekten gedankt.

und Werten in internationalen Militärmissionen oder in multinationalen Truppenkörpern zusammenzuarbeiten (Rubinstein et al. 2008; vom Hagen et al. 2006).

2.1.2 Sicherheitspolitische Kooperationsbegriffe

Bei Allianz, Bündnis, Koalition und Multilateralismus handelt es sich um sicherheitspolitische Begriffe, die auf der Ebene der internationalen Politik Aspekte der sicherheitspolitischen Kooperation beschreiben und die ebenfalls einen Bedeutungsraum mit Multinationalität bilden.

Ganz allgemein bezeichnen *Allianz* und das Synonym *Bündnis* zunächst die zweckgerichtete formelle oder informelle Beziehung zwischen politischen oder gesellschaftlichen Gruppen mit dem Ziel der Durchsetzung gemeinsamer Anliegen (Brown et al. 2018). Im sicherheitspolitischen Verständnis ist eine Allianz eine langfristig angelegte formale Vereinbarung zweier oder mehrerer Staaten über deren sicherheitspolitische Kooperation. Zumeist beinhaltet diese Vereinbarung eine Verpflichtung zum gegenseitigen militärischen Beistand, sollte die territoriale Unversehrtheit eines Unterzeichnerstaates von einem Nichtmitglied verletzt werden (Gärtner 2018: 105 f.). Breiter gefasst, sind Allianzen vertragliche Vereinbarungen, in denen sich Staaten zusagen, ihre militärischen Fähigkeiten gegen einen oder mehrere andere Staaten einzusetzen (Osgood 1968, zitiert in Sperling 2018: 350). Eine Allianz mündet jedoch nicht zwingend in die Aufstellung gemeinsamer militärischer Strukturen, wie es bei der NATO der Fall war. Die NATO, urteilt John Deni, Professor am U.S. Army War College, sei in dieser Hinsicht ein Unikat, und keine andere Allianz in der modernen Geschichte habe eine derart integrierte militärische Struktur (Deni 2007: 32).

Der Grad militärischer Integration unterscheidet sich in Allianzen erheblich – vom bloßen kollektiven militärischen Beistandspakt bis hin zur Aufstellung integrierter Hauptquartiere und militärischer Truppenkörper mit nationaler Durchmischung. Multinationale Strukturen, Prozesse und Aktivitäten können sich im Rahmen einer Allianz ausbilden, sie müssen es aber nicht. Zugleich findet nicht jede multinationale Kooperation in einem derartigen Verteidigungsbündnis statt.

Militärische Multinationalität unterscheidet sich auch von der *Koalition*. Im innenpolitischen Kontext ist eine *Koalition* ein Bündnis politischer Parteien zum Zwecke der Regierungsbildung und deren parlamentarischer Unterstützung (Schmidt 2010). Die internationale Sicherheitspolitik fasst den Begriff als anlassbezogene und einsatzorientierte Militärkooperation zwischen zwei oder mehreren Staaten (U.S. DoD 2008). Auch wenn im allgemeinen Sprachgebrauch mit Koalition zumeist gemeinsame Kriegseinsätze assoziiert werden (Weitsman 2014: 36), untersucht die sicherheitspolitische Koalitionsforschung ebenso andere Einsätze wie internationale Friedensmissionen oder Stabilisierungsoperationen (Tago 2007: 179). Koalitionen und Allianzen weisen Überschneidungen und Unterschiede auf (Graham 2012: 320–322). In beiden Fällen handelt es sich um eine sicherheitspolitische Kooperation. Koalitionen sind jedoch rechtlich weniger verregelt als Allianzen (Wolford 2015: 12 f.).[2] Staaten gehen Koalitionen situationsbezogen ein, während Allianzen über verschiedene strategische Zusammenhänge bestehen. Zudem ist die Mitgliedschaft in einem Bündnis nicht immer gleichbedeutend mit der Teilnahme an einem militärischen Einsatz, der durch das Bündnis oder seine Mitglieder geführt wird (Tago 2007: 186).

Koalitionen können durchaus mit dem umfassenderen Begriff militärischer Multinationalität beschrieben werden. Allerdings findet multinationale Streitkräftekooperation auch außerhalb von Einsätzen statt, zum Beispiel bei der Aufstellung von multinationalen Truppenkörpern in Friedenszeiten. Und: Multinationale Arrangements sind institutionalisierte Formen der Kooperation, das heißt, sie sind auf Dauer angelegt, sie beruhen auf einem gemeinsamen Ziel und auf gemeinsamen Regeln und Normen. Militärische Koalitionen weisen im Gegensatz dazu einen Ad-hoc-Charakter auf. Nicht selten agieren nationale Streitkräfte zudem eher in voneinander abgegrenzten Operationsgebieten und kooperieren lediglich auf der strategischen Ebene, so im Libyen-Konflikt 2011: Eine Koalition der drei Staaten USA, Vereinigtes Königreich und Frankreich unternahm koordinierte, jedoch parallele, national geführte militärische Operationen in dem Land. Im Sinne der begrifflichen Klarheit ist im Einzelfall zu betrachten, ob eine militärische Koalition als militärische Multinationalität gewertet wird oder nicht.

Auf den Ebenen von Außenpolitik und internationaler Politik meint *Multilateralismus* die Zusammenarbeit von mehreren Staaten bei der Lösung gemeinsamer Probleme in einer Vielzahl politischer, wirtschaftlicher und kultureller Angelegenheiten (Brown et al. 2018; Gärtner 2018: 212). Gelegentlich wird die *bilaterale Kooperation* – lediglich zwei Staaten arbeiten zusammen – von multilateraler Kooperation abgegrenzt, wenn drei oder mehr Staaten kooperieren. Eine multilaterale Außenpolitik bezieht bei der Festlegung der eigenen nationalen Verhandlungspositionen die Interessen und Vorstellungen der internationalen Partner mit ein. Ein solcher Politikstil ist „kooperatives Handeln auf der Basis regelgeleiteter, prinzipiell gleichberechtigter und nicht diskriminierender Beziehungen zwischen mehreren Staaten [... und] bezieht seine Legitimation und seine ordnungsstiftende

---

2 Percy (2016) argumentiert, dass die verschiedenen, gleichzeitig laufenden und miteinander vernetzten Anti-Piraterie-Missionen von NATO, EU und Gruppen von Einzelstaaten in den 2000er und 2010er Jahren neben Allianz und Koalition eine weitere Form multinationaler Kooperation sein könnte, nämlich das Netzwerk.

Wirkung daraus, dass es bei allen Beteiligten ein Gefühl von Beteiligung und Fairness erzeugt" (von Winter 2003: 1).

Internationale Kooperation kann außenpolitisches Ziel an sich, Teil der Werteorientierung und sogar der rechtlichen Verfasstheit eines Staates sein. Im Gegensatz dazu verfolgt eine unilaterale Außenpolitik die unbedingte Durchsetzung eigener nationaler Interessen, ohne besondere Rücksicht auf die Interessen der Verhandlungspartner zu nehmen. Internationale Organisationen wie die Vereinten Nationen (VN), die Afrikanische Union (AU), die Europäische Union (EU), die NATO oder auch der Verband Südostasiatischer Nationen (Association of Southeast Asian Nations, ASEAN) sind institutionalisierte Formen multilateraler Kooperation. Multilateralismus zeigt sich aber auch in weniger institutionalisierten Formen, etwa der Konferenzdiplomatie.

Militärische Multinationalität ist oftmals – aber nicht immer[3] – Folge einer von Multilateralismus geprägten Außen- und Sicherheitspolitik. Entscheidungen über multinationale Kooperationen sind Regierungshandeln. Viele multinationale Formate basieren auf vertraglichen oder gar völkerrechtlichen Übereinkommen. So unterzeichneten am 14. Februar 2019 die Verteidigungsminister Estlands, Lettlands und Dänemarks ein Memorandum of Understanding, mit dem sie die Aufstellung des NATO-Hauptquartiers Multinational Division North (MND-N) beschlossen. Die Multinational Force and Observers (MFO), um ein anderes Beispiel zu nennen, wurde auf der Grundlage eines Protokolls zum Friedensvertrag zwischen Israel und Ägypten aus dem Jahr 1978 aufgestellt.

Im militärischen Fachdiskurs werden die Begriffe *multinational* und *multilateral* zuweilen nicht immer trennscharf voneinander abgegrenzt. So wurde *multinational* abweichend von der eben gemachten Unterscheidung durchaus als Attribut für internationale Militärbündnisse und internationale Verträge verwendet (Stewart 1961; Falk 1964; Pustay 1962; van de Velde 1958). Gleichfalls verwenden einige Autorinnen und Autoren den Begriff der militärischen Multilateralität, wenn sie über die institutionalisierte Streitkräftezusammenarbeit schreiben (Tago 2018: 23; Wolford 2015), die besser als multinationale Kooperation bezeichnet wird.

Für das Verständnis militärischer Multinationalität ist die Kenntnis ihrer sicherheitspolitischen Rahmungen und die Einbeziehung sicherheitspolitischer Erklärungsfaktoren unerlässlich. Gleichwohl ist es mit Blick auf eine analytische Klarheit anzustreben, politische Kooperation auf der internationalen Ebene, auch jene im Bereich der Sicherheits- und Verteidigungspolitik, von militärischer Multinationalität als institutionalisierter Streitkräftezusammenarbeit zu unterscheiden.

---

3 Tago (2005) ordnet das militärische Handeln der USA im Irakkrieg als multinationale Durchführung ohne multilaterale Kooperation ein.

2.1.3 Mikrosoziologische Begriffe der Binnenstrukturierung

An dieser Stelle soll noch auf die Begriffe *Multikulturalität* und *Diversität* im Militär eingegangen werden. Beide Begriffe beziehen sich auf die Binnenstrukturierung sozialer Zusammenhänge und bilden somit neben dem militärfachlichen und sicherheitspolitischen einen dritten Bedeutungsraum für Multinationalität. So dienen in militärischen Organisationen häufig Soldatinnen und Soldaten unterschiedlicher Ethnien, unterschiedlicher kultureller und religiöser Hintergründe, unterschiedlichen Geschlechts und unterschiedlicher sexueller Orientierung. Allerdings ist in multinationalen Settings die nationale Zugehörigkeit ausschlaggebend für die definitorische Rahmung von Heterogenität. Während also Multikulturalität und Diversität die innere und soziale Zusammensetzung einer militärischen Organisation beschreiben, bezieht sich der Begriff Multinationalität auf die interorganisationalen Beziehungen von Streitkräften verschiedener Staaten untereinander. Gleichwohl gibt es auch hier Überschneidungen. Eyal Ben-Ari und Efrat Elron etwa untersuchen das Verhältnis zwischen nationaler und transnationaler Zugehörigkeit in multinationalen Missionen als „transnationale Orte" (Ben-Ari/Elron 2001).

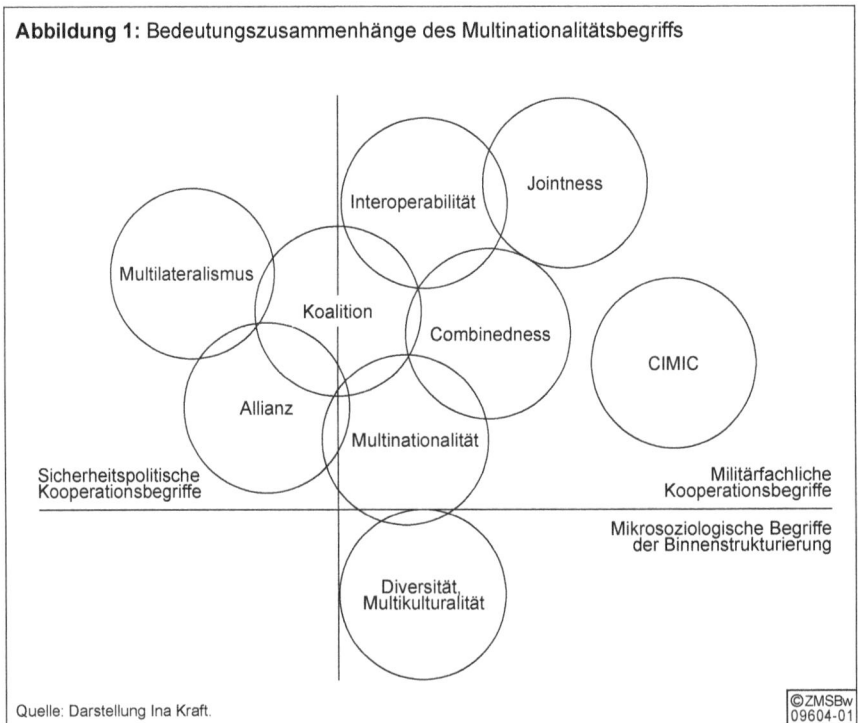

Abbildung 1: Bedeutungszusammenhänge des Multinationalitätsbegriffs

Interoperabilität

Jointness

Multilateralismus

Koalition

Combinedness

CIMIC

Allianz

Multinationalität

Sicherheitspolitische Kooperationsbegriffe

Militärfachliche Kooperationsbegriffe

Mikrosoziologische Begriffe der Binnenstrukturierung

Diversität, Multikulturalität

Quelle: Darstellung Ina Kraft.

©ZMSBw
09604-01

Abbildung 1 setzt die unterschiedlichen Kooperations- und Verflechtungsbegriffe, die in militärischen Kontexten vorherrschen, zum Begriff der Multinationalität in Beziehung. Militärische Multinationalität kann und sollte klar von anderen etablierten Kooperationsbegriffen in militärischen, sicherheitspolitischen und binnenspezifischen Kontexten abgegrenzt werden. Diese bezeichnen, wie der Begriff der Koalition, entweder lediglich Teilaspekte multinationaler Zusammenarbeit oder umfassen, wie CIMIC, andere Formen der Kooperation im Militär. Multinationalität als die unmittelbare und institutionalisierte Zusammenarbeit nationaler Streitkräfte hat somit ein begriffliches Alleinstellungsmerkmal.

2.2 Beobachtungen zu Geschichte und Verwendung des Begriffs Multinationalität

Der Begriff *multinational* (auch *multi-national*) wird seit Beginn des 20. Jahrhunderts mit einer gewissen Häufigkeit verwendet.[4] Das Wort wurde zunächst in einem staatstheoretischen Verständnis problematisierend zur Benennung multiethnischer Staatsgebilde wie des Kaisertums Österreich (Redlich 1936: 183), der Kaiserreiche Österreich-Ungarn, Deutschland und Russland sowie des Osmanischen Reiches herangezogen (Toynbee 1938). Sein lediglich vereinzeltes Vorkommen lässt darauf schließen, dass es in jener Zeit weder in der Wissenschaftssprache noch im allgemeinen Sprachgebrauch breite Verwendung gefunden hatte.

Das änderte sich erst in den 1960er Jahren. Seither dient der Begriff für die unternehmensrechtliche und betriebswirtschaftliche Beschreibung von Unternehmen, die mithilfe von Zweigstellen oder Tochtergesellschaften in mehr als einem Staat tätig sind. Als Urheber des Begriffs gilt David E. Lilienthal (vgl. etwa Fieldhouse 1986). Er veröffentlichte 1960 einen Beitrag mit dem Titel „The multinational corporation" (Lilienthal 1960), in dem er das multinationale Unternehmen erstmals als solches definierte. Aufgrund seiner breiten Verwendung im wirtschaftstheoretischen Zusammenhang kann *multinational* als Neologismus bezeichnet werden, als Neuwort also, das eine feststehende Bedeutung hat und nicht mehr ständig auf seine zwei Bedeutungsteile *multi* und *national* zurückgeführt werden muss. Das multinationale Unternehmen fand 1973 Eingang in den Duden der Bundesrepublik (Dudenredaktion Mannheim) und 1976 in den der DDR (Dudenredaktion Leipzig).

---

4 Im 1976 erschienenen Ergänzungsband zum Oxford Dictionary ist als erste Belegstelle für den Begriff *multinational* ein am 17. Mai 1926 im Magazin „Time" erschienener Beitrag zur ethnisch heterogenen ungarischen Nation ausgewiesen (Burchfield/Murray 1976: 1084). Im British Newspaper Archive sind vereinzelt Belegstellen ab 1851 zu finden.

Es lässt sich zudem ab 1979 im etablierten englischsprachigen rechtswissenschaftlichen Fachwörterbuch „Black's Law Dictionary" nachweisen (Black et al. 1979).

Eine deskriptiv-bibliometrische Auswertung der Begriffsvorkommen in der sozialwissenschaftlichen Publikationsdatenbank „International Bibliography of the Social Sciences" (IBSS)[5] weist auch quantitativ auf die Karriere des Begriffs seit den 1960er Jahren mit bis zu knapp 3000 Nennungen im Jahr 2015 hin (siehe Abbildung 2).[6]

Abbildung 2: Häufigkeit des Begriffs *multinational* in wirtschafts- und sozialwissenschaftlichen Publikationen 1930–2019

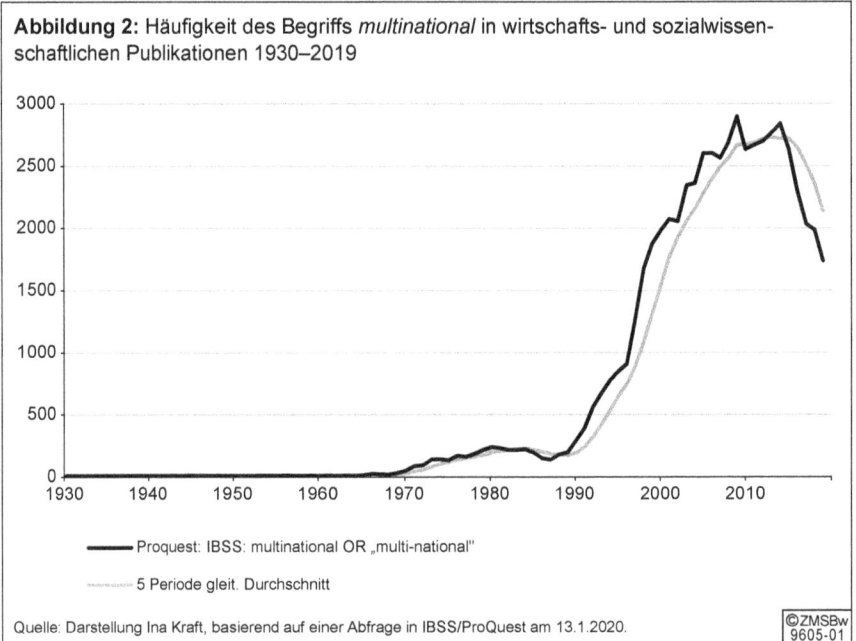

Proquest: IBSS: multinational OR „multi-national"

5 Periode gleit. Durchschnitt

Quelle: Darstellung Ina Kraft, basierend auf einer Abfrage in IBSS/ProQuest am 13.1.2020.

©ZMSBw
9605-01

---

5 Die IBSS enthält über zwei Millionen bibliografische Verweise auf Zeitschriftenartikel, Bücher und Rezensionen. Derzeit werden laut Eigenbeschreibung der Datenbank 2.800 Zeitschriften indexiert und jährlich circa 7.000 Bücher in die Datenbank aufgenommen. Sie deckt die Wissenschaftsfelder Ökonomie, Sozialwissenschaften und Anthropologie und deren jeweilige Subdisziplinen ab.
6 Bei einer bibliometrischen Analyse handelt es sich um die Ermittlung von Publikationshäufigkeiten zu einem bestimmten Thema. Es ist eine quantitative Methode zur Messung von Aufmerksamkeit. Die Aussagekraft der Ergebnisse ist jedoch eingeschränkt: Zum einen sind womöglich nicht alle publizierten Beiträge zu einem Thema in der ausgewerteten Datenbank erfasst. Zum anderen können die jeweiligen Sinnzusammenhänge, in denen ein Thema behandelt wird, durch eine Datenbankabfrage kaum berücksichtigt werden. Unter Berücksichtigung dieser Einschränkung und in Verbindung mit qualitativen Aussagen über die Entwicklung eines Themas kann eine bibliometrische Analyse jedoch eine wertvolle Darstellung einer Themenpräsenz bieten.

In die sicherheitspolitische und militärische Sprache hält der Begriff erst gegen Ende des Ost-West-Konflikts und verstärkt seit den 1990er Jahren Einzug. Dies lässt sich an den offiziellen Bezeichnungen militärischer und ministerieller Organisationseinheiten ablesen, etwa im Bundesministerium der Verteidigung (BMVg). Im Führungsstab der Streitkräfte/Stabsabteilung V (Logistik, FüSK V) findet sich ab 1985 ein Referat mit der sperrigen Bezeichnung „Grundsatzangelegenheiten der Materialbedarfsdeckung, der nationalen und multinationalen Materialerhaltung; bundeswehrgemeinsame Angelegenheiten für konventionelle Munition und Explosivstoffe; Angelegenheiten der NAMSA [NATO Maintenance and Supply Agency]". Ein Jahr später, 1986, wurde in der Stabsabteilung VII (Fernmeldewesen/Elektronik) das Referat 3 mit dem nicht minder langen Titel „Konzeptionelle Grundlagen der Informationsversorgung; Planung und Steuerung der Informationssysteme GFü S und der nationalen Anteile in multinationalen Informationssystemen" aufgestellt. Im Jahr 1993 wurde in der Stabsabteilung VI (Planung) das Referat 2 für „Streitkräfteplanung der NATO/multinationaler Organisationen; Planungs- und Meldeverfahren" eingerichtet und im Jahr 1994 in der Hauptabteilung Rüstung das Referat Rü III 5 „Rüstungsbeziehungen zu Nicht-NATO-Ländern; Ausstattungshilfen; Materialabgaben an multinationale Organisationen". Zunächst bezeichnete Multinationalität vor allem also jene Form der Zusammenarbeit, die Beschaffung und Fähigkeitsentwicklung umfasst. Erst ab 2002 wurde das Adjektiv *multinational* mit der Einrichtung des Referats „Grundsatzangelegenheiten Truppenführung und Übungen Heer; Multinationale Zusammenarbeit" beim Führungsstab des Heeres (FüH III 1) nun auch im Kontext von Operationen und Einsätzen verwendet. Zeitweise führte sogar in der nächsthöheren ministeriellen Hierarchieebene die Unterabteilung Politik I den Begriff im Namen („Sicherheitspolitik und Verteidigungspolitik; Grundlagen internationale/multinationale Beziehungen; Wissenschaft und Gesellschaft; Abteilungsmanagement"). 2020 existierten im BMVg insgesamt sechs Organisationseinheiten mit Multinationalitätsbezug im Titel.[7]

Seit den 1980er Jahren erscheint der Begriff immer öfter auch in sicherheitspolitischen und militärfachlichen Publikationen. Die Untersuchung der Verwendungshäufigkeit in der deutschen Militärfachzeitschrift „Europäische Sicherheit und Technik" und ihrer Vorgängerin „Europäische Sicherheit" etwa veranschaulicht, dass diese zwar stetig ansteigt, ab den 1990er Jahren jedoch noch einmal um ein Vielfaches zunimmt (Abbildung 3). In den 1980er Jahren lag die Häufigkeit der

---

7 Der Vollständigkeit halber sei darauf hingewiesen, dass andere Abteilungen und Referate ebenso inhaltlich mit Aspekten der Multinationalität befasst sind, auch wenn sie den Begriff selbst nicht im Titel tragen. Ein Beispiel hierfür sind die NATO- und EU-Referate im BMVg in den Abteilungen Politik und Ausrüstung.

Abbildung 3: Häufigkeit des Begriffs *multinational** in der Zeitschrift „Europäische Sicherheit und Technik" 1980–2018

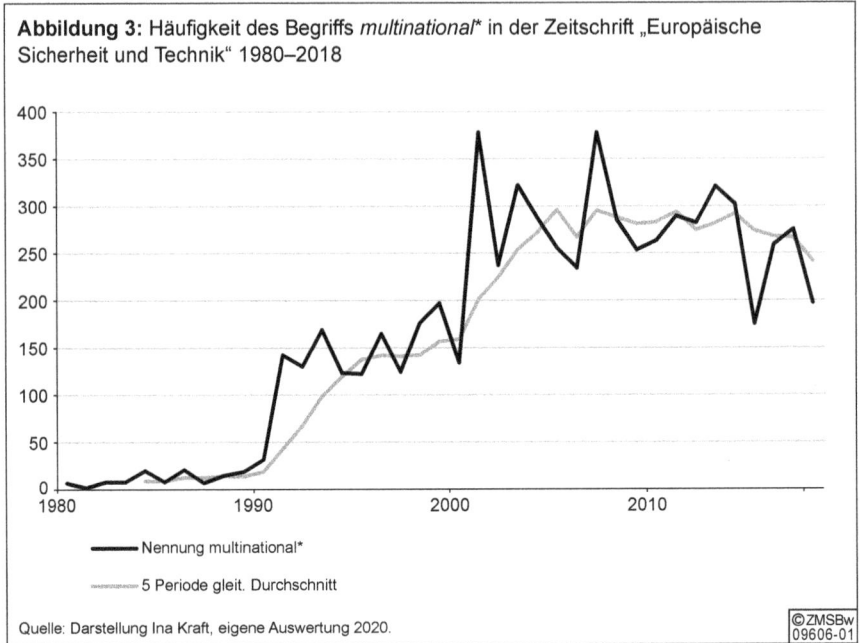

—— Nennung multinational*

——— 5 Periode gleit. Durchschnitt

Quelle: Darstellung Ina Kraft, eigene Auswertung 2020.

© ZMSBw
09606-01

Nennung des Wortes *multinational* und seiner Abwandlungen durchschnittlich bei über zehn Mal pro Ausgabe. In den 1990er Jahren waren es bereits knapp 140 Nennungen pro Monatsausgabe, in den 2000er und 2010er Jahren über 250 Nennungen.

Ein ähnliches Muster zeigt sich bei einer Abfrage in der IBSS-Datenbank. Der militärfachliche Suchbegriff *multinational force* führt hier seit 1990 im Vergleich zu den Vorjahren zu erheblich mehr Treffern, wobei die wissenschaftliche Beschäftigung mit den NATO-Einsätzen auf dem Balkan in den 1990ern und der Einsatz der sogenannten Koalition der Willigen im Irak (ab 2003) wesentlich zum Anstieg und späteren Abfall beigetragen haben (siehe Abbildung 4).

Die Verwendungshäufigkeiten im militärischen Kontext mit regelmäßig unter 70 Nennungen in den in der IBSS verzeichneten Publikationen liegen jedoch deutlich unterhalb der Ergebnisse der Gesamtabfrage zum Terminus von jährlich über 1000 Treffern seit 1997. Nach wie vor wird der Begriff in wissenschaftlichen Publikationen vornehmlich in unternehmensrechtlichen und betriebswirtschaftlichen Zusammenhängen genannt.[8] Hinzu kommt seine erstaunliche Unsichtbarkeit in politikwissenschaftlichen Referenzwerken. Er hat bisher keinen Eingang in die

---

8 Für eine Synthese betriebswissenschaftlicher Forschungsfragen zu multinationalen Unternehmungen und Forschung zur Verflechtung von Streitkräften siehe Soeters (2022).

Abbildung 4: Häufigkeit des Begriffs *multinational force* in wirtschafts- und sozialwissen-schaftlichen Publikationen 1960–2019

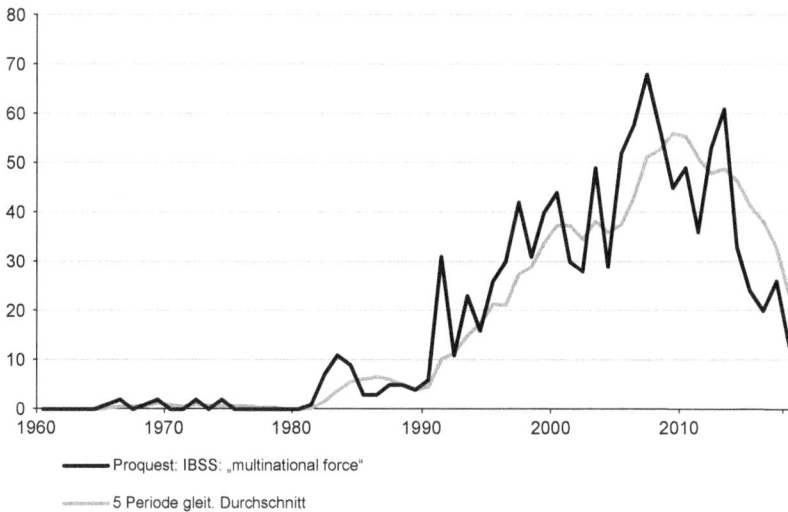

Quelle: Darstellung Ina Kraft, basierend auf einer Abfrage in IBSS/ProQuest am 13.1.2020.

©ZMSBw
09607-01

aktuellen Nachschlagewerke und Wörterbücher der Internationalen Beziehungen und Politikwissenschaften gefunden (etwa Brown et al. 2018; Gärtner 2018; Ober-reuter 2020), oder aber er wird in seiner betriebswirtschaftlichen Bedeutung wie-dergegeben (Schmidt 2010). Lediglich spezielle Wörterbücher zur Sicherheitspoli-tik widmen der militärischen Multinationalität einen Eintrag (Meier et al. 2021).

Militärische Multinationalität kommt als Begriff im militärfachlichen Bereich seit 1990 verstärkt zur Anwendung. Dennoch ist er im Gesamtkontext wirtschafts-, politik- und sozialwissenschaftlicher Veröffentlichungen als Spezialbegriff zu ver-stehen, der in seiner Verwendungsbreite nicht an seine wirtschaftstheoretische Bedeutung heranreicht.

Auf sicherheitspolitischem Gebiet ist der Begriff, so eine zweite Beobachtung, mit unterschiedlichen Bedeutungen belegt. Einige Autorinnen und Autoren ver-wenden Multinationalität, um die besonders enge, integrierte militärische Koope-ration zu beschreiben, in der die nationale Zugehörigkeit der Teilnehmenden in den Hintergrund und die Arbeit im jeweiligen Organisationszusammenhang in den Vordergrund tritt. So schreibt John Hoefling, ein Oberstleutnant der U.S. Army, in einem Fachbeitrag zum Thema Logistik bereits 1963:

> Wir haben das Anwachsen multinationaler Kräfte miterlebt. Aufgrund zahlreicher Verträge und Bündnisse denke ich, es ist sicher, dass die rein nationale Heeresgruppe der Vergan-genheit angehört. Die westeuropäischen Landstreitkräfte der NATO, die für den Einsatz in

der weltweit wahrscheinlichsten Arena groß angelegter Kriegführung bereit gemacht sind, weisen sicherlich eindeutig in diese Richtung (Hoefling 1963: 50 f.).

Richard Stillman, ehemaliger Studienberater am NATO Defense College in Rom, bezeichnete seine einstige Dienststelle als „multinationale Organisation" und die zwölf Jahre der bisherigen Existenz der Bildungsstätte als „multinationale Erfahrung" (Stillman 1964: 34, 40). Auch das in den 1970er Jahren aufgestellte, deutsch-dänisch geführte integrierte Headquarters Allied Land Forces Schleswig-Holstein and Jutland (HQ LANDJUT) rangiert als multinationales Korps (Gerhard 1979). Diese Verwendung ist kongruent mit einem Begriffsverständnis von Multinationalität als verflochtener und sich auch weiter verflechtender militärischer Zusammenarbeit.

Zeitgleich jedoch wurde der Begriff auch in einer fast schon gegenteiligen Bedeutung verwendet. Während man für die militärische Zusammenarbeit in den 1950er und 1960er Jahren eher *combined, integrated, united* und *allied* nutzte (Allied Force Headquarters 1945), beschrieb *multinational* in Abgrenzung dazu die Zusammenarbeit unter Beibehaltung nationaler Eigenständigkeit, angewandt beispielsweise auf die kooperative Finanzierung und Beschaffung von militärischen Anlagen außerhalb des integrierten NATO-Rahmens (NATO 1954). Das Vereinigte Königreich schlug Anfang der 1960er Jahre vor, einen letztlich nicht realisierten NATO-Atomwaffenverband aus Verbänden aufzustellen, die der NATO zwar zugeordnet waren, aber jederzeit zu ihren nationalen Rollen zurückkehren konnten; dieser Verband wurde gelegentlich Multinational Force genannt (etwa Jones 2017). Die USA machten den Gegenvorschlag einer ebenso nicht realisierten Multilateral Force, bei der europäische Nichtatomwaffenstaaten eine Rolle bei der Kontrolle westlicher Atomwaffen zugewiesen bekommen sollten (Buchan 1964; van Cleave 1965; Dawson 1964; Stehlin 1963: 76 f.; Verrier 1963; Williams 1970). *Multilateral* wurde hier für die integrierte Form, *multinational* für die nicht-integrierte verwendet. Auch die militärische Kooperation einzelner NATO-Mitglieder außerhalb des Allianzrahmens wurde als multinationale Kooperation bezeichnet (McArdl 1968).

In einer ähnlichen Logik fand der Begriff *multinational* Verwendung für Friedenserhaltungsmissionen außerhalb des Rahmens der Vereinten Nationen. So wurde 1981 auf der Grundlage eines Friedensvertrags zwischen Ägypten und Israel zur Friedenssicherung auf dem Sinai die bis heute bestehende Friedenstruppe Multinational Force and Observers (MFO) gegründet. Das war eine Verlegenheitslösung, da eine eigentlich geplante Mission der Vereinten Nationen nicht die Zustimmung des VN-Sicherheitsrates erhalten hatte (Homan 1983; Tabory 1986: 1–5). Die MFO steht somit außerhalb der Liste der VN-Einsätze.

Die Multinational Force (MNF) im Libanon, um ein zweites Beispiel zu nennen, war eine internationale Friedenstruppe, die im August 1982 nach einem Waffenstillstand zwischen der Palästinensischen Befreiungsorganisation (Palestine Liberation Organiszation, PLO) und Israel gegründet wurde, um den Krieg im Libanon zu beenden (Cimbala/Forster 2010; Varady 2017). Der Einsatz dieser aus Streit-kräften der USA, des Vereinigten Königreichs, Frankreichs und Italiens bestehen-den Truppe erfolgte parallel zur ebenfalls im Libanon präsenten United Nations Interim Force in Lebanon (UNIFIL). Bemerkenswert ist, dass die vier Teilnehmer-staaten allesamt NATO-Mitglieder waren und dennoch nicht auf NATO-Strukturen zurückgriffen oder ihre militärischen Operationen koordinierten (Cimbala/Forster 2010: 46, 57).

Diese Bedeutungszuschreibung von Multinationalität als ein eher loses Ord-nungsprinzip in Abgrenzung zur Zusammenarbeit unter dem Dach einer Organi-sation der kollektiven Sicherheit hat sich bis heute erhalten. In ihrer Arbeit über Friedensoperationen unterscheiden Paul Diehl und Alexandru Balas zwischen Friedensoperationen der Vereinten Nationen, Operationen von Regionalorganisa-tionen wie der NATO oder der Afrikanischen Union, hybriden Operationen unter Beteiligung der VN und regionaler Organisationen sowie multinationalen Operati-onen. Letztere seien gekennzeichnet durch das Fehlen einer Rahmenorganisation (Diehl/Balas 2014).

In Teilen lässt sich diese mehrdeutige Nutzung des Multinationalitätsbegriffs dadurch erklären, dass in den geschilderten Fällen eher die Ebene von Staaten und internationalen Organisationen betrachtet wird und weniger die Ebene der mili-tärischen Organisationen. Der Multinationalitätsbegriff im Diskursfeld internati-onaler Organisationen und internationaler Sicherheitspolitik ist offensichtlich ein anderer als der im Diskursfeld der militärischen Organisation.

Seit den 1990er Jahren wird der Begriff Multinationalität jedoch zunehmend im militärfachlichen und integrativen Sinn verwendet. Eine – auch semantisch – wichtige Wegmarke hierfür war das Gipfeltreffen der Staats- und Regierungschefs der NATO-Mitgliedstaaten in London im Juli 1990. Die NATO stellte in London zwar das Ende des Ost-West-Konflikts fest, beschloss jedoch nicht ihre eigene Auflösung. Der Londoner Gipfel ist zugleich ein Meilenstein für die Multinationalität in Europa gewesen. In einem Absatz über die zukünftige Struktur der Verteidigung auf dem europäischen Kontinent nennt die Abschlusserklärung vom 6. Juli 1990 unter anderem „multinationale Korps", auf die sich das Bündnis verstärkt stützen werde (NATO 1990). Diese programmatische Aussage führte nicht nur zur Aufstellung national gemischter Truppenkörper in Europa seit den 1990er Jahren, sondern auch zu einer Intensivierung des Diskurses über Multinationalität als militärische Integration. Zunehmend trat im deutschen Sprachraum neben das Attribut *multi-national* nun das Nomen *Multinationalität* als Ausdruck der institutionalisierten Zusammenarbeit von Streitkräften auch außerhalb operativer Kontexte.

Mit Blick auf die Begriffsgeschichte kann zusammenfassend festgestellt werden, dass das Adjektiv *multinational* seit den 1960er Jahren im wirtschaftstheo-retischen, unternehmensrechtlichen, betriebswirtschaftlichen und wirtschaftswissenschaftlichen Kontext als Begriff etabliert ist. Es ist bezeichnend, dass es beim ersten Titelthema der US-amerikanischen Militärfachzeitschrift „Military Review" zu Multinationalität nicht etwa um militärische Zusammenarbeit ging, sondern um multinationale Wirtschaftskonzerne („The Multinational Phenomenon", Jones 1973). Im öffentlichen und zeitweise selbst im militärfachlichen Diskurs hatte Multinationalität also zuvorderst eine ökonomische Bedeutung.

Zunächst fand *multinational* seit den 1950er Jahren sporadisch Verwendung im sicherheitspolitischen und militärischen Kontext, wenn die Ad-hoc-Zusammenarbeit mehrerer Staaten gemeint war. Seit den 1990er Jahren erlebt der Begriff einen Bedeutungswandel. So steht das im Deutschen oft verwendete Substantiv Multinationalität immer häufiger für die institutionalisierte Zusammenarbeit von Streitkräften – seien es stehende Truppenkörper, militärische Operationen oder Kooperationen etwa im Bereich der Beschaffung von militärischem Gerät.

2.3 Probleme des Multinationalitätsbegriffs im wissenschaftlichen Diskurs

Der Begriff *Multinationalität* findet zunehmend auch Anwendung im wissenschaftlichen Diskurs zur Streitkräftezusammenarbeit. Daraus ergeben sich eine Reihe von Problemen, die bei einer fachlichen oder wissenschaftlichen Beschäftigung mit Multinationalität reflektiert werden sollten: das Problem der Komplexitätsreduktion, das Praxisproblem, das Problem der ideologischen Bedeutung, das Problem der Unterkomplexität sowie das Problem der Umformung der Geschichte.

2.3.1 Komplexitätsreduktion

Phänomenbegriffe in Fach- und Wissenschaftsdiskursen sind nützlich, denn sie reduzieren die Komplexität der Realität. Etablierte Begriffe werden häufig nicht weiter erläutert. Sie machen aus der Sicht derjenigen, die sie verwenden, die Notwendigkeit einer permanenten Beschreibung dessen, was ist, unnötig. Der jeweilige Definitionsinhalt, die Bedeutung eines Begriffs also, ist jedoch menschengemacht und unterliegt folglich Fehlschlüssen, Pfadabhängigkeiten, Bedeutungsverschiebungen, beschränkten Informationen und Sozialisationen – mithin all jenen inneren und äußeren Faktoren, die zu rational eingeschränkten Entscheidungen und verschiedenen möglichen Lösungen führen. Multinationalität lässt sich zwar, wie gezeigt wurde, definitorisch von anderen Begriffen wie beispielsweise Multilateralismus und Koalition nachvollziehbar abgrenzen. In der Praxis militär- und sicherheitsfachlicher sowie akademischer Diskurse werden die Begriffe jedoch nicht immer trennscharf verwendet. Zudem lässt sich die Komplexität der Realität häufig nicht angemessen reduzieren und es kann Elemente geben, die beiderseits einer begrifflichen Grenzziehung liegen.

Welche Fälle sind diesem Phänomen zuzuordnen und welche nicht? Sind beispielsweise ausnahmslos alle militärischen Ad-hoc-Koalitionen als militärische Multinationalität zu fassen? Oder sind einige dieser gemeinsamen militärischen Unternehmungen im Grunde nicht genügend institutionalisiert, als dass sie eine wirkliche Zusammenarbeit der Streitkräfte darstellen? Wie steht es um die politische Vision einer EU-Armee? Sollte sie im Kontext militärischer Multinationalität besprochen werden oder handelt es sich um ein politisches Projekt, das nicht zuvorderst im Organisationszusammenhang Militär, sondern im Gesamtzusammenhang Staat und Gesellschaft zu diskutieren ist? Diese und ähnliche Fragen sind letztlich nicht abschließend zu klären; sie bedürfen der diskursiven Aushandlung. Dadurch besteht allerdings die Gefahr, dass ein Begriff eher zur Verwirrung beiträgt denn zur Klarheit und Prägnanz der Argumentation.

Aufzulösen ist diese Herausforderung nicht. Das mag keine einschneidenden Konsequenzen haben, solange ein Begriff möglichst viele Fälle klar umfasst und möglichst wenige Unschärfen aufweist; die Unauflösbarkeit kann in ihren Auswirkungen gemildert werden durch das Bewusstmachen, dass Konzepte und Begriffe an ihren Rändern nicht eindeutig sind. Es liegt dann im Ermessen und in der Verantwortung der Diskursteilnehmerinnen und -teilnehmer, definitorische Grenzen zu setzen, bestehende Grenzen auf der Grundlage einer informierten Entscheidung zu akzeptieren, diese zu kritisieren oder gar zu verschieben.

2.3.2 Praxisbezug

Multinationalität, das hat der Blick in die Begriffsgeschichte gezeigt, ist ein Begriff aus der Praxis.[9] Militärische und sicherheitspolitische Institutionen nutzen ihn, um die Kooperation von Streitkräften verschiedener Nationen zu beschreiben. Seit den 1990er Jahren ist seine Verwendungshäufigkeit im sicherheitspolitischen und militärischen Kontext gestiegen. Einige Zeit später sind die ersten sozialwissenschaftlichen und speziell militärsoziologischen Studien erschienen, die das Phänomen der „Internationalisierung des Militärs" (Klein/Kümmel 2000) beziehungsweise der „internationalen Truppen" (Diehl/Balas 2014) mit den Praxisbegriffen *Multinationalität* und *multinational* beschreiben und analysieren (zum Beispiel Gareis et al.

---

9 Dieses Unterkapitel basiert in Teilen auf Kraft (2023).

2003). Heutzutage kann der Begriff insbesondere in der Militärsoziologie als etabliert erachtet werden.

Forscherinnen und Forscher haben somit die Terminologie unmittelbar von ihrem Beobachtungsgegenstand übernommen. Dieser Umstand erhöht auf der einen Seite die Wahrnehmung von Forschung, deren Ergebnisse zurück in Politik und Streitkräfte fließen. Er birgt auf der anderen Seite aber auch Herausforderungen wie eine fehlende wissenschaftliche Anschlussfähigkeit. Unterschiedliche Teildisziplinen in den Sozialwissenschaften haben mit den Begriffen „Integration" (Börzel 2010), „Kooperation" (Bendel 2010), „Interdependenz" (Zangl 2010) und „interorganisationale Beziehungen" (Cropper et al. 2008) bereits etablierte Konzepte hervorgebracht, um die Zusammenarbeit von zwei oder mehreren Organisationseinheiten analytisch zu fassen. Die Nutzung des Multinationalitätsbegriffs für das in anderen sozialwissenschaftlichen Teildisziplinen unter anderen Begriffen behandelte Phänomen der Zusammenarbeit hat möglicherweise zur Folge, dass Forschungsbeiträge zu militärischer Multinationalität weniger anschlussfähig an Forschungsarbeiten sind, die in der Organisationssoziologie, der Friedens- und Konfliktforschung, der vergleichenden Policy-Forschung oder in den Internationalen Beziehungen hervorgebracht werden.

Warum die militärische Zusammenarbeit auch wissenschaftlich mit einem Praxisbegriff erfasst worden ist, darüber kann nur spekuliert werden. Plausibel erscheint die Annahme, dass Studien zur Multinationalität zumeist von Forschenden aus der angewandten Forschung stammen, die an streitkräftenahen Instituten arbeiten und Ressortforschung betreiben.

Der Herausforderung der wissenschaftlichen Anschlussfähigkeit kann durch die sorgfältige Einbettung der untersuchten Fälle von Streitkräftezusammenarbeit in relevante Diskurse begegnet werden. Aber auch die Platzierung von Forschungsergebnissen in Publikationsmedien außerhalb des eigenen, mitunter engen Wissenschaftsfeldes kann die fehlende Anschlussfähigkeit abmildern.

2.3.3 Ideologische Bedeutung

Eng verwoben mit dem Praxisproblem, also der Übernahme des Begriffs aus der Praxis in die Forschung, ist das Problem der ideologischen Bedeutung von Multinationalität. Seit der Verabschiedung der Londoner Erklärung der NATO-Staats- und Regierungschefs vom Juli 1990 ist die Aufstellung multinationaler Verbände sicherheitspolitisches Ziel vieler europäischer Staaten. Hinzu kommen politische Ambitionen, wie die einer europäischen Armee, und sicherheitspolitische Entscheidungen, wie die militärische Stärkung des östlichen NATO-Gebiets durch die Aufstellung multinationaler Truppenkörper. Multinationalität ist aus diesem Grund nicht ausschließlich eine neutrale Beschreibung der Streitkräftekooperation zweier oder mehrerer Staaten. Sie ist in der euroatlantischen militärfachlichen und sicherheitspolitischen Literatur eine überwiegend positiv besetzte sicherheitspolitische Zielbeschreibung.

Für die sozialwissenschaftliche Analyse ist die Nutzung eines positiv oder negativ konnotierten Praxisbegriffs problematisch. Sie mag zur Annahme führen, dass sich Forscherinnen und Forscher in unzulässiger Weise mit ihrem Forschungssubjekt identifizieren, dafür Partei ergreifen oder sich davon distanzieren müssen. Ein positiv aufgeladener Begriff erschwert darüber hinaus, sich kritisch – nun verstanden im Sinne der Ideologiekritik – mit einem Phänomen und seiner Erforschung auseinanderzusetzen. Forschende, die Multinationalität in ihren begründenden Faktoren und in ihren Auswirkungen untersuchen wollen, sollten daher klarstellen, dass die Verwendung eines Begriffs, der in der Praxis mit einer gewissen Ideologie verbunden sein mag, nicht automatisch eine Identifikation der Wissenschaftlerin oder des Wissenschaftlers mit dieser Ideologie bedeutet. Das sollte selbstverständlich sein, ist aber bei militärischen oder verteidigungspolitischen Themen zuweilen nicht gegeben.

2.3.4 Unterkomplexität

Die Verwendung des Multinationalitätsbegriffs leidet an einer gewissen Unterkomplexität. Mit wenigen Ausnahmen ist in den Definitionen von militärischer Multinationalität lediglich eine quantitative Dimension enthalten, nämlich die Aussage, dass Streitkräfte zweier oder mehrerer Staaten zusammenarbeiten (etwa Maniscalco 2018: 539; U.S. DoD 2019a: 359).[10] Was Zusammenarbeit bedeutet, ist daraus nicht ersichtlich. Ob und in welchem Ausmaß beispielsweise nationale Kontingente, die im Rahmen einer Mission in benachbarten Operationsgebieten agieren, multinational verflochten sind, lässt sich mit einer rein quantitativen Definition lediglich der Kooperationsteilnehmer nicht bestimmen.

Nur wenige Forschende haben sich an qualitativen Definitionen versucht. Meier et al. (2021: 361) fügen der quantitativen Begriffsbestimmung den Zweck der „Durchführung einer speziellen Aufgabe" als qualifizierendes Element hinzu. Sven Gareis kommt einer zufriedenstellenden qualitativen Definition von militärischer Multinationalität nahe. Er versteht militärische Multinationalität in Anlehnung an eine Definition von Stefan Lang als „die dauerhafte, koordinierte Zusammenarbeit

---

10 Eine ähnliche Kritik wurde in den Internationalen Beziehungen auch am Begriff des Multilateralismus geübt (Ruggie 1992; Tago 2018).

zwischen Soldaten [und Soldatinnen] mehrerer Nationen in gemeinsamen Strukturen über verschiedene – vormals national organisierte – Hierarchieebenen" (Gareis 2012: 343; Lang 2001).

Zur weiteren Schärfung des Begriffs werden im Folgenden die Ausdrücke *dauerhaft* und *koordiniert* unter dem Begriff *institutionalisiert* zusammengefasst. Die Einschränkung auf eine Hierarchieebenen übergreifende Kooperation ist wiederum weniger sinnvoll, da multinationale Kooperation durchaus auch auf derselben Ebene stattfinden kann. Zudem gäbe es dann nur sehr wenige „echte" multinationale Formate und viele Formate in anderen, noch nicht definierten Kategorien. Stattdessen sollte der Aspekt der unmittelbaren Kooperation hervorgehoben werden.

Um das Problem der Unterkomplexität zu überwinden und den Multinationalitätsbegriff zu schärfen, soll Multinationalität im Militär verstanden werden als die unmittelbare und institutionalisierte Zusammenarbeit von zwei oder mehreren Streitkräften oder Teilen von diesen.

Unmittelbar soll hier bedeuten, dass die Zusammenarbeit nicht auf einer anderen als der betrachteten Ebene stattfindet. Nationale Streitkräfte sind demnach nicht in Gänze multinational, wenn lediglich auf der Ebene der strategischen oder operativen Hauptquartiere ein Fall von multinationaler Kooperation vorliegt. Einem Großverband mit multinationalem Hauptquartier können durchaus lediglich national homogen zusammengesetzte Kontingente unterstellt sein. Die Anwendung des Multinationalitätsbegriffs für den gesamten Verband mag in diesem Fall im allgemeinen militärfachlichen Diskurs noch angemessen sein, für die sozialwissenschaftliche Analyse muss jedoch – je nach Erkenntnisinteresse – die Zuschreibung des Multinationalitätscharakters ebenengerecht erfolgen. In diesem Zusammenhang muss auch die gängige Definition von Multinationalität als Zusammenarbeit von Streitkräften dahingehend eingeschränkt werden, dass multinationale Zusammenarbeit in den meisten Fällen lediglich *Teile* der Streitkräfte betrifft, kaum aber die gesamte militärische Organisation eines Staates.

Als *institutionalisiert* wird eine Zusammenarbeit dann bezeichnet, wenn sie intendiert und auf Dauer angelegt ist sowie festgelegten Regeln folgt. Das zufällige Aufeinandertreffen von Soldatinnen und Soldaten aus verschiedenen nationalen Kontingenten in einem Einsatz (etwa van der Meulen/Kawano 2008) sowie parallele nationale Beiträge in Einsätzen, wie dies bei der Multinational Force in Lebanon von 1982 bis 1984 der Fall war (Cimbala/Forster 2010: 44), sind demnach allenfalls Grenzfälle von multinationaler Zusammenarbeit, was bei ihrer Analyse deutlich gemacht werden muss.

Das Wort *Zusammenarbeit* bedeutet konkretisiert eine auf ein gemeinsames Ziel ausgerichtete Kooperation. So sind Austauschoffizierinnen und -offiziere (*exchange officers*) fest in die Stabsarbeit innerhalb eines multinationalen Kooperationszusammenhangs eingebunden. Dagegen sind Verbindungsoffizierinnen und -offiziere (*foreign liaison officers*) weiterhin Angehörige ihrer entsendenden Staaten; sie vertreten weiterhin deren Interessen und sind daher lediglich als Grenzfall multinationaler Kooperation zu betrachten.

2.3.5 Umformung der Geschichte

Viele zeitgenössische sicherheitspolitische Konzepte ereilt(e) das Problem der rückgewandten Anwendung. Es tritt immer dann auf, wenn ein Begriff entsteht, nachdem das Phänomen selbst schon in die Welt gekommen ist. Es zeigt sich in zwei Ausprägungen. Zum einen ist das „empirische Weitmachen" anzuführen: In sicherheitspolitischen Fachdiskursen und in der geisteswissenschaftlichen Auseinandersetzung scheint es einen Reflex zu geben, neu entwickelten Konzepten zur Beschreibung zeitgenössischer Sachverhalte ein „Das gab es doch schon immer!" entgegenzusetzen. Dieses Phänomen tritt bei der Theorie der sogenannten neuen Kriege (Münkler 2002), beim Luftwaffenkonzept Effects-based Operations (McGinnis 2005; kritisch hierzu Kraft 2019), beim Konzept der hybriden Kriegführung (Murray/Mansoor 2012; kritisch hierzu Kraft 2018b) und vermutlich bei vielen weiteren Konzepten zutage.

Auch beim Thema Multinationalität lässt sich eine derartige Umformung der Geschichte ausmachen. So beginnen beispielsweise die im Folgenden zitierten zwei wissenschaftlichen Beiträge, die sich mit militärischer Multinationalität auseinandersetzen, mit Verweisen auf deren lange Tradition:

> Jahrhundertelang, vom Korinthischen Bund bis zu den neuesten Allianzen und Koalitionen, war Multinationalität ein Merkmal militärischer Institutionen (Maniscalco 2018: 535).

> Multinationalität ist seit Jahrhunderten eine gängige Erscheinung im Militärwesen. Stets hat es Bündnisse und Allianzen gegeben, die sich bildeten, füreinander einstanden und sich auch wieder auflösten (Gareis 2006a: 360).

Einer Ausweitung des Multinationalitätsbegriffs über die Grenzen der institutionalisierten Streitkräftezusammenarbeit hinaus sollte jedoch Einhalt geboten werden. Richtig ist, dass es in der Geschichte Europas zahlreiche Ereignisse gab, in denen Streitkräfte verschiedener Nationen zeitweise kooperierten (Gibler 2009) oder aus ethnisch heterogenen Truppen bestanden. Die Armeen der Österreich-Ungarischen Monarchie (Lein 2011), die Fremdenlegion (Koller 2013), die „fremdvölkischen" Verbände der Wehrmacht (Müller 2007) und die Länderkorps der britischen Streitkräfte im Zweiten Weltkrieg (Webster 2018) unterscheiden sich in ihren faktischen Gegebenheiten, in der Art der Zusammenarbeit, aber auch in ihrer moralischen

Bewertung so stark voneinander und von zeitgenössischen Formen multinationaler Kooperation, dass sie nicht sinnvoll unter dem Begriff der Multinationalität betrachtet werden können.

In diesem Band wird der Beginn multinationaler Zusammenarbeit im Verständnis der institutionalisierten Streitkräftekooperation unterhalb der Ebene der Sicherheits- und Verteidigungspolitik daher mit der Aufstellung des Allied Forces Headquarters der US-amerikanischen und britischen Streitkräfte im Jahr 1942 angenommen, da hier erstmals von einer institutionalisierten Zusammenarbeit auf der operativen Ebene gesprochen werden kann. Das empirische Erweitern des Multinationalitätsbegriffs auf Fälle der Zusammenarbeit vor diesem Zeitpunkt scheint nicht zielführend, da es sich zumeist nicht um die institutionalisierte Kooperation militärisch eigenständiger Organisationen handelte. Frühe Formen der internationalen militärischen Zusammenarbeit, so konstatieren Paul Diehl und Alexandru Balas für die Kreuzzüge, das „Europäische Konzert der Mächte" und die schwedisch-norwegische Schutztruppe im Ersten Schleswigschen Krieg 1848–1851, waren stattdessen ad hoc organisiert und in nur geringem Maße zwischen den nationalen Einheiten koordiniert (Diehl/Balas 2014: 28–29).

Auch das „empirische Engmachen" ist mitunter problematisch. Im militärischen Kontext taucht der Multinationalitätsbegriff vereinzelt seit den 1960er Jahren auf. Eine große Aufmerksamkeit in der militärfachlichen, sicherheitspolitischen und akademischen Öffentlichkeit erhält er jedoch erst seit den 1990er Jahren. Deshalb besteht die Gefahr, dass angenommen wird, multinationale Kooperation gäbe es erst seit den 1960er oder gar 1990er Jahren. Es kann jedoch sinnvoll sein, relevante Fälle von militärischer Multinationalität, die in der zeitgenössischen Darstellung eben nicht als multinational bezeichnet worden sind, in den Bedeutungsraum der Multinationalität aufzunehmen.

2.4 Schlussbetrachtungen

Streitkräftezusammenarbeit macht einen Großteil der heutigen europäischen und transatlantischen Sicherheitspolitik aus. Der dazugehörige Begriff – Multinationalität – ist aus den sicherheitspolitischen und militärfachlichen Diskursen nicht mehr wegzudenken. Seit den 1990er Jahren prägt er auch die sozialwissenschaftliche, insbesondere die militärsoziologische Beschäftigung mit Aspekten militärischer Kooperation in Europa.

Multinationalität ist ein kurzer, verständlicher Begriff, der die Debatte um Streitkräftezusammenarbeit durchaus bereichert hat. Er ist zugleich, das hat dieses Kapitel gezeigt, ein herausfordernder Begriff. Außerhalb des sicherheitspolitischen und militärfachlichen Diskurses hat er mit der Bedeutungskonkurrenz mit global agierenden Wirtschaftsunternehmen zu kämpfen. Innerhalb des militärischen und sicherheitspolitischen Fachdiskurses ist er wiederum von einer Bedeutungsambiguität geprägt, die sogar einen gegensätzlichen Gebrauch zulässt: Die einen verwenden ihn für besonders eng verflochtene, integrierte Zusammenarbeit, andere für die lose Kooperation. Aus der Übernahme des Praxisbegriffs in die sozialwissenschaftliche Terminologie ergeben sich weitere Herausforderungen wie die fehlende Anschlussfähigkeit an bereits bestehende Forschungen zu Kooperation und Integration. Er ist zudem mit einer positiven politischen Bedeutung aufgeladen. Er leidet daran, bisher hauptsächlich quantitativ, jedoch kaum qualitativ definiert worden zu sein, und läuft somit Gefahr, pauschal für die Beschreibung aller möglichen Formen der Zusammenarbeit von oder in Streitkräften benutzt zu werden.

Die sozialwissenschaftliche Forschung kommt um den Begriff nicht mehr herum. Sowohl in den politischen und militärischen Fachdiskursen als auch in den akademischen Debatten hat er seit den 1990er Jahren einen festen Platz erobert. Aufgrund der Veröffentlichung einer großen Anzahl von Studien zum Thema Streitkräftekooperation ist er mittlerweile in der deutschen und europäischen Militärsoziologie verankert. Er prägt den Diskurs in der Militärsoziologie und ist auch dem wissenschaftlichen Nachwuchs vertraut.

Notwendig sind im wissenschaftlichen Kontext eine klare Begriffsdefinition, wie sie in diesem Kapitel herausgearbeitet wurde, eine konsequente Zuordnung von Fällen von Streitkräftekooperation und – wo das nicht eindeutig möglich ist – ein transparenter Umgang mit den Grenzfällen militärischer Multinationalität.

3 Multinationalität in der sozialwissenschaftlichen Forschung

Von der Militärpsychologie über das Wehrrecht bis zu den Internationalen Beziehungen und der Militärsoziologie – Aspekte militärischer Multinationalität werden in unterschiedlichen wissenschaftlichen Forschungsfeldern betrachtet. Das geschieht mit einem für das jeweilige Feld spezifischen Erkenntnisinteresse. So existieren theoriegeleitete Auseinandersetzungen zur Entstehung und Entwicklung der regionalen Sicherheitsorganisationen NATO und EU (Kurowska/Breuer 2012; Webber/Hyde-Price 2016), zur Entstehung und Performanz militärischer Allianzen (Walt 1987; Weitsman 2004) und Koalitionen (Weitsman 2014; Wolford 2015), zu Fragen der Lastenteilung in Allianzen (Olson/Zeckhauser 1966), zu den politischen und institutionellen Rahmenbedingungen militärischer Kooperation (Gareis 2008a, b; Martinsen 2004), zu den rechtlichen Aspekten militärischer Multinationalität (Fleck 2018; Kielmansegg et al. 2018) sowie zu den Auswirkungen kultureller Diversität auf multinationale Operationen (Febbraro et al. 2008; Lichacz/Bjørnstad 2013). Eine einheitliche Perspektive, ein einheitlicher methodischer Forschungszugang oder gar ein theoretisches Konzept, mit dem Zusammenarbeit im Militär erfasst wird, existiert hingegen nicht, was angesichts der beschriebenen jeweiligen Disziplinperspektiven auch nicht verwundert.

Das Gegenteil ist der Fall: Die komplexe Organisation Militär hält eine Vielzahl von Forschungsproblemen (*research puzzles*) bereit, die das Interesse von Forscherinnen und Forschern wecken. Je nach Forschungsfrage unterscheiden sich jedoch die Methoden und die theoretischen Zugänge. Beispielsweise sind die Entwicklung und Ausprägung multinationaler Formate in Europa und in anderen Regionen von Interesse für die sicherheitspolitische Forschung. So fragen Christopher Hemmer und Peter Katzenstein (2003) pointiert, warum es eigentlich keine NATO-ähnliche Organisation in Asien gibt und warum die USA – anders als in Europa – die Gründung paralleler bilateraler Kooperationsformate auf dem asiatischen Kontinent bevorzugten. Sie beantworten diese Frage mit dem Hinweis auf kulturelle Identitäten und strategische Überlegungen. Matías Ferreyra Wachholtz und Joseph Soeters (2022) nehmen multinationale Kooperationsformate im globalen Süden in den Blick: Multinationalität trete – wie andere militärische Konzepte auch – mittlerweile ebenso als Organisationsform in Staaten außerhalb Europas in Erscheinung.

Multinationalität wird jedoch von einer völlig anderen Seite betrachtet, wenn beispielsweise die Herausforderungen für die einzelnen Soldatinnen und Soldaten, die in multinationalen Verbänden ihren Dienst verrichten, im Mittelpunkt des Forschungsinteresses stehen (etwa Moelker/van Ruiten 2007). Je nach Analyseeinheit und Erkenntnisinteresse unterscheiden sich daher die Aspekte, die unter dem

https://doi.org/10.1515/9783111589657-003

Stichwort Multinationalität untersucht werden, und nicht zuletzt auch das Verständnis von Multinationalität selbst.

Die empirische Komplexität der militärischen Multinationalität findet in mindestens zwei verschiedenen Forschungsperspektiven auf das Thema ihre Entsprechung (siehe Abbildung 5): Auf der einen Seite steht die Beschäftigung mit den Auswirkungen von Streitkräftezusammenarbeit auf Soldatinnen und Soldaten, auf die Organisation Militär sowie auf das Verhältnis von Verteidigung/Militär und Gesellschaft/Staat. Einer zweiten Forschungsperspektive liegt die Beschäftigung mit den Bedingungen von Multinationalität zugrunde. Hier steht die Frage im Vordergrund, wie multinationale Arrangements – zum Beispiel gemeinsam aufgestellte Truppenkörper, gemeinsam geführte Militäreinsätze oder auch gemeinsame militärische Beschaffungsprojekte – zustande kommen.

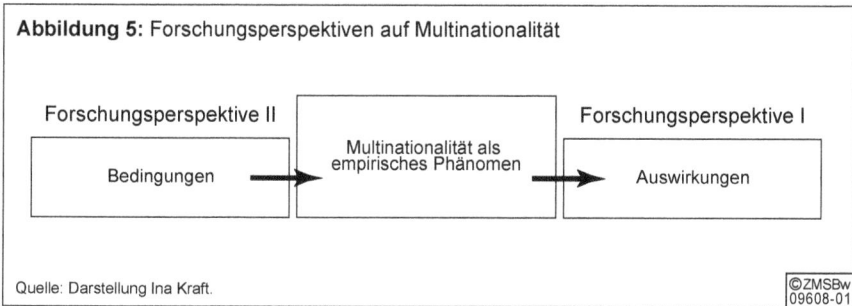

Abbildung 5: Forschungsperspektiven auf Multinationalität

Forschungsperspektive II

Bedingungen

Multinationalität als empirisches Phänomen

Forschungsperspektive I

Auswirkungen

Quelle: Darstellung Ina Kraft.

©ZMSBw
09608-01

3.1 Forschungsperspektive I: Auswirkungen von Multinationalität

3.1.1 Militärsoziologische Forschungen

Die Verflechtung von Streitkräften findet in der sozialwissenschaftlichen Forschung seit den 1990er Jahren, verstärkt seit den 2000er Jahren und hier insbesondere im Feld der Militärsoziologie Berücksichtigung (siehe Kraft 2023). Im Vordergrund steht die mikrosoziologische Forschung, die nach den Auswirkungen dieser Verflechtung auf die Soldatinnen und Soldaten fragt.

Dienst- oder Alltagsprobleme im multinationalen Kontext beschäftigen die Forscherinnen und Forscher. Für die Fälle des 1 (German/Netherlands) Corps (1GNC), der Franco-German Brigade und der Multinational Land Force (MLF), auch als Ungarisch-Italienisch-Slowenische Brigade bezeichnet, wurden verschiedenste Aspekte in der multinationalen Zusammenarbeit untersucht, etwa Sprachprobleme oder Zufriedenheit im multinationalen Umfeld (Abel/Richter 2008; Gasperini et al. 2001; Jelušič/Pograjč 2008; Klein 1993; Klein et al. 1999; Moelker/van Ruiten

2007). In ähnlicher Weise interessiert sich die Forschung für multinationale Militäreinsätze und wie Diensttuende sie erleben (Haltiner et al. 2004; Leonhard et al. 2008; Resteigne/Soeters 2007; Richter 2018). Eine spannende Dynamik ergibt sich an der Schnittstelle zwischen der multinationalen Zusammenarbeit im heimatlichen Truppenkörper und im Einsatz. In ihrer Studie zum 1 (German/Netherlands) Corps beispielsweise zeigen René Moelker und Joseph Soeters (2006), dass die multinationale Zusammenarbeit am Heimatstandort in den Niederlanden durch die niederländischen Soldatinnen und Soldaten gut bewertet wurde, im Einsatz aber schlechter. Unzufriedenheit gab es, da die niederländischen Soldatinnen und Soldaten mehr Wachdienste übernehmen mussten, schlechter untergebracht waren und weniger Alkohol konsumieren durften.

Andere Studien fokussieren auf die mesosoziologische Ebene der militärischen Organisation. Zwar existieren noch kaum Beiträge zur organisationskulturellen Angleichung militärischer Organisationen aufgrund einer multinationalen Verflechtung (etwa Soeters 2021: 13), das Thema Führen unter multinationalen Bedingungen erfährt jedoch bereits seit vielen Jahren Aufmerksamkeit. Bereits vor der Ausbildung der soziologischen Subdisziplin Militärsoziologie und vor der Herausbildung vielfältiger multinationaler Formate wurden betriebswissenschaftliche Studien zur nationenübergreifenden Zusammenarbeit im Militär durchgeführt. Als Beispiel sei hier eine Befragung von US-amerikanischen Offizieren mit und ohne Erfahrung in multinationalen Stabsverwendungen genannt (Thomas 1965). Das Selbstverständnis und die Erwartungen an die militärische Führung im multinationalen Umfeld wurden in die fünf Führungsdimensionen Empathie, Professionalität, Nationalismus, Zusammenhalt und Kommunikation unterschieden. Diejenigen Soldaten, die bereits eine Verwendung in einem multinationalen Stab vorweisen konnten, dachten anders zu diesen Aspekten von Führung als jene Befragten, die bisher nur im nationalen Kontext gedient hatten (Thomas 1965). Das Thema Führen in multinationalen Stäben hat seine Relevanz bis heute nicht verloren, und es rückte durch die zahlreichen Gründungen von multinationalen Truppenkörpern zeitweise sogar in das Zentrum militärsoziologischer Forschung. In Europa wurde ab den 2000er Jahren untersucht, wie das Zusammentreffen von Vorgesetzten und Geführten aus unterschiedlichen Nationen in multinationalen Hauptquartieren und Großverbänden die Arbeitsbeziehungen sowie die Qualität der Arbeit beeinflusst (Abel 2008; Gareis et al. 2003; Gareis/vom Hagen 2004; Richter 2016; vom Hagen et al. 2003; vom Hagen et al. 2006).

Hinzu traten Studien, die sich mit Organisationsaspekten in Einsätzen beschäftigten, so mit jenen Faktoren, die die Motivation und Auftragserfüllung beeinflussen können. Als Beispiele seien hier der Einfluss von Rotationslängen nationaler Kontingente in Einsätzen (Yanakiev 2007) sowie die nationalen rechtlichen Vorbehalte (*caveats*) (Kingsley 2014) genannt.

Rotationslängen und rechtliche Vorbehalte sind beobachtbare Faktoren, die einen Einfluss auf die Auftragserfüllung haben. Dagegen ist die Militärkultur von Streitkräften – also jene Überzeugungen, Traditionen und Normen, die nationale Streitkräfte charakterisieren und die sie ständig reproduzieren – ein theoretisches Konzept (Dunivin 2016). Doch auch der Zusammenhang zwischen Militärkultur und Auftragserfüllung wurde sozialwissenschaftlich untersucht. So widmete sich Anthony King (2008) der Militärkultur der britischen Streitkräfte, die durch Flexibilität und Pragmatismus gekennzeichnet ist; er zeigt auf, wie diese im Widerspruch zu NATO-Verfahren steht. Eine theoretisch komplexe Arbeit legte Chiara Ruffa vor, in der sie die Auswirkungen der Militärkulturen italienischer und französischer Kontingente in den internationalen Militäroperationen UNIFIL II im Libanon sowie ISAF in Afghanistan vergleicht. Beide Truppen operierten jeweils in einem ähnlichen situativen Kontext. Allerdings gingen die beiden Truppen auf ihre je eigene Weise operativ vor, was Ruffa auf ihre unterschiedlichen Militärkulturen zurückführte (Ruffa 2013, 2018).

Während mikro- und mesosoziologischen Studien auf die Soldatinnen und Soldaten beziehungsweise die militärische Organisation fokussieren, nimmt die Meinungsforschung die Gesellschaft in den Blick. Die Sozialwissenschaften untersuchen Meinungsbilder und Einstellungswandel der Bevölkerung zu Fragen militärischer Zusammenarbeit. Bereits ab Ende der 1980er Jahre wurden das Wissen und die Zustimmung der Bevölkerung zu Großverbänden wie der Franco-German Brigade oder später zum Eurocorps wissenschaftlich betrachtet (Bald 1989; Frantz et al. 1988; Klein 1997).

Infolge gestiegener Einsatzzahlen beschäftigte sich die Einstellungsforschung mit der Haltung der Bevölkerung zu internationalen Einsätzen. Heiko Biehl etwa nahm die Meinungen der Bevölkerungen ausgewählter europäischer Staaten zum ISAF-Einsatz in Afghanistan in den Blick. Er stellt fest, dass Zustimmung oder Ablehnung zum Einsatz in einem Land in Zusammenhang mit der dortigen grundsätzlichen Auffassung über die Aufgaben der Streitkräfte stehen (Biehl 2012: 183).

Ein wesentliches Merkmal der militärsoziologischen Forschung zu Multinationalität ist die Konzeptualisierung von Multinationalität als eine unabhängige, eine intervenierende oder eine Kontextvariable, die Einfluss hat auf die Ausprägung jener Forschungssubjekte, die im eigentlichen Forschungsinteresse liegen. Forschungssubjekte sind beispielsweise operative Effektivität, operative Einheitlichkeit, militärische Führung, Motivation, Zufriedenheit und gesellschaftliche Akzeptanz. Multinationalität als Phänomen, das selbst einer Erklärung bedarf, liegt nicht im Forschungsfokus, allenfalls werden bestimmte Einzelaspekte multinationaler Kooperation untersucht. Zudem beschäftigen sich die meisten der militärsoziologischen Studien mit stehenden multinationalen Truppenkörpern oder Verbänden im Einsatz. Nur wenige Studien (etwa Burczynska 2019; Hedlund 2017; Moskos 2004;

Soeters/Goldenberg 2019) widmen sich anderen multinationalen Verflechtungen wie Beschaffung, Übungen und Ausbildung im Militär.

Zum Thema Multinationalität erscheinen in der sozialwissenschaftlichen Literatur vor allem militärsoziologische Beiträge. Debatten, die in benachbarten Feldern wie der Politikwissenschaft geführt werden, halten jedoch durchaus Fragen, Kontroversen und Forschungszugänge bereit, die auch die Beschäftigung mit Multinationalität bereichern könnten. Sie werden im Folgenden vorgestellt.

3.1.2 Weitere Forschungszugänge

3.1.2.1 Strategische Kulturen

Unter dem Stichwort Strategische Kulturen sind in den 2000er und 2010er Jahren Studien erschienen, die sich aus verschiedenen Blickwinkeln mit dem Verhältnis von europäischer Verteidigungskooperation im Rahmen der Gemeinsamen Außen- und Sicherheitspolitik (GASP) der Europäischen Union und der nationalen Strategiekulturen beschäftigten (Biehl et al. 2013; Giegerich 2006; Meyer 2005, 2006; Schmidt/Zyla 2013). Strategische Kulturen sind im weitesten Sinn jene aus Erfahrung entstandenen normativen und kognitiven Überzeugungen, die eine Nation in der Auseinandersetzung mit dem Einsatz von Streitkräften in der internationalen Politik herausgebildet hat (Longhurst 2000: 301).[1] Christoph O. Meyer untersucht, wie sich nach dem Ende des Ost-West-Konflikts die sicherheitspolitischen Ansätze des Vereinigten Königreichs, Frankreichs, Deutschlands und Polens angenähert haben, trotz ihrer völlig unterschiedlichen, historisch gewachsenen sicherheitspolitischen Traditionen. Nationale strategische Kulturen sind demnach durchaus veränderbar. Unter anderem würden die sicherheitspolitischen Institutionen auf EU-Ebene aktiv eine Angleichung durch Sozialisierungsmechanismen befördern; aber auch gemeinsam erlebte Bedrohungen und Krisen seien hier Triebfedern (Meyer 2006). Die von Meyer ausgemachte Annäherung europäischer nationaler Strategiekulturen könnte sich demnach positiv auf die Weiterentwicklung der Europäischen Sicherheits- und Verteidigungspolitik (ESVP) auswirken (Meyer 2005).

Eine umgekehrte Perspektive nimmt Bastian Giegerich (2006) ein, der analysiert hat, wie nationale Strategiekulturen die Umsetzung europäischer Politik beeinflussen. Einen ähnlichen Perspektivwechsel vertreten Bastien Irondelle, Frédéric Mérand und Martial Foucault, die fragen, wie nationale strategische Kul-

---

1 Bereits in den 1990er Jahren hatte sich eine Kontroverse um die Frage entsponnen, wie das Konzept der Strategischen Kultur zu fassen sei und welchen wissenschaftlichen Mehrwert es habe (Gray 1999; Johnston 1995; V 2020).

turen auf die Einstellung der Bevölkerung zur Europäischen Sicherheits- und Verteidigungspolitik wirken (Irondelle et al. 2015; auch Endres et al. 2015).

Eher deskriptiv gingen Heiko Biehl, Rüdiger Fiebig, Bastian Giegerich, Jörg Jacobs und Alexandra Jonas vor. In einer länderübergreifenden Bevölkerungsbefragung versuchten sie, Gemeinsamkeiten und Unterschiede zum Untersuchungszeitpunkt in den Strategischen Kulturen von Deutschland, Frankreich, dem Vereinigten Königreich, Österreich, Schweden, Spanien, Tschechien und der Türkei herauszufinden (Biehl et al. 2011). Eine derartig zeitgebundene Kartografierung der Strategischen Kulturen in Europa wurde einige Jahre später auch für die nationalen Außen-, Sicherheits- und Verteidigungspolitiken durchgeführt und somit die bereits vorgelegte Studie zu den Einstellungen der Bevölkerungen ergänzt (Biehl et al. 2013).

Die multiperspektivische Debatte um das Verhältnis von nationalen strategischen Kulturen und europäischer Verteidigungspolitik berührt den Gegenstand der Streitkräfteverflechtung nicht direkt. Gleichwohl können die Forschungsperspektiven auch das Themenfeld Multinationalität befruchten. Wie sich nationale Militärkulturen auf die Austragserfüllung in multinationalen Militäroperationen auswirken, beschäftigte Chiara Ruffa (2018). Das ähnelt der Frage Giegerichs (2006) nach dem Einfluss nationaler Strategiekulturen auf die Umsetzung europäischer Politik. Sven Gareis und Ulf vom Hagen haben untersucht, wie im Multinational Corps Northeast (MNC NE) die unterschiedlichen Militärkulturen der drei Führungsnationen Dänemark, Deutschland und Polen den Dienstbetrieb beeinflussen. Eine wichtige Erkenntnis etwa war, dass in unübersichtlichen Situationen nationale Problemlösungsmuster bevorzugt wurden und die Vorgaben des Hauptquartiers in den Hintergrund traten (Gareis 2006a; Gareis/vom Hagen 2004).[2]

Dagegen gibt es für die von Meyer (2005, 2006) eingenommene Perspektive der Annäherung nationaler sicherheitspolitischer Ansätze unter der Bedingung sicherheitspolitischer Kooperation noch kaum Entsprechungen im Forschungsfeld Multinationalität. Zwar untersucht Tamir Libel (2016) den Einfluss von Universitäten der Streitkräfte auf die Konvergenz von Militärkulturen in den baltischen Staaten, in Deutschland, Finnland, Rumänien und dem Vereinigten Königreich. Das Moment der Streitkräfteverflechtung dieser Universitäten spielt jedoch nur eine untergeordnete Rolle in Libels Analyse. Maren Tomforde fragt, wie sich die Militärkultur der Bundeswehr durch die Auslandseinsätze gewandelt hat. Dabei nennt sie unter anderem die „(multinationale) Lagergemeinschaft" als Faktor, der die Ausbildung einer neuen „militärischen Subkultur Einsatz" beeinflusse (Tomforde 2010: 206 f.). Allerdings fokussiert Tomforde vor allem auf das Selbstverständnis der Soldatin-

---

2 Die publizierten Ergebnisse basieren auf einer größeren Studie zum MNC NE (Gareis et al. 2003).

nen und Soldaten und weniger auf jene organisationskulturellen Aspekte, aus denen sich Handlungsmuster ablesen lassen, wie beispielsweise operative Doktrinen oder Routinen.

Ob und wie die Verflechtung von Streitkräften auf der Ebene der Organisation Militär zu einer Konvergenz nationaler Militärkulturen führt, das wäre also eine für die Militärsoziologie ebenso höchst spannende Forschungsfrage (Soeters 2022: 61) wie auf der strategisch-politischen Ebene die Frage nach der Konvergenz von strategischen Kulturen als Konsequenz der europäischen Integration.

3.1.2.2 Militärische Verflechtung und Staatlichkeit

Ein Forschungsstrang der Internationalen Beziehungen widmet sich den Herausforderungen von Staatlichkeit und Regieren angesichts der zunehmenden internationalen Verflechtung und Kooperation. Der Staat ist eine Herrschaftsordnung, deren wesentliches Alleinstellungsmerkmal gegenüber anderen sozialen Verbänden ihre Souveränität ist, das heißt, ihr steht das Recht zu, hoheitliche Akte durchzuführen – bis hin zur (legitimen) Anwendung von Gewalt. Souveränität, auch als Gewaltmonopol des Staates bezeichnet, wirkt dabei nach innen, indem der Staat Gesetze, Regeln und so weiter erlässt, deren Einhaltung er überwacht und deren Nichteinhaltung er – notfalls mit Gewalt – sanktioniert. Sie wirkt aber auch nach außen, indem der Staat mit anderen Staaten Beziehungen unterhält, Verträge abschließt, Allianzen eingeht oder Krieg führt.

Diese Abgrenzung nach außen ist konstitutiv für das Konstrukt Staat. Eine große sozialtheoretische Debatte beschäftigt sich mit dem Zusammenhang zwischen Krieg und Staatswerdung (Mann 2012; Tilly 1990; kritisch hierzu etwa Leander 2004) beziehungsweise Systemerhalt (Basham 2013). Nicht nur das Ereignis Krieg, sondern auch die Institution Militär war konstitutiv für das Werden des Staates (Kantner/Sandawi 2012: 45). Streitkräfte und insbesondere die europäischen Wehrpflichtarmeen waren zu Beginn des 19. Jahrhunderts Teil einer sich entwickelnden, den Staat durchdringenden Bürokratie und sie wurden bei ihrem Übergang zum Massenheer selbst weiter bürokratisiert. In den Streitkräften trafen Männer aus verschiedenen sozialen Schichten und Regionen aufeinander, und das Aufbrechen lokaler Strukturen hatte einen wesentlichen Anteil am Prozess der inneren Nationenbildung (Kantner/Sandawi 2012: 46). Überdies wurden die Rekruten zu staatstreuen Bürgern erzogen, die das politische System in der Regel stabilisierten (historisch-kritisch hierzu Frevert 2004). Nicht nur durch den Krieg, sondern auch durch die Wehrpflicht erreichte das Militärische (und somit das Staatliche) fast alle Familien und wob sich so in die Lebenswirklichkeit ganzer Generationen von Bürgerinnen und Bürgern ein.

Neben diesen historischen Verbindungen zwischen Staat und Streitkräften entscheidet das sensible Wechselverhältnis von ziviler Staatsführung und den Streitkräften bis heute über die Stabilität politischer Systeme und den Charakter moderner Staaten (Croissant 2016).

Letztlich ist das Militär jene Organisation, die das staatliche Gewaltmonopol nach außen durchsetzt (nach innen sind es Polizei, Zoll und Justizvollzugsdienst). Streitkräfte sind Teil des außenpolitischen Machtdispositivs eines Staates; ganz gleich, ob sie zur Abschreckung und Verteidigung oder mit offensivem Charakter aufgestellt werden. Sie sollen die äußere Souveränität eines Staates sichern.

Staatliche Souveränität ist ein zentrales Konzept in den internationalen Beziehungen und neben dem Gewaltverbot eines der wenigen Konzepte, auf dass sich die Staaten in ihrem Außenverhältnis geeinigt haben. Im Außenverhältnis bedeutet staatliche Souveränität die „Befehlsunabhängigkeit von anderen Staaten" (Hillgruber 2021: 188). Da sie klassischerweise die territoriale Unversehrtheit eines Staates sowie das staatliche Gewaltmonopol nach außen sichern und damit die Befehlsunabhängigkeit von anderen Staaten, kommt Streitkräften auch eine zentrale Rolle in den internationalen Beziehungen zu. Das Souveränitätskonzept hat einen stark rechtlichen Charakter und beschreibt den Status des politischen Systems. Politikwissenschaftliche Analysen, insbesondere jene, die sich mit dem Agieren von Staaten auf internationaler Ebene beschäftigen, arbeiten dagegen häufiger mit dem Konzept der Autonomie, das nicht status-, sondern handlungsorientiert ist. Unter Autonomie wird die Handlungsfreiheit einer sozialen Institution verstanden. Beide Konzepte, Souveränität und Autonomie, überschneiden sich teilweise, sind jedoch nicht identisch (Wolf 2000). So bedeutet das bloße Eingehen völkerrechtlicher Verträge oder der Beitritt zu internationalen Organisationen nicht gleich die Aufgabe staatlicher Souveränität (Hillgruber 2021), wohl aber hat dies Auswirkungen auf die Handlungsfähigkeit von Staaten.

Ein politikwissenschaftlicher Forschungsstrang beschäftigt sich mit dem Wechselverhältnis von internationaler Verflechtung und Kooperation sowie von Staatlichkeit und Regieren, denn durch rechtliche, politische, wirtschaftliche, ökologische, gesellschaftliche und technische Entwicklungen werden die Vorstellungen von staatlicher Souveränität und Autonomie seit Jahrzehnten immer wieder in Frage gestellt. Eine Forschungskontroverse dreht sich um die Frage, ob Staaten an Autonomie einbüßen, wenn sie sich durch internationale Verträge und in internationalen Organisationen binden, und ob ihnen das auch bewusst ist. Oder ist es im Gegenteil so, dass sie ihre Handlungsautonomie durch internationale Kooperation instrumentell verteidigen oder sogar stärken, indem sie politische Sachverhalte der nationalen Entscheidungsebene entziehen und diese – ohne eine vergleichbare Einbindung gesellschaftlicher Gruppen – auf internationaler Ebene miteinander verhandeln (Putnam 1988; Wolf 1997, 2000; Zangl 1995)?[3] Diese Frage beschäftigt mindestens implizit auch jene Forscherinnen und Forscher, die sich mit dem Militär befassen. So urteilt Anthony King, die wachsende militärische Zusammenarbeit in den 1990er Jahren sei wie die europäische Integration Ausdruck eines Prozesses, bei dem Staaten versuchen, ihre Handlungsfähigkeit durch Kooperation zu erhalten (King 2005: 329).

Mit Blick auf die militärische Multinationalität stellt sich in diesem Kontext die Frage, ob die Verflechtung von Streitkräften die Positionen nationaler Verhandlungsführer in internationalen Verhandlungen beeinflusst und wenn ja, wie. Denn je mehr sich beispielsweise die NATO-Staaten militärisch miteinander vernetzten, desto größer wird zwangsläufig ihre Abhängigkeit voneinander sein. Einsatzwillige Staaten stehen spätestens dann vor einem Problem, wenn Staaten, mit denen sie militärisch eng verflochten sind, einem Einsatz nicht zustimmen. Bisher behalten sich an multinationalen Formaten beteiligte Staaten das Recht vor, ihre Kräfte jederzeit aus einer Verwendung herauszulösen. In hoch spezialisierten militärischen Einheiten entsteht in so einem Fall eine kurzfristig kaum zu schließende Lücke.

Ein Beispiel hierfür ist die Entscheidung der deutschen Bundesregierung vom Frühjahr 2011, sich nicht an dem NATO-Einsatz in Libyen zu beteiligen: Sie zog Schiffe der Bundeswehr von einem NATO-Einsatzverband im Mittelmeer sowie Luftwaffenbesatzungen von einem Luftraumüberwachungsverband der NATO ab (Krause 2015: 11). Deutschland zahlte für die aufgrund dieser politischen Entscheidung zeitweise notwendige Entflechtung seiner multinationalen Arrangements politische Kosten. International wurde es im NATO-Bündnis „nicht mehr als vollwertiger und verlässlicher Bündnispartner" (Rühl 2011: 567) angesehen und deutsche Regierungsvertreterinnen und -vertreter wurden zu einigen Veranstaltungen des Bündnisses nicht eingeladen (Rühl 2011: 567). Die Bundesregierung bemühte sich, den Abzug deutscher militärischer Fähigkeiten in Libyen unter anderem durch den Aufwuchs von Fähigkeiten in Afghanistan zu kompensieren, was wiederum zu innenpolitischen Kontroversen führte (Krause 2015: 11).

Das deutsche Libyen-Beispiel zeigt, dass multinationale Verflechtungen die Kosten für sicherheitspolitische Entscheidungen auf der internationalen und auf

---

3 Vergleiche hierzu folgendes Zitat: „Zwischenstaatliche Vereinbarungen können Verantwortlichkeiten verteilen, die Mitwirkungsmöglichkeiten von Nichtregierungsakteuren verringern und generelle Vorgaben für den innenpolitischen Prozess festlegen. Sie können somit mehrere Funktionen gleichzeitig erfüllen. Mit der gegenseitigen Einschränkung ihrer externen Autonomie im Rahmen internationaler Institutionen können Regierungen sowohl gemeinsam Problemlösungskapazitäten wiederherstellen als auch interne Autonomiespielräume zurückgewinnen" (Wolf 1997: 69).

der nationalen Ebene erhöhen können. Möglicherweise lassen sich diese jedoch auf der einen oder anderen Ebene auch verringern. In Anlehnung an ähnliche Fragestellungen im Forschungskanon zu internationalen Organisationen und Regimen wäre die Untersuchung der Auswirkungen multinationaler Kooperation auf die internationale und nationale Entscheidungsfindung im Bereich der Außen-, Sicherheits- und Verteidigungspolitik eine erkenntnisbringende Unternehmung.

Ein weiterer Forschungsstrang der Internationalen Beziehungen beschäftigt sich speziell mit der europäischen Integration und dem Herausbilden der europäischen Sicherheits- und Verteidigungspolitik. Cathleen Kantner und Sammi Sandawi betonen die gegenseitigen Abhängigkeiten, die durch die Vergemeinschaftungsbemühungen im Politikfeld Verteidigung entstehen und die die staatliche Souveränität einzuengen vermögen. Aus ihrer Sicht ist es „unter diesen Umständen zunehmend schwierig, militärische bzw. verteidigungspolitische Entscheidungen auf Grundlage rein nationaler Erwägungen zu treffen [...] Dies gilt insbesondere für jedwede Form der Einsatzentscheidungen, wodurch die jeweiligen Soldaten [und Soldatinnen] eines EU-Mitgliedstaates u.U. einem lebensbedrohlichen Risiko ausgesetzt werden" (Kantner/Sandawi 2012: 58).

Führt Multinationalität folglich zu einer Transformation von Staatlichkeit? Schließlich ist das Konstrukt Staat durch das Gewaltmonopol konstituiert, das er mithilfe von Streitkräften nach außen umsetzt. Weiter lässt sich fragen, ob die Praxis der Streitkräfteverflechtung in Europa die Integration des Politikfelds weiter befördert und, falls dies zu bejahen wäre, durch welche Mechanismen dies geschieht. Denkbar wären etwa die Sozialisierung militärischen Spitzenpersonals durch die Zunahme von multinationalen Verwendungen[4], aber auch eine größere gesellschaftliche Akzeptanz weiterer Integrationsschritte durch gelebte militärische Verflechtung.[5] In diesem Zusammenhang wird seitens der Politikberatung auch immer wieder das Ziel einer europäischen Armee thematisiert (BT 2018b; Vogel/Schulz 2020). Eher analytisch arbeitende Forscherinnen und Forscher scheinen sich jedoch einig zu sein, dass die heutigen multinationalen Verflechtungen

---

4 Mérand (2003: 277) stellt in einer Analyse von Befragungsdaten heraus, dass das Militär im Vergleich proeuropäischer als andere Teile der Gesellschaft ist und eine gemeinsame europäische Verteidigung von den befragten deutschen, britischen und französischen Offizieren als unvermeidlich angesehen wird.

5 Umfragedaten zu dieser speziellen Frage existieren nicht. Die jährliche Bevölkerungsbefragung „Sicherheits- und verteidigungspolitisches Meinungsbild in der Bundesrepublik Deutschland", die im Zentrum für Militärgeschichte und Sozialwissenschaften der Bundeswehr erstellt wird, betrachtet zwar im Zeitverlauf die Zustimmung zu NATO und EU-Verteidigungspolitik, stellt diese aber in politische und strategische und nicht in organisationspolitische Zusammenhänge (etwa Graf et al. 2022).

weder Vorboten noch Wegbereiter einer derartigen Streitmacht sind (etwa King 2005: 333).

Kantner und Sandawi weisen in dem oben wiedergegebenen Zitat implizit auf eine zweite Herausforderung der verteidigungspolitischen Verflechtung hin, nämlich die letztlich an das Konstrukt Staat gebundene Begründung für den Einsatz von Leib und Leben im nun europäischen Kontext. Auch diesem Problem hat sich die Forschung bereits wissenschaftlich genähert. So fragt Frédéric Mérand (2003) pointiert, ob Soldatinnen und Soldaten europäischer Staaten auch für die EU sterben würden (und antwortet auf der Grundlage von Befragungsdaten: nein).[6] Anne-Marie Søderberg und Merete Wedell-Wedellsborg konzeptualisieren mit den globalen Soldaten Gegenfiguren zur territorial-patriotischen, ethnisch weitgehend homogenen, langfristig eingebundenen und gleich gekleideten nationalen Truppe. Globale Soldatinnen und Soldaten dienen demnach in multinationalen Streitkräften, die ethnisch heterogen sind, unterschiedliche Uniformen tragen und die für eine Einsatzdauer von lediglich einigen Monaten zusammenkommen (Søderberg/ Wedell-Wedellsborg 2008: 183). Weitere sozialwissenschaftliche Forschung kann hier ansetzen und – nicht mehr nur auf der individuellen Ebene der Militärangehörigen (Ben-Ari/Elron 2001; Tomforde 2008, 2010) – den Einfluss von multinationaler Erfahrung auf die besondere Beziehung zwischen Streitkräften und Staat untersuchen.

3.2 Forschungsperspektive II: Bedingungen für Multinationalität

Die zweite, wesentlich seltener eingenommene Forschungsperspektive widmet sich den Bedingungen für das Zustandekommen, die Beibehaltung und Auflösung multinationaler Arrangements. Multinationalität selbst wird hier als soziopolitisches Phänomen verstanden, das an sich von sozialwissenschaftlichem Interesse ist und einer elaborierten Auseinandersetzung mit seinen Ausprägungen und Entstehungsbedingungen bedarf.

---

6 Dieses Ergebnis muss natürlich vor der Folie der „postheroischen" liberalen Gesellschaft interpretiert werden, in der Soldatinnen und Soldaten „angestellte, pensionsberechtige und karriereorientierte Militärpersonen" sind, „die einer Nation angehören, die Verluste nicht toleriert" (Luttwak 1995: 115), und die Leib und Leben nicht mehr ohne Weiteres für Staat und Nation einzusetzen bereit sind.

3.2.1 Forschungsbeiträge der Internationalen Beziehungen

In welchem Erklärungsraum bewegen sich Fragen nach den Bedingungen von Multinationalität? Es scheint naheliegend, ihn in der Theorienlandschaft der Internationalen Beziehungen zu verorten. Schließlich ist neben der Beschäftigung mit internationalen Institutionen und der internationalen politischen Ökonomie die internationale Sicherheitspolitik einer von drei Schwerpunkten dieser Disziplin. Theoretiker wie Hans Morgenthau (1954), Kenneth Waltz (1979) oder John Mearsheimer (1983) haben sich mit der Erklärung von Konflikten zwischen Staaten sowie mit Strategien befasst, die Staaten wählen, um mit diesen Konflikten umzugehen. Andere, etwa Robert Keohane (1984) oder Joseph Nye (2004), haben statt der Konflikte die Kooperationen zwischen Staaten zum Zentrum ihrer Forschung gemacht. Wieder andere haben die sicherheitspolitischen Kulturen von Staaten untersucht und gefragt, wie Selbst- und Fremdbilder sicherheitspolitisches Handeln beeinflussen (Katzenstein 1996; Wendt 1999).

Aus Sicht dieser drei großen Theorieströmungen in den Internationalen Beziehungen – Realismus, Liberaler Institutionalismus und Sozialkonstruktivismus – kann militärische Zusammenarbeit demnach zwischen den „drei K" Konflikt, Kooperation und Kultur angesiedelt werden. Sie kann sodann mit den drei „I" erklärt werden, die das jeweilige Leitmotiv dieser drei klassischen Theorieströmungen repräsentieren: Interessen, Institutionen und Identitäten.

Insbesondere die Erforschung militärischer Allianzen und Koalitionen profitierte bisher vom Rückgriff auf Theorien der Internationalen Beziehungen (etwa Schweller 1998; Walt 1987; Weber 1991; Weitsman 2004, 2014). Seltener allerdings werden diese Theorien als Erklärung für das Entstehen stärker integrierter Streitkräftearrangements herangezogen (Jones 2007; Klein/Kümmel 2000), zur Erklärung regionaler Unterschiede zwischen multinationalen Praktiken genutzt (Hemmer/Katzenstein 2003) oder gar mit einem Fokus auf die internen Prozesse innerhalb von Bündnissen angewendet (Kupchan 1988; Weber 1991).

Die Theorien der Internationalen Beziehungen fokussieren vornehmlich auf das Verhalten von Staaten sowie von internationalen Regierungs- und Nichtregierungsorganisationen. Sie beantworten daher Fragen nach dem Zustandekommen sicherheitspolitischer Kooperation, die in militärische Kooperation münden kann, aber nicht muss. Warum sich Staaten zu sicherheitspolitischen Kooperationen entschließen, hilft jedoch nicht zwangsläufig auch zu verstehen, warum sie sich militärisch für eine multinationale Zusammenarbeit entscheiden.[7] Aus diesem Grund

---

7 Als Ausnahme ist hier der Beitrag von Paul Klein und Gerhard Kümmel zu nennen, die die Multinationalisierung des Militärs in den Kontext der Globalisierung stellen. „Als Reaktion auf das glo-

beschränken sich die bisherigen Beiträge des Forschungsfeldes der Internationalen Beziehungen auf die Untersuchung von Allianzen und Koalitionen. Die Ebene der Organisation Militär wird weitgehend ausgeklammert. Aufgrund der unterschiedlichen Betrachtungsebenen lassen sich Forschungskontroversen aus der Allianz- und Koalitionsforschung nur schwerlich auf Fragen der kooperativen militärischen Substrukturen innerhalb von sicherheitspolitischen Kooperationsstrukturen übertragen.

3.2.2 Organisationstheoretische Ansätze

Streitkräfte sind soziale Organisationen (vgl. hierzu etwa Geser 1983). Kooperieren diese miteinander, entstehen zumeist institutionelle Arrangements. Aus diesem Grund bietet die Institutionen- und Organisationsperspektive eine alternative, vielversprechende theoriebasierte Annäherung an die Motive für die Gründung militärischer Kooperationsformate. Anders als das recht kohärente Wissenschaftsfeld der Internationalen Beziehungen mit seinem Erkenntnisinteresse zwischen Konflikt und Kooperation und seinen aufeinander bezugnehmenden Theoriesystemen ist die Organisationsforschung allerdings stark fragmentiert. Bürokratieanalysen, Managementlehren, Entscheidungstheorien, Ecology-Ansätze und Systemtheorien, um nur einige zu nennen, betrachten Organisationen aus den unterschiedlichsten Blickwinkeln und mit ganz verschiedenen Erkenntniszielen (Kieser/Ebers 2019). Um Fragen nach den Bedingungen multinationaler Formate zu beantworten, bieten sich makroinstitutionalistische Perspektiven an, die Organisationen im Wechselspiel mit ihrer Umwelt konzeptualisieren.

Welche Organisationen am besten für eine bestimmte Aufgabe geeignet sind, also welche Organisationen bestimmte Funktionen am effektivsten erfüllen, untersuchen makroperspektivische Organisationstheorien. Eine Grundannahme ökonomischer Theorieansätze ist, dass Akteure grundsätzlich rational handeln, auch wenn ihre Rationalität durch unzureichende Informationen eingeschränkt ist. Ökonomische Erklärungsansätze kommen beispielsweise bei der wissenschaftlichen Bewertung von militärischer Beschaffungspraxis (Franck/Melese 2008) zum Einsatz, bei der Privatisierung militärischer Funktionen (Fredland 2004) oder bei

---

bale Ausmaß potenzieller Sicherheitsbedrohungen und auch als Reaktion auf das Entstehen und Wachsen weltgesellschaftlicher, kosmopolitischer Einstellungen in modernen Gesellschaften und den daraus folgenden humanitären Impulsen", beobachten die Autoren, „haben die internationale Gemeinschaft und ihre Akteure ihre Bemühungen um eine multinationale militärische Zusammenarbeit verstärkt" (Klein/Kümmel 2000: 315).

der Effizienz stehender Verbände und Bereitschaftsverbände (Parai 2006). Auch die Streitkräftekooperation wurde bereits mit ökonomischen Erklärungsansätzen beforscht, zum Beispiel die Verteilung von Kosten zwischen den Teilnehmerstaaten in Allianzen (*burden sharing*) (Cimbala/Forster 2010; Forster/Cimbala 2005; Hartley 2020; Henke 2019; Olson/Zeckhauser 1966).

Andere Studien widmen sich der Effizienz von multinationalen Arrangements. So stellen Keith Hartley und Derek Braddon fest, dass die Anzahl der beteiligten Nationen keine negative Auswirkung auf die Effizienz eines militärischen Fähigkeitsentwicklungsprojekts hat (Hartley/Braddon 2014). Zu einem ähnlichen Ergebnis kommt Olivier Schmitt (2018) bei seiner Untersuchung militärischer Koalitionen. Aus institutionenökonomischer Perspektive ist ein multinationales Arrangement daher Ausdruck einer rationalen Entscheidung für das effizienteste und effektivste Format, um einen strukturellen, prozessualen oder handlungsorientierten Zweck zu erfüllen.

Neoinstitutionalistische organisationstheoretische Ansätze hinterfragen die institutionenökonomische Annahme, dass die Struktur einer Organisation ihren Auftrag widerspiegelt. Nicht Effizienzgesichtspunkte, sondern die komplexen Anforderungen aus der institutionellen Umwelt, in die eine Organisation eingebettet ist, formen aus dieser Perspektive die Strukturen von Organisationen (DiMaggio/Powell 1991 [1984]). Nach neoinstitutionalistischer Logik müssen Existenz und Erscheinungsbild militärischer Organisationen und multinationaler Formate nicht unbedingt nur durch strategische und operative Notwendigkeiten oder Kosten-Nutzen-Kalküle bedingt sein. Es sind vielmehr auch die Vorstellungen und Erwartungen aus der institutionellen Umwelt einer Organisation, die sie prägen und die definieren, wann die Organisation als effektiv und effizient gilt. Selbst die in offiziellen Verlautbarungen genannten strategischen und effizienzbasierten – und somit rationalen – Gründe für die Aufstellung militärischer Truppenkörper spiegeln aus Sicht des Neoinstitutionalismus lediglich einen Rationalitätsmythos wider, da Rationalität als soziale Konstruktion angesehen wird (Meyer/Rowan 1991 [1977]). Nur dann, wenn eine Organisation die Vorstellungen und Erwartungen ihrer institutionellen Umwelt erfüllt, erscheint sie als legitim. Darüber hinaus erhalten nur legitim erscheinende Organisationen von ihrer Umwelt jene Unterstützungsleistungen, die sie zu ihrem eigenen Fortbestand benötigen. Bisher wurde diese neoinstitutionalistische Perspektive jedoch nur selten eingenommen, um die Bedingungen multinationaler Kooperation im Militär zu untersuchen (etwa Corbe 2018a, 2018b).

Dabei lassen sich sowohl mit rationalistischen als auch mit institutionalistischen, legitimitätsbasierten Argumentationen Aspekte militärischer Kooperation erklären. Bei der Aufstellung multinationaler Formate liegen fast immer rationalistische *und* legitimitätsbasierte Argumentationen vor, auch wenn sie in verschiedenen Kontexten unterschiedlich stark auftreten. Forschung zu den Entstehungsgründen von Multinationalität kann an dieser Stelle ansetzen und untersuchen, warum Staaten sich entschließen, multinationale Formate zu etablieren. Insbesondere mikroanalytische Ansätze sind geeignet, die Gründe für die Aufstellung multinationaler Formate zu ermitteln. Bürokratiepolitische oder akteurszentrierte Ansätze ermöglichen beispielsweise die Analyse verschiedener Interessens- und Machtkonstellationen bei der Gründung multinationaler Formate und können kausale Zusammenhänge aufdecken. Die Analyse von Absichten, Motiven und Begründungen für die Aufstellung multinationaler Arrangements, wie sie in offiziellen Dokumenten zu finden sind oder in persönlichen Aussagen von Entscheidungsträgerinnen und Entscheidungsträgern getätigt werden, kann ebenfalls zur Erklärung multinationaler Kooperationsformate beitragen (etwa Heier 2019; Madej 2019b).

Um einen ersten Anstoß zu weiterer Forschung zur Entstehung von multinationaler Kooperation zu geben, findet sich in diesem Buch ein Exkurs (Kapitel 8) zu den Motiven, die bei der Gründung multinationaler Arrangements in Europa vorliegen. Der Exkurs diskutiert die unterschiedlichen Begründungen für das Eingehen solcher Verflechtungen. Zudem ordnet er die Begründungen in rationalistische und legitimitätsbasierte Handlungsmotivationen.

3.3 Schlussbetrachtungen

In diesem Kapitel wurde dargelegt, dass zwei Forschungsperspektiven auf das Thema Multinationalität miteinander konkurrieren. Eine recht ergiebige Forschungslage existiert zu den Auswirkungen multinationaler Kooperation auf militärische Organisationen und ihre Angehörigen. Zudem berührt multinationale Kooperation Aspekte von Staatlichkeit und die strategischen Kulturen beteiligter Staaten. Explizite Forschungsschwerpunkte hierzu konnten zwar nicht ausgemacht werden, Wissenschaftler und Wissenschaftlerinnen könnten diese Aspekte künftig jedoch in den Blick nehmen.

Weniger komfortabel präsentiert sich der Stand der Forschung zu den Entstehungsbedingungen von Multinationalität. Mit Ausnahme der Allianz- und Koalitionsforschung gibt es für die Frage nach dem Zustandekommen militärischer Zusammenarbeit auf der Ebene der militärischen Organisation keine thematischen Schwerpunkte. Organisationssoziologische Forschung könnte hier neue Erkenntnisse generieren. Der Frage nach dem Wozu militärischer Kooperation wird sich denn auch mithilfe einer organisationssoziologischen Betrachtung in Kapitel 8 angenähert.

4 Multinationalität ordnen

Multinationalität hat viele Facetten: die über viele Staaten Europas und Nordamerikas verteilte integrierte NATO-Kommandostruktur, das im polnischen Szczecin (Stettin) beheimatete Multinational Corps Northeast (MNC NE), die im Halbjahresrhythmus aus nationalen Streitkräften immer wieder neu zusammengestellten EU-Battlegroups, das Framework Nations Concept als arbeitsteiliges Prinzip einer gemeinsamen Fähigkeitsentwicklung und die Sicherheits- und Wiederaufbaumission ISAF (2002–2014). In all diesen Formaten haben verschiedene nationale militärische Organisationen miteinander kooperiert. Allerdings unterscheiden sie sich in wesentlichen Aspekten ihrer Funktionalität und Institutionalisierung so stark, dass sie scheinbar kaum in Beziehung zu anderen Instanzen militärischer Multinationalität gesetzt werden können.

Im Fall von militärischer Multinationalität ist es daher nicht ausreichend, lediglich eine klare Definition des Phänomens zu entwickeln. Es ist außerdem angezeigt, verschiedene Ausprägungen von Multinationalität zu identifizieren, sie in einen Zusammenhang zu stellen und mithilfe von Klassifikationen zu ordnen.

Erste Versuche, Fälle militärischer Multinationalität zu klassifizieren, wurden in den 1990er und 2000er Jahren im Zuge der Erforschung stehender Truppenkörper unternommen (Durell-Young 1997; Gareis 2006b; Gareis/vom Hagen 2004: 25 f.; Klein/Haltiner 2004). Hierbei wurde empirisch-konzeptionell zwischen horizontaler und vertikaler Kooperation unterschieden (etwa Gareis 2015: 171). Unter horizontaler Kooperation werden die „eher lose[n] Verbindungen von nebeneinander angeordneten Streitkräftekontingenten verschiedener Staaten verstanden, wie sie historisch in zahlreichen Allianzen und unter dem Dach der gemeinsamen NATO-Kommandostruktur bestanden und in der Gegenwart etwa in Friedenseinsätzen der Vereinten Nationen oder in *coalitions of the willing* zum Einsatz kommen" (Gareis 2015: 171). Vertikale Integration bedeutet die „multinationale Durchmischung von den Hauptquartieren über die Verbände bis hinein in die Einheiten" (ebd.: 172).

Eine weitere Ordnung basiert auf der Rolle der beteiligten Nationen in den Truppenkörpern. Thomas Durell-Young unterscheidet multinationale Truppenkörper in den Landstreitkräften Europas in den 1990er Jahren nach Lead Nation/Framework-Formationen und bi-/multinationalen Formationen. Im ersten Modell wird ein Truppenkörper von einer Nation finanziert und geführt, während andere Nationen weiteres Personal zur Verfügung stellen. Im zweiten Modell bilden die Nationen gemeinsam und gleichberechtigt multinationale Truppenkörper (Durell-Young 1997: 18).

In der weiteren Ausdifferenzierung dieses Ordnungsansatzes stülpt eine Reihe von Autoren (Bergmann 2006; Gareis 2006b: 362–364; 2015: 173 f.; Klein 2008:

https://doi.org/10.1515/9783111589657-004

100–102) nicht ganz trennscharf, wie weiter unten ausgeführt wird, der Streitkräftekooperation in stehenden Truppenkörpern unterschiedliche Betrachtungsmodelle über:

– erstens das *Modell der ständigen oder zeitweisen Unterstellung* von nationalen Verbänden unter ein anderes nationales oder multinationales Hauptquartier,

– zweitens das *Lead-Nation-Modell*, bei dem ein überwiegend aus Soldatinnen und Soldaten einer Nation bestehendes Hauptquartier Kontingente auch aus anderen Staaten führt,

– drittens das *Framework-Nation-Modell*, bei dem ein Staat einen „administrativen, führungstechnischen und logistischen Rahmen" (Gareis 2015: 173) stellt und andere Staaten sich mit kleineren Beiträgen einbringen können, sowie

– viertens das *Modell der vertieften Integration*, in dem die kooperierenden Nationen gleichberechtigt an der Aufstellung eines Verbands beteiligt sind.

Diese Unterteilung von Multinationalität nach horizontaler und vertikaler Integration sowie nach den Modellen Unterstellung, Lead-Nation, Framework-Nation und vertiefte Integration ist mittlerweile in der militärsoziologischen Literatur etabliert und wird auch in aktuellen Überblicks- und Wörterbuchbeiträgen zum Thema reproduziert (etwa Maniscalco 2018: 539 f.).

Die Unterteilung nach horizontaler und vertikaler Integration erfüllt die wissenschaftlichen Anforderungen an eine Klassifikation, denn sie ist umfassend und eindeutig. Sie gilt für jeden empirischen Fall und ist derart gebildet, dass kein Fall zwei Klassen zugeordnet werden kann (Bailey 1994: 3; Lazarsfeld/Barton 1951: 157). Die Ausdifferenzierung multinationaler Arrangements in die genannten Modelle hingegen muss kritisch betrachtet werden. Multinationalität wird zum einen lediglich auf feste militärische Truppenkörper beschränkt. Die Klassifikation erfasst somit andere Formen militärischer Kooperation nicht und blendet bestimmte Formen multinationaler Zusammenarbeit aus. Beispielhaft seien hier die multinationalen Militärakademien genannt. Die Klassifikation ist somit nicht erschöpfend. Ein weiteres Problem betrifft die Unterscheidung und Benennung der vier Gliederungstypen. Diese sind, wie der Begriff der Multinationalität selbst, aus der Praxis entlehnt und nicht unter deskriptiven oder gar analytischen Gesichtspunkten entwickelt worden. Lead-Nation, Framework-Nation und Deep(er) Integration beziehungsweise vertiefte Integration finden sich bereits in den 1990er Jahren in offiziellen Publikationen verteidigungspolitischer Institutionen (z.B. WEU 1995; BMVg 1995b) und militärfachlichen Beiträgen (von Steinaecker 1997; Wilde 1991). Sie wurden zunächst in der deutschen wehrrechtlichen Literatur aufgegriffen (Fleck 2000; Kleine 2003; Stein 1998) und erst seit den 2000er Jahren durch Militärsoziologinnen und -soziologen rezipiert.

Alle bereits im Zusammenhang mit der Übernahme von Begriffen aus der Praxis (vgl. Kapitel 2.3.2) diskutierten Herausforderungen treffen auch hier zu. Vor allem die analytische Trennschärfe – eine Grundbedingung jeder Klassifikation – ist nicht gegeben. Das zeigt sich besonders deutlich im Fall des Lead-Nation- und des Framework-Nation-Modells. Die beiden unterscheiden sich nur in Nuancen und werden oftmals synonym verwendet. Die Klassifikation ist also nicht nur nicht umfassend, sondern auch nicht eindeutig. Folglich weist die „Joint Publication" zu multinationalen Operationen der US-Streitkräfte zukünftige Kommandeure multinationaler Truppen ausdrücklich auf die Begriffsgleichheit der beiden Verflechtungsansätze hin: „US forces may encounter the term framework nation, which is defined in NATO, the EU, and UN documents to describe a LN [Lead Nation] for an operation" (U.S. DoD 2019b: 38 f.).[1]

Die bisher verwendeten Klassifikationen erscheinen als nicht ausreichend für eine deskriptive und analytische Annäherung an Multinationalität. In dieser Arbeit soll deshalb ein neuer Vorschlag gemacht werden, mit dem multinationale Arrangements erfasst und voneinander unterschieden werden können. Wie kann nun aber eine klare Klassifizierung multinationaler Arrangements gelingen?

Je nach Erkenntnisinteresse können zunächst einfache, direkt beobachtbare und deskriptive oder anspruchsvollere, analytische Unterscheidungskriterien sinnvoll sein.[2] Einige Beispiele für deskriptive Klassifikationen von Multinationalität seien hier genannt: Territorialität kann anzeigen, ob die Kooperation in einem geografischen Zusammenhang steht. Die militärische Hierarchieebene gibt an, ob Kooperation auf strategischer oder auch auf operativer oder taktischer Ebene stattfindet. Auch die Teilnehmerzahl von multinationalen Strukturen oder die Dauer der Streitkräftekooperation, also die zeitliche Dimension, können Unterscheidungskriterien für multinationale Zusammenarbeit sein.

Abstrakter, aber auch gehaltvoller ist eine Unterscheidung nach dem Funktionszusammenhang. Eine derartige Unterscheidung trifft Aussagen darüber, welchem Zweck Kooperation dient und in welchem Bereich der Organisation sie stattfindet. Diese Bereiche werden unter Zuhilfenahme abstrakter oder theoretischer Annahmen identifiziert. Eine Unterscheidung nach Funktionszusammenhang ist demnach eine konzeptuell-empirische. Weitere Klassifikationen sind

---

1 Zitat aus Gründen der Nachvollziehbarkeit im engl. Original. In einer Publikation des Bundesverteidigungsministeriums aus dem Jahr 1995 wird das Framework-Konzept in einer weiteren Abwandlung seines Gehalts als Mischform zwischen dem Lead-Nation-Konzept und dem Integrationskonzept beschrieben (BMVg 1995a: 21).
2 Bailey (1994: 3) unterscheidet zwischen konzeptuellen, empirischen, in der vorliegenden Arbeit als deskriptiv bezeichnet, sowie kombinierten konzeptuell-empirischen, hier analytischen, Klassifikationen.

denkbar. So könnte beispielsweise der Grad der Integration multinationaler Arrangements unterschieden werden.

Im Folgenden sollen die deskriptiven Ordnungen nach zeitlicher Dimension, nach Territorialität und nach militärischer Hierarchieebene sowie die konzeptuell-empirische Klassifikation nach Funktionszusammenhang näher erläutert werden, da sie für die Untersuchung multinationaler Verflechtung in Europa besonders gewinnbringend erscheinen.

4.1 Zeitlichkeit

Multinationale Arrangements können von vorab begrenzter oder unbegrenzter Dauer sein. So existieren multinationale stehende Hauptquartiere, wie das Allied Rapid Reaction Corps (ARRC) im Vereinigten Königreich, seit vielen Jahren, während multinationale Operationshauptquartiere in Einsatzgebieten zumeist nur für kürzere Zeiträume bestehen.

Zweck und Struktur müssen nicht zwangsläufig die gleiche zeitliche Begrenzung aufweisen. In einigen multinationalen Formaten ändert sich die Zusammensetzung beständig durch die Rotation ihrer Einheiten. Die European Maritime Force (EUROMARFOR), in die Frankreich, Italien, Portugal, Spanien, Griechenland und die Türkei Schiffe entsenden, hat ein permanentes „Dach" in Form einer politisch-rechtlichen Vereinbarung. Jährlich wechseln der Stationierungsort und das Hauptquartier zwischen den Teilnehmerstaaten. Auch die Zusammensetzung der in die Flotte abgestellten Schiffe verändert sich fortwährend. Umgekehrt können stehende Strukturen ihren Gründungszweck überdauern. Das Headquarters Allied Land Forces Schleswig-Holstein and Jutland (HQ LANDJUT) ist hierfür ein Beispiel. Es existierte ab 1962 mit einem klaren Verteidigungsauftrag im Ost-West-Konflikt. Später bildete es den Kern des 1999 neu aufgestellten Headquarters Multinational Corps Northeast, das zunächst vorrangig als ein Vehikel der militärischen Integration Polens in die NATO diente, bevor es ab 2014 zu einem zentralen Führungsknoten für die Bündnisverteidigung gegen die Russländische Föderation, im Weiteren kurz: Russland, wurde.

Die zeitliche Dimension multinationaler Formate lässt sich durch eine Kreuztabellierung von Zweck (langfristig/nicht langfristig) und Struktur (langfristig/nicht langfristig) in vier Typen unterteilen (siehe Abbildung 6).

Es gibt erstens Formate, deren Zweck und Strukturen unbefristet ausgelegt sind, wobei die zeitlich unbegrenzte Gültigkeit natürlich immer kontextabhängig ist. Viele multinationale Hauptquartiere können diesem Cluster zugeordnet werden, ebenso Truppenkörper, die überwiegend aus Landstreitkräften bestehen.

Daneben existieren Formate, deren institutioneller Existenzrahmen dauerhaft angelegt ist, denen militärische Einheiten jedoch nur für eine begrenzte Dauer zugewiesen werden. Hierunter fallen maritime Flottenverbände. Grundsätzlich trifft das auch für die meisten jener multinationalen Korps in Europa zu, deren permanent bestehenden Korps-Hauptquartieren nur zeitweise Truppenkörper zugewiesen werden.

Ein drittes Cluster weist die Merkmale nicht langfristiger Zweck und nicht langfristige Struktur auf. Die meisten militärischen Operationen und Übungen fallen in diese Kategorie.

Das verbleibende vierte Cluster ist durch dauerhaft angelegte Strukturen und einen nicht dauerhaften Zweck charakterisiert. In dieses Cluster fallen multinationale Arrangements, wenn sie sich in einer Umbruchsphase befinden, etwa weil sie ihren Zweck überlebt haben und mit neuen Aufgaben bedacht werden (siehe etwa wiederum das HQ LANDJUT). Nicht zuletzt ist die NATO selbst ein Beispiel dafür, dass institutionelle Strukturen ein Beharrungsvermögen haben und wandlungsfähig sind, selbst wenn der ursprüngliche Zweck ihrer Aufstellung nicht mehr gegeben ist.

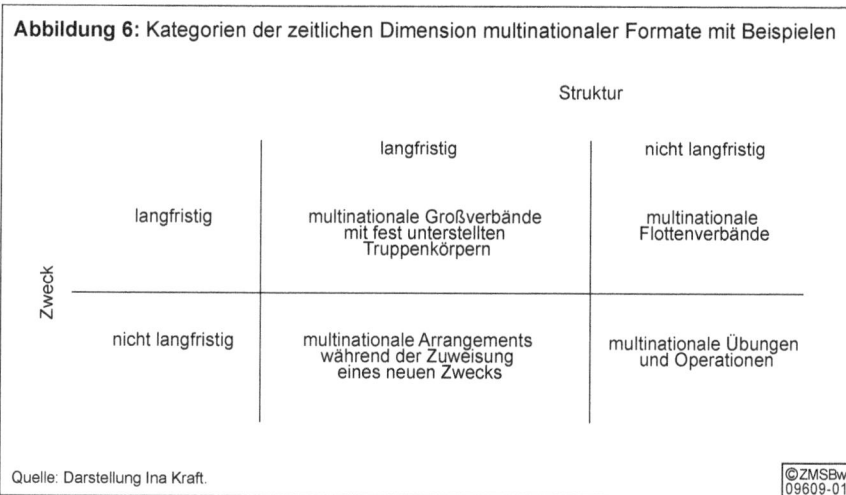

Abbildung 6: Kategorien der zeitlichen Dimension multinationaler Formate mit Beispielen

	Struktur	
	langfristig	nicht langfristig
langfristig	multinationale Großverbände mit fest unterstellten Truppenkörpern	multinationale Flottenverbände
nicht langfristig	multinationale Arrangements während der Zuweisung eines neuen Zwecks	multinationale Übungen und Operationen

Zweck

Quelle: Darstellung Ina Kraft.

©ZMSBw
09609-01

4.2 Räumlichkeit

Nähe und Distanz – das sind die Leitdifferenzen der Klassifikation multinationaler Arrangements nach Räumlichkeit. Militärische Multinationalität ist Ausdruck geteilter Interessen und ähnlicher Wahrnehmungen von Bedrohungen. Dies ist in Europa oftmals unter Staaten derselben Region gegeben. Die Regionalorganisationen EU und NATO sind ebenso Ausdruck einer derartigen Interessens- und Perzeptionskonvergenz wie die vielfältigen Kooperationsbeziehungen zwischen den Streitkräften benachbarter Staaten. So arbeiten zum Beispiel Luxemburg, Belgien und die Niederlande seit Jahrzehnten beim strategischen Lufttransport und im Rahmen eines gemeinsamen Flottenkommandos zusammen (Heise 2005: 8).

Nachbarschaften können ebenso von Konflikten gezeichnet sein. In diesen Fällen ist die Streitkräftekooperation eine Besonderheit. Nachbarschaftliche Konflikte können multinationale Formate schwächen. Hier sei das Abkommen „Berlin Plus" zwischen EU und NATO von 2003 erwähnt, das unter anderem den Rückgriff der EU auf NATO-Kommandostrukturen regelt. Seit dem Beitritt Zyperns zur EU im Jahr 2004 ist die Berlin-Plus-Option de facto kaum mehr möglich, da aufgrund des Zypernkonflikts von türkischen, zyprischen oder griechischen Vetos ausgegangen werden muss, wenn über eine Hauptquartierslösung gemäß Berlin Plus entschieden wird (Acikmese/Triantaphyllou 2012).

Streitkräftekooperation ist jedoch manchmal auch ein Vehikel für nachbarstaatliche Annäherung. In kaum einem anderen europäischen Regionalformat wird das augenscheinlicher als bei der South-Eastern Europe Brigade (SEEBRIG), die 1998 gegründet worden ist. Zu den sieben Mitgliedern zählen auch Nordmazedonien – von 1991 bis 2019 Mazedonien – und Griechenland. Angesichts des zwischen beiden Staaten jahrzehntelang ausgetragenen Namensstreits war deren militärische Zusammenarbeit keine Selbstverständlichkeit. Damit diese multinationale Brigade überhaupt operationsfähig war, bedurfte es einer ausgeklügelten administrativen Regel, die sicherstellte, dass weder in der externen noch in der internen Kommunikation der Name der Republik Mazedonien offiziell genannt würde. So wurde vereinbart, die Namen der beteiligten Staaten in Schriftstücken und mündlichen Statements der SEEBRIG generell nicht zu nutzen (siehe noch einmal ausführlicher den entsprechenden Abschnitt im Kapitel 5.2.3.3).

Letztlich bestehen multinationale Arrangements auch über größere Distanzen hinweg, wie die Zusammensetzung zahlreicher Operationen der Vereinten Nationen zeigt. So nahmen beispielsweise mit Stand November 2022 an der United Nations Interim Force in Lebanon über 10.000 Militärangehörige aus 48 truppenstellenden Staaten von mehreren Kontinenten teil (UNSG 2022).

4.3 Hierarchieebene

Militärische Organisationen sind hierarchisch aufgebaut und gemeinhin werden im Militär verschiedene Kommandoebenen (strategische, operative, taktische Ebene) und Gliederungsebenen für Truppenkörper (Großverband, Verband, Einheit) unterschieden.

Zu Zeiten des Ost-West-Konflikts kooperierten Streitkräfte in Europa vor allem auf der Ebene der Kommandos. Multinationale Truppenkörper gab es nur wenige. Dies änderte sich in den 1990er Jahren zunächst durch die Aufstellung von multinationalen Korps. Seit den 2000er Jahren finden sich vermehrt auch Verflechtungen auf den unteren militärischen Organisationsebenen.

Die Klassifikation nach militärischer Hierarchieebene kann, das muss an dieser Stelle einschränkend erwähnt werden, nur einen Teil militärischer Multinationalität abdecken: die militärischen Strukturen. Die Klassifikation ist besonders hilfreich, um strukturelle multinationale Arrangements in Form von Kommandos, Hauptquartieren und Verbänden zu ordnen. Andere multinationale Formate, beispielsweise die Zusammenarbeit bei der militärischen Fähigkeitsentwicklung, entziehen sich dem formalen Aufbau der militärischen Hierarchie und sind durch dieses Modell nicht zu erfassen.

4.4 Funktionszusammenhang

Eines der bekanntesten und meistgenutzten Modelle in der vergleichenden Politikwissenschaft ist David Eastons Politikprozess-Modell (Easton 1965). Dieses schematische und im Laufe der Zeit verfeinerte Modell (Almond/Powell 1978) konzeptualisiert staatliches Handeln zunächst dreigestaltig, wobei (1) das politische System (2) Anforderungen und Unterstützungsleistungen aus seiner Umwelt in (3) operative Tätigkeiten umwandelt. Darüber hinaus setzt es die drei Elemente in einem Fließmodell in kausale Beziehungen zueinander. Ähnliche Input-Output-Modelle finden sich in der Organisationstheorie (etwa Pfeffer/Salancik 1978).

Diese konzeptuelle Dreiteilung in Strukturen (1), Prozesse (2) und Aktivitäten (3) ist ein vielversprechender Ansatz, um die Facetten des vielschichtigen Phänomens Multinationalität zu unterscheiden. Multinationalität soll daher im Folgenden als Struktur-, Prozess- und Handlungsprinzip verstanden werden.

Als Strukturprinzip kann Multinationalität erstens bei der Analyse von Aufstellung und Betrieb militärischer Truppenkörper und Kommandos (militärische Strukturen im engeren Sinne) gewinnbringend eingesetzt werden. Kapitel 5 stellt die gegenwärtigen multinationalen Strukturen in Europa vor.

Zweitens ist Multinationalität ein Prozessprinzip, das greift, wenn Anforderungen und Unterstützungsleistungen aus der institutionellen Umwelt der militärischen Organisation verarbeitet werden. Damit Streitkräfte ihre gesellschaftlich und politisch vorgegebenen Aufgaben wie Verteidigung, internationale Kriseninterventionen oder Katastrophenhilfe erfüllen können, benötigen sie unter anderem spezialisiertes Material und ausgebildetes Personal. Um diesen Bedarf zu decken, unternehmen militärische Organisationen ihrerseits Anstrengungen zum Beispiel in den Prozessbereichen Fähigkeitsentwicklung, Beschaffung und Ausbildung. Bei der Generierung dieser Fähigkeiten kooperieren die europäischen Streitkräfte zunehmend. Vormals nationale Prozesse zur militärischen Bedarfsdeckung wurden im Lauf der Zeit multinational organisiert.

Drittens ist Multinationalität ein Handlungsprinzip, das die Durchführung von militärischen Einsätzen oder anderen Aufgaben des Militärs bestimmt. So werden die meisten Militäroperationen in einem Verbund mehrerer Staaten geführt. Dabei treten auch Grenzfälle multinationaler Zusammenarbeit auf. Im Libyen-Konflikt beispielsweise fand sich nach der Resolution des VN-Sicherheitsrates vom 17. März 2011 zunächst eine Koalition von Staaten zusammen, die koordinierte, jedoch parallele, national geführte militärische Operationen in Libyen unternahmen: die Opération Harmattan Frankreichs, die Operation Odyssey Dawn der USA sowie die Operation Ellamy des Vereinigten Königreichs. Diese für kurze Zeit eigenständigen Operationen innerhalb einer militärischen Koalition können als Grenzfall von Multinationalität verstanden werden. Zwei Wochen später, am 31. März 2011, übernahm die NATO die Führung des Militäreinsatzes und brachte so die nationalen Einsätze in einem gemeinsamen Operationsraum zusammen.

Zusammenfassend hat Multinationalität also unterschiedliche Funktionen: die Aufstellung von Truppenkörpern und anderen Strukturen, die Herstellung militärischer Handlungsfähigkeit sowie die Durchführung von Einsätzen und anderen Aufgaben, also militärischer Aktivitäten. Die drei Funktionszusammenhänge bedingen einander nicht. Multinationale Truppenkörper können beispielsweise ihren Ausrüstungsbedarf durch nationale Beschaffungsverfahren decken, und nationale Verbände können in multinationale Einsätze gehen.

Die Unterscheidung nach Funktionszusammenhängen hat den Vorteil, viele Ausprägungen von Multinationalität zu erfassen, anders als es beispielsweise die Klassifikation nach militärischer Hierarchieebene zulässt. Zugleich erlaubt sie eine klare Unterscheidung von Fällen multinationaler Kooperation.

Allerdings sind die Merkmalsausprägungen auch dieser Klassifikation an ihren Rändern nicht immer trennscharf: Für militärische Operationen werden beispielsweise regelmäßig Ad-hoc-Strukturen gebildet. Manche dieser Strukturen existieren seit Jahrzehnten und überdauern so die Lebenszeit einiger multinationaler Truppenkörper. Auch multinationale Prozesse laufen innerhalb von Strukturen ab. Ein Beispiel hierfür sind die über den europäischen Kontinent verteilten, multinational aufgestellten NATO Centres of Excellence (COE). Sie dienen vorrangig der Verbreitung militärfachspezifischen Wissens und von *best practices*. Zudem stellen sie Ausbildung- und Trainingskapazitäten von militärischem Spezialpersonal in ausgewählten Kompetenzbereichen wie Cyber-Verteidigung, Krisenmanagement, Katastrophenhilfe oder Energiesicherheit bereit. Bei den COE handelt es sich also zuvorderst um Prozessstrukturen, die die Entwicklung militärischer Fähigkeiten befördern. Zugleich weisen sie einen unmittelbaren sicherheitspolitischen Mehrwert auf, insbesondere dann, wenn sie durch die bloße Anwesenheit von NATO-Personal als „Stolperdraht" gegen Russland im östlichen Bündnisgebiet zur militärischen Abschreckung beitragen.

Trotz dieser Einschränkungen bietet die Kategorisierung nach Funktionszusammenhang die Möglichkeit, multinationale Kooperation im Militär systematisiert zu betrachten, sie einer strukturierten und fokussierten Analyse zuzuführen und dadurch jene Bedingungsmuster offenzulegen, die hinter multinationalen Formaten stehen. Ihr Potenzial liegt des Weiteren darin, den Grad multinationaler Verflechtung in Streitkräften verschiedener Staaten vergleichend zu untersuchen.

4.5 Schlussbetrachtungen

Die vorgestellten theoretischen Überlegungen strukturieren auf den nächsten Seiten die Betrachtungen von militärischer Multinationalität in Europa. Die Ordnung in die Kategorien Strukturen, Prozesse und Aktivitäten mündet im Folgenden in die drei entsprechenden Kapitel. Zugleich erlaubt die Einbeziehung der zeitlichen und räumlichen Dimension sowie der militärischen Hierarchieebene sowohl die weitere Strukturierung als auch die Gruppierung nach Merkmalsausprägungen und damit die deskriptive Analyse von Häufungen.

5 Multinationale Strukturen

Dieses Kapitel stellt zunächst die historische Entwicklung multinationaler Strukturen in West- und Mitteleuropa dar, denn die grundlegenden Organisationsprinzipien multinationaler Strukturen, wie wir sie heute kennen, waren bereits zur Zeit des Ost-West-Konflikts angelegt, wenn auch weniger umfangreich und weniger ausdifferenziert als heute. Im Anschluss daran werden die multinationalen Strukturen ab 1990 aufgezeigt: erstens multinationale Kommando-, Planungs- und Führungsstrukturen, zweitens multinationale Truppenkörper und drittens nationale Strukturen mit multinationalen Anteilen.

5.1 Die Entwicklung multinationaler Strukturen in Europa

Ein Großteil der heutigen multinationalen Arrangements in Europa ist nach dem Ende des Ost-West-Konflikts entstanden, als die NATO eine „Welle multinationalen Enthusiasmus" (Durell-Young 1997: 2) erlebte. Der Ursprung des heutigen Facettenreichtums liegt jedoch bereits in den 1940er Jahren, in der Kooperation der alliierten Streitkräfte während des Zweiten Weltkriegs.[1] Zwar kämpften auf der Seite der Alliierten zumeist eigenständige nationale militärische Verbände. Die britischen und US-amerikanischen Streitkräfte richteten indes recht rasch die operative Führung an multinationalen Prinzipien aus. Dies manifestierte sich zunächst insbesondere bei der Operationsführung in Südeuropa und in Nordafrika, für die sie 1942 ein gemeinsames Hauptquartier, das Allied Forces Headquarters (AFHQ), im Vereinigten Königreich aufstellten.

Schon zeitgenössischen Historikern, die sich mit der Organisationsgeschichte des AFHQ befassten, war die Einzigartigkeit dieser Struktur bewusst, denn sie beschrieben es als „das erste militärische Hauptquartier, das jemals durch das

---

1 Bereits vor der US-amerikanisch-britischen Kooperation gab es Fälle von Streitkräftezusammenarbeit. Im preußischen Generalstab des 19. Jahrhunderts waren beispielsweise Offiziere aus anderen deutschen Staaten eingesetzt. Während des Boxeraufstands in China (1900–1901) führte das Armee-Oberkommando des deutschen Heeres für einen kurzen Zeitraum neben den eigenen deutschen auch die englischen, französischen, italienischen, japanischen, russischen und US-amerikanischen Truppen. Allerdings war das Oberkommando selbst rein national aufgestellt (Leonhard 2009). Beim Supreme War Council, der 1917 gegründet wurde, um die Operationen des Vereinigten Königreichs, Frankreichs und Italiens im Ersten Weltkrieg zu koordinieren, handelte es sich in erster Linie um ein politisches Koordinationsgremium und nicht um ein militärisches Hauptquartier (Greenhalgh 2005: 173; McCrae 2019). Diese und andere Fälle militärischer Kooperation können somit als Vorläufer beziehungsweise Grenzfälle multinationaler Kooperation verstanden werden.

https://doi.org/10.1515/9783111589657-005

Kombinieren und Integrieren des Personals zweier verschiedener Nationalitäten organisiert wurde" (AFHQ 1945: iii). Sie bezeichneten das Hauptquartier zudem als ein „bedeutendes Experiment in der kombinierten Kommando- und Stabsarbeit zweier alliierter Nationalitäten mit unterschiedlichen Stabsverfahren" (ebd.: viii).

Eine weitere multinationale Organisationeinheit britischer und US-amerikanischer Streitkräfte im Zweiten Weltkrieg war das Ende 1943 aufgestellte Supreme Headquarters Allied Expeditionary Forces Europe (SHAEF) (siehe Morgan 1950; SHAEF/Office of the Chief of Military History 1944). Nicht nur dessen Bezeichnung, sondern auch seine Organisations- und Funktionsprinzipien bildeten den direkten Vorläufer des militärischen NATO-Hauptquartiers (Supreme Headquarters Allied Powers Europe, SHAPE), das seit 1951 besteht (Wood 1952). Bei der Gründung der NATO spielten das Vereinigte Königreich und die USA die bestimmende Rolle (Goodpaster 1955). Das schlug sich insbesondere in der militärischen Organisation des Bündnisses nieder. Die Erfahrungen und Erkenntnisse aus der Zusammenarbeit zwischen 1939 und 1945 wurden als Grundprinzipien fortgeschrieben und an die neuen Erfordernisse angepasst. So wurde General Dwight D. Eisenhower, der Supreme Commander, also der oberste Befehlshaber von SHAEF, später auch der erste Supreme Commander Allied Forces Europe (SACEUR) der NATO.

Bereits bei ihrer Gründung im April 1949 war die NATO kein bloßes Verteidigungsbündnis, bei dem sich die Mitgliedstaaten lediglich Unterstützung im Falle eines Angriffs zusagten. Ein entscheidender Aspekt war die ausdrückliche Verankerung einer transatlantischen Wertegemeinschaft, die bis heute das politische Fundament für die multinationale Zusammenarbeit bildet. Bald nach der Unterzeichnung des Vertrages etablierten sich gemeinsame militärische Strukturen. Das geschah nicht zufällig. In Artikel 3 des NATO-Vertrags wird die Entwicklung individueller wie auch gemeinsamer Fähigkeiten sowie die dafür zu leistende gegenseitige Unterstützung erwähnt.[2] Ab 1951 wurden militärische Strukturen unter dem Dach der NATO geschaffen, beginnend mit der Aufstellung von SHAPE und der Ernennung von General Eisenhower zum SACEUR (Pedlow 2009). Das SHAEF und das AFHQ dienten als Blaupausen für jene neu zu entwickelnde Kommandostruktur.

---

2 In Artikel 3 des NATO-Vertrags heißt es: „Um die Ziele dieses Vertrags besser zu verwirklichen, werden die Parteien einzeln und gemeinsam durch ständige und wirksame Selbsthilfe und gegenseitige Unterstützung die eigene und die gemeinsame Widerstandskraft gegen bewaffnete Angriffe erhalten und fortentwickeln" (NATO 1949).

Das Grundprinzip dieser Struktur hat sich bis heute nicht geändert.[3] Angehörige der NATO-Mitgliedstaaten arbeiten in gemeinsam finanzierten Hauptquartieren zusammen.[4] In diesen Hauptquartieren werden sämtliche Einsätze der Allianz geplant und deren Durchführung unterstützend begleitet. Ein Teil der dort tätigen Soldatinnen und Soldaten dient in nationalen Delegationen. Sie unterstehen der Weisung aus den jeweiligen Hauptstädten.[5] Der internationale Militärstab der NATO, die Stäbe der Oberkommandos sowie die nachgeordneten Hauptquartiere sind dagegen integriert. Dort eingesetzte Soldatinnen und Soldaten agieren nicht als Repräsentantinnen und Repräsentanten ihrer Staaten, sondern als Angehörige der NATO, auch wenn sie weiterhin ihre nationalen Uniformen tragen. Die NATO weist auf der Ebene der Hauptquartiere einen so hohen Verflechtungsgrad auf, dass die NATO-Kommandostruktur (NATO Command Structure, NCS) als integriert bezeichnet wird (NATO 2018d). Der Integrationsbegriff im NATO-Kontext ist jedoch von jenem im EU-Kontext zu unterscheiden. Wird unter Integration im Kontext der europäischen Einigung die Übertragung von Souveränitätsrechten verstanden, so haben die NATO-Staaten trotz einer als integriert bezeichneten Kommandostruktur die Hoheitsgewalt über ihre Streitkräfte nicht an die NATO abgegeben.

Während der ersten 40 Jahre ihrer Existenz stand die NATO ganz im Zeichen der territorialen Bündnisverteidigung gegen einen auf dem europäischen Kontinent ausgetragenen militärischen Konflikt mit dem Warschauer Pakt (im Sprachgebrauch der Teilnehmerstaaten: Warschauer Vertragsorganisation, WVO).[6] Entsprechend gestaltete sie ihre Kommandohierarchie. Da vom Nordkap bis zum Mittelmeer mit Angriffen gerechnet werden musste, nahm die NATO eine flächendeckende, regionale Grundstruktur ein. Das Bündnisgebiet wurde dafür in Regionen aufgeteilt, und jeder Region wurde ein Oberbefehlshaber (Commander-in-Chief, CINC) zugeteilt, der in seinem Kommandogebiet Land-, Luft- und Seestreitkräfte

---

3 Ein aktueller und prägnanter Überblick über die Struktur der NATO findet sich bei Schuchardt und Theiler (2021: 377–381).

4 Das NATO-Gründungsmitglied Island hat keine stehenden Streitkräfte und beteiligt sich mit Zivilpersonal. Frankreich hat die integrierten Strukturen der NATO 1966 verlassen und ist diesen 2009 wieder beigetreten. Spanien trat 1982 der NATO bei, den integrierten Strukturen jedoch erst 1999.

5 Im NATO-Militärausschuss (Military Committee) stimmen sich die Generalstabschefs der Streitkräfte der NATO-Mitgliedstaaten bzw. ihre Repräsentantinnen und Repräsentanten ab. Sie vertreten dabei die Positionen der sie entsendenden Staaten.

6 An dieser Stelle sei für eine weiterführende Beschäftigung mit Aspekten der NATO zu Zeiten des Ost-West-Konflikts auf die Buchreihe „Entstehung und Probleme des Atlantischen Bündnisses" des Militärgeschichtlichen Forschungsamtes bzw. des Zentrums für Militärgeschichte und Sozialwissenschaften der Bundeswehr verwiesen (insbesondere auf Lemke 2015; von Gersdorff 2009; Greiner et al. 2003).

mittels integrierter Führungsstäbe befehligte (Pedlow 2009: 2). Nationale Korps waren entlang einer geografischen Linie in NATO-Heeresgruppen und nationale Luftstreitkräfte in Taktische Luftflotten zusammengefasst. Diese regionale Strukturierung, deren Vorteile in kurzen Logistikwegen und im ortsgebundenen Training von Einsatzkräften lagen, prägte die NATO bis zum Ende des Ost-West-Konflikts.

Multinationalität in Europa, das bedeutete bis 1990 vor allem die militärische Zusammenarbeit in der gemeinsam finanzierten, integrierten Kommandostruktur. Daneben stützte sich die NATO auf militärische Kommandos und Verbände ab, die dem Bündnis von den Mitgliedstaaten zur Verfügung gestellt wurden. Bereits in einer frühen Ausgabe des NATO-Handbuchs – eine durch die Mitgliedstaaten, später durch die NATO selbst herausgegebene Sachstandsdarstellung der Geschichte und des Aufbaus der Organisation – wurde das Verhältnis von nationalen Streitkräften und NATO folgendermaßen erklärt:

> Die Streitkräfte der Mitgliedstaaten sind gegliedert in Streitkräfte, die in Friedenszeiten NATO-Oberkommandos unterstehen, Streitkräfte, die für eine Unterstellung unter diese Oberkommandos vorgesehen sind, und Streitkräfte, die stets nationalem Kommando unterstellt bleiben (Deutsche Bundesregierung 1957: 43).

Während des Ost-West-Konflikts wurde unterschieden in Truppen, die in Friedenszeiten den NATO-Oberkommandos unterstanden (*assignierte* Streitkräfte), und in Streitkräfte, die für die Unterstellung vorgesehen waren (*earmarked*).[7] Unterhalb der Ebene der NATO-Hauptquartiere blieben Streitkräfte der NATO-Mitgliedstaaten weitgehend national gegliedert. Der britische Soziologe Anthony King fasst die damalige Zusammenarbeit prägnant wie folgt zusammen:

> Im Kalten Krieg funktionierten die europäischen NATO-Mitglieder als Militärbündnis. Auf strategischer Ebene wurden die nationalen Streitkräfte der Bündnismitglieder zur gegenseitigen Unterstützung eingesetzt. Obwohl auf strategischer Ebene vereint, waren die Streitkräfte der Weststreitkräfte unter dem Kommando des US Supreme Allied Commander Europe (SACEUR) tatsächlich autonom. Nationale Militärs und ihre Regierungen behielten das unabhängige Kommando über Divisionen, Flotten und Luftverbände. Die NATO war eine internationale Allianz, in der die Nationalstaaten vereinbarten, zum gegenseitigen Nutzen zusammenzuarbeiten, ohne jedoch die nationale Souveränität zu gefährden (King 2005: 328).

Die NATO verfügt über keine eigenen Streitkräfte. Sie greift lediglich auf die Streitkräfte ihrer Mitgliedstaaten zurück, die ihr von diesen zur Verfügung gestellt

---

7 Heutzutage werden Truppen, die der Allianz direkt unterstehen, als NATO Committed Forces bezeichnet. Truppen, die ihr durch die Mitgliedstaaten angeboten wurden, werden NATO Affirmed Forces genannt. Im Rahmen der NATO Response Force werden die Begriffe *designated* und *earmarked* verwendet. Kommunikation mit BMVg vom 13.10.2021.

werden. Bis heute bilden die Kommandos und Truppen, die dauerhaft oder zeitweise zwar dem NATO-Oberkommando unterstehen, aber nicht gemeinsam,
sondern durch die an ihnen beteiligten Staaten finanziert werden, die NATO-Streitkräftestruktur (NATO Force Structure, NFS).[8]

Die Verflechtungen zwischen der NATO-Kommandostruktur und den nationalen Einheiten sahen je nach militärischem Aufgabengebiet unterschiedlich aus. Das
galt insbesondere für die Luft- und Seestreitkräfte. Diese sind in ihren Strukturen
stark von ihren militärischen Technologien – Luftfahrzeugen und Schiffen – und
den ihnen innewohnenden Funktionszwängen geprägt (Durell-Young 2001: 41).
Durch ihre besonderen Operationsräume haben sie mehr noch als die Landstreitkräfte einen inhärenten Zwang zur koordinierten Führung und zur multinationalen Zusammenarbeit. So ist es auch zu verstehen, wenn sich heutzutage beispielsweise nationale Marinen und Luftwaffen als ‚seit jeher' multinational bezeichnen
(beispielsweise Reeß 1998: 402). Während des Ost-West-Konflikts ging im Fall der
Landstreitkräfte die operative Führung von nationalen Kommandos erst im Span-
nungs- und Verteidigungsfall auf die NATO über, der multinationale Flottenver-
band Standing Naval Force Atlantic (STANAVFORLANT) stand hingegen bereits im
Frieden unter NATO-Kommando. An ihn wurden Schiffe und Boote der nationalen
Marinen zeitweise abgestellt. Um gemeinsam in einem großen Operationsgebiet zu
agieren, mussten die Schiffe samt der Schiffsbesatzung technisch und sprachlich in
der Lage sein, durch fremde Gewässer zu navigieren und in den Häfen verbündeter
Staaten Treibstoff und Verpflegung aufzunehmen. Sie mussten interoperabel sein.

Ähnliches galt für die Luftstreitkräfte der europäischen Staaten. Deren operative Teile waren bereits im Frieden zu einem Großteil in taktische NATO-Luftflotten
zusammengefasst und wurden durch diese geführt. Im Fall der deutschen Luftwaffe betraf dies nahezu 100 Prozent der fliegenden Verbände (Lemke u.a. 2006:
65; Mende 1994). Die Durchgriffstiefe der NATO ging bis auf die Staffelebene der
deutschen Luftangriffs- und Luftverteidigungsverbände hinunter.[9]

Die Fähigkeit, länderübergreifend zusammenzuarbeiten, hatte daher für die
See- und Luftstreitkräfte bereits im Ost-West-Konflikt einen höheren Stellenwert

---

8 Im Jahr 2006 beschreibt die NATO in einer Eigenpublikation die NATO Force Structure wie folgt:
„The NATO Force Structure consists of the organisational arrangements that bring together the
forces placed at the Alliance's disposal by the member nations, temporarily or permanently, along
with their associated command and control structures, either as part of NATO's multinational
forces or as additional national contributions to NATO. These forces are available for NATO operations in accordance with predetermined readiness criteria" (NATO 2006c: 88; zwecks Nachvollziehbarkeit im englischen Original belassen). Ein Beispiel dafür ist das Joint Support and Enabling
Command in Ulm.
9 Die Autorin dankt Bernd Lemke für diesen Hinweis.

als für Landstreitkräfte, denen ein Operationsgebiet zugewiesen war und die feste Nachschubwege einrichten konnten. See- und Luftstreitkräfte mussten bereits auf niedrigeren Führungsebenen als die Landstreitkräfte gemeinsame technische, verfahrenstechnische und organisationskulturelle Standards entwickeln.[10]

In den Landstreitkräften blieben die militärischen Großverbände im NATO-Gebiet bis auf Korpsebene national organisiert und in ihrer Einsatzplanung eigenständiger als etwa Luftwaffeneinheiten. Der Multinationalität der Landstreitkräfte wurde mit Ambivalenz und Zurückhaltung begegnet (Durell-Young 1997: 7). Dennoch existierten auch bei den Landstreitkräften bereits vor 1990 einige multinationale Kooperationsstrukturen.

Die Allied Command Europe Mobile Force Land (AMF [L]) war eine multinationale Brigade mit nationalen Bataillonen aus verschiedenen europäischen Staaten, die 1961 aufgestellt wurde (Lemke 2015). Die AMF hatte die Aufgabe, besonders die Nord- und Südflanke des Bündnisses zu schützen (von Riekhoff 1966). Zugleich erhoffte man sich mit der Aufstellung ein Signal des Zusammenhalts des Bündnisses gegen militärische Aggressionen aus dem Osten.

Im Jahr 1962 riefen Deutschland und Dänemark das Headquarters Allied Land Forces Schleswig-Holstein and Jutland (LANDJUT) ins Leben (Gerhard 1979). Seine Aufgabe im Verteidigungsfall war das Aufhalten gegnerischer Truppen im nordwestlichen Bündnisgebiet bis zum Eintreffen der Verstärkungskräfte (Kollmer 2016: 74). Nicht nur war es das „erste und bis zum Ende des Kalten Krieges einzige multinationale Korps in der NATO-Struktur" (BPA 1998: 20). Es war damals „die am weitesten entwickelte multinationale Korpsstruktur in der Allianz" (Durell-Young 1997: 25), da im Hauptquartier NATO-Stabsprozesse angewandt wurden (ebd.). Zu Friedenszeiten dienten im Hauptquartier des Korps etwa 100 Offiziere und Unteroffiziere aus Dänemark und Deutschland sowie dem Vereinigten Königreich, Kanada und den USA.[11] Der Kommandeursposten und der Posten des Chefs des Stabes wechselten alle drei Jahre zwischen Dänemark und Deutschland. Die beiden Staaten stellten die meisten der planerisch assignierten Truppenteile und besetzten im Hauptquartier die Mehrzahl der Dienstposten (Gerhard 1979).

Multinationale Truppenkörper existierten nicht nur in den Landstreitkräften: Die STANAVFORLANT wurde 1967 aufgestellt. Sie war ein multinationaler Flotten-

---

10 Percy (2016) führt aus, dass Landstreitkräfte, abhängig von den länderspezifischen geografischen Gegebenheiten, sehr unterschiedlich strukturiert sein können; Seestreitkräfte seien dagegen weltweit mit dem gleichen Medium konfrontiert, seien deshalb einander ähnlich und hätten es daher einfacher, miteinander zu kooperieren.

11 Nach dem Ende des Ost-West-Konflikts stellten die USA und Kanada jedoch keine Soldatinnen und Soldaten mehr in den Korpsstab ab (Durell-Young 1997: 26).

verband, für den die Mitgliedstaaten regelmäßig Zerstörer und Fregatten abstellten (Fröhling 1998: 2; Weyher 1994). 1973 trat der Minenabwehrverband Standing Naval Force Channel (STANAVFORCHAN) hinzu. Im Jahr 1980 wurde der fliegende AWACS-Luftraumüberwachungsverband gegründet (Rimmek 1983/1984). AWACS steht für Airborne Early Warning and Control System. An Bord seiner markanten Flugzeuge mit den aufgesetzten runden Radarantennen[12] arbeiten bis heute multinationale Besatzungen zusammen – und damit in der militärischen Hierarchie weit unterhalb der Ebene eines Großverbands wie Korps oder Brigade.

Noch 1989 wurde außerhalb der NATO-Strukturen ein weiterer binationaler Großverband gegründet, die Deutsch-Französische Brigade (im Folgenden Franco-German Brigade). Andere binationale Kooperationsstrukturen sind beispielsweise die bereits 1948 installierte belgisch-niederländische Marinekooperation mit ihrem gemeinsamen Marinekommando (Sauer 2015) oder die United Kingdom/Netherlands Amphibious Force, die seit 1973 besteht (Drent et al. 2017: 16).

Während des Systemkonflikts wurden vor allem im Rahmen der NATO einige wenige multinationale Truppenkörper geschaffen. Schon damals zeichneten sich diese Strukturen durch eine gewisse organisatorische Differenzierung aus, was vor allem dem operativen Zweck geschuldet war: War die AMF beispielsweise eine lose gekoppelte Formation aus unabhängigen nationalen Bataillonen und Geschwadern, deren Mobilisierung nur für Übungen und den Einsatzfall vorgesehen war, arbeiteten bei der AWACS-Flotte multinationale Teams tagtäglich eng zusammen.

Abgesehen von dieser überschaubaren Anzahl multinationaler Militärverbände setzte sich die Streitkräftestruktur der NATO hauptsächlich aus nationalen Militärbeiträgen zusammen. Dennoch kann die NATO aufgrund ihrer hochintegrierten und netzwerkartigen Kommandostruktur bereits während des Ost-West-Konflikts als multinationale Militärorganisation betrachtet werden.

Damit unterschied sich die NATO, was den Umfang und den Grad ihrer multinationalen Verflechtungen angeht, bereits vor 1990 maßgeblich vom Warschauer Pakt. Dessen Vereinte Streitkräfte wiesen keine mit der NATO vergleichbare Balance von Integration und nationalen Prärogativen auf (Heinemann 2009: 2; Mack/ Wenzke 2011: 7 f.). Zwar mag das Vereinte Kommando der Vereinten Streitkräfte der Paktstaaten vergleichbar sein mit der Streitkräftestruktur der NATO, denn auch im politischen Osten meldeten die Mitgliedstaaten Truppenteile, die im Konfliktfall durch den Warschauer Pakt eingesetzt werden konnten. Allerdings war der Stab des Vereinten Kommandos keine der NATO-Kommandostruktur vergleichbare Führungsstruktur, sondern lediglich ein Verbindungsglied zwischen den Satelli-

---

12 Für eine Darstellung der Flotte mit Explosionszeichnungen der Flugzeugkomponenten siehe Schmidt (2008).

tenstaaten und den Generalstäben in der UdSSR. Diesen oblag im Konfliktfall die operative Führung von Truppen der Paktstaaten (Jakus 2011: 62–63). Die sowjetische Führung hatte kein Interesse an der Bildung multinationaler Strukturen oder Prozesse. Sie bestand darauf, in allen wichtigen Fragen immer zuerst und exklusiv mit den Stäben und Verbänden der einzelnen Mitgliedstaaten zu kommunizieren. Der polnische Historiker Andrzej Paczkowski urteilt daher, der Stab des Vereinten Kommandos sei „de facto eine Abteilung des Generalstabs der Sowjetarmee" (Paczkowski 2009: 124) gewesen. Das habe die sowjetische Führung explizit so vorgesehen, wie die folgende Anekdote in den weiteren Ausführungen Paczkowskis vermuten lässt:

> Als [der polnische Verteidigungs-]Minister Spychalski 1957 nach Moskau reiste, um die polnischen Vorschläge zur Gliederung des Stabes der Vereinten Streitkräfte vorzustellen, die vorsahen, in diesem Stab ständige multinationale Teams zu bilden, soll der Befehlshaber der Truppen des Warschauer Paktes [ein sowjetischer General] ihm geantwortet haben: ‚Was denkt ihr euch, dass wir hier eine Art NATO machen? Wozu hier bei uns irgendwelche Offiziere halten?' (Paczkowski 2009: 124).

Die Sowjetunion gab doktrinelle Entscheidungen und die daraus resultierenden Pläne für die Streitkräfteentwicklung zunächst als Weisungen, später als nicht minder verbindliche Empfehlungen für die Armeen der anderen Mitgliedstaaten vor (Diedrich 2009: 75; Jakus 2011: 61).

Auch multinationale Truppenkörper kannte der Warschauer Pakt nicht (Wenzke 2009: 97). Die aus den Seestreitkräften Polens, der DDR und der Baltischen Flotte der Sowjetunion bestehenden Verbündeten Ostseeflotten beispielsweise blieben national organisiert (Diedrich 2009: 70).

Die Machtstellung der Sowjetunion gegenüber den Mitgliedern des Warschauer Paktes war viel größer als die der USA gegenüber den Mitgliedern der NATO (Heinemann 2009: 3). Trotz doktrineller und militärtechnischer Harmonisierung der Paktarmeen blieben die Paktstaaten national organisiert. Die Herausbildung einer integrierten Kommandostruktur wie in der NATO erfolgte nicht.

5.2 Multinationalität nach dem Ende des Ost-West-Konflikts

Das Ende des Ost-West-Konflikts hat die militärische Zusammenarbeit in Europa nachhaltig verändert. Erstens überarbeitete die NATO neben ihrer Strategie auch ihre Kommandostruktur, der grundlegend multinationale Charakter blieb jedoch erhalten (Ruiz Palmer 2009a). Sie stützte sich dabei auf multinationale Hauptquartiere ab, die wiederum teilweise Funktionen aus der verschlankten Kommandostruktur übernahmen. Zweitens begann nun auch die Europäische Union, eine bis dahin ausschließlich zivil geprägte Organisation, eigene militärische Fähigkeiten aufzubauen. Diese waren von Beginn an multinational angelegt. Drittens verkleinerten viele europäische Staaten ihre Streitkräfte; einige nationale Hauptquartiere von Großverbänden wurden im Zuge dessen multinationalisiert oder aber die Großverbände wurden aufgelöst. Viertens entwickelte sich nach 1990 eine Reihe von nationalen Strukturen mit multinationalem Charakter, namentlich die gegenseitige Unterstellung von Truppenkörpern sowie die Aufstellung von nationalen Kommandos mit multinationalen Anteilen.

5.2.1 Integrierte NATO-Kommandostruktur und NATO-Streitkräftestruktur

5.2.1.1 Strategische Veränderungen

Beständigkeit *und* Veränderung – mit diesen Worten lassen sich die Auswirkungen, die das Ende der Blockkonfrontation, der Zusammenbruch der Sowjetunion und die Auflösung des Warschauer Pakts auf das Verteidigungsgefüge der NATO und insbesondere auf ihre multinationale Struktur hatten, wohl am ehesten auf den Punkt bringen (siehe u.a. Sayle 2020).

Die NATO blieb trotz der Auflösung des gegnerischen Bündnisses bestehen. Und nicht nur das: Durch die Aufnahme einiger Staaten des Warschauer Paktes und mancher Nachfolgestaaten der Sowjetunion vergrößerten sich sowohl die Anzahl der Organisationsmitglieder als auch das Bündnisgebiet. Die starke multinationale Verflechtung ihrer Kommandostruktur, die eingespielten Abstimmungsprozesse innerhalb der Allianz, die nationalen Interessenlagen und die neuen sicherheitspolitischen Herausforderungen aufgrund der Instabilitäten innerhalb und außerhalb der Grenzen Europas spielten beim Erhalt der NATO eine gewichtige Rolle. Hinzu kamen die Sicherheitsgarantien und -interessen sowie die Anziehungskraft eines Bündnisses, das auf gemeinsamen strategischen Interessen und auf den seit Langem geteilten Werten von Rechtsstaatlichkeit und Demokratie beruhte. Diese Melange trug dazu bei, dass die NATO die 1990er Jahre überdauerte und ab dem Ende des Jahrzehnts zahlreiche weitere Beitritte verzeichnete, beginnend 1999 mit Polen, Tschechien und Ungarn; gefolgt von Bulgarien, Estland, Lettland, Litauen, Rumänien, der Slowakei und Slowenien 2004; von Albanien und Kroatien 2009; von Montenegro 2017, von Nordmazedonien 2020 und 2023 von Finnland.

Auf der einen Seite vergrößerte sich die NATO zwar durch die Aufnahme neuer Mitglieder, auf der anderen Seite reduzierten aber fast alle Mitgliedstaaten in den 1990er Jahren ihre Streitkräfteumfänge. Die Gründe dafür reichten von völkerrechtlichen Verpflichtungen und technischen Entwicklungen über den strategischen Wandel aufgrund der Konflikte im zerfallenden Jugoslawien bis hin zur Hoffnung auf das Einfahren der sogenannten Friedensdividende, also die Absenkung von Verteidigungshaushalten und die Investition freigewordener Mittel in nicht militärische staatliche Gestaltungsfelder (Haltiner/Klein 2005; Herbert 2011).

War die Hauptaufgabe des Bündnisses vier Jahrzehnte lang die Gewährleistung der territorialen Sicherheit der Bündnismitglieder, veränderte sich nach 1990 das Verständnis von Sicherheit und wie auf sicherheitspolitische Bedrohungen zu reagieren sei. Das 1991 verabschiedete „Strategische Konzept" der NATO stellte fest, dass mit dem Zusammenbruch der Sowjetunion und der Auflösung des Warschauer Paktes zwar die unmittelbare Bedrohung verschwunden sei, dass aber Unsicherheit über die Zukunft und Risiken für die Sicherheit des Bündnisses bestehen blieben. Statt eines konkreten Gegners forderten nun Terrorismus oder politische Instabilitäten die Sicherheit der Allianz heraus (NATO 1991). In der Folge schrieb sich das Bündnis bereits 1991 und erneut im Jahr 1999 neben den bereits bestehenden Aufgaben – diplomatische Konsultation, Abschreckung und Verteidigung – globales Krisenmanagement und regionale Kooperation auf die Agenda (NATO 1991, 1999). Die militärischen Einsätze der NATO seit den 1990er Jahren zeigen, dass dieses Selbstverständnis nicht bloß auf dem Papier bestand, sondern auch in eine Vielzahl sogenannter Krisenmanagement- und Krisenreaktionsoperationen mündete (Sperling/Webber 2018).

Die Terroranschläge vom 11. September 2001 in den USA waren die nächste große Zäsur. Sie lösten den Bündnisfall nach Artikel 5 des NATO-Vertrages aus, und die NATO übernahm schon bald (2003) die militärische Führung der ISAF. Dem internationalen Terrorismus und seiner Bekämpfung kam im strategischen Denken der Allianz und ihrer Mitglieder nunmehr ein bedeutender Platz zu (NATO 2006a). Schon im Vorfeld der Verabschiedung des Strategischen Konzepts der NATO im Jahr 2010 waren jedoch auch Stimmen innerhalb des Bündnisses laut geworden, die sich für eine Rückbesinnung auf den Kernauftrag, die Bündnisverteidigung, aussprachen (Giegerich 2012a: 40). Hierbei spielten sowohl der ausbleibende Erfolg des militärischen Engagements in Afghanistan eine Rolle als auch die angespannten Verteidigungshaushalte während und nach der Finanz- und Eurokrise in den Jahren nach 2008. Trotz dieser Diskussionen bekräftigte das Strategische Konzept von 2010 jedoch noch einmal die in den 1990er Jahren eingeschlagene Ausrichtung der NATO als globale Krisenmanagerin (NATO 2010a).

Der Krieg in der Ostukraine 2014 führte schließlich zu einer neuerlichen strategischen Wende. Zwar sind die Instabilitäten in Nordafrika und im Nahen Osten gerade für die südlichen NATO-Partner weiterhin ein wesentliches sicherheitspolitisches Thema, allerdings führten die bewaffneten Konflikte in der Ostukraine dazu, dass die bereits seit dem Georgienkonflikt 2008 bestehenden Forderungen der osteuropäischen Partner nach Abschreckung gegenüber Russland strategisch umgesetzt wurden.[13] Im Jahr 2014 betonten die NATO-Staats- und Regierungschefs auf dem Gipfel von Wales, dass die Verteidigung des Bündnisgebiets nun wieder die Hauptaufgabe der Allianz sei; in Wales verabschiedeten sie denn auch den Readiness Action Plan (Arnold 2016).[14] Er beinhaltete Maßnahmen, die die östlichen NATO-Mitgliedstaaten der Solidarität des gesamten Bündnisses versichern sollen (Assurance Measures). Sie richteten sich an Staaten, die einst in der sowjetischen Einflusssphäre lagen und heute wegen ihrer geografischen Nähe zu Russland dessen außenpolitisches Verhalten im Blick haben. Zu den Maßnahmen des Readiness Action Plan gehörten zum Beispiel eine gesteigerte Präsenz der NATO im östlichen Bündnisgebiet, die verstärkte Luftraumüberwachung über den baltischen Staaten und eine höhere Frequenz gemeinsamer Militärübungen (Arnold 2016). Zudem formulierte der Plan längerfristige Anpassungen (Adaptation Measures), mit denen die Allianz ihre Rückbesinnung auf die Verteidigungsaufgaben vollzog. Diese umfassten beispielsweise eine Vergrößerung der bereits bestehenden Reaktionstruppe der Allianz, der NATO Response Force (NRF), sowie die Aufstellung einer kleineren Eingreiftruppe mit besonders hoher Bereitschaft, der Very High Readiness Joint Task Force (VJTF), innerhalb der NRF.

Auf dem Gipfel von Warschau 2016 kamen weitere Maßnahmen hinzu. Hier ist die Stationierung von ständig rotierenden multinationalen eFP-Battlegroups in den drei baltischen Staaten und in Polen hervorzuheben.[15] Nach Beginn des russischen Angriffskriegs gegen die Ukraine hat die NATO unter anderem durch eine erneute Anpassung ihres Strategischen Konzepts (NATO 2022b) ihren strategischen Fokus noch mehr als bisher auf Abschreckung und Verteidigung gelegt und ihre militärische Präsenz im östlichen Bündnisgebiet weiter erhöht.

5.2.1.2 Veränderungen in der NATO-Kommandostruktur

Die multinationalen Strukturen der NATO sind – mit dem Zeitverzug, den Anpassungen einer Großorganisation gemeinhin beanspruchen – jeweils Spiegelbild der

---

13 Der Journalist Rolf Clement drückt die strategischen Veränderungen der NATO in folgendem Bild aus: „Die NATO 1.0 war der Kalte Krieg, die NATO 2.0 war die Krisenreaktion, die neue NATO, die NATO 3.0, muss nun beides verbinden" (Clement 2018: 11).

14 Für eine kritische Einordnung des NATO-Anpassungsprozesses seit 2014 und des Arguments einer möglichen „Fehlanpassung" siehe Tardy (2021).

15 eFP steht für enhanced Forward Presence, die Beistandsinitiative der NATO mit dem Ziel der verstärkten Vornepräsenz am östlichen Rand des Bündnisgebiets. 2022 wurde die Zahl der eFP-Battlegroups auf acht erhöht. Diese werden auch als NATO-Battlegroups bezeichnet.

soeben grob skizzierten strategischen Entwicklungen.[16] Der Wegfall der existen-
ziellen Bedrohung durch den Warschauer Pakt und die Truppenreduzierungen in
vielen NATO-Staaten führten zu einer Verkleinerung der NATO-Kommandostruktur. Wegweisend hierfür war der NATO-Gipfel in Prag 2002, auf dem die Staats- und
Regierungschefs beschlossen, die militärischen Befehlsstrukturen der Allianz zu
straffen. In den folgenden Jahren verringerte sich die Größe der NATO-Kommandos
von 22.000 auf 6.800 Dienstposten (NATO 2018d). Die verbleibenden Kommandos
wurden – der veränderten strategischen Ausrichtung mit dem Fokus auf globales
Krisenmanagement folgend – nicht mehr geografisch, sondern in strategische, operative und taktische Ebenen gegliedert (o.A. 2003b, e).

Derzeit existieren zwei obere Kommandos in der NATO: das 2003 aufgestellte
Allied Command Transformation (ACT) und das Allied Command Operations (ACO).
Das Supreme Allied Command Transformation mit Sitz in Norfolk im US-Bundes-
staat Virginia hat die Aufgabe, die gemeinsame Entwicklung von Doktrinen und
Fähigkeiten voranzutreiben. Zudem führt es die Ausbildungs- und Übungstätigkei-
ten der NATO. Zum Kommandobereich gehören das Joint Warfare Centre in Nor-
wegen, das Joint Force Training Centre in Polen und das Joint Analysis & Lessons
Learned Centre in Portugal.

Das Supreme Headquarters Allied Powers Europe (SHAPE) mit Sitz in Mons,
Belgien, ist das strategische Hauptquartier von ACO. Es wird vom Supreme Allied
Commander Europe (SACEUR) geführt. Das SHAPE ist für die Planung und Durch-
führung von NATO-Operationen verantwortlich. SHAPE unterstehen die militäri-
schen Fähigkeiten der NATO. Das sind unter anderem die NATO Airborne Early
Warning & Control Force, die NATO Standing Naval Forces, die Combined Joint
CBRN Defence Task Force, die NATO Alliance Ground Surveillance Force und die
Strategic Airlift Capability (Weaver 2021: 42).

Zum Kommandobereich des ACO gehören unter anderem zwei operative Kommandos, ein Joint Force Command (JFC) in den Niederlanden (Brunssum) und ein
JFC in Italien (Neapel). Die Joint Force Commands planen und führen die militärischen Operationen des Bündnisses (Weaver 2021: 54–62). Sie tragen dafür Sorge,
dass die ihnen zugewiesenen nationalen und multinationalen Hauptquartiere und
Truppenkörper den NATO-Standards entsprechen und einsatzbereit sind.

2018 einigten sich die NATO-Verteidigungsministerinnen und -minister erneut
auf eine Anpassung der NATO-Kommandostruktur (NATO Command Structure
Adaptation, NCS-A; NATO 2018b) (siehe Abbildung 7). Neben einer veränderten

---

16 Für einen detaillierten Überblick und eine kritische Bestandsaufnahme der strukturellen und
verfahrenstechnischen Anpassungen der NATO in Verbindung mit dem gleichzeitigen europaweiten Abbau von Streitkräften siehe Moller (2020).

Abbildung 7: Die angepasste NATO-Kommandostruktur seit 2018

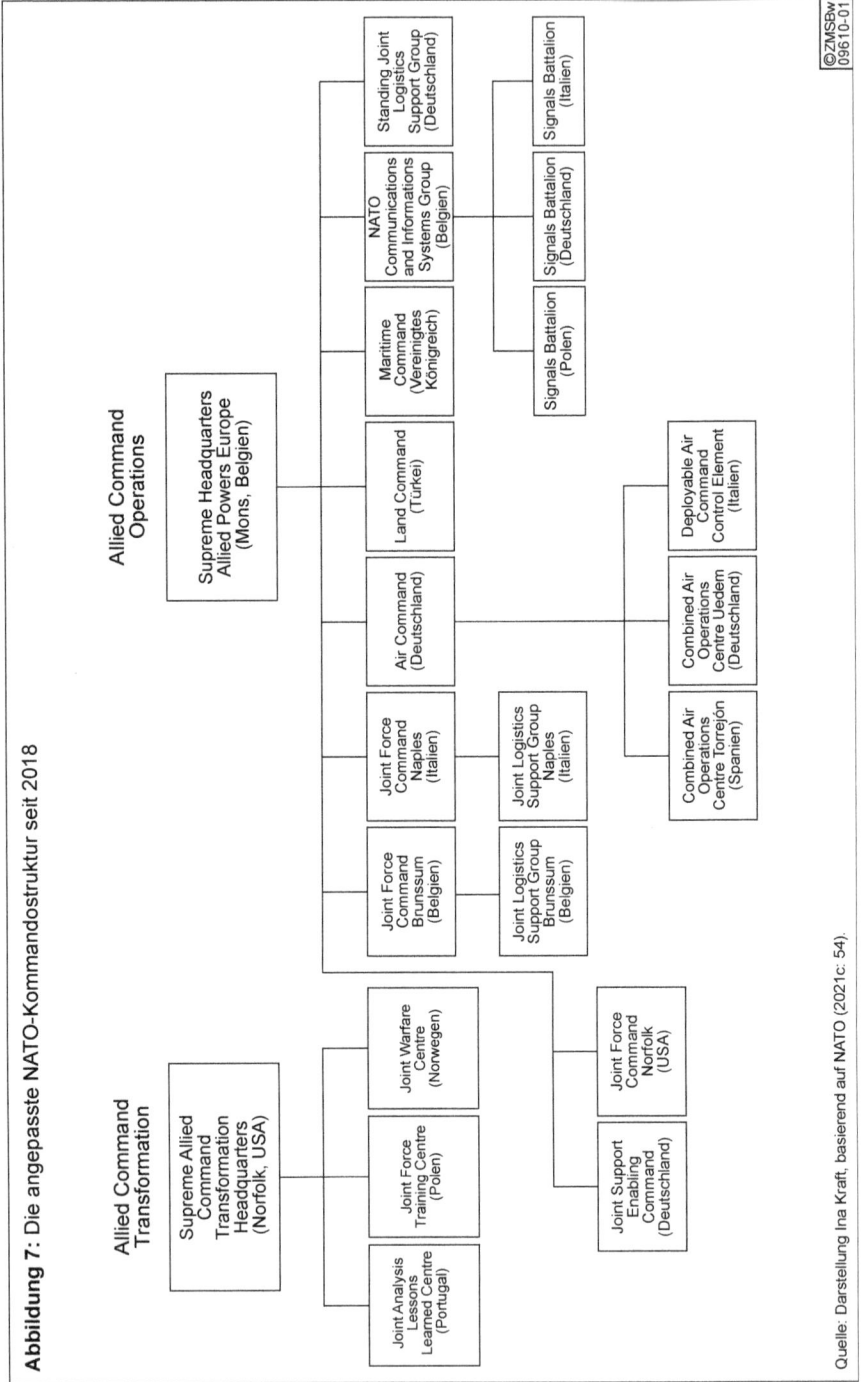

Allied Command Transformation

Supreme Allied Command Transformation Headquarters (Norfolk, USA)

Joint Analysis Lessons Learned Centre (Portugal)

Joint Force Training Centre (Polen)

Joint Warfare Centre (Norwegen)

Joint Support Enabling Command (Deutschland)

Joint Force Command Norfolk (USA)

Allied Command Operations

Supreme Headquarters Allied Powers Europe (Mons, Belgien)

Joint Force Command Brunssum (Belgien)

Joint Force Command Naples (Italien)

Air Command (Deutschland)

Land Command (Türkei)

Maritime Command (Vereinigtes Königreich)

NATO Communications and Informations Systems Group (Belgien)

Standing Joint Logistics Support Group (Deutschland)

Joint Logistics Support Group Brunssum (Belgien)

Joint Logistics Support Group Naples (Italien)

Combined Air Operations Centre Torrejón (Spanien)

Combined Air Operations Centre Uedem (Deutschland)

Deployable Air Command Control Element (Italien)

Signals Battalion (Polen)

Signals Battalion (Deutschland)

Signals Battalion (Italien)

©ZMSBw 09610-01

Quelle: Darstellung Ina Kraft, basierend auf NATO (2021c: 54).

Dienstpostenstruktur in den bestehenden Kommandos kamen zwei neue Kommandos zu der bestehenden Struktur hinzu.[17] Darüber hinaus wurde 2018 vereinbart, ein Cyberspace Operations Centre im belgischen Mons aufzubauen. Die strukturellen Anpassungen seit 2018 hatten auch eine Anhebung der Dienstpostenzahl um 1.200 zur Folge (NATO 2021c: 54). Somit wuchs die Gesamtzahl der Dienstposten in der NATO-Kommandostruktur nach Jahrzehnten der Reduzierung wieder auf etwa 8.000 an. Im Oktober 2020 vereinbarten die NATO-Staaten die Einrichtung eines NATO-Weltraumzentrums in Ramstein (Rheinland-Pfalz) (Mergener 2020).

Unterhalb der operativen Ebene existieren taktische teilstreitkräftespezifische Kommandos. Das Allied Air Command in Ramstein beispielsweise übernimmt Kommando- und Kontrollaufgaben im Bereich der integrierten Luftverteidigung und Raketenabwehr der NATO (Rapreger 2021; Weaver 2021: 67–79). Die Kommandostruktur ist unter dieser Kommandoebene weiter verästelt. Ein Beispiel dafür sind die Combined Air Operations Centres (CAOC), die vom Allied Air Command geleitet werden. Das CAOC im niederrheinischen Uedem verfügt über rund 160 Dienstposten, die multinational besetzt sind. Von dort aus wird im Rahmen des Baltic Air Policing die Überwachung des Luftraums der NATO-Mitgliedstaaten Estland, Lettland und Litauen geleitet.[18]

5.2.1.3 Veränderungen in der NATO-Streitkräftestruktur

Auf dem Treffen der Staats- und Regierungschefs der NATO in London 1990 einigten sich die Mitgliedstaaten darauf, das Bündnis auf „multinationale Korps abzustützen, die sich aus nationalen Einheiten zusammensetzen" (NATO 1990). Bestand die Streitkräftestruktur der NATO vor 1990 vornehmlich aus nationalen Kommandos, prägen heute neben den nationalen Strukturen vor allem multinationale Korps die NATO-Streitkräftestruktur. Die Entscheidung zur Aufstellung multinationaler Korps muss im Zusammenhang mit der Verschlankung der NATO-Kommandostruktur nach dem Ende des Ost-West-Konflikts gesehen werden, denn die Korps als obere militärische Führungsebene sollten einige Funktionen der wegfallenden, gemein-

---

17 Ein Logistikkommando, das Joint Support and Enabling Command (JSEC), wurde im September 2019 in Ulm aufgestellt (Harbig 2021). Es soll die zügige Bewegung von Truppen und militärischem Gerät auf dem europäischen Kontinent sicherstellen. Das neue Atlantikkommando, das Joint Force Command Norfolk (JFCNF) im US-Bundesstaat Virginia, soll den freien Seeverkehr zwischen Nordamerika und Europa gewährleisten. Beide Kommandos sind Hybride aus NATO Command Structure und NATO Force Structure. In ihnen ist nur teilweise Personal der NATO Command Structure tätig, und nur ein Teil der Kosten wird durch die NATO finanziert (JSEC 2019). Kommunikation mit BMVg R vom 19.11.2021.

18 Für eine Darstellung der Arbeitsweise eines CAOC siehe die Ausführungen des Kommandeurs des damaligen CAOC 4 Eike Krüger (2005).

sam finanzierten NATO-Hauptquartiere übernehmen und als „link" (Durell-Young 1997: 10) zwischen der integrierten NATO-Kommandostruktur und den nationalen Streitkräften dienen (Wright 2002). Damit betraten die NATO und ihre Mitgliedstaaten organisationspolitisches Neuland und es verwundert nicht, dass General Klaus Naumann, ab 1996 Vorsitzender des NATO-Militärausschusses, die Entscheidung für multinationale Verbände als „kühn" bezeichnete (Vorwort zu Durell-Young 1997: vii). Bis heute sind neun verlegbare Hauptquartiere für Landoperationen (Graduated Readiness Forces [Land] Headquarters) und fünf für Seeoperationen (High Readiness Forces [Maritime] Headquarters) aufgestellt worden.[19]

Eine weitere große Veränderung war die Aufstellung der multinationalen NATO Response Force (NRF). Sie wurde 2002 angekündigt und vier Jahre später als voll einsatzbereit erklärt.[20] Die NRF bestand aus militärischen Einheiten, die von den NATO-Mitgliedstaaten für einen Zeitraum von zwölf Monaten bereitgestellt und im jährlichen Wechsel von den beiden Allied Joint Force Commands in Brunssum und in Neapel geführt wurden.

Die Maßnahmen der NATO angesichts der russischen Aggressionen in der Ukraine haben zu weiteren Anpassungen in der Streitkräftestruktur des Bündnisses geführt. So beschlossen die NATO-Mitgliedstaaten auf dem Gipfel von Wales 2014 im Rahmen des Readiness Action Plan (RAP) die Schaffung einer sogenannten Speerspitze, der Very High Readiness Joint Task Force (VJTF), innerhalb der NRF. Zudem wurden im östlichen Bündnisgebiet neue multinationale Divisionshauptquartiere geschaffen. Auf dem Gipfel von Warschau 2016 wurden die Anpassungs- und Rückversicherungsmaßnahmen von 2014 noch einmal erweitert. Das führte unter anderem zur Einrichtung neuartiger Bataillonsstrukturen, den eFP-Battlegroups, in den baltischen Staaten und in Polen, in denen nationale Verbände zeitweise rotieren.

In Reaktion auf den russischen Angriffskrieg erklärten die Bündnispartner auf dem NATO-Gipfel 2022 in Madrid die Ablösung der NRF durch das New Force Model (NFM). Anders als bei der rotierenden NRF-Struktur werden im NFM nationalen Einheiten spezifische Aufgaben längerfristig zugewiesen, was, wie schon durch die Maßnahmen 2014 und 2016, die weitere Rückkehr zu einer regionalen Aufgabenverteilung im Bündnis bedeutete.

Mit Blick auf die Entwicklung der NATO-Kommando- und Streitkräftestruktur nach dem Ende des Systemkonflikts lässt sich zusammenfassend feststellen: In den

---

19 Der 2023 im Aufbau befindliche Einsatzstab der Deutschen Marine (DEU MARFOR) stünde nach Erreichen seiner Einsatzbereitschaft als sechstes Hauptquartier für Seeoperationen zur Verfügung.
20 Für eine kritische Bestandaufnahme ihrer tatsächlichen Einsatzbereitschaft siehe Ringsmose (2009) und Ringsmose/Rynning (2017).

1990er und 2000er Jahren wurde die Kommandostruktur stark verkleinert und nicht mehr geografisch, sondern funktional gegliedert. Die Reformen waren Folge strategischer Veränderungen und einer angepassten Lagebewertung, die für das Bündnisgebiet keine unmittelbare Bedrohung durch einen konventionellen Gegner feststellte. Der grundlegende Verteidigungscharakter der NATO wurde zwar nicht aufgegeben, trat jedoch in den Hintergrund. Aspekte der internationalen Sicherheit und die Fähigkeit, militärische Einsätze auch außerhalb Europas („out-of-area") zu führen, rückten dagegen in den Vordergrund. Die Funktionalisierung der Kommandostruktur spiegelt diese strategische Entscheidung wider.

Im Zuge des Russland-Ukraine-Konflikts seit 2014 wurden die Prämissen der Reformen der NATO-Kommandostruktur nach dem Ende des Ost-West-Konflikts – Verkleinerung und Funktionalisierung – teilweise neu bewertet. Der territoriale Verteidigungsaspekt erhielt wieder einen höheren Stellenwert in der strategischen Ausrichtung der NATO und in ihrer Organisationsstruktur.

5.2.2 EU-Planungs- und Führungsstrukturen

5.2.2.1 Die Herausbildung der EU-Verteidigungspolitik und europäischer Planungs- und Führungsstrukturen

Nicht nur die NATO, auch die Europäische Union ist Impulsgeber für militärische Multinationalität in Europa. Die Entwicklung einer Gemeinsamen Außen- und Sicherheitspolitik (GASP) Anfang der 1990er Jahre und einer Gemeinsamen Sicherheits- und Verteidigungspolitik (GSVP) Ende desselben Jahrzehnts stellt neben der Verwirklichung der Wirtschafts- und Währungsunion eine der größeren Herausforderungen der europäischen Integration dar.[21] So darf nicht vergessen werden, dass eine der Vorgängerinnen der Europäischen Union, die nach dem Zweiten Weltkrieg gegründete Europäische Gemeinschaft, eine zivile internationale Organisation war, die kaum über Kompetenzen in der Außen-, Sicherheits- und Verteidigungspolitik verfügte (Nuttall 1997, 2000; Smith 2004). Zugleich war die später in der EU aufgegangene Westeuropäische Union (WEU), die von 1954 bis 2011 existierte, kaum

---

21 Einen umfassenden Überblick über die Herausbildung der Außen-, Sicherheits- und Verteidigungspolitik der EU bietet van Eekelen (1998, 2006). Für einen zeithistorischen Eindruck über den jeweiligen Stand der Debatte sind die sogenannten Chaillot-Papers des European Union Institute for Security Studies (EUISS) als Lektüre zu empfehlen. Hier finden sich auch Textsammlungen der für die Entwicklung der Außen-, Sicherheits- und Verteidigungspolitik relevanten offiziellen Dokumente (EUISS 2005, 2006; Glière 2007, 2008, 2009; Haine 2003; Missiroli 2003; Rutten 2001, 2002). Die GSVP hieß anfangs offiziell Europäische Sicherheits- und Verteidigungspolitik (ESVP). Seit dem EU-Vertrag von Lissabon 2007 firmiert sie als GSVP.

mehr als ein militärischer Beistandspakt einiger westeuropäischer Staaten, obwohl sie etwa über ein Sekretariat und eine Parlamentarische Versammlung verfügte.[22]

Der Zusammenbruch der Sowjetunion und die sicherheitspolitischen Krisen in Mittel- und Osteuropa der 1990er Jahre, allen voran die Kriege im zerfallenden Jugoslawien, forderten die europäischen Staaten in ihrem außenpolitischen Handeln und zeigten auf, dass die bisher wenig entwickelten Kooperationsmechanismen in der europäischen Außen-, Sicherheits- und Verteidigungspolitik nicht mehr ausreichend waren. In der Folge erweiterten die Staats- und Regierungschefs die Kompetenzen der Europäischen Union im Bereich der Außen- und Sicherheitspolitik schrittweise; in diesem Zusammenhang richteten sie auch militärische Planungs- und Führungsstrukturen ein. Die Politikerinnen und Politiker standen dabei vor einem Dilemma: Einerseits formulierten sie den Anspruch, mit Nachdruck auf regionale und internationale Probleme reagieren zu können – und sahen sich auch mit entsprechenden Erwartungen konfrontiert. Andererseits sollten europäische Alleingänge, sofern sie aufgrund eingeschränkter militärischer Fähigkeiten überhaupt zu erwarten waren, bereits bestehende verteidigungspolitische Kooperationsstrukturen in der NATO weder symbolisch noch praktisch durch Konkurrenzgebaren schwächen.

Innerhalb der Europäischen Gemeinschaft wollte die Gruppe der „Atlantiker", insbesondere das Vereinigte Königreich, Anfang der 1990er Jahre eine europäische Verteidigungsidentität daher nur insoweit realisieren, als dass die Gemeinschaft lediglich ihre militärischen Fähigkeiten verbesserte. Strukturveränderungen sollten nur in engen Grenzen stattfinden. Die Entwicklung einer eigenen europäischen Führungsstruktur und somit auch der Aufbau militärischer Konkurrenzstrukturen zur NATO waren nicht erwünscht. Dagegen strebten die „Europäer", mit dem zu diesem Zeitpunkt außerhalb der militärischen NATO-Strukturen stehenden Frankreich als vorderstem Treiber, den Aufbau möglichst eigenständiger europäischer Verteidigungsstrukturen außerhalb des NATO-Rahmens an.

---

22 Die WEU ging auf die Verträge von Dünkirchen 1947 (Frankreich, Vereinigtes Königreich) und von Brüssel 1948 (plus Benelux-Staaten, später Deutschland, Italien, Spanien, Portugal und Griechenland) zurück. Die Organisation, deren Vollmitglieder allesamt Staaten der Europäischen Gemeinschaft waren, bestand lange Zeit lediglich auf dem Papier. In den 1980ern wurde die WEU „aus ihrem Dornröschenschlaf geweckt" (Wassenberg 1999: 82) und zunächst ihre Rolle als Konsultationsplattform gestärkt. Später übernahm sie Minensuchdienste, um den internationalen Schiffsverkehr in der Golfregion zu gewährleisten. Die WEU war keine mit der NATO vergleichbare Militärorganisation, sondern zuvorderst ein Forum, in dem die Mitgliedstaaten der Europäischen Gemeinschaft ihre nationalen Sicherheits- und Verteidigungspolitiken koordinierten (Cahen 1990; Hyde-Price 2018: 393).

Das Resultat dieses Gegensatzes war eine gemeinsame Sicherheits- und Verteidigungspolitik der EU, deren Entwicklung geprägt war von Ungleichzeitigkeiten,
von Vorstößen und Bremsbewegungen, von Sackgassen, Formelkompromissen
und dem nur schrittweisen Aufbau von Institutionen. Das zeigte sich auch bei der
Herausbildung multinationaler militärischer Planungs- und Führungsstrukturen.
In den ersten Jahren nach dem Ende des Ost-West-Konflikts erfüllte die EU ihren
außen- und sicherheitspolitischen Handlungsanspruch durch Rückgriff auf die
militärischen Strukturen von WEU und NATO. Im Dezember 1991 vereinbarten die
WEU-Mitgliedstaaten, Streitkräfte für militärische Einsätze im Rahmen von WEU,
NATO und Europäischer Gemeinschaft zur Verfügung zu stellen (WEU 1991).[23]
Auch die NATO hatte der Europäischen Union militärische Fähigkeiten angeboten.
Verfahrenstechnisch geregelt wurde dies im Berlin-Abkommen von 1996 (NATO
1996). Die Europäische Gemeinschaft verfügte durch diese beiden vertraglichen
Konstrukte theoretisch über militärische Fähigkeiten. Zunächst galt es aber, den
eigenen europäischen Handlungsanspruch in der Außen- und Sicherheitspolitik zu
definieren. 1992 gab der Ministerrat der WEU in Form der Petersberg-Aufgaben
der Organisation vor, wie sie Konflikte bewältigen sollte (WEU 1992). Sie bestanden
in humanitären Einsätzen und Rettungseinsätzen, friedenserhaltenden Aufgaben
sowie Kampfeinsätzen zum Zwecke der Krisenbewältigung. Die Petersberg-Aufgaben wurden 1997 in den EU-Vertrag von Amsterdam aufgenommen und somit auch
sicherheitspolitischer Handlungsrahmen der EU.[24]

Im Vertrag von Maastricht, 1992 ausgehandelt und 1993 in Kraft getreten,
gaben die EU-Staats- und Regierungschefs der Europäischen Union die besagte
Gemeinsame Außen- und Sicherheitspolitik. Die GASP stand als zweite Säule außerhalb des vergemeinschafteten Bereichs der EU.[25] Gemeinsame Entscheidungen in

---

23 Hierbei handelte es sich um Verbände, die parallel zumeist auch der NATO gemeldet waren und
die somit ‚zwei Hüte' aufhatten (*double hatting*, siehe Wassenberg 1999: 96). Diese Forces Answerable to WEU (FAWEU) waren unter anderem das Eurocorps, EUROFOR und EUROMARFOR, die Multinational Division Central sowie die niederländisch-britische Amphibious Force (Forterre 1996: 7).
Auch nationale Strukturen wurden als FAWEU gemeldet, wie beispielsweise das Bundeswehr-Flot-
tenkommando in Glücksburg (Schleswig-Holstein) (BMVg 1995a: 21). Durell-Young (1997: 10 f.) legt
jedoch dar, dass außerhalb ihrer bloßen Nennung als FAWEU keine weitergehende spezifizierende
Planung für diese Truppenkörper und Kommandos durch die WEU erfolgte.
24 Im Vertrag von Lissabon 2009 wurden sie erweitert um gemeinsame Abrüstungsmaßnahmen,
Aufgaben der militärischen Beratung und Unterstützung sowie Stabilisierung der Lage nach Been-
digung von Konflikten.
25 Der Maastrichter EU-Vertrag legte fest, dass die EU rechtlich drei Säulen zu umfassen hatte: Als
erste Säule galten die bisherige Europäische Gemeinschaft (EG), die Europäische Gemeinschaft für
Kohle und Stahl (EGKS) und die Europäische Atomenergiegemeinschaft (EURATOM). Die zweite

diesem zwischenstaatlichen Politikfeld bedurften der Zustimmung eines jeden Mitgliedstaats.

Der Vertrag von Maastricht formulierte zudem, in Zukunft gegebenenfalls eine gemeinsame Verteidigungspolitik auszugestalten, die wiederum zu einer kollektiven Verteidigung führen könne. Weiterhin wurde im Vertragstext die WEU als integraler Bestandteil der Entwicklung der Europäischen Union bezeichnet und beauftragt, verteidigungspolitische Aktivitäten der Union zu planen und durchzuführen.

Zeitgleich zu den Bestrebungen der europäischen Staaten, die EU im Bereich der Außen-, Sicherheits- und Verteidigungspolitik potenter zu machen, wurde im Rahmen der NATO eine Art Gegenvorschlag ausgearbeitet. Auf dem Brüsseler NATO-Gipfel 1994 schlugen einige WEU-Mitglieder der NATO vor, eine Europäische Sicherheits- und Verteidigungsidentität (ESVI) zu errichten. Diese sollte statt in der EU innerhalb der NATO verwirklicht werden (Cornish 1996; Ellis 1999). Zusätzlich sollten europäische integrierte Militärstrukturen und europäische multinationale Verbände realisiert werden. Diese neuen kollektiven Kapazitäten der Allianz (Combined Joint Task Force, CJTF) sollten auch der EU zur Verfügung gestellt werden (da Silva 1999; Wassenberg 1999).

Die Ereignisse im zerfallenden Jugoslawien, besonders in Bosnien ab 1992, führten innerhalb der Europäischen Union jedoch zu der Überzeugung, dass der komplizierte Umweg über NATO und WEU und der Zwang der Einstimmigkeit in zwischenstaatlichen Gremien hinderlich waren, um auf sicherheitspolitische Krisen angemessen zu reagieren (Hyde-Price 2018: 396). Der Vertrag von Amsterdam, 1997 unterzeichnet und 1999 in Kraft, sah daher unter anderem für Durchführungsentscheidungen im Bereich der GASP die konstruktive Enthaltung sowie qualifizierte Mehrheitsentscheidungen vor. Zudem wurde im Rat der Europäischen Union eine strategische Planungs- und Frühwarneinheit eingerichtet (Lodge/Flynn 1998).

Angesichts der erneuten Eskalation im ehemaligen Jugoslawien, diesmal im Kosovo, verabredeten der britische Premierminister Tony Blair und der französische Staatspräsident Jacques Chirac in Saint-Malo 1998 die Gründung einer europäischen Sicherheits- und Verteidigungspolitik. Das Treffen zwischen Blair und Chirac in der bretonischen Hafenstadt war bedeutend, da die britische Regierung ihre traditionelle europaskeptische Haltung für einen kurzen Zeitraum relativierte und so den Weg für eine solche Politik freimachte. Die Verabredung beinhaltete, der EU Autonomie in Verteidigungsfragen zu geben und ernstzunehmende militärische Fähigkeiten aufzubauen (vgl. Saint-Malo-Deklaration in Rutten 2001: 8). War

---

Säule bestand in der neu geschaffenen GASP. Die dritte Säule umfasste die Zusammenarbeit im Bereich Justiz und Inneres. Die Säulenstruktur wurde durch den Vertrag von Lissabon 2009 aufgelöst.

die Entwicklung einer europäischen Sicherheits- und Verteidigungspolitik bisher nur vage formuliert worden, sollte sie nun konkret umgesetzt werden.

Der britisch-französische verteidigungspolitische Vorstoß in Saint-Malo zog eine entschiedene Reaktion von US-Außenministerin Madeleine Albright nach sich. Sie mahnte, bei der Entwicklung einer eigenen Verteidigungspolitik die drei „D's" zu beachten: *no decoupling* von Entscheidungsprozessen, *no duplication* von Kapazitäten sowie *no discrimination* von NATO-Mitgliedern, die nicht in der EU waren (Albright 1998 [2001]). Die US-amerikanische Regierung befürwortete eine Entwicklung einer europäischen Verteidigungspolitik lediglich im Rahmen der NATO. Eine EU mit eigenen militärischen Strukturen war nicht erwünscht (etwa Talbott 1999 [2001]: 56).

Es ist also insbesondere dem zeitweisen Umschwenken Blairs zu verdanken, dass die EU ab 1998 erste Schritte unternehmen konnte, die zarten Überlegungen zu einer Verteidigungspolitik mit konkreten Maßnahmen zu unterfüttern. Dazu zählen unter anderem die Institutionalisierung eigener Planungs- und Führungsstrukturen sowie die Durchführung EU-geführter Missionen und Operationen.

Auf dem folgenden EU-Gipfel von Köln 1999 wurden die Europäische Sicherheits- und Verteidigungspolitik (ESVP) ins Leben gerufen und sodann Vorschläge unterbreitet, um einen institutionellen Rahmen für eigene EU-Planungs- und Führungskapazitäten aufzubauen sowie operative Handlungsstrukturen herzustellen. Auf der Basis dieser Vorschläge entstanden in den folgenden Jahren in den Ratsstrukturen der Europäischen Union ein ständiges Gremium aus Vertreterinnen und Vertretern mit politischer und militärischer Expertise, ein eng mit der NATO verwobenes European Union Military Committee (EUMC) sowie ein European Union Military Staff (EUMS) als Arbeitsmuskel (Perruche 2004). Der Rat der Europäischen Union, inoffiziell oft auch als (EU-)Ministerrat oder schlicht Rat bezeichnet, konnte zudem in Ratsformationen, etwa der Verteidigungsressorts, zusammentreten, sprich: getrennt nach Politikbereichen. Schließlich wurde ein Ratsausschuss für ziviles Krisenmanagement, das Committee for Civilian Aspects of Crisis Management (CivCom), eingerichtet.[26]

Der Gipfel von Köln sah zudem vor, die WEU vollständig in die EU zu integrieren. In den folgenden Jahren wurden die WEU, ihre Aufgaben und ihre Institutionen, so das European Union Satellite Centre (SatCen) im spanischen Torrejón und das European Union Institute for Security Studies (EUISS) in Paris, die in den 1990er Jahren gegründet worden waren, schrittweise in die EU überführt. Dieser Prozess

---

26 Diese institutionellen Neuerungen wurden später im EU-Vertrag von Nizza (2003) teilweise vertraglich fixiert.

war 2009 mit dem Inkrafttreten des Vertrags von Lissabon abgeschlossen. Endgültig aufgelöst wurde die WEU 2011.

Auf die Einrichtung von EU-Planungs- und Führungskapazitäten sollte die Unterfütterung der europäischen Verteidigungspolitik mit einsatzfähigen Streitkräften folgen. Dafür wurde auf dem EU-Gipfel von Helsinki 1999 ein militärisches Planungsziel für die EU verabschiedet, das European Headline Goal. Im Rahmen dieses Ziels sollten die EU-Staaten bis 2003 militärische Einheiten, die European Rapid-Reaction Force (ERRF), mit einer Gesamtstärke von bis zu 60.000 Soldatinnen und Soldaten an die EU melden. Diese schnelle Eingreiftruppe sollte innerhalb von 60 Tagen einsatzbereit sein. Die Umsetzung gestaltete sich allerdings schwierig, woraufhin wenige Jahre später, auf dem Gipfeltreffen 2004 in Brüssel, das Ziel moderater gestaltet und bis 2010 die Aufstellung von kleineren Gefechtsverbänden, den EU-Battlegroups, vorgesehen wurde (EU 2004).

Im April 2003 trafen sich im belgischen Tervuren die Staats- und Regierungschefs Belgiens, Luxemburgs, Deutschlands und Frankreichs. Hintergrund des Treffens waren der Irakkonflikt, die Verschlechterung der transatlantischen und intereuropäischen Beziehungen sowie die nicht zustande gekommene EU-Verfassung. Die vier Staats- und Regierungschefs schlugen unter anderem vor, in der EU eine eigene militärische Planungs- und Führungseinheit einzurichten. Sie meinten damit nichts Geringeres als ein multinationales EU-Hauptquartier, auch wenn dieser Begriff vermieden wurde (Bühl 2003). Allerdings konnten sie die anderen Staats- und Regierungschefs der EU nicht davon überzeugen, die Aufstellung eines derartigen Hauptquartiers bei ihrem Treffen im Dezember 2003 zu verabschieden.[27] Stattdessen wurde lediglich eine nicht permanente Planungszelle, das European Union Operations Centre (EU OPCEN), im EUMS eingerichtet (Dembinski 2005: 77; Meiers 2005: 130). Das EU OPCEN wurde zwischen 2012 und 2016 als Führungselement für die EU-Operation am Horn von Afrika aktiviert.

Auf der Grundlage des Vertrags von Lissabon wurden die militärischen und sicherheitspolitischen Strukturen der EU 2011 von den Ratsstrukturen in den neu eingerichteten Auswärtigen Dienst der Union, den European Union External Action Service (EEAS), überführt (Vanhoonacker/Pomorska 2017: 114). Zugleich wurden die EU-Planungs- und Führungsstrukturen in den zwischenstaatlichen Teil des EEAS eingegliedert. Sie unterstehen somit der oder dem High Representative of the Union for Foreign Affairs and Security Policy (HR/VP), die oder der zugleich das Amt des Vizepräsidenten der Europäischen Kommission innehat (Vanhoonacker/Pomorska 2017).

---

27 Zu den Ereignissen, die zur Aufstellung des EU OPCEN geführt haben, und zur machtpolitischen Einordnung der Debatte um ein eigenes EU-Hauptquartier siehe Dijkstra (2016: 121–124).

5.2.2.2 Der Aufbau militärischer Planungs- und Führungsstrukturen in der EU

Die EU-Planungs- und Führungsstrukturen bestehen aus nur wenigen institutionellen Einheiten (Zebec 2021). Das Political and Security Committee (PSC), das European Union Military Committee (EUMC) und der European Union Military Staff (EUMS) nehmen politische, strategische und operative Aufgaben bei der Durchführung von EU-Missionen und -Operationen wahr. Das PSC setzt sich aus Botschafterinnen und Botschaftern der Mitgliedstaaten, gegebenenfalls auf der Ebene von Referentinnen und Referenten, zusammen (Vanhoonacker/Pomorska 2017: 112). Es berät den Rat der Europäischen Union in Fragen der Gemeinsamen Außen- und Sicherheitspolitik und der Gemeinsamen Sicherheits- und Verteidigungspolitik und überwacht die Umsetzung von Entscheidungen in diesen Bereichen. Mit der politischen Koordination der GSVP innerhalb des Europäischen Auswärtigen Dienstes sind das Security and Defence Directorate (SECDEFPOL) sowie das Element Integrated Approach for Security and Peace Directorate (ISP) beauftragt.

Das European Union Military Committee ist die höchste militärische Autorität in der EU. Es besteht aus den Generalstabschefs der Mitgliedstaaten oder deren Vertreterinnen und Vertretern. Das EUMC berät das PSC in militärischen Angelegenheiten und leitet die Planung und Durchführung von Operationen und Missionen.[28]

Der European Union Military Staff ist der Arbeitsmuskel des EUMC (Zebec 2021). Seine rund 200 Mitarbeitenden stellen militärische Expertise in den Bereichen Missionen, Operationen und Fähigkeiten. Das nicht permanente European Union Operations Centre ist 2017 in der Military Planning and Conduct Capability (MPCC) aufgegangen, welche im EUMS angesiedelt ist. Dieser 30-köpfige, stehende Planungs- und Durchführungsstab ist eine Befehls- und Führungsstruktur auf strategisch-operativer Ebene, das heißt außerhalb des Einsatzgebiets. Er ist für die Planung und Durchführung von Missionen, zum Beispiel Aufwuchs, Verlegung, Unterhaltung sowie Rückführung von Einsatzkräften, zuständig. Somit fungiert er als Schnittstelle zwischen dem PSC und den Hauptquartieren im Einsatzgebiet (Reykers 2019). Ähnlich plant und führt die Civilian Planning and Conduct Capability (CPCC) zivile Krisenmanagementmissionen der EU.

Für die Durchführung EU-geführter Operationen werden weitere temporäre institutionelle Einheiten gegründet. Ein Beispiel ist das Komitee der truppenstellenden Nationen (Committee of Contributors, CoC), das nur für die Dauer einer Ope-

---

28 Militärische Aktivitäten der EU werden im Regelfall als Operationen bezeichnet, zivile hingegen als Missionen (Tardy 2015: 17). Folgende Arten von zivilen, militärischen und zivil-militärischen EU-Operationen und -Missionen werden unterschieden: Beobachter-, Grenzüberwachungs-, Rechtsstaats- und Polizeimissionen, Missionen zur Sicherheitssektorreform, militärische Operationen und militärische Ausbildungsmissionen (BT 2007b: 11).

ration aufgestellt wird und zeitnah relevante Informationen der EU-Institutionen vor allem für teilnehmende Drittstaaten bereitstellt (Frietzsche/Parchmann 2001: 11). Es besteht zudem die Möglichkeit, Sondergesandte (EU Special Representative, EUSR) für Krisengebiete zu ernennen, denen besondere Verantwortlichkeiten für bestimmte Aspekte von EU-Operationen zugewiesen werden können (Adebahr 2012).

Für die Führung von EU-Operationen existieren verschiedene Optionen.[29] Eine Option ist der Rückgriff auf ein nationales Hauptquartier (Heise 2005: 8). Diese stehen der EU derzeit in Frankreich (nahe Paris), Deutschland (Ulm), Griechenland (Larissa), Italien (Rom), Polen (Krakau) und Spanien (Rota) zur Verfügung (Knappe et al. 2021; Zebec 2021: 50). Für die EU-Operation EUFOR RD Congo im Jahr 2006 beispielsweise wurde am Standort des Einsatzführungskommandos in Schwielowsee, einer Gemeinde bei Potsdam, ein Hauptquartier für die Operation aufgestellt, das außerhalb des EU-Haushalts über den damaligen gemeinsamen Finanzierungsmechanismus der Union, Athena, finanziert wurde.[30] Das französische operative Hauptquartier in Mont Valérien wurde 2008 und 2009 für die EU-Operation EUFOR Tchad/RCA aktiviert (Mattelaer 2013).

Die militärischen EU-Operationen Concordia 2003 in Mazedonien und die noch bestehende EUFOR-Althea seit 2004 in Bosnien-Herzegowina wurden und werden dagegen unter Rückgriff auf NATO-Kommandostrukturen geführt. Diese zweite Möglichkeit der Führung von EU-Operationen ist in der Berlin-Plus-Vereinbarung, dem 2003 unterzeichneten Nachfolgeabkommen des Berlin-Abkommens, geregelt.[31]

In den militärischen Strukturen der EU selbst, im MPCC, durften zunächst lediglich EU-Operationen ohne Kampfeinsatz (*non-executive operations*) geführt werden (Tardy 2017). Beispiele hierfür sind die Trainingsmissionen EUTM RCA (seit 2016) in der Zentralafrikanischen Republik, die EUTM Somalia (seit 2010) sowie die EUTM Mali (seit 2013). Es zeichnet sich jedoch ab, dass die Kompetenzen des MPCC zur Führung von EU-Operationen künftig ausgeweitet werden, um auch robustere Operationen einzuschließen. Als erster Schritt wurde dem MPCC 2019 die Möglichkeit übertragen, neben den *non-executive operations* künftig auch robuste Operationen unter Rückgriff auf eine EU-Battlegroup zu führen (Mergener/Bléjean 2020). Möglicherweise folgt aus dieser Kompetenzerweiterung die Einrichtung eines permanenten EU-Hauptquartiers (Reykers 2019). Der Krieg in der Ukraine und die geplante Weiterentwicklung der EU-Battlegroups in eine Rapid Deployment Capa-

---

29 Hier und im Folgenden European External Action Service (2019b).
30 Kommunikation mit BMVg vom 19.11.2021. Seit Juli 2021 werden militärische Operationen außerhalb des EU-Haushalts im Rahmen der European Peace Facility (EPF) finanziert.
31 Allerdings ist die Berlin-Plus-Option durch den Zypernkonflikt kaum mehr möglich.

city haben die Diskussion um ein EU-Hauptquartier als dritte Führungsoption für EU-Operationen erneut aufleben lassen (Henckel 2023).

Im Vergleich zu der mit erheblich größeren Ressourcen ausgestatteten und weit verzweigten NATO-Kommandostruktur sind die Planungs- und Führungsstrukturen der EU weniger umfangreich ausgebildet und mit Kompetenzen ausgestattet. In ihrer Sicherheits- und Verteidigungspolitik hat die EU Kompetenzen vor allem auf politischer und strategischer, weniger aber auf operativer Ebene ausgebildet und institutionalisiert (Dijkstra 2016: 121 f.). Zum einen waren bei der Entstehung der Europäischen Sicherheits- und Verteidigungspolitik Ende der 1990er Jahre die umfassenderen NATO-Strukturen längst etabliert und die Einrichtung von EU-Kommandostrukturen nach dem Vorbild der NATO hätte für die EU-Mitglieder, von denen viele zugleich Mitglieder der NATO sind, eine kostspielige und für das Bekenntnis zur NATO politisch brisante Dopplung bedeutet. Zum anderen verfolgt die EU einen zuvorderst zivilen Ansatz bei der Krisenbewältigung. Sie hat verstärkt nicht militärische Fähigkeiten zur Konfliktbearbeitung entwickelt und bis 2020 elf militärische Operationen, jedoch doppelt so viele zivile Missionen durchgeführt.[32] Diese zivile Komponente ist das „Markenzeichen der ESVP" (Behme/Baddenhausen 2007: 4).

Die zukünftige Entwicklung der EU-Planungs- und Führungsstruktur hängt wesentlich vom Willen der Mitgliedstaaten ab. Dabei könnte der EU-Austritt des Vereinigten Königreichs, das traditionell eine bremsende Rolle bei der Herausbildung einer Europäischen Verteidigungspolitik gespielt hat, die Weiterentwicklung der GSVP beeinflussen (Howorth 2017: 361; BT 2017; Sweeney/Winn 2020; Zyla 2020).[33] Die Kompetenzerweiterung des Militärischen Planungs- und Durchführungsstabs, zukünftig auch eine robuste Operation zu führen, ist möglicherweise ein Zeichen für die Entwicklung stärkerer Kommandoelemente in der EU. Mit Großbritannien fällt auf der anderen Seite ein finanzstarker und militärisch potenter Kooperationspartner fort (Barrie et al. 2018; Giegerich/Mölling 2018). Diese Lücke zu füllen wird – gerade unter dem Eindruck strategischer Veränderungen seit Russlands Krieg gegen die Ukraine – besondere Anstrengungen der EU-Mitgliedstaaten erfordern.

---

32 Darrel Driver (2010) argumentiert kritisch, dass eben jene Fokussierung auf zivile Konfliktszenarien die Ausbildung arbeitsfähiger militärischer Strukturen im Rahmen der ESVP verhindert habe.
33 Für einen Überblick zu den möglichen Beziehungsformaten zwischen dem Vereinigten Königreich und den kontinentaleuropäischen Staaten im Bereich der Sicherheitspolitik nach dem Brexit siehe Martill/Sus (2018).

5.2.3 Multinationale Truppenkörper

Neben den Kommando-, Planungs- und Führungsstrukturen von NATO und EU haben sich nach dem Ende des Ost-West-Konflikts auf der Ebene der Streitkräfte und hier insbesondere bei den Landstreitkräften verstärkt multinationale Strukturen herausgebildet, mit völkerrechtlichen, sicherheitspolitischen und verteidigungspolitischen Implikationen.[34]

Beginnend mit dem Allied Command Europe Rapid Reaction Corps (ARRC) im Jahr 1992 stellten die europäischen Staaten in den darauffolgenden Jahren eine Reihe multinationaler Truppenkörper auf.[35] Dabei sah die Situation in den 1990ern aus zeithistorischer Sicht zunächst „eher unaufgeräumt" (Durell-Young 1997: 53) aus. Viele der damals gegründeten multinationalen Formate waren aus unterschiedlichen nationalen Überlegungen heraus entstanden. Ihre Beziehungen zur NATO-Kommandostruktur, ihr rechtlicher Status, ihre Finanzierung, ihre Kontroll- und Kommandorechte sowie Umfang und Art der ihnen zugewiesenen Truppenkörper waren somit in den Gründungsjahren noch recht unterschiedlich.

Im Folgenden werden umfassend die multinationalen Truppenkörper vorgestellt, die in Europa seit dem Ende des Ost-West-Konflikts existierten oder nach wie vor existieren. Sie sind unterteilt in permanente, also dauerhafte Truppenkörper, und nicht permanente Truppen, die bei Bedarf oder einem zeitlichen Schema folgend immer wieder gebildet werden. Die permanenten Truppenkörper sind nach ihrer Größe gruppiert.[36] Einem Korps, geführt von einem Generalleutnant,

---

34 Der Aufenthalt fremder aktiver Streitkräfteangehöriger auf nationalem Territorium ist völkerrechtlich keine Selbstverständlichkeit und muss für jeden Einzelfall vertraglich geregelt werden. Hierbei wird unterschieden zwischen den Rechtsgrundlagen zum Aufenthalt (*ius ad praesentiam*) und zur Rechtsstellung fremder Truppen (ius in praesentia) (Raap 1991). Letztere wird durch den Status of Forces Agreements (SOFA) festgelegt. Im Jahr 1951 wurde zwischen den NATO-Mitgliedstaaten das NATO-Truppenstatut (NTS) geschlossen, in dem die Staaten untereinander den Aufenthalt von NATO-Streitkräfteangehörigen regeln. Später kamen weitere Zusatzabkommen, -protokolle und -vereinbarungen hinzu (Kreicker 2007: 1058–1068).

35 Zeitgenössische Überblicksdarstellungen über die Aufstellung multinationaler Truppenkörper in den 1990er Jahren bieten die Berichte des WEU-Verteidigungsausschusses (WEU Defence Committee) an die Parlamentarische Versammlung der WEU (Assembly of the Western European Union) (WEU 1995, 2002; siehe auch Meyers 1996).

36 Viele moderne Streitkräfte sind in Korps (50.000–300.000 Soldatinnen und Soldaten), Divisionen (7.000–22.000), Brigaden (2.000–8.000), Bataillone (400–1.200) und Kompanien (100–250) unterteilt (Encyclopaedia Britannica 2015; Streikräfteamt 2019). In der Publikationsreihe „Military Balance" finden sich abweichend folgende Größenverhältnisse: Bataillon 500–1.000, Brigade 3.000–5.000, Division 15.000–20.000 und Korps 50.000–100.000 Soldatinnen und Soldaten (International Institute for Security Studies 2019: 505). Die Stärken von Truppenkörpern verschiedener Staaten können sich

unterstehen in der Regel zwei bis fünf Divisionen.[37] Einer Division, die ein Generalmajor befehligt, unterstehen in der Regel zwei bis fünf Brigaden. Jede Brigade wird von einem Brigadegeneral oder Oberst geführt. Korps, Division und Brigade werden als Großverbände bezeichnet. Bataillone, ihnen steht ein Oberstleutnant vor, sind dagegen militärische Verbände. Sie setzen sich aus Kompanien zusammen mit einem Major oder Hauptmann an der Spitze der Befehlshierarchie. Kompanien werden als militärische Einheit bezeichnet. Auch sie sind in weitere Untereinheiten gegliedert, was jedoch für das Anliegen des Buches unberücksichtigt bleiben kann.

5.2.3.1 Multinationale Korps

Mit dem Londoner Beschluss der NATO von 1990 begann ein Prozess, bei dem einige Aufgaben aus der NATO-Kommandostruktur auf die Ebene der Truppenkörper und damit in die Streitkräftestruktur der NATO verlegt wurden.[38] Waren zu Zeiten des Ost-West-Konflikts nationale Korps in Heeresgruppen zusammengefasst, die Teil der NATO-Kommandostruktur waren (Pedlow 2009), wurde diese Ebene der koordinierenden Heeresgruppen nun aufgegeben. Fortan sollten neuartige multinationale Korps auf der Ebene der Streitkräftestruktur deren Funktionalität übernehmen, während gleichzeitig viele nationale Korpsebenen aufgelöst wurden (BMVg 1995a: 20).

Korps bilden derzeit die oberste Führungsebene militärischer Truppenkörper in Europa. Alle multinationalen Korps in Europa sind Teil der NATO-Streitkräftestruktur oder stehen, wie im Falle des Eurocorps, durch eine sogenannte Technische Vereinbarung (*technical agreement*) der NATO zur Verfügung. Diese als NATO Rapid Deployable Corps bezeichneten Truppenkörper bilden das operativ-taktische Rückgrat des Bündnisses.[39] Sie weisen sowohl Kommando- und Kontrollelemente als auch planerisch oder fest zugewiesene Truppenteile auf (Deni 2007: 6).[40]

---

erheblich unterscheiden. Bezeichnungen wie Korps und Division finden sich insbesondere in den Landstreitkräften sowie in streitkräftegemeinsamen Truppenkörpern, die aus Heeres- und Luftwaffenelementen bestehen. Die Luft- und Seestreitkräfte sind in ihren Strukturen stark von technologischen Funktionszwängen geprägt (Durell-Young 2001: 41) und weisen dadurch auf der gleichen Führungsebene oftmals sehr viel geringere Truppenstärken auf als die Landstreitkräfte.

37 In vielen Streitkräften existieren Korps allerdings nur noch als Korpsstäbe. Auch bei den meisten multinationalen Korps in Europa ist das der Fall. Lediglich dem Multinational Corps Northeast (MNC NE) sind multinationale Divisionen fest unterstellt.

38 Einen prägnanten Überblick über die Herausbildung der neuen NATO-Streitkräftestruktur in den 1990er und 2000er Jahren bietet Deni (2004).

39 Diese wurden auch als NATO Rapid Deployment Corps (NRDC) bezeichnet (Deni 2007).

40 Mit Ausnahme des Multinational Corps Northeast sind den Korps keine Korpstruppen oder Divisionen unterstellt. Ihnen werden stattdessen für festgelegte Zeiträume spezielle Aufgaben und

Die NATO Rapid Deployable Corps sind Hauptquartiere, die in der Lage sind, ihnen unterstellten Truppenteile mit bis zu 60.000, im Falle des Allied Rapid Reaction Corps (ARRC) sogar mit bis zu 120.000 Soldatinnen und Soldaten (ARRC 2019) zu führen. Die Korps waren in der Regel in das Rotationssystem der NATO Response Force (NRF) eingebunden und übernahmen meist für zwölf Monate das Kommando über die Landkomponente der NRF.[41]

Derzeit existieren neun NATO Rapid Deployable Corps (siehe Tabelle 1).[42] Bei diesen Truppenkörpern ist der Grad der Multinationalität unterschiedlich ausgeprägt. Beim ARRC etwa übernimmt nur eine Nation, hier das Vereinigte Königreich, die Führung des Korps. Beim Eurocorps, dem 1 (German/Netherlands) Corps und dem Multinational Corps Northeast führen mehrere Nationen im Rotationsprinzip den Großverband.[43] Dabei bestimmen oftmals die prozentualen nationalen Anteile an der Finanzierung des Korps die Verteilung der Spitzendienstposten.

Die Zuschreibung als NATO Rapid Deployable Corps ist eine Funktionsbeschreibung für diese Großverbände. Sie können darüber hinaus weitere nationale und multinationale Rollen haben. Das Eurocorps steht beispielsweise auch der Europäischen Union für Operationen zur Verfügung. Die Kosten für den Betrieb der Korps werden den jeweiligen Rahmennationen auferlegt, die zugleich den Großteil des Personals und der Infrastrukturen stellen.[44]

Rollen sowie Truppenteile zugewiesen. Kommunikation mit BMVg vom 20.10.2021.

41 Das Headquarters Multinational Corps Northeast im polnischen Szczecin bildete hierbei eine Ausnahme. Es ist dauerhaft als NATO-Hauptquartier regional für den Ostseeraum verantwortlich (Pfützenreuter 2020) und war aus diesem Grund nicht in das Rotationssystem der NRF eingebunden (Kommunikation mit dem MNC NE am 27.8.2021).

42 Die folgenden Ausführungen stellen die wesentlichen Aspekte der multinationalen Korps dar. Eingehender mit deren Aufstellung und den damit verbundenen politischen und rechtlichen Herausforderungen beschäftigen sich Durrell-Young (1997) und Deni (2007). Anthony King (2011: 76–101) gibt teilweise tiefe Einblicke in das Allied Rapid Reaction Corps, aber auch in andere multinationalen Korpsstrukturen. Zudem beschreibt er die netzwerkartigen Kontakte der Korps untereinander.

43 Beim MNC NE wechselt der Posten des Kommandeurs nur noch zwischen Polen und Deutschland. Der Posten des stellvertretenden Kommandeurs wird dagegen dauerhaft von Dänemark gestellt (Kommunikation mit MNC NE am 19.8.2021).

44 Während die integrierten NATO-Kommandostrukturen und die Führungs- und Planungsstrukturen der EU durch die Mitgliedstaaten nach einem festgelegten Kostenschlüssel finanziert werden (*common costs*), werden multinationale Truppenkörper und modulare Eingreiftruppen in der Regel im Rahmen von Beitragszahlungen durch die beteiligten Nationen finanziert.

Tabelle 1: Die NATO Rapid Deployable Corps (NRDC) (Stand 2021)

Name	Grün-dung	Sitz	Rahmennation(en) / andere teilnehmende Staaten
Headquarters Allied Command Europe Rapid Reaction Corps (ARRC)	1992	Innsworth-Gloucester, GBR	Rahmennation: GBR / andere Staaten: ALB, CAN, CZE, DEU, DNK, ESP, EST, FRA, GRC, HRV, ITA, LTU, LVA, NLD, POL, PRT, ROU, TUR, USA
Eurocorps*	1993	Strasbourg, FRA	Rahmennationen: BEL, DEU, ESP, FRA, LUX, POL / andere Staaten: AUT (bis 2011), CAN (bis 2007), FIN (bis 2005), GRC, ITA, ROU, TUR
1 (German/Netherlands) Corps	1995	Münster, DEU	Rahmennationen: DEU, NLD / andere Staaten: BEL, CZE, DNK (bis 2017), ESP, FRA, GBR, GRC, ITA, NOR, TUR, USA
Multinational Corps Northeast (MNC NE)	1999	Szczecin, POL	Rahmennationen: DNK, DEU, POL / andere Staaten: BEL, CAN, CZE, EST, FRA, FIN, GBR, GRC, HUN, HVR, ITA, LVA, LTU, NLD, NOR, ROU, SVK, SVN, SWE, TUR, USA
Headquarters NRDC Spain	2000	Valencia, ESP	Rahmennation: ESP / andere Staaten: CZE, FRA, DEU, GRC, ITA, POL, PRT, ROU, TUR, GBR, USA
Headquarters NRDC Italy	2001	Solbiate Olona, ITA	Rahmennation: ITA / andere Staaten: ALB, BGR, CAN, DEU, ESP, FRA, GBR, GRC, HUN, LTU, LVA, MNE, NLD, POL, ROU, SVN, TUR, USA
Headquarters NRDC Turkey	2001	Istanbul, TUR	Rahmennation: TUR / andere Staaten: ALB, BGR, DEU, ESP, GBR, GRC, ITA, NLD, POL, ROU, USA**
Headquarters NRDC Greece	2003	Thessaloniki, GRC	Rahmennation: GRC / andere Staaten: ALB, BGR, ESP, FRA, GBR, ITA, POL, ROU, TUR, USA
Headquarters NRDC France	2005	Lille, FRA	Rahmennation: FRA / andere Staaten: ALB, BEL, CAN, DEU, ESP, GBR, GRC, HUN, ITA, NLD, ROU, TUR, USA

Quellen: Darstellung Ina Kraft nach <https://arrc.nato.int/about-us/HRFL>, <https://arrc.nato.int/about-us/participating-nations>, <https://mncne.nato.int/about-us/organisation/organisational-structure>, <http://www.nrdc-ita.nato.int/26/contributing-nations>, <http://www.hrf.tu.nato.int/brochure.pdf> (auf alle zuletzt zugegriffen am 30.9.2021).

* Durch das sogenannte „SACEUR-Abkommen" vom 21. Januar 1993 kann das Eurocorps unter NATO-Kommando gestellt werden. Im Jahr 2002 wurde das Eurocorps als High Readiness Force (Rapid Reaction Corps) für die NATO zertifiziert (Löser 2005).

** Stand 2014

Das Allied Rapid Reaction Corps

Im Jahr 1992 wurde das Allied Command Europe Rapid Reaction Corps als erstes Rapid Reaction Corps der NATO aufgestellt. Es war der Vorgänger des heutigen Allied Rapid Reaction Corps (ARRC) und stand Modell für die Einrichtung fünf weiterer national geführter, multinationaler Rapid Deployable Headquarters in Spanien, Italien, der Türkei, Griechenland und Frankreich (Castagnetti 2003; Fiorenza 2001; Grünebach 2003; o.A. 2003c; Argumosa Pila 2010; Saygun 2003). Es war zugleich das erste multinationale Korps, auf das sich die NATO gemäß ihres 1990 in London formulierten Ziels abstützte.[45] Von Beginn an wurde das ARRC in den Stabilisierungs- und später auch in den robusteren Krisenmanagementoperationen der NATO eingesetzt. Das ARRC führte 1995 den ersten Einsatz von NATO-Bodentruppen in Bosnien-Herzegowina (Dannatt 2003; Walker 1996a, 1996b). Und es übernahm als Initial Entry Headquarters 1999 die Führung über das erste Kontingent, das im Rahmen der NATO-Stabilisierungsmission Kosovo Force (KFOR) eingesetzt wurde (Drewry 2001; Fiorenza 2001).

Das ARRC ging aus dem in Deutschland stationierten 1st British Corps hervor, das während des Ost-West-Konflikts den Beitrag des Vereinigten Königreichs zur Verteidigung des westdeutschen Bündnisgebiets stellte. Diese Aufgabe wurde nach 1990 obsolet. Das Korps war zunächst in Rheindahlen (Nordrhein-Westfalen) beheimatet und zog später ins britische Innsworth, nahe Gloucester, um.[46]

Bei seiner Gründung waren dem ARRC neun Divisionen und ein Divisionsäquivalent, die spanische Fuerza de Accion Rapida (FAR), zugeordnet. Je nach geografischer Lage des Einsatzgebietes und je nach Situation wären dem Korps im Einsatzfall bis zu vier Divisionen für die Führung eines Einsatzes unterstellt worden (BPA 1998). Abbildung 8 stellt vereinfacht die Streitkräftestruktur des ARRC in den 1990er Jahren dar.

Im Frieden verblieben die nationalen Divisionen unter nationaler Führung in ihren Heimatländern und übernahmen weitere nationale oder internationale Rollen (Walker 1996a: 38). Erst im Zuge eines Truppengestellungsprozesses (*force generation process*) wären sie dem Kommando des ARRC unterstellt worden.[47] Eine Division, die Multinational Division Central, unterstand dem Korps-Hauptquartier

---

45 Für zeitgenössische Beiträge zur Idee der Aufstellung des ARRC und ersten Umsetzungsvorhaben siehe Miller (1991) und Oliver (1992).

46 Deutschland drängte bei der Aufstellung des ARRC auf die Führung des Korps durch einen deutschen General. Zu den allianzpolitischen Entscheidungen für eine britische Führung siehe Masala (2003: 95 f.).

47 Den mitunter schwierigen Ablauf des Truppengestellungsprozesses im Zuge des Einsatzes des ARRC im Bosnieneinsatz beschreibt detailliert der damalige kommandierende General des ARRC, Generalleutnant Michael Walker (1996b).

Abbildung 8: Die Streitkräftestruktur des ARRC in den 1990er Jahren

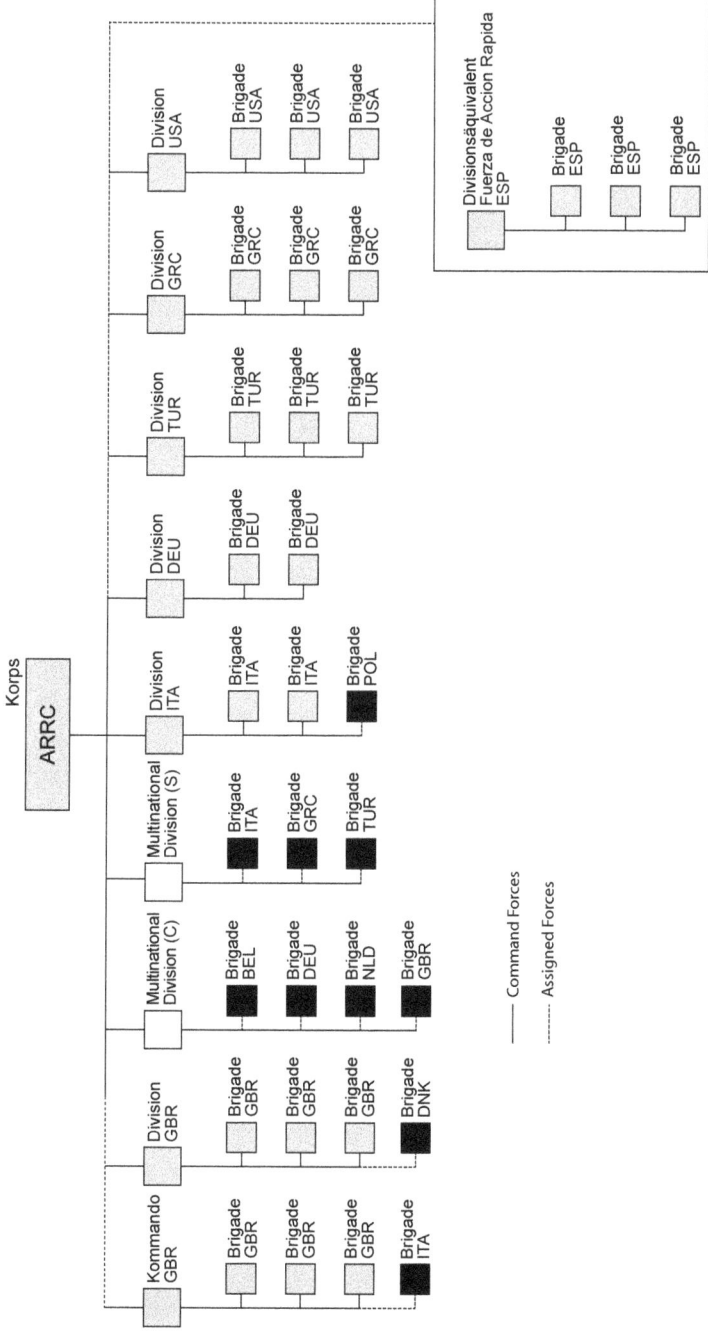

Korps

ARRC

Kommando GBR

Division GBR

Multinational Division (C)

Multinational Division (S)

Division ITA

Division DEU

Division TUR

Division GRC

Division USA

Brigade GBR, Brigade GBR, Brigade GBR, Brigade ITA
Brigade GBR, Brigade GBR, Brigade GBR, Brigade DNK
Brigade BEL, Brigade DEU, Brigade NLD, Brigade GBR
Brigade ITA, Brigade GRC, Brigade TUR
Brigade ITA, Brigade ITA, Brigade POL
Brigade DEU, Brigade DEU
Brigade TUR, Brigade TUR, Brigade TUR
Brigade GRC, Brigade GRC, Brigade GRC
Brigade USA, Brigade USA, Brigade USA

Divisionsäquivalent Fuerza de Accion Rapida ESP

Brigade ESP, Brigade ESP, Brigade ESP

⎯⎯ Command Forces

---- Assigned Forces

Quelle: Darstellung Ina Kraft unter Mitarbeit von Catharina Gottschalk, basierend auf Walker (1996b: 15).

©ZMSBw
09611-01

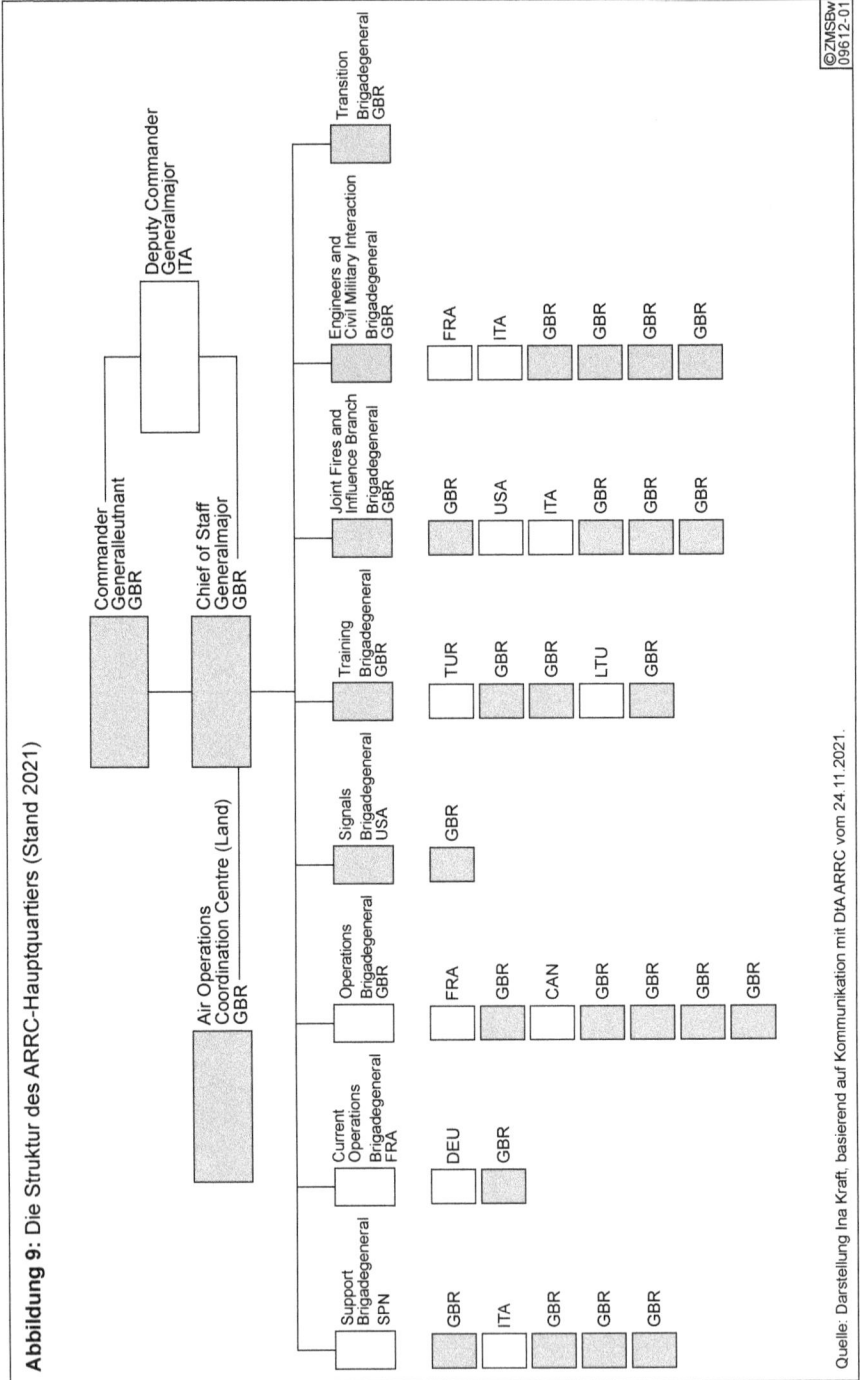

Abbildung 9: Die Struktur des ARRC-Hauptquartiers (Stand 2021)

Commander
Generalleutnant
GBR

Deputy Commander
Generalmajor
ITA

Chief of Staff
Generalmajor
GBR

Air Operations
Coordination Centre (Land)
GBR

Support
Brigadegeneral
SPN
- GBR
- ITA
- GBR
- GBR
- GBR

Current Operations
Brigadegeneral
FRA
- DEU
- GBR

Operations
Brigadegeneral
GBR
- FRA
- GBR
- CAN
- GBR
- GBR
- GBR
- GBR

Signals
Brigadegeneral
USA
- GBR

Training
Brigadegeneral
GBR
- TUR
- GBR
- GBR
- LTU
- GBR

Joint Fires and
Influence Branch
Brigadegeneral
GBR
- GBR
- USA
- ITA
- GBR
- GBR
- GBR

Engineers and
Civil Military Interaction
Brigadegeneral
GBR
- FRA
- ITA
- GBR
- GBR
- GBR
- GBR

Transition
Brigadegeneral
GBR

©ZMSBw
09612-01

Quelle: Darstellung Ina Kraft, basierend auf Kommunikation mit DtA ARRC vom 24.11.2021.

bis 2003 jedoch direkt. Deren Divisionshauptquartier wurde durch Deutschland, Belgien, die Niederlande und das Vereinigte Königreich bestückt. Diese Staaten meldeten wiederum nationale Kontingente in die Division ein. Vorgesehen war Anfang der 1990er Jahre auch die Aufstellung einer dem ARRC direkt unterstellten Multinational Division South, die wiederum aus griechischen, italienischen und türkischen Brigaden bestehen sollte, was jedoch nie zustande kam (Dannatt 2003).

Heutzutage verfügt das ARRC über keine festen taktischen Manöverelemente.[48] Je nach Aufgabe und Rolle werden ihm zu diesem Zweck unterschiedliche Truppenkörper zugewiesen. Das ARRC ist das größte verlegbare Hauptquartier des Vereinigten Königreichs. Es kann als Land Component Command oder als Joint Task Force Hauptquartier eingesetzt werden und alle Landstreitkräfte beziehungsweise alle militärischen Kräfte in einem Operationsgebiet führen. Es untersteht schon in Friedenszeiten direkt dem NATO-Oberbefehlshaber und als nationales britisches Kommando auch dem Chef des britischen Generalstabs (Sadlowski 2020: 402).

Auch das Hauptquartier des Allied Rapid Reaction Corps ist multinational gegliedert (siehe Abbildung 9). Das Vereinigte Königreich ist als Rahmennation für die Administration, Logistik und Führung des Korps zuständig. Der Korpsstab besteht aus ungefähr 450 Mitarbeiterinnen und Mitarbeitern. Davon sind etwa 60 Prozent britische Streitkräfteangehörige, der Rest entfällt auf Streitkräfteangehörige der beteiligten Staaten (Sadlowski 2020: 402).

Das Eurocorps

Das Eurocorps ist eines von drei multinationalen Korps, bei denen mehrere Staaten die Führungsrolle übernehmen. Am Anfang stand im Winter 1990/91 die Idee für ein rein binationales deutsch-französisches Korps.[49] Die bereits 1989 aufgestellte Franco-German Brigade sollte mit ihm einen operativen Verband bilden (Frank 2017: 34). Da das Hauptquartier der Brigade in Müllheim, im äußersten Südwesten Deutschlands, beheimatet war, sollte das Hauptquartier des Korps in Frankreich stationiert werden (Frank 2017: 36). Im Laufe des Diskussionsprozesses um den neuen Großverband kam jedoch die Idee auf, ihn nicht nur binational zu gründen, sondern zu einem multinationalen Eurocorps zu erweitern.

Das Eurocorps wurde schließlich 1993 aufgestellt (Forterre 1996; Kammerhoff et al. 2003). Nach den Gründungsmitgliedern Frankreich und Deutschland traten bis

---

48 Die 1st UK Signal Brigade mit dem Gurkha Allied Rapid Reaction Corps Support Battalion untersteht dem ARRC direkt. Kommunikation mit DtA ARRC vom 24.1.2022.

49 Eine detaillierte Darstellung der Ereignisse, die zur Gründung des Eurocorps führten, findet sich bei Wassenberg (1999: Kapitel 4).

1996 Belgien, Spanien und Luxemburg und 2022 Polen dem Korps bei.[50] Damit ist es unter den europäischen multinationalen Verbänden dasjenige mit den meisten Rahmennationen; das Korps beschreibt sich selbst als ein „einzigartiges multinationales Hauptquartier"[51]. Die Türkei, Griechenland, Italien, Österreich und Rumänien stellen als assoziierte Nationen ebenfalls Personal in das Eurocorps ab.

Bei seiner Entstehung war das Korps nicht unumstritten, stand es doch außerhalb der NATO-Kommandostruktur (Jeschonnek 2022: 179), was damals als Einrichtung von Doppelstrukturen neben der NATO kritisiert wurde. Die Befürchtungen gingen so weit, das Korps könne dazu dienen, Deutschland aus der NATO herauszuführen (Forterre 1996). Um dieser Kritik zu begegnen, bestand von Beginn an die Option, das Korps der NATO zu unterstellen (Sadlowski 2020: 408).

In den 1990er Jahren waren dem Korps für den Einsatzfall Großverbände der jeweiligen Rahmennationen fest zugeordnet (siehe Abbildung 10): die Franco-German Brigade, eine belgische mechanisierte Division, eine deutsche und eine französische Panzerdivision, eine spanische mechanisierte Brigade sowie eine luxemburgische Kompanie (BPA 1998: 16).

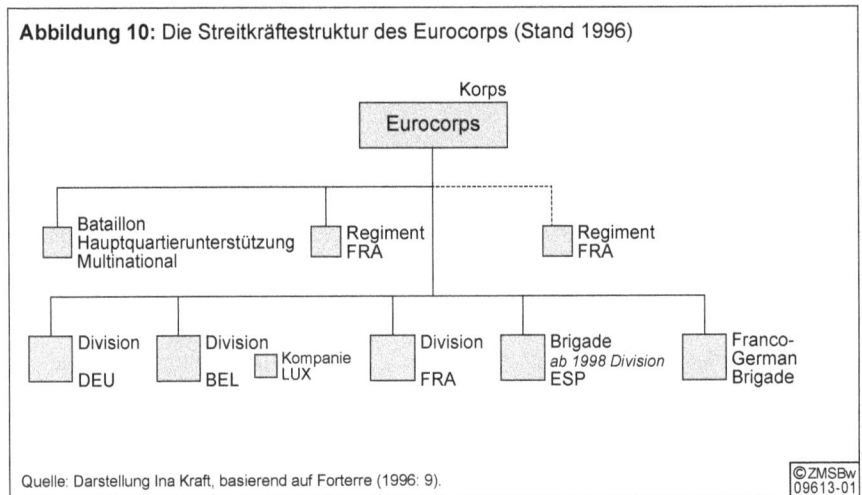

Abbildung 10: Die Streitkräftestruktur des Eurocorps (Stand 1996)

Quelle: Darstellung Ina Kraft, basierend auf Forterre (1996: 9).

©ZMSBw
09613-01

---

50 Staatsrechtliche Grundlage des Eurocorps ist der Straßburger Vertrag, der 2004 von den Rahmennationen des Korps unterzeichnet wurde und 2009 in Kraft trat. Siehe Bekanntmachung über das Inkrafttreten des Vertrags über das Europäische Korps und die Rechtsstellung seines Hauptquartiers zwischen der Französischen Republik, der Bundesrepublik Deutschland, dem Königreich Belgien, dem Königreich Spanien und dem Großherzogtum Luxemburg (Straßburger Vertrag) vom 7. Mai 2010, BGBl. 2010 II, Nr. 16, S. 640.

51 Siehe <https://www.eurocorps.org/about-us/contributing-nations/> (letzter Zugriff 3.5.2021).

Heutzutage unterstehen dem Korps fest nur noch die Franco-German Brigade sowie eine multinationale Unterstützungsbrigade, bestehend aus einem Stabs- und Versorgungsbataillon und einem Fernmelderegiment. Je nach Rolle und Aufgabe werden dem Eurocorps weitere Verbände unterstellt. Das Hauptquartier ist multinational organisiert. Die Dienstposten im Korps werden anteilig unter den Vertragsstaaten verteilt (Jeschonnek 2022: 181). Spitzendienstposten werden nach dem Rotationsprinzip besetzt.

Das Eurocorps stand von Beginn an sowohl der NATO als auch der EU für Einsätze zur Verfügung.[52] Es wurde in den NATO-Operationen SFOR (Stabilization Force) in Bosnien-Herzegowina (1998–2000), KFOR (Kosovo Force, 2000) und ISAF (International Security Assistance Force) in Afghanistan (2004–2005, 2012–2013) eingesetzt. Es war zudem das Führungshauptquartier für die NATO Response Force (Jeschonnek 2022; Stephan 2020). Für die Europäische Union übernahm das Eurocorps Aufgaben in den EU-Trainingsmissionen EUTM Mali (2015) und EUTM RCA in der Zentralafrikanischen Republik (2017). Es wurde zudem als Führungshauptquartier für EU-Battlegroups zertifiziert und stand 2016 und 2017 als Hauptquartier für die Führung einer EU-Battlegroup zur Verfügung (Sadlowski 2020: 408).

Im Jahr 2016 haben die Verteidigungsminister Deutschlands und Frankreichs vorgeschlagen, das Korps zu einem Expertenzentrum unter anderem für die Ausbildungs-, Trainings-, Mentoring-, Beratungs- und Unterstützungsmissionen zu machen. Damit verfolgten die Ideengeber das Ziel, die Fähigkeit der EU zur Durchführung zivil-militärischer Missionen und Operationen zu stärken (von der Leyen/ Le Drian 2016). Die Initiative hat zunächst nicht die Unterstützung der restlichen EU-Mitglieder gefunden.

Das 1 (German/Netherlands) Corps

Ähnlich dem Eurocorps kann auch das 1 (German/Netherlands) Corps (1GNC), im deutschsprachigen Raum als I. Deutsch-Niederländisches Corps (I. DEU/NLD Corps)[53] bezeichnet, auf eine mittlerweile rund 30-jährige Geschichte zurückblicken. Im Jahr 1991 vereinbarten der niederländische und der deutsche Verteidigungsminister die Vereinigung zweier bestehender nationaler Korpsstäbe: des I. Deutschen und des I. Niederländischen Korps. General Hansjörn Boes, der Kom-

---

[52] Generalmajor Wolf-Dieter Löser, damaliger stellvertretender Kommandeur des Eurocorps, bietet in einem Fachbeitrag einen Überblick über die politische Entscheidungsfindung im Korps zu Einsätzen und zu dessen Einbindung in die NATO (Löser 2005). Zu den Einsatzmöglichkeiten des Korps als Joint Task Force Headquarters siehe Wetzel (2015).
[53] Seit Juli 2013 wird auch die offizielle deutsche Bezeichnung des Korps wie im internationalen Sprachgebrauch mit „C" geschrieben, zuvor mit „K".

mandeur des deutschen Korps, beschrieb Mitte der 1990er Jahre die Besonderheit des neuen Truppenkörpers wie folgt:

> Es ist dies das erste Mal in der Geschichte, dass zwei bestehende Korpsstäbe unterschiedlicher Nationalität fusionieren. Der gemeinsame Korpsstab wird der erste international besetzte Stab sein, der bereits im Frieden Führungsaufgaben gegenüber Truppen in der Größenordnung von Divisionen wahrnehmen wird. Damit wird sich das deutsch-niederländische Korps wesentlich von allen anderen bi- oder multinationalen Korps unterscheiden (Boes 1994).

Im Jahr 1995 schließlich wurde das 1 (German/Netherlands) Corps gegründet, in dem die beiden Länderkorps aufgingen. Wenig später erfolgte die vertragliche Fixierung: Am 6. Oktober 1997 unterzeichneten Vertreter der beiden Außenministerien sowie die Verteidigungsminister Deutschlands und der Niederlande ein Abkommen über die Rahmenbedingungen des Korps (Corps Convention).[54]

Ein Zusatzabkommen regelt die Rechtsstellung der deutschen Soldatinnen und Soldaten in den Niederlanden.[55] Es konkretisierte das bereits 1951 zwischen den Parteien des Nordatlantikvertrags unterzeichnete Abkommen über die Rechtsstellung ihrer Truppen (NATO-Truppenstatut, NTS). Mit dem Zusatzabkommen löste die niederländische Seite ihre Zusage gemäß einem Notenwechsel vom 18. März 1993 ein, die Rechtsstellung der deutschen Streitkräfteangehörigen in den Niederlanden der Rechtsstellung der in Deutschland stationierten niederländischen Soldatinnen und Soldaten anzugleichen. Letztere hatten nach dem Besatzungsrecht weitreichende Kompetenzen in Deutschland. Im Zusatzabkommen ist eine Vielzahl von Aspekten geregelt – von der Gültigkeit der Führerscheine bis hin zur Festnahme von niederländischen Staatsangehörigen durch deutsche Truppen auf niederländischem Gebiet.

---

54 Abkommen zwischen der Regierung der Bundesrepublik Deutschland und der Regierung des Königreichs der Niederlande über die Rahmenbedingungen für das I. (Deutsch-Niederländische) Korps und dem Korps zugeordnete Truppenteile, Einrichtungen und Dienststellen vom 6. Oktober 1997, BGBl. 1998 II, S. 2438. Dieses Dokument wird auch als Korpsvertrag bezeichnet. In ihm sind die allgemeinen Umstände des Korps sowie seiner nachgeordneten Einheiten beschrieben. Der Vertrag wurde den Parlamenten in Deutschland und den Niederlanden zur Verabschiedung vorgelegt (Fleck 2000: 163). Zudem existiert eine am selben Tag unterzeichnete Vereinbarung über die Zusammenarbeit im Korps. Darin ist zum Beispiel geregelt, welche Dienstposten nach dem Rotationsprinzip besetzt werden und welche grundlegenden Regeln es im Korps geben soll – von der Dienstzeit bis zur Militärseelsorge. Diesem Corps Agreement sind weitere Anlagen beigefügt, die etwa die Finanzierung des Korps betreffen.
55 Zusatzabkommen zu dem Abkommen vom 19. Juni 1951 zwischen den Parteien des Nordatlantikvertrags über die Rechtsstellung ihrer Truppen hinsichtlich der im Königreich der Niederlande stationierten deutschen Truppen, BT-Drucksache 13/10117, S. 8–35.

Vom deutschen Inspekteur des Heeres und dem niederländischen Bevelheb-ber der Landstrijdkrachten (heute Commandant Landstrijdkrachten) wurde am 21. November 1997 eine Generaldirektive unterzeichnet, die die inneren Angelegenheiten des Korps und des Hauptquartiers bezüglich des Personals, Übungen, Einsätzen, Logistik, Kommunikation, Infrastruktur, Finanzierung und vieles mehr regelt. Aus dieser leitet der Kommandeur oder die Kommandeurin des Korps weitere bereichsspezifische Verfahrensrichtlinien für den Dienstbetrieb ab (Standing Operating Procedure, SOP).

Am 23. September 2002 schließlich wurde – erneut auf politischer Ebene – das „Memorandum of Understanding concerning the Manning, Funding and Support of the HQ 1 (German-Netherlands) Corps" unterzeichnet, eine Voraussetzung dafür, dass dem Korps der Status eines International Military Headquarters to NATO nach dem Pariser Protokoll der NATO verliehen werden konnte.[56] Das Memorandum regelt die Beteiligung weiterer Nationen im Korps. Zu den ursprünglichen sieben Signatarstaaten Deutschland, Niederlande, Dänemark, Italien, Norwegen, Spanien und Türkei sind mittlerweile sechs weitere Staaten hinzugetreten: Belgien, Frankreich, Griechenland, die USA, Großbritannien und Tschechien.[57] Seit der Unterzeichnung des Memorandums 2002 übt der Supreme Allied Commander Europe (SACEUR) das operative Kommando (Operational Command, OPCOM) über das Korps aus.

Zu Beginn unterstanden dem 1GNC die deutsche 1. Panzerdivision und die niederländische 1. Division sowie weitere Truppenteile (Reitsma 1996: 23). Heute sind dem Korps keine fest zugewiesenen Truppenkörper mehr unterstellt. Sie werden ihm je nach Aufgabe und Rolle zugewiesen.

In seinen Gründungsjahren litt das Korps an einer unklaren Missionszuschreibung. Beinhaltete der Auftrag der niederländischen Streitkräfte durchaus auch internationale Einsätze, lag der Schwerpunkt der deutschen Streitkräfte zu diesem Zeitpunkt noch auf der Landesverteidigung. Diese Unterschiede schränkten zunächst die Übungstätigkeit und die Einsatzmöglichkeit des Korps ein (Durell-Young 1997: 27). Im Jahr 2002 wurde es als ein NATO Rapid Deployable Corps zertifiziert.[58]

Der multinational gemischte Korpsstab ist in Münster beheimatet. Hier arbeiteten mit Stand Januar 2020 Soldatinnen und Soldaten aus zwölf Nationen zusam-

---

56 Protocol on the Status of International Military Headquarters set up pursuant to the North Atlantic Treaty, Paris, 28.8.1952.

57 Dänemark hat das MoU bereits wieder aufgekündigt, seinen Soldaten aus dem Korps abgezogen und im Gegenzug seine Beteiligung im Multinational Corps Northeast erhöht. Kommunikation mit I. DEU/NLD Corps am 16.6. und 17.6.2020.

58 Für eine Darstellung der Zertifizierung des 1 (German/Netherlands) Corps als NATO Rapid Deployable Corps siehe die Ausführungen des damaligen Chief of Staff des Korps Brigadegeneral Armin Staigis (2005).

men. Deutschland und die Niederlande stellten mit 169 beziehungsweise 145 Angehörigen den Großteil des Stabes. Hinzu kamen Soldatinnen und Soldaten aus der Türkei (2), den USA (14), dem Vereinigten Königreich (6), Norwegen (12), Italien (10), Griechenland (3), Frankreich (9), Belgien (1), Spanien (5) sowie Tschechien (6). Alle drei Jahre wechselt das Kommando im Rotationsprinzip zwischen den beiden Rahmennationen.

Ein spannendes Untersuchungsobjekt stellt das 1GNC auch für die sozialwissenschaftliche Forschung dar. So wurde das Führungsverhalten im multinationalen Umfeld (vom Hagen et al. 2003; vom Hagen et al. 2006) in den Blick genommen, aber auch die Arbeits- und Alltagsprobleme der im Korps dienenden Soldatinnen und Soldaten (Klein et al. 1999; Moelker/Soeters 2004). Derartige Untersuchungen fanden sogar im Einsatz statt (Moelker/van Ruiten 2007; van Dijk 2008).

Das Multinational Corps Northeast

Das seit dem 1. April 1999 bestehende Multinational Corps Northeast (MNC NE)[59] baut auf einem Vorgänger aus der Zeit des Ost-West-Konflikts auf, dem Korps-Hauptquartier der Alliierten Landstreitkräfte Schleswig-Holstein und Jütland (LANDJUT). LANDJUT existierte ab 1962 (hier und im Folgenden Gerber 1996). Bis zum Ende des Systemkonflikts war LANDJUT das einzige multinationale Korps in der NATO-Kommandostruktur mit internationalem Status. Heute ist es üblich, dass die Rahmennationen einer multinationalen Struktur deren Finanzierung übernehmen. Für LANDJUT kam jedoch bis 1994 geldlich die NATO auf.

Im Korpsstab arbeiteten bis zu 100 Soldatinnen und Soldaten mit britischem, deutschem und dänischem Pass, bis 1993 zudem noch kanadische und US-amerikanische Streitkräfteangehörige. Der Stab konnte auf knapp 240 Dienstposten aufwachsen. Dem Korps waren die dänische Jütland-Division (später die Dänische Division) sowie die deutsche 6. Panzergrenadierdivision (später die 14. Panzergrenadierdivision) zugeordnet, wobei im Bedarfsfall weitere Großverbände hinzukommen konnten. Direkt unterstellt waren ihm zudem ein deutsches und ein dänisches Fernmelde-, ein dänisches Pionier- und ein dänisches Artilleriebataillon.

Für die Aufstellung des Multinational Corps Northeast in im polnischen Szczecin wurden Teile von LANDJUT herangezogen, das zum Ende des Jahres 1999 aufge-

---

59 Rechtliche Grundlage ist die „Convention between the Government of the Federal Republic of Germany, the Government of the Kingdom of Denmark, and the Government of the Republic of Poland on the Multinational Corps Northeast" vom 5. September 1998. In Deutschland trat die Vereinbarung mit dem „Gesetz zu dem Übereinkommen vom 5. September 1998 zwischen der Regierung der Bundesrepublik Deutschland, der Regierung des Königreichs Dänemark und der Regierung der Republik Polen über das Multinationale Korps Nordost" in Kraft, BGBl. 1999 II, Nr. 21, S. 2438.

löst wurde. Neben der Symbolik der Aufstellung eines multinationalen Korpsstabs in einem Staat des ehemaligen Warschauer Pakts spielten für die Gründung des MNC NE vor allem folgende Überlegungen eine Rolle: Polnische Militärangehörige sollten in NATO-Verfahren geübt werden (Gareis 2006a) und das Korps sollte gemeinsame militärische Übungen der Rahmennationen abhalten (Rentzsch 2018: 4). Dieser vorrangig politisch-organisatorischen Ausrichtung entsprechend, wies das Korps zunächst nur einen geringen militärischen Bereitschaftsgrad auf.

Das damalige Motto des Korps lautete „In the spirit of integration" (Pfützenreuter 2020). In militärfachlichen Beiträgen wurde es als „Integrationskorps" bezeichnet (etwa Wróbel 2001). Dem trug der Umstand Rechnung, dass die multinationale Durchmischung bis in die einzelnen Stabsabteilungen hinein reichte (ebd.: 118), was bei anderen multinationalen Großverbänden nicht der Fall war.[60]

Dänemark, Deutschland und Polen sind die Rahmennationen des Korps. Von ihnen werden die Schlüsseldienstposten nach einem Rotationsprinzip besetzt (Sadlowski 2020: 414). Im Laufe der Jahre sind weitere Staaten dem Korpsstab beigetreten. Mit Stand 2021 lag die Zahl der teilnehmenden Nationen bei 24.

Mitte der 2000er Jahre wurde das Aufgabenportfolio des MNC NE um eine Krisenreaktionsrolle erweitert.[61] Es wurde 2006 als einsatzfähiges NATO-Hauptquartier zertifiziert und 2007, 2010 und 2014 in der NATO-Mission ISAF in Afghanistan eingesetzt.

Der Krieg in der Ukraine seit 2014 und die Neuorientierung der Allianz auf die Bündnisverteidigung erforderten eine völlig neue Ausrichtung des Korps (DtA HQ MNC NE 2017: 28). Dafür waren die Bereitschaft des Korps zu erhöhen, seine Streitkräftestruktur und die Verfahrensabläufe anzupassen sowie der Personalbestand aufzustocken. Das MNC NE wurde in der Folge wichtigster militärischer Knotenpunkt bei der Verteidigung des östlichen Bündnisgebiets. Seit 2017 ist es als Hauptquartier der NATO High Readiness Force zertifiziert. Es ist nun ständig aktiviert, um im Krisen- oder Konfliktfall NATO-Operationen im nordöstlichen Bündnisgebiet zu führen. Zudem ist es für die stationierten NATO-Bodentruppen in der nordöstlichen Region zuständig. Damit hat es „bedeutende Kräfte unter seinem Kommando, einen klaren Verantwortungsbereich sowie die Fähigkeit, verbindliche Verfahren zu entwickeln" (Watling/MacFarland 2021: 80).

---

60 Einen Einblick in die Arbeitsweise des Korps in seinen Anfangsjahren gibt Generalleutnant Egon Ramms (2005), damaliger Kommandeur des MNC NE.

61 Siehe Gesetz zu der Vereinbarung vom 16. April 2009 über die Änderungen des Übereinkommens vom 5. September 1998 zwischen der Regierung der Bundesrepublik Deutschland, der Regierung des Königreichs Dänemark und der Regierung der Republik Polen über das Multinationale Korps Nordost vom 21. Mai 2011, BGBl. 2011 II, Nr. 16, S. 586.

Zu diesem Zweck wurden dem Multinational Corps Northeast Truppenteile fest unterstellt (Karpinska 2021). Dem Korps wurde die Führung der neuen Truppenkörper Multinational Division North East (MND-NE) und Multinational Division North (MND-N) übertragen. Bis zur Einsatzbereitschaft dieser zwei Divisionen führte es auch die vier eFP-Battlegroups in den drei baltischen Staaten und in Polen. Dem MNC NE unterstehen außerdem vier National Home Defence Brigade Headquarters in Estland, Lettland, Litauen und Polen und eine ebenfalls multinational aufgestellte Combat Support Brigade, die das Korps bei Übungen und Operationen unterstützt. Es führt außerdem sechs der acht NATO Force Integration Units (NFIUs) (DtA HQ MNC NE 2017). Diese neuartigen kleineren Hauptquartiere organisieren im östlichen Bündnisgebiet die Zusammenarbeit zwischen NATO-Streitkräften, den nationalen Streitkräften und zivilen Behörden. Das Korps selbst untersteht dem NATO Joint Force Command im niederländischen Brunssum.

Die Geschichte des Korps spiegelt den Wandel seiner Aufgabenschwerpunkte: In den Anfangsjahren bildete die institutionelle Einbindung des NATO-Neumitglieds Polen den Aufgabenschwerpunkt. In den 2000er Jahren kam unter dem Eindruck der Krisenmanagementeinsätze der NATO die militärische Erprobung des Korps in Einsätzen und Übungen und die Aufwertung als NATO-Hauptquartier mit erhöhter Bereitschaft hinzu. Einen massiven Bedeutungszuwachs erlebte das Korps seit Mitte der 2010er Jahre in Reaktion auf die Annexion der Krim durch Russland. Es ist Kristallisationspunkt für eine Re-Regionalisierung der NATO. Nicht mehr seine politischen Integrationsaufgaben, sondern die Führung wesentlicher Elemente der NATO-Verteidigungsstruktur im nordöstlichen Bündnisgebiet ist nun das Alleinstellungsmerkmal des MNC NE.

Wie das 1 (German/Netherlands) Corps war auch das Multinational Corps Northeast von Interesse für die sozialwissenschaftliche Forschung. Ein multinationales Forschungsteam untersuchte Anfang der 2000er Jahre die Auswirkungen der unterschiedlichen militärisch-kulturellen Identitäten im MNC NE auf die Auftragserfüllung des Korps (Gareis et al. 2003; Gareis/vom Hagen 2004).

Das Multinational Corps South-East

Rumänien ist Rahmennation für ein weiteres NATO-Korps (Watling/MacFarland 2021). Wie bereits das Multinational Corps Northeast soll auch das Multinational Corps South-East für die regionale Sicherheit zuständig sein. Seine Aufgaben sind Abschreckung und Verteidigung des südöstlichen Bündnisgebiets, insbesondere der Schwarzmeerregion. Planungen für dieses Korps laufen seit 2018, eine Anfangsbefähigung wurde 2021 erreicht. Im Jahr 2024 soll das Korps vollständig einsatzbereit sein. Das Korps ist Teil der NATO-Streitkräftestruktur. Das Korpshauptquartier ist in Sibiu (Rumänien) beheimatet.[62]

Das V U.S./German Corps und das II German/U.S. Corps

Von 1993 bis 2005 existierten zwei weitere multinationale Korps in Europa: das V U.S./German Corps und das II German/U.S. Corps. Auch deren Aufstellung ist vor dem Hintergrund der Londoner Erklärung der NATO von 1990 zu sehen, das Bündnis durch multinationale Korps abzustützen. Anfang 1993 unterzeichneten die Verteidigungsminister der USA und Deutschlands eine Regierungsvereinbarung über die Gründung der beiden Korps. Im Februar 1993 folgte die Unterzeichnung einer Durchführungsvereinbarung (*implementing arrangement*) zwischen dem deutschen Inspekteur des Heeres und dem Oberbefehlshaber der U.S. Army und am 14. Juni 1994 verständigten sich die Kommandierenden Generäle beider Korps, eine Technische Vereinbarung zu treffen (Huhle 1996: 32).

Die multinationalen Aufgaben der Korps beschränkten sich auf die Bündnisverteidigung. Das hatte zur Folge, dass sie sich nur mit ihren jeweiligen nationalen, nicht aber mit ihren multinationalen Anteilen an der Planung und Führung von Krisenmanagementoperationen, wie im Falle des V U.S./German Corps in Bosnien, beteiligten (Huhle 1996: 33).

Die multinationale Verflechtung war in beiden Korps weniger stark ausgeprägt als in den NATO Rapid Deployable Corps (Trost 1996: 28). Sie wurden gar als „Epitome der Nicht-Integration" bezeichnet (Durell-Young 1997: 29). Lediglich im Konfliktfall hätte das V U.S./German Corps zur Bündnisverteidigung eine deutsche Division geführt und umgekehrt das II German/U.S. Corps die 1. Armored Division.

Die jeweiligen Führungsstäbe waren national, das heißt deutsch beziehungsweise US-amerikanisch, organisiert. Lediglich einige wenige Austauschoffiziere leisteten ihren Dienst im anderen Korpsstab (Trost 1994). Zudem hielten Verbindungsoffiziere Kontakt zur nachgeordneten Division. Faktisch unterstanden die Verbände ausschließlich nationalen Kommandos.

Das II German/U.S. Corps existierte bis 2005 und ging im deutschen Kommando Operative Führung Eingreifkräfte auf (Oerding 2005). Das V U.S./German Corps mit Sitz in Heidelberg bestand ebenfalls bis 2005. Die (Weiter-)Entwicklung multinationaler Zusammenarbeit hatte in beiden Korps keine Priorität, sondern trug allenfalls Symbolcharakter (Huhle 1996).

---

62 Hintergrundgespräch mit BMVg R am 19.11.2021. Weitere Informationen über das Korps waren bei Redaktionsschluss dieses Buches eingestuft.

Zwischenfazit zu den multinationalen Korps

In der Entwicklung der multinationalen Korps in Europa seit den 1990er Jahren ist zunächst eine Flexibilisierung ihrer Aufgaben und Kompetenzbereiche auszumachen. So wurden den Korps verschiedene militärische Rollen zugewiesen und sie können als Corps HQ, als Land Component HQ sowie als theatre-level Joint Task Force HQ eingesetzt werden.[63] Hinzu kommt die Flexibilisierung ihrer unterstellten Truppen:[64] Die in den 1990er Jahren neu aufgestellten multinationalen Korps hatten lediglich in ihren Anfangsjahren ein festes Kommando über Truppenteile, die geografisch in einem Zusammenhang standen.

In den 1990er und 2000er Jahren ging die NATO dazu über, den Korps für Kriseneinsätze Truppenteile nur ad hoc zu unterstellen, was angesichts fehlender Interoperabilität und zuweilen unklarer Führungskompetenzen in den 1990er Jahren zu einer großen Herausforderung geriet (Durell-Young 1997: 2, 13).[65] Nach einem „evolutionären und zeitweilig schmerzhaften Prozess" (ebd.: 4) wurde diese Flexibilisierung zumindest soweit durch Prozesse gesteuert, als dass die NATO die Rollen und die Zuweisung von Truppenteilen in einem NATO Long Term Commitment Plan (LTCP) mit einem Vorlauf von einigen Jahren festlegt. So besteht zumindest die Möglichkeit, dass die Korps vorab eine Beziehung zu den ihnen im Friedens- und Konfliktfall zugewiesenen Truppen herstellen, auch wenn dies nach aktueller Einschätzung nicht immer ausreichend genutzt wird (Watling/MacFarland 2021: 27). Allerdings ergeben sich zusätzliche Probleme aus der unzureichenden Unterfütterung der Korps mit verfügbaren Unterstützungs- und Kampfeinheiten (ebd.: 30).

Dieser Trend der Flexibilisierung wurde seit der strategischen Rückbesinnung der NATO gestoppt. Dem Headquarters Multinational Corps Northeast wurden dauerhaft die 2017 und 2019 aufgestellten Divisionen Multinational Division North East und Multinational Division North unterstellt. Damit untersteht dem Korps als Regional Command ein fest zugeordneter, regionaler Aufgabenbereich. Eine „Re-Regionalisierung der militärischen Hauptquartiere" (Pfützenreuter 2020) in der NATO kann somit ebenso konstatiert werden wie eine erneute Herausbildung „echter", mit Truppenteilen unterfütterter Korpsstrukturen in Europa. Feste Großverbände, die in den 1990er und 2000er Jahren wegen der Konzentration der NATO auf Stabilisierungsoperation außerhalb Europas eine eher kleine Rolle gespielt haben, gewinnen durch die Rückbesinnung der NATO auf die Bündnisverteidigung

---

63 <https://arrc.nato.int/> (letzter Zugriff 5.5.2021).

64 In einem Fachbeitrag bezeichnet Generalleutnant Egon Ramms, damaliger Kommandeur des MNC NE, diese Flexibilisierung als „modular concept" der NATO (Ramms 2005: 190).

65 In einem Namensbeitrag weist auch der damalige Kommandeur des Allied Command Europe Rapid Reaction Corps auf das Problem hin (Walker 1996a: 39).

in Europa also wieder an Bedeutung; ebenso wie die Ausrichtung an geografischen Einsatzräumen, die seit den 1990er Jahren hinter funktionalen Zuordnungen zurückgefallen waren.

5.2.3.2 Multinationale Divisionen

Unterhalb der Ebene der Korps stehen die Divisionen. Zu Zeiten des Ost-West-Konflikts existierten zwar zahlreiche Divisionen auf dem europäischen Kontinent, allerdings wurden sie national geführt. Der seit den 1990er Jahren zu verzeichnende Trend zur Aufstellung multinationaler Truppenkörper erfasste die Ebene der Divisionen zunächst nicht. Von 1994 bis 2002 existierte lediglich eine stehende multinationale Division in Europa, die Multinational Division (Central) (MND [C]) (BPA 1998). Nach ihrer Auflösung dauerte es mehr als ein Jahrzehnt, bis 2017 wieder eine multinationale Division aufgestellt wurde.

Die Multinational Division (Central)

Die von Belgien, Deutschland, den Niederlanden und dem Vereinigten Königreich geführte und in Mönchengladbach (Nordrhein-Westfalen) beheimatete MND (C) unterstand dem Allied Command Europe Rapid Reaction Corps . Sie war Teil der NATO-Streitkräftestruktur und gehörte zu den gemeldeten Kräften für die WEU (Loon 1992). Ihre Aufstellung war bereits Mitte der 1980er Jahre erwogen worden. Damals sollte eine multinationale Division in Zentraleuropa dem Zurückdrängen sowjetischer Manöververbände dienen (Durell-Young 1997: 31). Im September 1991 stellte die damalige regionale NATO-Führungsebene Heeresgruppe Nord (Northern Army Group, NORTHAG) im Rahmen der Übung Certain Shield ad hoc eine multinationale Division auf. Diese bildete den Kristallisationspunkt für den Aufbau der MND (C) ab 1994 (McAfee 1996). Die Division sollte, nun in einer anderen strategischen Lage als Mitte der 1980er Jahre, ein breites Auftragsspektrum von humanitären Hilfseinsätzen, friedenserhaltenden Maßnahmen bis hin zu Kampfeinsätzen abdecken.

Im Hauptquartier der Division übernahm jede der vier beteiligten NATO-Nationen ein Viertel der Dienstposten. Führungsdienstposten wurden für drei Jahre nach einem Rotationsmodell besetzt. Jeder Mitgliedstaat hielt eine Brigade für die Division bereit: Belgien die Luftlandebrigade Para Commando, Deutschland die Luftlandebrigade 31, die Niederlande die luftbewegliche 11. Luchtmobiele Brigade und das Vereinigte Königreich die luftbewegliche 24 Airmobile Brigade. Hinzu kamen weitere Divisionstruppen: eine deutsche Stabskompanie, ein niederländisches Fernmeldebataillon, ein belgisches Aufklärungsbataillon, ein niederländisches Panzerartilleriebataillon, ein deutsches Pionierbataillon, eine niederländische Fernspähkompanie, ein belgisches Bataillon mit Panzerabwehrhubschraubern, eine deut-

Abbildung 11: Die Streitkräftestruktur der MND (C) (Stand 1996)

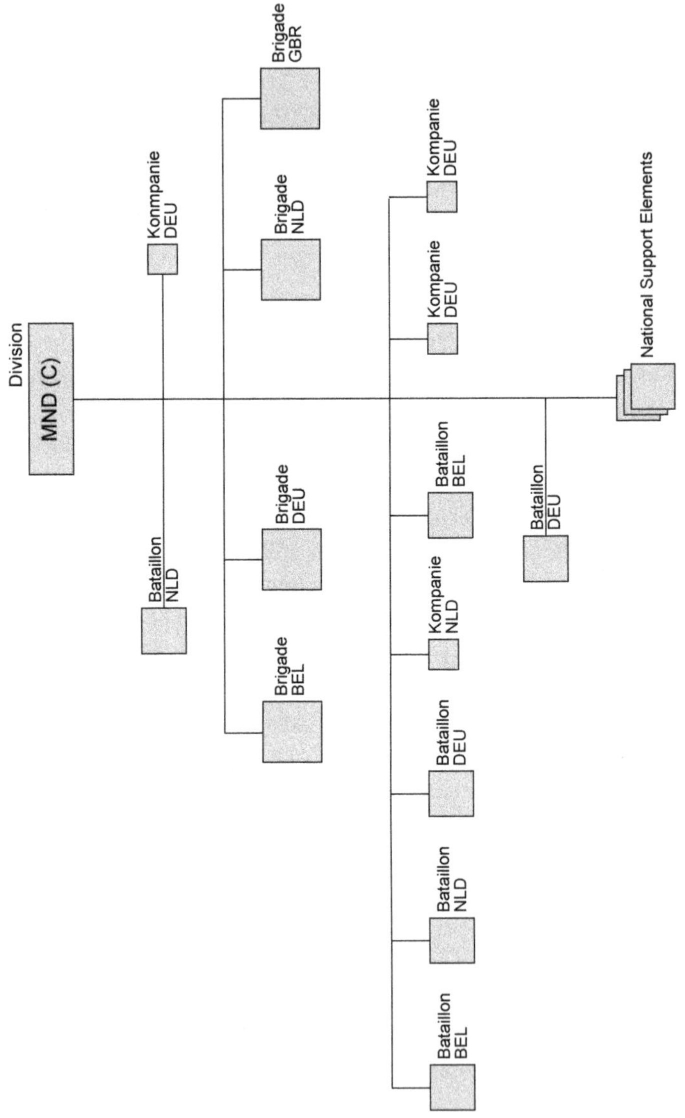

Quelle: Darstellung Ina Kraft, basierend auf von Senden (1996: 36).

©ZMSBw 09614-01

sche Heeresfliegerverbindungsstaffel, ein deutsches Transportbataillon, vier National Supply Groups und eine deutsche ABC-Abwehrkompanie (von Senden 1996: 37).

Obwohl ab 2002 in Europa für zwölf Jahre keine multinationale Division mehr existierte, war die Führungsebene Division in Einsätzen durchaus ein häufig eingesetztes operatives Organisationselement. So waren beispielsweise die Landstreitkräfte der SFOR-Mission in Bosnien und Herzegowina (1996–2004) sowie der Multi-National Force – Iraq (2004–2009) in Divisionen unterteilt. Erst durch die Anpassungsmaßnahmen der NATO infolge des Russland-Ukraine-Konflikts wurden ab 2015 wieder stehende multinationale Divisionen im östlichen Bündnisgebiet ins Leben gerufen.

Die Multinational Division South East

Das Hauptquartier der Multinational Division South East (HQ MND-SE)[66] wurde im Zuge der strategischen Neuorientierung und im Rahmen des Readiness Action Plan der NATO auf dem Gipfel von Wales 2014 beschlossen und im darauffolgenden Jahr aufgestellt. Es befindet sich in Bukarest und ist in der Lage, Operationen im Rahmen der Bündnisverteidigung durchzuführen.

Rumänien ist die Rahmennation der Multinational Division South East. Im Divisionsstab arbeiteten mit Stand 2020 Soldatinnen und Soldaten aus Albanien, Bulgarien, Kanada, Frankreich, Deutschland, Griechenland, Ungarn, Polen, Portugal, Slowakei, Spanien, der Türkei, dem Vereinigten Königreich und den Vereinigten Staaten.[67] Das Hauptquartier führt die rumänische und die bulgarische NATO Force Integration Unit. Zudem befehligt es die Multinational Brigade South East in Craiova im Südwesten Rumäniens, unweit der Grenze zum Nachbarland Bulgarien.

Die Multinational Division North East

Die Multinational Division North East (MND-NE) wurde auf dem NATO-Gipfel in Warschau 2016 beschlossen. Der Divisionsstab hat seinen Sitz in Elblag im Norden Polens. Polen ist zugleich die Rahmennation der seit 2017 existenten Division. Darüber hinaus sind Soldatinnen und Soldaten aus 14 NATO-Staaten im Stab aktiv. Hauptaufgabe des Hauptquartiers ist die Koordinierung der NATO-Aktivitäten im

---

66 Während der Besetzung des Iraks existierte von 2003 bis 2009 eine britische Multinational Division Southeast. Diese ist nicht zu verwechseln mit der 2015 aufgestellten NATO-Division, die in NATO-Dokumenten gleichfalls Multinational Division Southeast genannt wird. Der Webauftritt nutzt die Schreibweisen Multinational Division South-East sowie Multinational Division South East, <https://mndse.ro> (letzter Zugriff 20.10.2023).

67 Deutschland ist zum 30. September 2021 ausgetreten. Hintergrundgespräch mit BMVg R am 19.7.2021.

nordöstlichen Bündnisgebiet sowie die Bereitschaft zur Führung von Operationen im Rahmen der Bündnisverteidigung.

Das Hauptquartier der Multinational Division North East führt zum einen vier nationale Brigaden, die Host Nation Defense Forces, bestehend aus der polnischen 15. Mechanisierten Brigade, einer litauischen und einer lettischen Mechanisierten Infanteriebrigade und der estnischen 1. Infanteriebrigade. Sie ist zum anderen für die eFP-Battlegroups in Polen und Litauen verantwortlich.

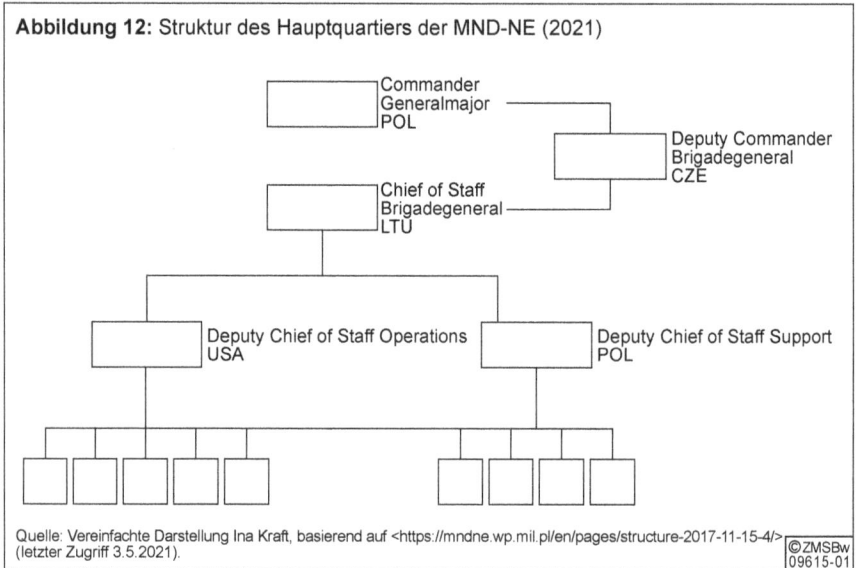

Abbildung 12: Struktur des Hauptquartiers der MND-NE (2021)

Quelle: Vereinfachte Darstellung Ina Kraft, basierend auf <https://mndne.wp.mil.pl/en/pages/structure-2017-11-15-4/> (letzter Zugriff 3.5.2021).

©ZMSBw
09615-01

Die Multinational Division North

Die Multinational Division North (MND-N) ist aus der Dänischen Division im dänischen Haderslev hervorgegangen. Im März 2019 nahm das Divisionshauptquartier im lettischen Ādaži offiziell seinen Dienst auf. Dänemark, Lettland und Estland sind die Rahmennationen der Division; eine Außenstelle befindet sich in Karup und soll zu einem späteren Zeitpunkt in Slagelse eingerichtet werden, beide in Dänemark gelegen. Wie die Multinational Division North East in Elblag ist auch die MND-N mit der Koordinierung der Verteidigungsanstrengungen im östlichen Bündnisgebiet betraut (Danish Ministry of Defence 2020).

Im Hauptquartier arbeiten etwa 270 Soldatinnen und Soldaten. Im Krisenfall kann es auf 650 Soldatinnen und Soldaten anwachsen. Dänemark besetzt rund die Hälfte der Dienstposten (Danish Ministry of Defence 2020). Neben den Rahmennationen arbeiten im Divisionsstab Soldatinnen und Soldaten aus Kanada, Frankreich, Deutschland, Italien, Litauen, Polen, Slowenien, Spanien und dem Vereinigten

Königreich (Danish Ministry of Defence 2020). Sobald die Division ihre volle Einsatzfähigkeit erreicht hat, soll sie die Führung der Host Nation Defense Forces von der Multinational Division North East übernehmen sowie die eFP-Battlegroups in Estland und Lettland führen.

Die Multinational Division Centre

Seit 2018 befindet sich die Multinational Division Centre (MND-C) im Aufbau (Wojciechowski/Trautmann 2020). Ihr Hauptquartier ist im ungarischen Székesfehérvár stationiert. Eine Anfangsbefähigung wurde 2020 erreicht. Die Division wird von Ungarn, Slowakei und Kroatien geführt. Sie soll als regionale Schnittstelle zwischen dem nordöstlichen Operationsgebiet des Multinational Corps Northeast und dem südöstlichen Operationsgebiet des Multinational Corps South-East dienen.

5.2.3.3 Multinationale Strukturen auf Brigadeebene

Die Allied Command Europe Mobile Force

Von 1960 bis 2002 verfügte die NATO über den zunächst 5.000 Soldatinnen und Soldaten starken multinationalen Eingreifverband Allied Command Europe Mobile Force (AMF) (Lemke 2015). Dieser hatte die Aufgabe, die Nord- und Südflanke des Bündnisses zu schützen. Die östliche Verteidigungslinie in Deutschland galt durch die massive Truppenpräsenz von NATO-Staaten bereits als weitgehend gesichert. Die der AMF zugeordneten Artillerie- und Infanterie- sowie Unterstützungskräfte blieben in ihren Heimatländern stationiert. Die Einheiten der AMF übten jährlich (NATO 1989: 82). Ein 40 Personen starkes multinationales Hauptquartier war in Mannheim beheimatet. Im Einsatzfall wäre die Kommandogewalt über die AMF durch die Befehlshaber der jeweiligen regionalen NATO-Kommandos ausgeübt worden.

Schon in den 1960er Jahren stand weniger der reale Einsatzwert, sondern die politische Signal- und Abschreckungsfunktion einer derartigen multinationalen Einsatztruppe im Vordergrund (hier und im Folgenden besonders Brandstetter 1996; Ruiz Palmer 2009b). Offenkundig wäre die AMF nicht in der Lage gewesen, eine gefürchtete Invasion des Warschauer Paktes alleine aufzuhalten. Ein Oberstleutnant der U.S. Army brachte 1975 die Rolle der AMF anschaulich auf den Punkt:

> Falls eine begrenzte Aggression im Zuständigkeitsbereich der AMF (L) und der jeweiligen nationalen Streitkräfte auftreten sollte, könnte die schiere Größe einer angreifenden konventionellen Streitmacht die AMF (L) vernichten. Wenn man die AMF nur unter dem Gesichtspunkt betrachtet, wie sie den Landkampf beeinflussen kann, hat man den Punkt völlig verfehlt. Ihre wirkliche Stärke liegt in ihrer Fähigkeit, in einer Zeit der Spannungen schnell Männer aus sieben NATO-Staaten einzusetzen, um die Solidarität und den Zweck zu demonstrieren, auf denen die NATO beruht (Creasy 1975: 22).

Abbildung 13: Die Streitkräftestruktur der Allied Command Europe Mobile Force (L) (Stand 1996)

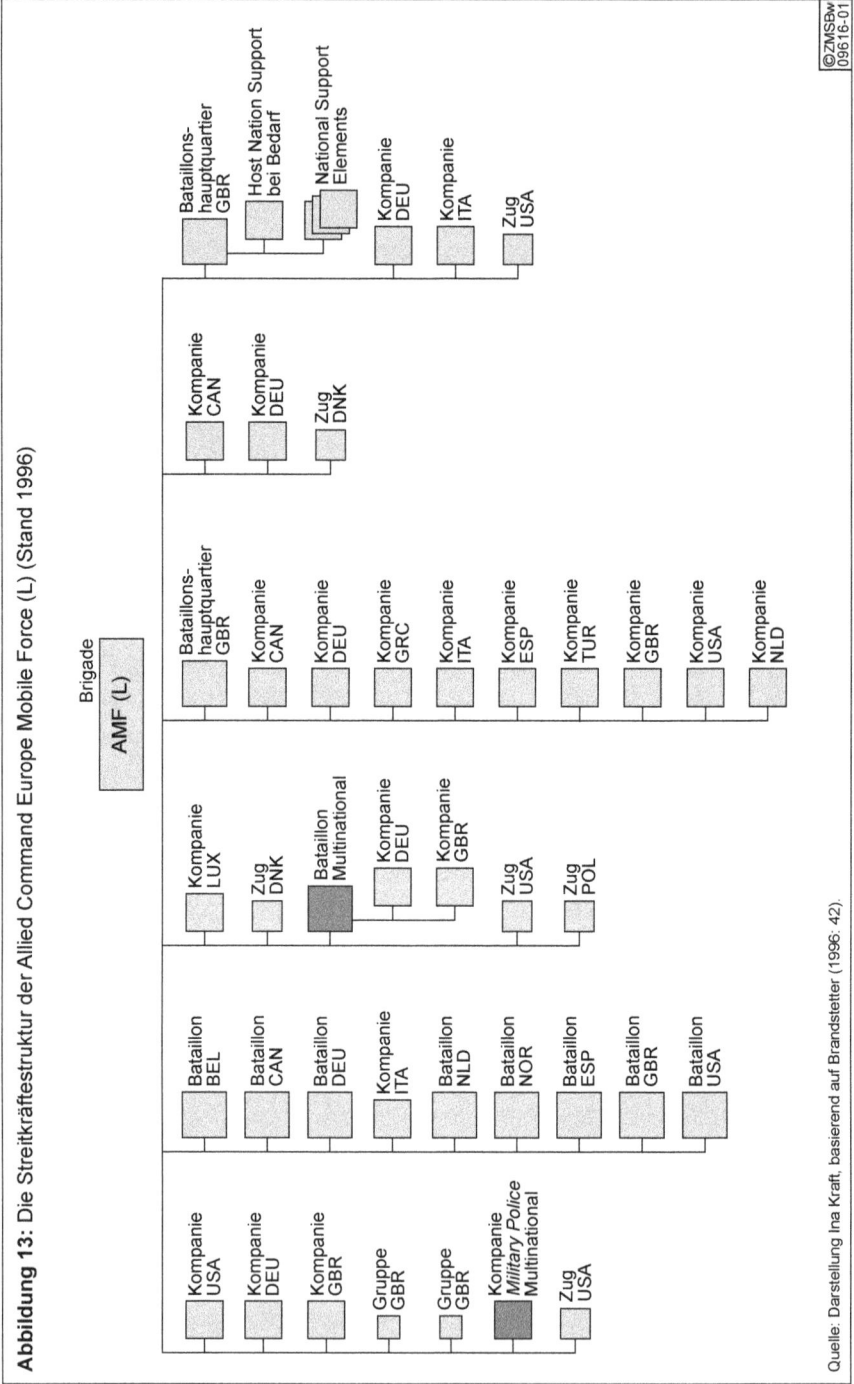

Quelle: Darstellung Ina Kraft, basierend auf Brandstetter (1996: 42).

Im Grundbetrieb waren der AMF mit Stand 1996 Truppenteile wie beispielsweise Fallschirmjäger- und Marineinfanteriebataillone, Aufklärungs- und Fernspähkräfte sowie Stabs- und Fernmeldeeinheiten aus 13 Nationen zugeordnet, die zu diesem Zeitpunkt insgesamt etwa 13.000 Soldatinnen und Soldaten umfassten. Neben den nationalen Einheiten existierten multinationale Kontingente, beispielsweise die Feldjägerkompanie (siehe Abbildung 13). Mit der Entscheidung, die NATO Response Force zu gründen, wurde die AMF 2002 aufgelöst.

Die NATO Standing Naval Forces
Die NATO Standing Naval Forces sind ständige maritime multinationale Einsatzverbände der NATO. In der derzeitigen Struktur sind permanent vier Flottenverbände aktiv. Die Standing NATO Maritime Groups 1 und 2 (SNMG 1 und SNMG 2) sind zum Schutz der Seewege im Nordatlantik und der Nordsee sowie im Mittelmeer vorgesehen, die Standing NATO Mine Countermeasures Groups 1 und 2 (SNMCMG 1 und SNMCMG 2) für die Abwehr von Seeminen.[68]

Die maritimen Präsenzverbände gehen auf Vorgänger zurück, die bereits zu Zeiten des Ost-West-Konflikts in der NATO teils unter wechselnden Namen bestanden und das Äquivalent der Allied Mobile Force zur See bildeten (beispielsweise 1968 Standing Naval Force Atlantic, 1969 Naval On-Call Force for the Mediterranean, 1992 Standing Naval Force Mediterranean, 2005 Standing NATO Response Force Maritime, 1973 Mine Countermeasure Force Northern Europe, 1973 Standing Naval Force Channel). Während des Systemkonflikts sollten die Verbände durch ihre ständige Präsenz die Entschlossenheit der Allianz demonstrieren, jedweder Aggression gemeinsam und auch mit militärischer Gewalt zu begegnen.

Die heutigen Aufgaben der Flottenverbände sind vielfältiger und reichen von der kontinuierlichen Ausbildung auf den Schiffen durch die Teilnahme an Manövern über die militärische Abschreckung durch Präsenz bis hin zu Embargokontrollen, Such- und Rettungsoperationen sowie humanitärer Not- und Katastrophenhilfe.[69] Die NATO Standing Naval Forces sind Teil der NATO-Streitkräftestruktur. Sie stellen zudem den maritimen Teil der NATO Response Force.

Die Flottenverbände sind dem Allied Maritime Command (MARCOM) im Londoner Stadtteil Northwood unterstellt (Sauerborn 2016; Weaver 2021: 93–99). Geführt werden sie durch einen Kommandeur im Rang eines Flottillenadmirals

---

68 Zur Entwicklung und den grundsätzlichen Aufgaben der Flottenverbände siehe Toremans (2004).
69 Hintergrundgespräche im Marinekommando Rostock am 29.7.2020. Siehe auch <https://www.bundeswehr.de/de/einsaetze-bundeswehr/anerkannte-missionen/die-standing-nato-maritime-group-1> (letzter Zugriff 3.5.2021).

(vergleichbar mit einem Brigadegeneral der Landstreitkräfte) auf einem Flagg-schiff. Die Verbände sind daher mit einer multinationalen Brigade vergleichbar. Die Führung rotiert jährlich unter den teilnehmenden Staaten. Die teilnehmenden Schiffe und Boote wechseln nach einigen Monaten (Rosenthal 2008). Tabelle 2 stellt exemplarisch die Zusammensetzung der NATO Standing Naval Forces zum Jahres-wechsel 2020/2021 dar.

Tabelle 2: Die Zusammensetzung der NATO Standing Naval Forces 2020/2021

Standing NATO Maritime Groups (SNMG)	
SNMG 1	Flaggschiff: F332 NRP Corte-Real (Fregatte der Vasco da Gama-Klasse, PRT)
	FFH 333 HMCS Toronto (Fregatte der Halifax-Klasse, CAN)
SNMG 2	Flaggschiff F215 Brandenburg (Fregatte der Brandenburg-Klasse, DEU)
	P28 HS Simeoforos Simitzopoulos (Flugkörperschnellboot der La Combattante-IIIb-Klasse, GRC)
	P18 HS Armatolos (Kanonenboot der Osprey-55-Klasse, GRC)
	P266 HS Machitis (Kanonenboot der Osprey HSY-56A-Klasse, GRC)
	P75 HS Maridakis (Schnellboot der La Combattante IIa-Klasse, GRC)
	F105 ESPS Cristóbal Colón (Fregatte der Álvaro-de-Bazán-Klasse, ESP)
Standing NATO Mine Countermeasures Groups (SNMCMG)	
SNMCMG 1	Flaggschiff N42 LNS Jotvingis (Kommando- und Unterstützungsschiff der Vidar-Klasse, LTU)
	M313 ENS Admiral Cowan (Minenjagdboot der Sandown-Klasse, EST)
	M1062 FGS Sulzbach-Rosenberg (Minenjagdboot der Frankenthal-Klasse, DEU)
	M04 YLNV Imanta (Minenjagdboot der Tripartite-Klasse, LVA)
SNMCMG 2	Flaggschiff F274 (Minenleger der Cosar-Klasse, ROU)
	M1058 FGS Fulda (Minenjagdboot der Frankenthal-Klasse, DEU)
	M270 TCG Akçay (Minenjagdboot der Aydın-Klasse, TUR)
	M269 TCG Anamur (Minenjagdboot der Aydın-Klasse, TUR)
	M62 HS Evropi (Minenjagdboot der Hunt-Klasse, GRC)

Quellen: Darstellung Ina Kraft, basierend auf <https://mc.nato.int/SNMG1>, <https://mc.nato.int/SNMG2>, <https://mc.nato.int/media-centre/news/2020/nato-ships-conducted-mine-countermeasures-operations-in-the-danish-straits>, <https://mc.nato.int/media-centre/news/2020/romania-hands-command-of-standing-nato-mine-countermeasures-group-2-to-greece> (letzter Zugriff jeweils 6.1.2021).

Die NATO Airborne Early Warning & Control Force

Die NATO Airborne Early Warning & Control Force (NAEW&CF) wurde 1980 durch zwölf NATO-Nationen aufgestellt (Weaver 2021: 101–111). Sie existiert bis heute und übernimmt für die NATO Aufgaben im Bereich der Luftraumüberwachung.[70] Das Einsatzspektrum umfasst ferner Such- und Rettungsaufgaben, die Kontrolle von bodengestützten Luftverteidigungsanlagen sowie die Bereitstellung von Radarbildern für Marineoperationen.[71] Die Flotte hat ihren Hauptsitz in Geilenkirchen.[72]

Tabelle 3: Die Struktur der NATO Airborne Early Warning & Control Force (Stand 2021)

Einheit	Standort	Flugzeuge	Betreiber
Hauptquartier NATO Airborne Early Warning & Control Force (NAEW&C Force HQ)	Geilenkirchen, DEU		17 Staaten (BEL, CZE, DEU, DNK, ESP, GBR, GRC, HUN, ITA, LUX, NLD, NOR, POL, PRT, ROU, TUR, USA)
E-3A Component	Geilenkirchen, DEU, sowie Aktion, GRC; Trapani, ITA; Konya, TUR; Ørland, NOR	14 Boeing E-3A	15 Staaten stellen 20 multinationale Crews (ausgenommen LUX und GBR)
E-3D Component	Waddington, GBR	6 Boeing E-3D	Royal Air Force (GBR)

Quellen: Darstellung Ina Kraft, basierend auf <https://awacs.nato.int/organisation/hq-naewcf>, <https://awacs.nato.int/organisation/participating-nations>, <https://awacs.nato.int/organisation/forward-operating-bases--location> (letzter Zugriff jeweils 3.5.2021).

Derzeit beteiligen sich 17 NATO-Staaten an der NAEW&CF. Der multinationale Anteil wird mit 14 eigenen Flugzeugen und mit 450 Soldatinnen und Soldaten betrieben. Weitere Stationierungsorte befinden sich in der Türkei (Konya), in Italien (Trapani), in Norwegen (Ørland) und in Griechenland (Aktion).

Hinzu kommen sechs britische Flugzeuge, die in Großbritannien (Waddington) stationiert sind.[73] Sie werden der NATO, aber auch den britischen Streitkräften zur Verfügung gestellt. Das Kommando über die Flotte rotiert zwischen einem deut-

---

70 Die Nutzungsdauer der Flotte ist bis 2035 geplant. Derzeit werden Nachfolgelösungen ermittelt (Heiming 2020b).
71 Nach dem Ende des Ost-West-Konflikts und der strategischen Neuausrichtung der NATO erweiterte sich auch das Aufgabenprofil der NATO Airborne Early Warning & Control Force, wie seinerzeit ihr Kommandeur Friedrich-Wilhelm Ehmann (1997) ausgeführt hat. Für eine aktuellere Darstellung des heutigen Aufgabenportfolios siehe Pöppelmann (2013).
72 Hier und im Folgenden <https://awacs.nato.int/> (letzter Zugriff 3.5.2021).
73 Zur Rolle des Vereinigten Königreichs in der AWACS-Flotte siehe Kirkin Mrin (1995).

schen und einem US-amerikanischem General.[74] Der Verband wird gemeinsam durch die NATO-Bündnispartner finanziert.

Die Flugzeuge mit den Radarantennen[75] wurden in der Vergangenheit in einer Reihe von NATO-Operationen eingesetzt, beispielsweise im Irak (1990–1991, 2003), in Libyen (1992, 2011), auf dem Balkan (1992–2004), in den USA nach den Anschlägen des 11. September 2001 und in Afghanistan (2011–2014).[76] Hinzu kam die Absicherung von Großveranstaltungen wie dem G8-Gipfeltreffen in Italien 2009. Im Jahr 2021 unterstützen AWACS-Flugzeuge den Kampf gegen den Islamischen Staat (seit 2016); sie fliegen zudem in der Operation Sea Guardian (seit 2016) und stellen seit 2014 die Rückversicherung der östlichen NATO-Partner vor dem Hintergrund der Annexion der Krim und der russischen Aggressionen in der Ostukraine sicher (Jennings 2017). 2022 sind die Einsätze an den östlichen Bündnisgrenzen verstärkt worden.

Franco-German Brigade

Die Aufstellung der Franco-German Brigade (Deutsch-Französische Brigade) wurde 1987 zwischen Präsident François Mitterrand und Bundeskanzler Helmut Kohl beschlossen und 1989 in die Tat umgesetzt (Müller-Seedorf 2007; Wassenberg 1999).[77] Die Brigade sollte im Rahmen der Bündnisverteidigung im NATO-Kommandobereich Europa Mitte eingesetzt werden (Wassenberg 1999: 125). Nach dem Ende des Ost-West-Konflikts wirkte der 5.000 Soldatinnen und Soldaten starke Verband mit Sitz in Müllheim in NATO- und EU-Einsätzen auf dem Balkan, in Afghanistan und auch in Mali.[78] Zudem wurde die Brigade sowohl als Teil der NATO Response Force als auch als EU-Battlegroup gemeldet.

---

74 https://awacs.nato.int/organisation/hq-naewcf/hq-naewc-force-gk (letzter Zugriff 3.5.2021).

75 Für eine Darstellung der Flotte mit Explosionszeichnungen der Flugzeugkomponenten siehe Schmidt (2008).

76 Für eine Darstellung der Aktivitäten des Verbands während der Operation Eagle Assist zur Überwachung des nordamerikanischen Luftraums nach den Terroranschlägen des 11. September 2001 auf die USA siehe die zeitgenössischen Ausführungen von General Johann-Georg Dora, damaliger Kommandeur NAEW&CF, und Andreas Kernchen, damaliger Section Chief Tactics and Training im Verband (Dora/Kernchen 2002).

77 Eine ausführliche und reich bebilderte Darstellung der Entwicklung der Brigade sowie eine Chronologie findet sich in einer umfangreichen Broschüre anlässlich des 30-jährigen Bestehens der Brigade (Deutsch-Französische Brigade 2019: 12–91).

78 Jedoch zuweilen in ihren nationalen Anteilen (Wiegold 2018).

Mit der Brigade werden unterschiedliche Ziele verfolgt: die Schaffung eines einsatzfähigen Großverbands ebenso wie die Stärkung der deutsch-französischen Zusammenarbeit und der europäischen Verteidigung.[79]

Bei der Aufstellung der Brigade bestand der französische Anteil aus bereits in Deutschland stationierten französischen Truppenteilen. Ab 2010 wurden auch in Frankreich Truppenteile der Brigade stationiert (Müller-Seedorf 2007). Seit 2013 befinden sich keine französischen Truppenverbände mehr in Deutschland.

Der Brigade sind sechs Verbände direkt und dauerhaft unterstellt: die deutschen Jägerbataillone 291 und 292, das deutsche Artilleriebataillon 295, ein deutsch-französisches Versorgungsbataillon, das französische 1. Infanterieregiment sowie das französische 3. Husarenregiment. Das Kommando über die Brigade in den Handlungsfeldern Ausbildung, Übung und Einsatz übt das Eurocorps im französischen Strasbourg aus.

Die Brigade stand bereits mehrfach im Interesse der sozialwissenschaftlichen Forschung. Heike Abel und Marc-Randolf Richter stellen beispielsweise die Schwierigkeiten – nationale Stereotype, unterschiedliche Technik, unterschiedliche Vorschriften und Führungsstile – dar, die sich im Dienstalltag zwischen französischen und deutschen Soldatinnen und Soldaten ergeben (Abel/Richter 2008).

Die Standby High Readiness Brigade for UN Operations

Mit der Standby High Readiness Brigade for UN Operations (SHIRBRIG) wurde 1996 ein Truppenkörper gegründet, den eine politische Besonderheit auszeichnete. SHIRBRIG geht auf eine Initiative Dänemarks zurück, nachdem sich gezeigt hatte, dass die Weltgemeinschaft unfähig oder nicht willens war, die Völkermorde in Ruanda 1994 und in Bosnien 1995 mit nachdrücklicher militärischer Präsenz zu verhindern (Ministry of Foreign Affairs Denmark 1996). SHIRBRIG fügte sich nicht in die NATO-Streitkräftestruktur ein. Sie hatte auch nicht die Aufgabe, das europäische Bündnisgebiet zu verteidigen, sondern sollte vielmehr im Rahmen des „United Nations Standby Arrangement System" für Einsätze der Vereinten Nationen vorgehalten werden.[80]

Neben Dänemark beteiligten sich Argentinien, Finnland, Irland, Italien, Kanada, die Niederlande, Litauen, Norwegen, Österreich, Polen, Rumänien, Schweden, Slowenien und Spanien an der Brigade und somit einige Staaten, die außerhalb des nordatlantischen Bündnisses standen (Koops/Varwick 2008).

---

79 Siehe Bekanntmachung des deutsch-französischen Abkommens über die Deutsch-Französische Brigade vom 26. Juli 2012, BGBl. 2012 II, Nr. 27, S. 956.
80 Dieser Absatz basiert im Wesentlichen auf Rosenzopf (2009).

SHIRBRIG unterhielt ein kleines, 20 Soldatinnen und Soldaten umfassendes multinationales Planungselement in der Nähe Kopenhagens. Zudem hielten die beteiligten Staaten für SHIRBRIG militärische Einheiten in Bereitschaft, die bis zu einem Einsatz unter nationalem Kommando verblieben (Mitchell 2016). Bis zu ihrer Auflösung im Jahr 2009 wurde lediglich das Planungselement selbst in verschiedenen multinationalen Missionen eingesetzt, unter anderem im Jahr 2000 im Rahmen der United Nations Mission to Ethiopia and Eritrea (UNMEE) sowie in der 2003 gegründeten United Nations Mission in Liberia (UNMIL).

Die SHIRBRIG unterstützte mit Planungshilfen und gemeinsamen Übungen den Aufbau von ähnlichen multinationalen Brigaden auf dem afrikanischen Kontinent. Zu nennen sind hier die Eastern Africa Standby Brigade (EASBRIG), die Economic Community of West African States Brigade (ECOWAS/ECOBRIG) und die African Standby Force (ASF) (Ferreyra Wachholtz/Soeters 2022). Sie wurde zu diesem Zweck durch die Afrikanische Union „explizit als Modell und Partner ausgewählt" (Koops 2011: 15).

Die Gründe für die Auflösung der SHIRBRIG sind in organisatorischen und strategischen Veränderungen auszumachen (Koops/Novosseloff 2017). EU und NATO beabsichtigten Anfang der 2000er Jahre mit den Konzepten der NATO Response Force und der EU-Battlegroups ebenfalls die Vorhaltung von multinationalen Brigadeelementen. SHIRBRIG hätte diese Ressourcen außerhalb des Zugriffsrahmens von NATO oder EU gebunden (Rosenzopf 2009). Dieser Umstand wurde durch strategische Veränderungen in den 2000er Jahren verschärft. Einige an der Brigade beteiligte Staaten nahmen an den Einsätzen im Irak und in Afghanistan teil. Durch die Auflösung der Brigade wurden ihre militärischen Ressourcen für diesen Zweck freigemacht (Mitchell 2016).

Die Spanish-Italian Amphibious Force

Auf einem bilateralen Treffen in Valencia 1996 vereinbarten die Verteidigungsminister Spaniens und Italiens die Aufstellung eines gemeinsamen amphibischen Verbands. Ein Jahr später unterzeichneten sie in Bologna eine gemeinsame Erklärung, in der seine Rahmenbedingungen festgelegt wurden. 1998 wurde die Spanish-Italian Amphibious Force (SIAF) in Dienst gestellt (Williams et al. 2020: 12). Der Verband sollte der Bündelung nationaler Kompetenzen im Bereich der amphibischen Kriegführung dienen, das heißt bei militärischen Operationen im küstennahen Raum. Ein Hauptquartier war nicht vorgesehen. Stattdessen existiert eine ständige Kommandostruktur, die auf dem Austausch von Verbindungsoffizieren beruht (Delgado 1999: 17).

Die SIAF besteht aus Marineinfanterieeinheiten beider Länder, die einem gemeinsamen Kommando unterstehen, das alle zwei Jahre zwischen den beiden

Nationen wechselt (o.A. 2018: 42). Seit 2006 bildet der Verband zudem zusammen mit Marineeinheiten Griechenlands und Portugals eine EU-Battlegroup.

Die Multinational Land Force

Bei der Multinational Land Force (MLF), die auch als Ungarisch-Italienisch-Slowenische Brigade bezeichnet wird, handelt es sich um eine eher lose multinationale Formation (Brettner-Messler/Hauser 2013: 108 f.; Jelušič/Pograjč 2008). Die Brigade existiert seit 1998 als stehendes Hauptquartier, in das die drei Staaten jährlich militärische Einheiten einmelden. Italien fungiert als Führungsnation und stellt den Kommandeur sowie einen Großteil des Stabspersonals. Das im italienischen Udine beheimatete Hauptquartier steht für Friedensmissionen und humanitäre Einsätze zur Verfügung (Gasperini et al. 2001). Im Jahr 2007 wurde die Brigade erstmals als EU-Battlegroup gemeldet.

Die South-Eastern Europe Brigade

Bei der South-Eastern Europe Brigade (SEEBRIG) handelt es sich um einen militärischen Truppenkörper, an dem vor allem osteuropäische Staaten teilnehmen. Albanien, Bulgarien, Griechenland, das damalige Mazedonien und heutige Nordmazedonien, Rumänien, die Türkei und Italien unterzeichneten im September 1998 eine Vereinbarung über die Gründung einer Multinational Peace Force South-Eastern Europe (MPFSEE). Auf dieser Grundlage wurde die SEEBRIG im August 1999 zunächst im bulgarischen Plowdiw aufgestellt (Brettner-Messler/Hauser 2013: 118 f.). Seitdem rotierte das Hauptquartier mehrmals; zur Zeit (Januar 2024) ist es in Kumanovo in Nordmazedonien beheimatet. Die Aufstellung der Brigade ist eingerahmt von einem größeren sicherheitspolitischen Kooperationsprozess in Südosteuropa, der mit den regelmäßig durchgeführten Gipfeltreffen der Verteidigungsminister der Länder in Südosteuropa (Southeastern European Defence Ministers, SEDM) institutionalisiert ist. Politischer Hintergrund war unter anderem das starke sicherheitspolitische Interesse der USA, Serbien durch die Gründung einer multinationalen Truppe von Nachbarstaaten zu isolieren (Masala 2003: 100–104).

Die SEEBRIG war 2006 bei der ISAF in Afghanistan eingesetzt. Der Großteil ihrer Aktivitäten konzentriert sich jedoch auf gemeinsame Übungen. Das entspricht dem Selbstverständnis der Brigade. Aufgabe der SEEBRIG ist vor allem, die nachbarschaftlichen Beziehungen in einer Region zu stärken, die in den 1990er Jahren von Krieg und Instabilität geprägt war. So heißt es in der Selbstbeschreibung auf der Homepage der Brigade, der SEDM-Prozess und SEEBRIG seien ein politisch-militärisches Instrument, aber auch ein Symbol, die geschaffen wurden, um regio-

Abbildung 14: Streitkräftestruktur der SEEBRIG (Stand 2019)

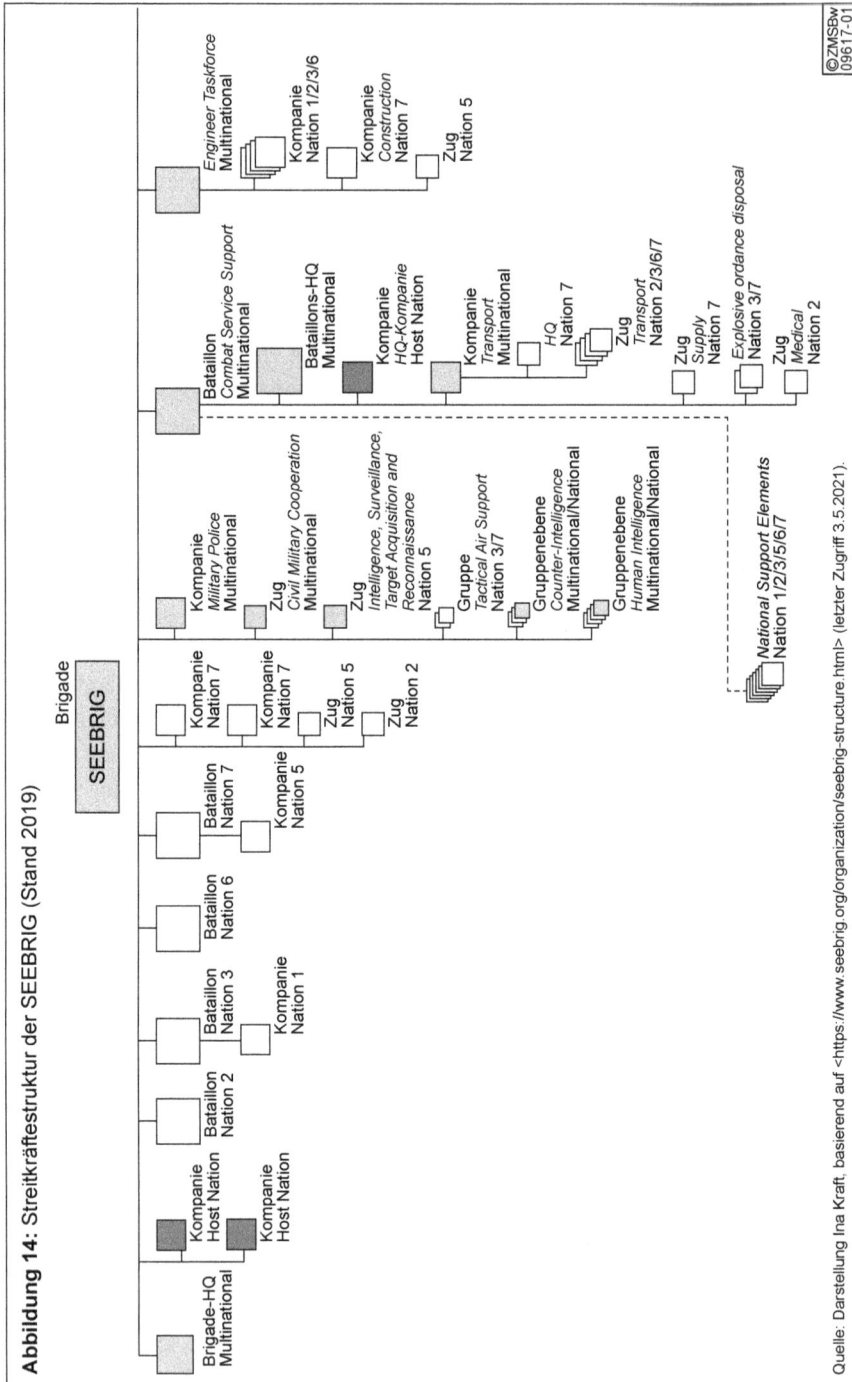

Brigade

SEEBRIG

Brigade-HQ
Multinational

Kompanie
Host Nation

Kompanie
Host Nation

Bataillon
Nation 2

Bataillon
Nation 3

Kompanie
Nation 1

Bataillon
Nation 6

Bataillon
Nation 7

Kompanie
Nation 5

Kompanie
Nation 7

Kompanie
Nation 7

Zug
Nation 5

Zug
Nation 2

Kompanie
Military Police
Multinational

Zug
Civil Military Cooperation
Multinational

Zug
Intelligence, Surveillance,
Target Acquisition and
Reconnaissance
Nation 5

Gruppe
Tactical Air Support
Nation 3/7

Gruppenebene
Counter-Intelligence
Multinational/National

Gruppenebene
Human Intelligence
Multinational/National

Bataillon
Combat Service Support
Multinational

Bataillons-HQ
Multinational

Kompanie
HQ-Kompanie
Host Nation

Kompanie
Transport
Multinational

HQ
Nation 7

Zug
Transport
Nation 2/3/6/7

Zug
Supply
Nation 7

Explosive ordance disposal
Nation 3/7

Zug
Medical
Nation 2

Engineer Taskforce
Multinational

Kompanie
Nation 1/2/3/6

Kompanie
Construction
Nation 7

Zug
Nation 5

National Support Elements
Nation 1/2/3/5/6/7

©ZMSBw
09617-01

Quelle: Darstellung Ina Kraft, basierend auf <https://www.seebrig.org/organization/seebrig-structure.html> (letzter Zugriff 3.5.2021).

nale Stabilität und Sicherheit zu fördern, das politische und militärische Vertrauen zu stärken und die militärische Zusammenarbeit in der Region auszubauen.[81]

Die SEEBRIG ist ein politisch außerordentlich spannendes Konstrukt, sind doch sowohl Nordmazedonien als auch Griechenland Mitglieder des Verbands, zwei Staaten, die aufgrund des Disputs um den Namen „Mazedonien" zur Zeit der Gründung der Brigade im diplomatischen Streit miteinander lagen. Um die militärische Kooperation der beiden Nachbarn dennoch zu ermöglichen, wurde im MPFSEE-Abkommen von 1998 ein Nummerierungssystem in alphabetischer Reihenfolge für die Bezeichnung der teilnehmenden Staaten vereinbart, das die explizite Nennung von Ländernamen in der gesamten internen und externen Kommunikation vermeiden soll („Albanien" wird ersetzt durch Na-1, „Bulgarien" durch Na-2, usw.). Selbst öffentlich verfügbares Kartenmaterial der SEEBRIG kommt ohne Ländernamen aus. Der Namensstreit wurde 2019 beigelegt, nachdem das mazedonische Parlament beschlossen hatte, den Staatsnamen in Nordmazedonien zu ändern. Vorerst bleibt in der SEEBRIG jedoch die vertragliche Vorgabe bestehen, die Ländernamen in der Kommunikation nicht zu benutzen.

Die Czech-Slovak-Polish Brigade

Im Jahr 2002 vereinbarten die Verteidigungsminister Polens, der Slowakei und Tschechiens den Aufbau einer multinationalen Brigade, der Czech-Slovak-Polish Brigade.[82] Ihr Hauptquartier nahm sie im slowakischen Topolcany. Unterstellte Truppen blieben in ihren Heimatländern stationiert. Die Brigade sollte der Heranführung der slowakischen Streitkräfte an die NATO dienen.[83] Nach dem NATO-Beitritt der Slowakei 2004 wurde die Brigade im Jahr 2005 aufgelöst.[84]

Die European Gendarmerie Force

Die European Gendarmerie Force (EUROGENDFOR) setzt sich aus Einheiten der Militärpolizeien von sieben EU-Mitgliedstaaten zusammen und besteht aus bis zu 2.200 Militärpolizistinnen und Militärpolizisten (Hazdra 2008). Der Hauptsitz der Gendarmerie-Truppe befindet sich in Vicenza im Norden Italiens. Die Stabsabtei-

---

81 <https://www.seebrig.org/faqs.html> (letzter Zugriff 5.5.2021).

82 <http://www.army.cz/scripts/detail.php?id=1258>, <https://domov.sme.sk/c/554784/vo-stvrtok-otvoria-velitelstvo-cesko-polsko-slovenskej-brigady-v-topolcanoch.html> (letzter Zugriff jeweils 3.5.2021).

83 <https://www.idnes.cz/zpravy/nato/vojenska-brigada-tri-zemi-skonci.A050531_114318_zpr_nato_inc> (letzter Zugriff 3.5.2021).

84 <https://korzar.sme.sk/c/4561654/cesko-slovensko-polska-brigada-sa-v-roku-2005-zrusi.html> (letzter Zugriff 3.5.2021).

lungen sind gemischt besetzt. Das heißt, das Prinzip der Multinationalität herrscht bis hinunter auf die Arbeitsebene vor.

Auf der Tagung des Europäischen Rates im Dezember 2000 in Nizza hatten Frankreich, Italien, die Niederlande, Portugal und Spanien die Gründung einer Gendarmerie-Truppe vorgeschlagen, die schließlich 2005 aufgestellt wurde. Im Jahr 2008 trat Rumänien, 2011 Polen bei.

Aufgabe der Truppe ist die Durchführung von Polizeimissionen im Rahmen von Krisenmanagementoperationen. Hinter der Aufstellung dieses Verbands stand unter anderem die Überzeugung, dass Konfliktmanagement nicht allein mit militärischen Mitteln gelingen kann und zivile Ressourcen unverzichtbar sind (Arcudi/ Smith 2013).

EUROGENDFOR war in zahlreichen Missionen der Vereinten Nationen, der NATO sowie der Europäischen Union eingesetzt, unter anderem in Afghanistan, Bosnien-Herzegowina, der Zentralafrikanischen Republik, Haiti, Libyen, der Ukraine und Mali.[85]

Command Support Brigades

Einige der multinationalen Korps in Europa greifen auf einen eigenen Unterstützungsbereich in Form einer dem jeweiligen Korps zugeordneten multinationalen Command Support Brigade (CSB) zurück.[86] Deren Aufstellung ist insofern bemerkenswert, da sie weiterer Ausdruck einer auch qualitativ immer stärkeren Multinationalisierung sind, denn in den 1990er Jahren stellten fehlende multinationale Unterstützungselemente noch ein schwerwiegendes Problem für die Einsatzfähigkeit multinationaler Korps dar (Durell-Young 1997: 21).

Exemplarisch soll an dieser Stelle die CSB des Multinational Corps Northeast vorgestellt werden (Kutz/Duesmann 2016). Sie wurde 2007 im polnischen Stargard aufgestellt. Die Aufgabe der Brigade besteht darin, dem MNC NE einen eigenständigen Betrieb zu ermöglichen. In Übungen oder im Einsatz baut sie beispielsweise Gefechtsstände sowie Informationstechnik- und Kommunikationsinfrastruktur auf, aber auch Unterkünfte und Verpflegungseinrichtungen. Ihr unterstehen das deutsche Fernmeldebataillon 610 in Prenzlau, das polnische 100. Fernmeldebataillon und das polnische 104. Unterstützungsbataillon in Wałcz sowie das polnische

---

85 <https://eurogendfor.org/participation/> (letzter Zugriff 3.5.2021).
86 Zuweilen wurden auch Bataillone eingerichtet. So stützte sich das 1 (German/Netherlands) Corps in den 2000er Jahren auf ein Staff Support Battalion sowie ein Communication and Information Systems Battalion ab (Heyst 2003). Für einen kritischen Überblick über die sehr unterschiedlich zusammengesetzten Unterstützungseinheiten in den jeweiligen NATO Rapid Deployable Corps siehe Watling und MacFarland (2021: 79 f.).

102. Schutzbataillon in Bielkówo (Westpommern, Kreis Stargard). Auch das polnische National Support Element (POL NSE) des Multinational Corps Northeast und die Stabskompanie des Korps werden durch die Brigade geführt.

Die Lithuanian-Polish-Ukrainian Brigade

2014 wurde die Litauisch-Polnisch-Ukrainische Brigade (LITPOLUKRBRIG) gegründet. Ihre Vorläufer waren kleinere multinationale Verbände auf Bataillonsebene: 1997 wurde zunächst das Litauisch-Polnische Bataillon (LITPOLBAT) aufgestellt. Es befand sich im polnischen Orzysz und existierte bis 2008. Es sollte vor allem in Friedensmissionen zum Einsatz kommen, diente aber auch der Heranführung Litauens an die NATO (Krivas 2001). Ein polnisch-ukrainisches Bataillon (POLUKRBAT) existierte von 1998 bis 2010 (Brettner-Messler/Hauser 2013: 116–118). Das POLUKRBAT war mehrmals in der KFOR-Mission im Kosovo eingesetzt, wiederum unter Integration auch litauischer Soldaten in das Bataillon.

2007 vereinbarten die litauischen, polnischen und ukrainischen Verteidigungsminister den Aufbau eines Litauisch-Polnisch-Ukrainischen Bataillons (LITPOL-UKRBAT). Es dauerte allerdings sieben Jahre, bis das Vorhaben infolge des russisch-ukrainischen Konflikts 2014 tatsächlich realisiert wurde, nun jedoch nicht mehr als Bataillon, sondern als Brigade (Šlekys 2017: 52).

Die Brigade besteht aus einem internationalen Stab, drei nationalen Infanteriebataillonen und verschiedenen Unterstützungseinheiten.[87] Das Kommando über die Brigade und die Spitzendienstposten rotieren zwischen den drei beteiligten Staaten. Die Stabsabteilungen sind gemischt besetzt. Das Prinzip der Multinationalität herrscht somit auch auf der Arbeitsebene.[88] LITPOLUKRBRIG soll grundsätzlich sowohl in NATO- als auch in EU-Operationen eingesetzt werden. Seit dem russischen Angriffskrieg gegen die Ukraine sind derartige Einsätze jedoch nicht mehr vorgesehen.

Die Multinational Brigade South East

Die Gründung der Multinational Brigade South East ist als Reaktion auf den Russland-Ukraine-Konflikt zu verstehen. Die Brigade soll das Bündnis verteidigen und gemeinsame Übungen und Ausbildungen von NATO-Einheiten durchführen. Sie hat aber auch symbolischen Charakter und dient der Abschreckung. Wie auch die eFP-Battlegroups in den baltischen Staaten und in Polen soll sie den Willen und die

---

87 <https://kam.lt/en/international_cooperation_1089/litpolukrbrig.html> (letzter Zugriff 3.5.2021).
88 <https://litpolukrbrig.wp.mil.pl/en/pages/structure-2019-09-04-n/> (letzter Zugriff 3.5.2021).

Bereitschaft der Alliierten demonstrieren, das Bündnisgebiet kollektiv zu verteidigen.

Die Aufstellung einer multinationalen Brigade im Südosten Europas wurde auf dem NATO-Gipfel in Warschau 2016 beschlossen. Sie wurde durch die Umwandlung eines bereits bestehenden rumänischen Truppenkörpers im gleichen Jahr eingerichtet und hat ihren Sitz im rumänischen Craiova (Budu 2018). Die Brigade wird von der Multinational Division Southeast geführt, die im Jahr zuvor aufgestellt worden war. Neun weitere NATO-Staaten unterstützen die Brigade mit Personal.

Die NATO Intelligence, Surveillance and Reconnaissance Force

Die NATO Alliance Ground Surveillance Force (NAGSF) war ein Verband der Luftstreitkräfte zur radargestützten Aufklärung und Bodenüberwachung (Heiming 2020a). [89] Nach dem russischen Angriffskrieg gegen die Ukraine wurde er in NATO Intelligence, Surveillance and Reconnaissance Force (NISRF) umbenannt. [90] Der Verband basiert auf dem Konzept der Alliance Ground Surveillance (AGS), einem Systemverbund von unbemannten Flugzeugen, umgangssprachlich als Drohnen bezeichnet, die in großen Höhen und Entfernungen dauerhaft operieren. NISRF komplementiert die Fähigkeiten der NATO Airborne Early Warning & Control Force, die mit ihren AWACS-Flugzeugen Luftüberwachung betreibt.

Die Überwachung wird durch den Einsatz von fünf unbemannten Flugzeugen mit der Bezeichnung NATO RQ-4D Phoenix realisiert (Preylowski 2021). Hinzu kommt ein Bodensegment, das Schnittstellen zu den militärischen Führungs- und Kontrollsystemen der NATO herstellt.

Die Gründung der NATO Alliance Ground Surveillance Force geht auf Entwicklungen in den 1990er Jahren zurück. Bereits 1992 wurde vom NATO Defence Planning Committee ein Bodenüberwachungsprogramm vorgeschlagen. Nach einigen Umwegen kam es ab Februar 2009 zur Unterzeichnung einer Absichtserklärung durch 15 Staaten (Bulgarien, Tschechien, Dänemark, Estland, Deutschland, Italien, Lettland, Litauen, Luxemburg, Norwegen, Polen, Rumänien, Slowakei, Slowenien und USA). Im September 1992 wurde die NATO Alliance Ground Surveillance Management Agency für die Beschaffung der unbemannten Flugzeuge ins Leben gerufen. Im Jahr 2012 vereinbarten die beteiligten Nationen schließlich den Beschaffungsvertrag.

Ab 2015 wurde mit dem Aufbau der Truppe begonnen. Stationiert ist das Überwachungssystem in Sigonella auf Sizilien. Auf dem dortigen Militärflughafen waren

---

89 Kommunikation mit NATO Alliance Ground Surveillance Force am 7.9.2021.
90 <https://ac.nato.int/archive/2023/NISRF_in_2023> (letzter Zugriff 21.2.2024).

bereits fliegende Verbände der U.S. Air Force, der U.S. Navy sowie der italienischen Luftwaffe beheimatet. Die Wahl des Standorts brachte Vorteile mit sich, da die notwendige Infrastruktur zum Betrieb eines Militärflughafens bereits vorhanden war. Zunächst aber wurde 2015 ein kleiner Aufbaustab im Allied Command Operations (SHAPE) in Brüssel eingerichtet. Die erste NATO RQ-4D Phoenix landete dann vier Jahre später, im November 2019, in Sigonella. Im Frühjahr 2023 wurde eine Aufklärungsstation nach Ramstein zum NATO Allied Air Command verlegt (Heiming 2023). Der Verband soll im Jahr 2025 voll einsatzbereit sein.

Die Größe des Verbands ist vergleichbar mit einem Luftwaffengeschwader. Der Verband wird von einem US-amerikanischen Brigadegeneral geführt. Ein italienischer Oberst ist sein Stellvertreter. Chef des Stabes ist ein deutscher Oberst. Im Jahr 2021 waren rund 350 Soldatinnen und Soldaten aus 23 Nationen in der NATO Alliance Ground Surveillance Force eingesetzt. Die USA stellen die meisten Truppen, gefolgt von Deutschland und Italien. Der Verband soll in den kommenden Jahren auf rund 600 Soldatinnen und Soldaten anwachsen.

Während das AGS-System von den 15 Unterzeichnerstaaten finanziert wird, wird der Standort in Sigonella sowie der Erhalt der Flotte durch finanzielle Beteiligungen von allen NATO-Staaten getragen. Eine Ausnahme bildet hierbei das Vereinigte Königreich, das eine sogenannte *contribution in kind* anbietet, also gleichwertige militärische Fähigkeiten statt finanzieller Beteiligung.

5.2.3.4 Multinationale Strukturen auf der Ebene der Bataillone und Kompanien
Während des Ost-West-Konflikts fand militärische Multinationalität auf der Ebene der Bataillone und Kompanien kaum statt. Heutzutage existiert in Europa auch auf dieser Ebene eine Reihe von multinationalen Formaten.

Die NATO Signal Battalions
Drei NATO Signal Battalions stellen in NATO-Einsätzen und -Übungen die Kommunikations- und Informationstechnologie bereit (Weaver 2021: 123–134). Sie werden operativ vom Hauptquartier der NATO Communications and Information Systems Group (NCISG) im belgischen Mons geführt, die 2012 aus der NATO CIS Support Agency hervorging. Rechtlich gesehen gehören die NATO Signal Battalions zur NATO Command Structure, da sie durch die NATO und nicht durch teilnehmende Nationen finanziert werden.

Das 1st NATO Signal Battalion ist in der Hansestadt Wesel (Nordrhein-West-falen) stationiert.[91] Kommandeur ist ein deutscher Offizier. Im Jahr 2021 entsand-ten zehn NATO-Nationen Soldatinnen und Soldaten in den Bataillonsstab. Neben drei deutschen Kompanien unterstehen dem Bataillon eine britische, eine däni-sche und eine kroatische Kompanie, die jeweils in ihren Heimatländern verbleiben und ebenso wie die deutschen Kompanien national organisiert sind. Der deutsche Anteil in Wesel fungiert zudem als Host Nation Support (HNS) oder auch als Natio-nal Support Element (NSE) für die multinationalen Anteile am Standort. Die sechs Kompanien betreiben jeweils ein Deployable Communications and Information Systems Module (DCM) für NATO-Einsätze und -übungen. DCM sind IT-Infrastruk-tureinheiten (z.B. Telefonie, Netzwerke, Internet, Intranet, Satellitenverbindungen, Videokonferenztechnik) und stellen technisch die Führungsfähigkeit in Einsätzen und Übungen sicher.

Das italienische Grazzanise ist Standort des 2nd NATO Signal Battalion. Zwei italienische und zwei US-amerikanische Kompanien sind dort stationiert. Weitere befinden sich in Sofia und in Bukarest. Das 3rd NATO Signal Battalion wurde 2011 aufgestellt und befindet sich im polnischen Bydgoszcz. Ihm unterstehen Kompa-nien, die in Ungarn, der Slowakei, der Tschechischen Republik, Litauen und der Türkei stationiert sind.

Das Baltic Battalion, das Baltic Naval Squadron und das Baltic Air Surveillance Network

Estland, Litauen und Lettland verbindet seit Beginn der 1990er Jahre eine beson-ders enge militärische Kooperation, die sich unter anderem in gemeinsamen Struk-turen widerspiegelt (Brasen 2003; Ito 2015; Romanovs/Andžāns 2017).[92] Die drei Staaten gründeten 1994 das Baltic Battalion (BALTBAT). Es wurde in der Imple-mentation Force (IFOR) und in der Stabilization Force (SFOR) der NATO in Bosnien-Herzegowina eingesetzt sowie in der United Nations Interim Force in Lebanon (UNIFIL). Es bestand zunächst bis 2003 (Hauser 2006; Latawski 2001), wurde dann jedoch zeitweise für die NATO Response Force aktiviert.

Hinzu kam 1998 der permanente gemeinsame Marineverband Baltic Naval Squadron (BALTRON) (Brasen 2003; Schvede 2004). Bereits 1995 kooperierten die

---

91 Hier und im Folgenden Kommunikation mit dem 1st NATO Signal Battalion vom 14. Dezember 2021.
92 In seinem detaillierten Überblick über die außen-, sicherheits- und verteidigungspolitischen Ereignisse und Entscheidungen, die schließlich zum NATO-Beitritt der baltischen Staaten geführt haben, stellt Kasekamp (2021) dar, dass das Verhältnis Estlands, Litauens und Lettlands nicht nur von Kooperation, sondern auch von Konkurrenz geprägt war.

Marinen der drei baltischen Staaten in einer gemeinsamen Übung. Dabei wurde die Idee für BALTRON geboren. Die Aufstellung des Verbands wurde durch andere NATO-Staaten unterstützt (BMVg 1995b: 17). 1998 unterzeichneten zwölf Nationen das „Memorandum of Understanding über die Zusammenarbeit bei der Entwicklung des Baltischen Marinegeschwaders" (Föhrenbach 2002: 23). BALTRON wird zuvorderst zur Minenabwehr eingesetzt. Darüber hinaus hat er die Aufgabe, die Interoperabilität der baltischen Marinen untereinander und mit der NATO zu verbessern (Baltic Naval Squadron 2013). Im Jahr 2000 kamen Strukturen für die gemeinsame Luftraumüberwachung, das Baltic Air Surveillance Network (BALTNET), hinzu (Lange et al. 2019).

Das Romanian-Hungarian Joint Peacekeeping Battalion
Auch zwischen Rumänien und Ungarn existiert eine enge nachbarschaftliche Kooperation. Davon zeugt das Romanian-Hungarian Joint Peacekeeping Battalion, das im Januar 2000 aufgestellt wurde (Brettner-Messler/Hauser 2013: 109). Die Führung des Bataillons wechselt im Jahresrhythmus zwischen Rumänien und Ungarn. Es soll für Friedensmissionen unter Mandat der VN oder der Organisation für Sicherheit und Zusammenarbeit in Europa (OSZE) und humanitäre Einsätze unter Führung der EU und der NATO eingesetzt werden (Hauser 2006: 138). Bisher wurde das Bataillon allerdings nicht für Einsätze, sondern lediglich für Übungen aktiviert. Damit dient es zuvorderst der Kooperation zwischen den rumänischen und ungarischen Streitkräften (Weisl et al. 2017).

Das Tisa Multinational Engineering Battalion
Das Tisa Multinational Engineering Battalion wurde 2002 von den Staaten Ungarn, Rumänien, Slowakei und Ukraine aufgestellt (Brettner-Messler/Hauser 2013: 109 f.; WEU 2002). Das 700 Soldatinnen und Soldaten starke Bataillon hat seinen Sitz in der ungarischen Stadt Hajdúhadház.

Erste Ideen für eine militärische Kooperation gehen auf ein Treffen der Verteidigungsminister Rumäniens, der Ukraine und Ungarns im Jahr 1999 zurück. Im darauffolgenden Jahr führte eine Umweltkatastrophe zur raschen Gründung des Verbands mit seinen speziellen Kompetenzen: Nach dem Dammbruch eines Abwasserbeckens in Rumänien vergiftete Zyanidlauge den Fluss Theiß (ungarisch Tisza, rumänisch Tisa). Die Hauptaufgabe des Bataillons ist die gegenseitige Unterstützung der beteiligten Staaten bei der Katastrophenhilfe (Hauser 2006: 138). Das Bataillon wurde 2006 während des Hochwassers der Theiß, während des Hochwassers 2010 in der ungarischen Region Borsod-Abaúj-Zemplén und im selben Jahr bei der Bewältigung der Rotschlammkatastrophe nach einem Dammbruch im ungarischen Kolontár eingesetzt.[93] Das Kommando des Bataillons wechselt jährlich zwischen den beteiligten Staaten.[94]

Das Multinational Military Police Battalion

Auf dem NATO-Gipfel in Prag 2002 wurde von polnischer Seite die Aufstellung eines NATO-Militärpolizei-Bataillons vorgeschlagen (Domisiewicz 2012: 135). 2006 unterzeichneten Polen, Kroatien, Tschechien und die Slowakei ein Memorandum of Understanding über ein zu schaffendes Multinational Military Police Battalion (MNMPBAT). 2020 wurde vereinbart, dass Georgien dem MNMPBAT beitreten wird (o.A. 2021).

Polen ist Führungsnation des MNMPBAT. Das Hauptquartier befindet sich in Gliwice. Die truppenstellenden Nationen stellen jeweils einen Zug (etwa 30–35 Soldatinnen und Soldaten) für das Bataillon. Diese verbleiben jedoch in ihren Heimatländern. Das MNMPBAT dient vor allem der Ausbildung von militärpolizeilichen Aufgaben und der Erprobung von NATO-Doktrinen im Rahmen regelmäßiger gemeinsamer Übungen. In Fachdiskussionen wird daher trotz der Existenz des MNMPBAT die Gründung einer vollwertigen Militärpolizeitruppe nach dem Vorbild der European Gendarmerie Force im NATO-Rahmen weiterhin vorgeschlagen (Pani/Finkenbinder 2019).

Die NATO Force Integration Units

Der Russland-Ukraine-Konflikt 2014 und der damit zusammenhängende Strategiewechsel der NATO führten zur Gründung weiterer kleinerer multinationaler Einheiten. Im Rahmen des Readiness Action Plan der NATO wurden die neuartigen NATO Force Integration Units (NFIUs) geschaffen (Weaver 2021: 87–88). Es handelt sich hierbei um etwa 40 Soldatinnen und Soldaten starke multinationale Hauptquartiere, wobei 20 Soldatinnen und Soldaten vom Gastland gestellt werden. NFIUs wurden 2015 in Bulgarien, Estland, Lettland, Litauen, Polen und Rumänien eingerichtet. 2016 und 2017 kamen zwei weitere NFIUs in Ungarn und der Slowakei hinzu.

NFIUs organisieren die Zusammenarbeit zwischen NATO-Streitkräften, den nationalen Streitkräften und zivilen Behörden. Sie sind multinationale Stabselemente, die eine Schnittstelle für eintreffende schnelle Eingreifkräfte im Einsatzge-

---

93 <https://2010-2014.kormany.hu/en/ministry-of-defence/news/tisa-battalion-lead-nation-role-transferred> (letzter Zugriff 3.5.2021).
94 <https://2010-2014.kormany.hu/en/ministry-of-defence/news/tisa-battalion-lead-nation-role-transferred> (letzter Zugriff 3.5.2021).

biet des Gastlandes bilden. Dabei wirken sie wie „Adapter", die die Entsendestaaten in die Lage versetzen sollen, möglichst schnell im Einsatzgebiet handlungsfähig zu sein (Häußermann 2016a: 48). Damit soll beispielsweise ein etwaiger Einsatz der schnellen Eingreiftruppe der NATO, der Very High Readiness Joint Task Force (VJTF), im Rahmen der Bündnisverteidigung erleichtert werden (DtA HQ MNC NE 2017: 28).

NFIUs sind zudem ein Symbol der NATO-Präsenz im östlichen Bündnisgebiet, ohne dabei die vertraglichen Vorgaben aus der NATO-Russland-Grundakte zu verletzen.[95] In dieser Vereinbarung aus dem Jahr 1997 sagte die NATO zu, von einer dauerhaften Stationierung substanzieller Kampftruppen in Osteuropa abzusehen. Mit den NFIUs wurden weder substanzielle Einheiten noch Kampftruppen verlegt.

Geführt werden die NFIUs je nach regionaler Lage vom Multinational Corps Northeast (MNC NE) in Polen beziehungsweise von der Multinational Division South East (MND-SE) in Rumänien.

Die eFP-Battlegroups

Auf dem Warschauer NATO-Gipfel 2016 wurde im Rahmen der Beistandsinitiative enhanced Forward Presence (eFP) zunächst die Aufstellung von vier multinationalen Bataillonen in den baltischen Staaten und in Polen beschlossen.[96] Diese Gefechtsverbände gibt es seit 2017. Das Vereinigte Königreich, die USA, Deutschland und Kanada fungieren in je einer der eFP-Battlegroups, kurz eFP-BG, als Rahmennation. Während Bataillone normalerweise aus einer Waffengattung bestehen, zum Beispiel eine Artillerieeinheit, ist eine Battlegroup eine Mischung aus verschiedenen Waffengattungen; ihr Zweck besteht darin, in unterschiedlichen Szenarien schnell einsatzbereit zu sein. Die eFP-Battlegroups sollten zunächst die Präsenz der Allianz an den östlichen Außengrenzen des Bündnisgebiets demonstrieren und damit zur Abschreckung beitragen (NATO 2017b). Zudem bieten sie Gelegenheit, gemeinsam taktische NATO-Verfahren auszubilden und zu üben.

---

95 Grundakte über Gegenseitige Beziehungen, Zusammenarbeit und Sicherheit zwischen der Nordatlantikvertrags-Organisation und der Russischen Föderation (1997). Zwar hat die NATO-Russland-Grundakte weiterhin Bestand, jedoch haben die NATO-Staats- und Regierungschefs in einer Erklärung zum Angriff Russlands auf die Ukraine deutlich gemacht, dass Russlands Vorgehen eine eklatante Ablehnung der in der NATO-Russland-Grundakte verankerten Prinzipien sei und dass es Russland sei, das sich von seinen Verpflichtungen aus der Akte verabschiedet habe (NATO 2022c).
96 Ringsmose/Rynning (2017: 450) argumentieren, die Gründung der eFP-BG habe zu einer Marginalisierung von NRF und VJTF geführt. Auch wären die NATO-Battlegroups nicht zustande gekommen, wenn die NRF und VJTF effektiv gewesen wären.

Die Verbände weisen eine organisationstrukturelle Besonderheit auf. Um infrastrukturelle Probleme des Truppentransports im Einsatzfall zu umgehen, befinden sie sich dauerhaft an Orten im östlichen Bündnisgebiet und erhöhen so das Abschreckungspotenzial der NATO. Dadurch können sie aus organisationstheoretischer Sicht als feste Verbände betrachtet werden. Zugleich werden die dort stationierten NATO-Truppen kontinuierlich nach einem relativ kurzen Zeitraum ausgewechselt. Durch die Rotation der Truppen waren die eFP-Battlegroups in Osteuropa mit den vertraglichen Bedingungen der NATO-Russland-Grundakte vereinbar (BT 2016). Sie sind demnach zugleich permanente und nicht-permanente Verbände, was sie aus organisationswissenschaftlicher Perspektive zu spannenden Forschungsobjekten macht.

Eine eFP-Battlegroup mit etwa 880 Soldatinnen und Soldaten ist im estnischen Tapa beheimatet (Stoicescu/Hurt 2020). Sie wird durch die Rahmennation Vereinigtes Königreich geführt (Clark et al. 2020). Daneben sind in ihr dänische und isländische Vertreterinnen und Vertreter aktiv (NATO 2021b).

Die rund 1400 Soldatinnen und Soldaten starke eFP-Battlegroup in Lettland wird von der Rahmennation Kanada geführt (Leuprecht et al. 2020; Rostoks 2020). Sie ist in Ādaži beheimatet. Neben Kanada sind dort Soldatinnen und Soldaten aus Albanien, Tschechien, Italien, Polen, Slowenien, der Slowakei und Spanien eingesetzt (NATO 2021b).

Deutschland ist Rahmennation der eFP-Battlegroup in Litauen (Brauß/Carstens 2020; Hoffmann 2022; Šešelgytė 2020). In dem Bataillon in Rukla mit einer Stärke von etwa 1.300 Soldatinnen und Soldaten arbeiten neben den 600 Deutschen auch Streitkräfteangehörige aus Belgien, Tschechien, zeitweise Island, Luxemburg, den Niederlanden und Norwegen (NATO 2021b).

Die eFP-Battlegroup in Polen wird von den USA geführt (Hunzeker 2020). Sie ist in Orzysz beheimatet (Szymański 2020). Kroatien, Rumänien und das Vereinigte Königreich stellen ebenso Streitkräfteangehörige für das etwa 1.200 Soldatinnen und Soldaten starke Bataillon (NATO 2021b).

Die Führung der eFP-Battlegroups in Litauen und Polen hat die Multinational Division North East im polnischen Elbląg inne, die der eFP-Battlegroups in Estland und Lettland die Multinational Division North im lettischen Ādaži.

In den eFP-Battlegroups findet die multinationale Verflechtung auf einer niedrigen Hierarchieebene statt. Diese neuartigen Formate sind daher „eine Übung in multinationaler Optimierung", wie Autoren eines Forschungsberichts des NATO Defense College zu den eFP-Battlegroups ausführen (Lanoszka et al. 2020: 9). Die Battlegroups seien so angelegt, dass die Streitkräfte der Mitgliedstaaten zusammen operieren, trainieren, arbeiten und sogar zusammenleben. Dies sorge, so die Autoren weiter, für eine gerechtere Arbeitsteilung, verbesserte Kompetenzen und

Fähigkeiten, eine effizientere Zusammenarbeit sowie eine größere Zuversicht, dass gemeinsames Handeln einen Missionserfolg zeitigt (Lanoszka et al. 2020: 9).

Nach Beginn des russischen Angriffskrieges gegen die Ukraine 2022 beschloss die NATO, vier weitere eFP-Battlegroups aufzustellen (NATO 2022a). Italien führt die eFP-Battlegroup in Kabile (Bulgarien). Albanien, Bulgarien, Griechenland, Italien, Nordmazedonien, die Türkei und die USA stellen weitere der mehr als 1.000 Soldatinnen und Soldaten. Ungarn ist Rahmennation der eFP-Battlegroup im ungarischen Tata. Der 1.054 Soldatinnen und Soldaten starke Verband wird personell zudem von Italien, Kroatien und den USA bestückt. Im rumänischen Cincu ist eine weitere Battlegroup beheimatet. Sie wird von der Rahmennation Frankreich geführt und dauerhaft von niederländischen sowie zusätzlich von polnischen, portugiesischen und US-amerikanischen Kräften unterstützt. Dadurch kann sie von 574 auf 1.126 Soldatinnen und Soldaten anwachsen. In Lest in der Slowakei ist die nunmehr achte eFP-Battlegroup beheimatet. Deren Rahmennation ist die Tschechische Republik. Deutschland, die Slowakei und Slowenien stellen Kräfte. Der Verband besteht aus 1.056 Soldatinnen und Soldaten. Im Jahr 2022 waren dadurch insgesamt mehr als 10.000 NATO-Kräfte in den Battlegroups eingesetzt. Auch die Zielsetzung der eFP-Battlegroups hat sich seit 2022 verändert: Wurde bis dahin insbesondere der Aspekt der Abschreckung betont, dienen die Battlegroups nun auch der Verbesserung der Verteidigungsfähigkeit der Staaten an der östlichen Außengrenze der NATO (NATO 2022b). Auf dem NATO-Gipfel in Madrid im Juni 2022 kündigten die Staats- und Regierungschefs zudem an, die eFP-Battlegroups zu Einheiten in Brigadegröße auszubauen, falls das erforderlich sein sollte (NATO 2022b).

Luftwaffentransportverbände

Seit 2006 kooperieren Bulgarien, Estland, Ungarn, Litauen, die Niederlande, Norwegen, Polen, Rumänien, Slowenien und die USA sowie Finnland und Schweden beim militärischen Lufttransport. Zu diesem Zweck wurden gemeinsam C17-Transportflugzeuge beschafft und in Ungarn stationiert. Seit 2009 operiert dort das multinationale schwere Lufttransportgeschwader Heavy Airlift Wing (HAW) (Borch 2009; Dorschner 2017).

2019 wurde im niederländischen Eindhoven die noch im Aufbau befindliche Multinational Multirole Tanker Transport Unit (MMU) aufgestellt.[97] Ein weiterer Stützpunkt befindet sich am Flughafen Köln/Bonn. Aufgabe der MMU ist der Betrieb der Multinational Multirole Tanker Transport Fleet (MMF), einer Flotte von neun Transportflugzeugen des Typs A330, die Luftbetankungs- und Lufttransportein-

---

97 Für eine Einblick in die Entstehung des MMU siehe Dorschner (2017: 38).

sätze fliegen (Heiming 2022a).[98] An der MMU/MMF sind derzeit die Niederlande, Belgien, Deutschland, Luxemburg, Norwegen und Tschechien beteiligt. Die MMF/ MMU geht auf eine Initiative der European Defence Agency (EDA) aus dem Jahr 2012 zurück, die Luftbetankungsfähigkeiten der europäischen Staaten zu bündeln und zu verbessern. Die Beschaffung der Flugzeuge wird durch die NATO Support & Procurement Agency (NSPA) organisiert, die zu diesem Zweck mit der Organisation Conjointe de coopération en matière d'armement (OCCAR) kooperiert. Die NSPA übernimmt zudem das Management der Flotte.

Im September 2021 wurde die deutsch-französische Lufttransportstaffel im französischen Évreux gegründet (Feuerbach/Krappmann 2020; Gerhartz et al. 2021; Heiming 2022b).[99] Sie unterscheidet sich von der strategisch ausgelegten MMF durch den Fokus auf den taktischen Lufttransport. Der Verband besteht aus vier französischen und sechs deutschen Flugzeugen für den taktischen Lufttransport (C-130J und KC-130J). Der Aufbau eines gemeinsamen Training Center ist geplant. 300 Soldatinnen und Soldaten beider Nationen sollen dem Verband angehören. In der täglichen Zusammenarbeit ist eine tiefe Integration vorgesehen: Piloten und Pilotinnen, Mechaniker und Mechanikerinnen und ggf. andere Spezialisten und Spezialistinnen sollen in gemischten Teams zusammenarbeiten (Milewski 2021). Diese sind in der Lage, gleichermaßen deutsche und französische Maschinen zu bedienen; es ist sogar möglich, dass eine nationale Crew auf einer Maschine der jeweils anderen Nation fliegt.[100] Die Zertifizierung und das Erreichen der vollen Einsatzbereitschaft sind für Ende 2024 geplant.

5.2.3.5 Nicht permanente multinationale Formate

Zusätzlich zu den bis hierher betrachteten stehenden multinationalen Strukturen existiert in Europa eine Reihe weiterer multinationaler Arrangements, die nur zeitweise aktiv sind oder für die europäische Staaten nur von Zeit zu Zeit Verbände abstellen.

---

98 Anschaulich beschreibt Taghvaee (2022), wie Tanker der MMU-Flotte im Zuge der erhöhten NATO-Präsenz nach Beginn des russischen Angriffs auf die Ukraine im Rahmen des NATO Air Policing eingesetzte Eurofighter sowie Flugzeuge der NATO Airborne Early Warning & Control Force im osteuropäischen Luftraum betanken.

99 Siehe zur Entstehungsgeschichte auch Dorschner (2017: 40).

100 Kommunikation mit deutsch-französischer Lufttransportstaffel am 26.1.2023. Zu den luftrechtlichen Herausforderungen der deutsch-französische Lufttransportstaffel und anderer derartiger Kooperationsverbünde siehe zur Nieden und Oeltjen (2020).

Der Deutsch-Französische Marineverband

Ab 1992 stellten die Marinen Deutschlands und Frankreichs jährlich für drei bis vier Wochen den Deutsch-Französischen Marineverband auf (BMVg 1995b: 16). Er diente vor allem Übungszwecken, konnte aber grundsätzlich auch für Krisenmanagementoperationen eingesetzt werden. Seine Führung wechselte jährlich zwischen Deutschland und Frankreich (o.A. 1999, 2001; Schmidt-Thomée 1994). Zwar ist der Verband seit Ende der 2000er Jahre aus Kostengründen nicht mehr aktiviert worden, allerdings wurde er auch nicht offiziell aufgelöst und ließe sich daher jederzeit wieder aktivieren.[101]

Die European Rapid Reaction Force und die European Maritime Force

Auf dem WEU-Ministertreffen in Lissabon im Jahr 1995 unterzeichneten Frankreich, Italien, Spanien und Portugal ein Abkommen über die Aufstellung zweier nicht permanenter Verbände zur Unterstützung der WEU (Forces Answerable to WEU) und der NATO. Diese Vereinbarung ist unter anderem auf die Sorgen Italiens zurückzuführen, die abgeschmolzene NATO-Kommandostruktur gewährleiste die Sicherheit in der Mittelmeerregion nur mehr ungenügend (Durell-Young 1997: 37). Die daraufhin gebildete European Rapid Reaction Force (EUROFOR) war ein nichtpermanenter multinationaler Truppenkörper von Landstreitkräften. Die European Maritime Force (EUROMARFOR, auch EMF abgekürzt) ist das entsprechende maritime Pendant und besteht bis heute. Der maritime WEU- beziehungsweise EU-Verband kann neben den Seestreitkräften der NATO im Mittelmeer operieren (Heisbourg 2000: 74).

EUROFOR hatte ein kleines permanentes multinationales Hauptquartier in Florenz mit Offizieren aus jedem der vier Teilnehmerstaaten. Die beteiligten Nationen sahen nationale Heereseinheiten als Beitrag für EUROFOR vor, diese waren jedoch weder *assigned* noch *earmarked*. Nationale Beiträge mussten im Einsatzfall erst ausverhandelt werden, was die Planungs- und Übungsmöglichkeiten von EUROFOR einschränkte (Durell-Young 1997: 38; Masala 2003).

EUROFOR übernahm 2003 die Führung der ersten EU-Operation Concordia in der ehemaligen jugoslawischen Republik Mazedonien (Olshausen 2003). Darüber hinaus war es 2000 und 2001 in Albanien sowie 2007 in Bosnien-Herzegowina eingesetzt und stellte 2011 eine EU-Battlegroup (Italian Army 2012).

Wie EUROFOR ist auch EUROMARFOR ein nicht stehender Truppenkörper mit lediglich vorgemerkten nationalen Schiffen und Booten (Germond 2008). Frankreich, Italien, Portugal, Spanien, Griechenland und die Türkei stellen Anteile an

---

101 Hintergrundgespräche im Marinekommando Rostock am 29.7.2020.

den maritimen Einsatzgruppen. Der Stationierungsort und das Hauptquartier und somit die Führungsverantwortung wechseln jährlich zwischen den Teilnehmerstaaten. Die Zusammensetzung von EUROMARFOR ist abhängig vom jeweiligen Einsatz. Vergleichbar mit einem Baukastensatz wird eine EUROMARFOR-Operation aus den von den teilnehmenden Nationen dargebotenen Fähigkeiten zusammengestellt.

EUROMARFOR war erstmals 2002 in der Operation Coherent Behaviour eingesetzt, in deren Rahmen der internationale Terrorismus auf See bekämpft wurde (Shukri 2017). Diese Operation wurde direkt von den vier Teilnehmerstaaten Frankreich, Italien, Spanien und Portugal mandatiert und fand komplementär zur NATO-Operation Active Endeavor statt.[102] Es folgten zwischen 2003 und 2005 Einsätze im Indischen Ozean im Rahmen der Operation Enduring Freedom. 2008 und 2009 war der Verband im Libanon in der Beobachtermission UNIFIL eingesetzt sowie ab 2011 in der EU-Antipiraterieoperation ATALANTA im Indischen Ozean.

Die Black Sea Naval Cooperation Task Group

Im Jahr 2001 entschlossen sich die Schwarzmeeranrainerstaaten Bulgarien, Georgien, Rumänien, Russland, Türkei und Ukraine, einen maritimen Verband, die Black Sea Naval Cooperation Task Group (BLACKSEAFOR), aufzustellen (Karadeniz 2007; Pop/Manoleli 2007: 21; Rumer/Simon 2006: 21). Deren Aufgaben umfassen Rettungsoperationen, humanitäre Hilfe, Minenabwehr, Umweltschutzmaßnahmen und vertrauensbildende Maßnahmen, aber auch Terrorabwehr und die Verhinderung der Verbreitung von Massenvernichtungswaffen. Die Task Group hat keine feste Flotte. Stattdessen melden die Mitgliedstaaten insgesamt vier bis sechs Schiffe an die Task Group. Das Kommando über die Task Group wechselt jährlich. Im Jahr 2003 wurde ein Koordinierungszentrum im bulgarischen Burgas aufgestellt (Baev 2018: 277).

Der Verband besteht bis heute. Allerdings trat Georgien infolge des Georgienkriegs zwischen 2008 und 2011 aus dem Kooperationsverbund aus. Nach den aggressiven Handlungen Russlands in der Ukraine ab 2014 waren die Tätigkeiten der Task Force zunächst eingefroren (Kucera 2014); mittlerweile hat Russland seine Mitgliedschaft ausgesetzt (Baev 2018: 277).

Die NATO Response Force

Angesichts der Terroranschläge auf die USA im September 2001 und des folgenden „Global War on Terrorism" wurde 2002 auf dem NATO-Gipfel in Prag die Auf-

---

102 <https://www.euromarfor.org/overview/3> (letzter Zugriff 3.5.2021).

stellung der NATO Response Force (NRF) zunächst mit einer Größe von 20.000 Soldatinnen und Soldaten vereinbart (Hauser 2003: 79 f.; o.A. 2005). Ein besonderes Merkmal der NRF war der große Anteil europäischer Truppenteile und ihre operative Führung durch einen europäischen General.[103] Infolgedessen urteilt der Soziologe Anthony King, die NRF sei Ausdruck der Europäisierung der NATO (King 2005: 331).

Die NRF wurde auf dem NATO-Gipfel in Riga im November 2006 für voll einsatzbereit erklärt und stellte seitdem einen wesentlichen Teil der NATO-Streitkräftestruktur.[104] Die NRF war bis 2023 eine 40.000 Soldatinnen und Soldaten starke Streitkraft mit Heeres-, Luftwaffen-, Marine- und Spezialtruppenelementen (Weaver 2021: 42 f., 88 f.). Für die NRF meldeten die NATO-Mitgliedstaaten einzeln oder gemeinsam Kräfte und Führungskapazitäten im Rahmen des NATO Long Term Commitment Plan (LTCP) an. Die gemeldeten Einheiten verblieben grundsätzlich an ihren Heimatstandorten und übernahmen neben ihren nationalen und gegebenenfalls auch multinationalen Aufgaben eine Rolle in der NRF. Die Führung der Landkomponenten der NRF wechselte jährlich zwischen den Rapid Deployable Corps der NATO. Seegehende Einheiten wurden abwechselnd von den High Readiness Forces (Maritime) Headquarters geführt, Anteile der Luftstreitkräfte durch das NATO Allied Air Command. Die NRF unterstand den operativen Hauptquartieren der NATO in Europa (JFC Brunssum und JFC Naples).

Die Leistung der NRF wird gemischt bewertet. Jens Ringsmose attestierte ihr einige Jahre nach ihrer Aufstellung bereits ein „qualifiziertes Scheitern" (Ringsmose 2009: 288).[105] Sie habe zwar die Streitkräftetransformation in einzelnen Mitgliedstaaten vorangetrieben. Die Uneinigkeit der NATO-Mitgliedstaaten bezüglich der Rolle der NRF in Militäroperationen sowie Finanzierungsprobleme führten jedoch dazu, dass die Mitgliedstaaten nicht ausreichend Truppen einmeldeten und die NRF an Glaubwürdigkeit einbüßte.

Die tatsächlichen Einsätze der NRF blieben denn auch überschaubar (Fiorenza 2022: 19): Vor 2022 wurde die NRF für Unterstützungsmaßnahmen etwa bei den Olympischen Sommerspielen 2004 in Athen, bei den afghanischen Präsidentschaftswahlen 2004, im Rahmen der Katastrophenhilfe infolge des Hurrikans „Katrina" in den Vereinigten Staaten 2005 sowie 2005 und 2006 bei der Katastrophenhilfe nach

---

103 Die Gründung der NRF ist auch im Zusammenhang mit der Debatte um die Lastenteilung zwischen den Alliierten zu sehen, die ebenfalls auf dem Prager Gipfel adressiert wurde. Einen Überblick der Lastenteilungsproblematik gibt Hartley (2020).
104 Ringsmose (2009) stellt in einer Fallstudie zur NRF jedoch dar, die Truppengestellung für die NRF durch die NATO-Mitgliedstaaten sei derart unzuverlässig gewesen, dass nur kurze Zeit nach Erklärung der Einsatzbereitschaft diese de facto nicht gegeben war.
105 Einige Jahre später kommen Ringsmose und Rynning (2017) zu keinem anderen Ergebnis.

einem großen Erdbeben in Pakistan eingesetzt. Sie wurde im August 2021 aktiviert, um nach der Machtübernahme der Taliban Evakuierungen aus Afghanistan durchzuführen. Als Reaktion auf Russlands Einmarsch in die Ukraine im Februar 2022 versetzte die NATO die NRF in hohe Bereitschaft. Teile der NRF wurden ins östliche Bündnisgebiet verlegt.

Bei der Gründung der NRF lag der Aufgabenfokus auf der Generierung von einsatzfähigen Streitkräften für eine Allianz, die zum einen kurz vor einer Erweiterung ihres Mitgliederkreises stand und zum anderen in einer Reihe von Krisenmanagementoperationen engagiert war. „Die NRF," so der britische Admiral Ian Garnett, zum damaligen Zeitpunkt Chief of Staff bei SHAPE, „wird als Katalysator für die Entwicklung kollektiver Fähigkeiten fungieren, sie wird dem Bündnis eine Expeditionsfähigkeit verleihen, als Motor für die Transformation innerhalb der NATO und zu gegebener Zeit auch bei unseren NATO-Partnern im Rahmen des Programms Partnerschaft für den Frieden auftreten" (Garnett 2004: 156).[106] Durch die rotierende Teilnahme an der NRF wurden unzählige Truppenteile der Streitkräfte europäischer Staaten nach NATO-Vorgaben zertifiziert, was zu deren Modernisierung beitrug.

Seit 2014 übernahm die NRF Aufgaben bei der Verteidigung des Bündnisgebiets (Ringsmose/Rynning 2017: 447). Als Reaktion auf die militärische Aggression Russlands gegen die Ukraine beschlossen die Staats- und Regierungschefs der NATO auf dem Gipfel von Wales 2014, die Sichtbarkeit ihrer Truppen durch multinationale Übungen im Bündnisgebiet unter Beteiligung der NRF zu erhöhen. Die Stärke der NRF wurde von 20.000 auf 40.000 Soldatinnen und Soldaten aufgestockt. Zudem wurde vereinbart, innerhalb der NRF eine 5.000 bis 8.000 Soldatinnen und Soldaten umfassende schnelle Eingreiftruppe sowie schnell verlegbare See-, Luftstreit- und Spezialeinheiten, die Very High Readiness Joint Task Force (VJTF), einzurichten. Die VJTF musste innerhalb weniger Tage in ein Einsatzgebiet an den Grenzen der NATO verlegen können. Wie die Zusammensetzung der NRF wechselte auch die Zusammensetzung der VJTF jährlich (Häußermann 2016b: 56). Für die teilnehmenden Streitkräfte bedeutete das eine Bindung für drei Jahre, denn der sogenannten Stand-by-Phase im Einsatzjahr geht eine Stand-up-Phase im Jahr zuvor voraus. Es folgte eine Stand-down-Phase im Jahr nach der Bereitschaftsphase (Strijker 2019). Vom 1. Januar 2018 bis zum 31. Dezember 2020 führte beispielsweise die Panzerlehrbrigade 9 den Landanteil VJTF (L) 2019. Neben der Bundeswehr waren Truppenteile aus Norwegen, den Niederlanden, Frankreich, Belgien, Tschechien, Lettland, Litauen und Luxemburg an der VJTF (L) 2019 beteiligt (Strijker 2019). Im Jahr 2023 führte die Panzergrenadierbrigade 37 den Leitverband für die VJTF

---

106 Siehe auch King (2005: 332).

(Langenegger 2023; Di Leo 2022). Der deutsche Kommandeur wurde durch einen norwegischen und einen niederländischen Stellvertreter unterstützt.[107] Nur einen Tag nach Beginn des russischen Angriffskriegs gegen die Ukraine im Februar 2022 beschlossen die Staats- und Regierungschefs der NATO, die VJTF erstmals seit ihrem Bestehen zu mobilisieren. Französische und belgische Einheiten – das französische Rapid Reaction Corps führte 2022 die NRF – verlegten nach Rumänien (Fiorenza 2022).

Auf dem NATO-Gipfel in Madrid 2022 beschlossen die NATO-Mitglieder die Aufstellung des New Force Model, einer mit geplanten 300.000 Truppen neuen und viel größeren Eingreiftruppe als die NRF. Die NRF wird im NFM aufgehen.[108]

Die Combined Joint CBRN Defence Task Force mit dem CBRN Defence Battalion
Am 1. Dezember 2003 wurde in Liberec in Tschechien das multinationale CBRN Defence Battalion der NATO aufgestellt. Es soll eine schnell einsetzbare Verteidigungsfähigkeit gegen chemische, biologische, radiologische und nukleare Gefahren herstellen. Tschechien verfügte bereits über eine besondere Expertise auf dem Gebiet der CBRN-Verteidigung, da während des Ost-West-Konflikts der Einsatz von nuklearen und chemischen Waffen auf dem Gebiet der heutigen Tschechischen Republik erwartet wurde (Lane 2004).

Die Aufstellung war Ergebnis einer Vereinbarung der NATO-Mitgliedstaaten aus dem Jahr 2002, bündniseigene Fähigkeiten gegen den Einsatz von Massenvernichtungswaffen bereitzuhalten. Seit 2004 ist das Bataillon in das Rotationssystem der NATO Response Force aufgenommen. Im Durchschnitt sind zwischen acht und zehn Länder für die Dauer einer zwölfmonatigen Rotation am Bataillon beteiligt. Dabei verbleiben die Soldaten und Soldatinnen, wie bei der NATO Response Force üblich, in ihren Heimatländern und kommen zu gemeinsamen Übungen und im Einsatzfall zusammen. Bis 2020 hatten zwanzig NATO-Mitglieder Truppen für das Bataillon gestellt. Acht von ihnen hatten bis zu diesem Zeitpunkt bereits die Führung des Bataillons übernommen.

Gemeinsam mit dem CBRN Joint Assessment Team (CBRN-JAT) bildet das CBRN Defence Battalion die Combined Joint CBRN Defence Task Force (CJ-CBRND-TF) der NATO. Als Teil der NATO-Streitkräftestruktur untersteht sie dem NATO-Oberbefehlshaber. Nach Beginn des russischen Angriffskriegs gegen die Ukraine im Februar 2022 wurde das CBRN Defence Battalion in höchste Bereitschaft versetzt (Mahshie 2022).

---

107 Kommunikation mit Panzergrenadierbrigade 37 am 10.1.2023.
108 Tiefergehende Informationen lagen bei der Fertigstellung des Manuskripts nicht vor.

Die EU-Battlegroups und die EU Rapid Deployment Capacity

Die EU-Battlegroups sind multinationale Gefechtsverbände mit einer Stärke von rund 1.500 Soldatinnen und Soldaten in erhöhter Einsatzbereitschaft, die zügig – zehn Tage nach einer entsprechenden EU-Ratsentscheidung – in Krisensituationen eingesetzt werden können. Sie bestehen aus einem verstärkten Infanteriebataillon, das durch zusätzliche Kräfte aus den Bereichen Kampfunterstützung, Logistik und Sanitätswesen verstärkt werden kann. Hinzu kommt ein Hauptquartier als taktische und operative Führungsebene. Darüber hinaus werden Luft- und Seestreitkräfte als Unterstützung hinzugezogen, falls diese benötigt werden.

Die EU-Battlegroups setzen die European Headline Goals, die Zielvorgaben für die militärischen Fähigkeiten der EU, aus den Jahren 1999 und 2004 um (European External Action Service 2013).

Die konkrete Ausgestaltung der Planungsvorgaben wurde im Juni 2004 durch den Rat der Europäischen Union beschlossen. Diese Entscheidung beruhte unter anderem auf den Erfahrungen aus der französisch geführten EU-Mission Artemis im Kongo 2003. Bis zur Einsatzbereitschaft der Soldatinnen und Soldaten vergingen mehrere Wochen – zu viel Zeit, um in einem schnell eskalierenden Konflikt wirksam schlichten zu können.

Seit 2007 sind die EU-Battlegroups einsatzbereit. Alle sechs Monate werden zwei EU-Battlegroups in Bereitschaft versetzt; sie können im Einsatzfall zeitnah aktiviert werden.[109] Jede von ihnen wird von zwei oder mehr EU-Mitgliedstaaten aufgestellt. Auch Nicht-EU-Mitglieder können sich beteiligen, in der Vergangenheit war das zum Beispiel die Ukraine (Lindstrom 2007; Mölling 2007). Die Verbände, die eine EU-Battlegroup bilden, verbleiben grundsätzlich in ihren Heimatländern, bis sie aktiviert werden.

Die praktische Umsetzung des Konzeptes erfolgt auf zwei Wegen. Zum einen melden die EU-Mitgliedstaaten bereits bestehende multinationale Verbände als EU-Battlegroups an. Das war beispielsweise bei der Multinational Land Force, dem militärischen Kooperationsprojekt von Italien, Slowenien und Ungarn, der Fall. Zum anderen setzen die EU-Mitgliedstaaten Battlegroups ad hoc zusammen. Einige dieser ursprünglichen Ad-hoc-Formationen wurden in den Folgejahren erneut eingesetzt, etwa die Nordic Battlegroup, die in wechselnden Formationen von Schweden, Estland, Lettland, Litauen, Finnland, Irland sowie Norwegen gestellt wird und in den Jahren 2008, 2011 und 2015 aktiv war.

Die Zusagen, eine Battlegroup zu stellen, leisten die EU-Mitgliedstaaten im Voraus, wobei der Meldehorizont circa sechs Jahre beträgt (European External

---

109 Einblicke in die Gestellung einer EU-Battlegroup unter deutscher Führung im Jahr 2020 geben Forkert (2020) und Fucsku et al. (2020).

Action Service 2019a). Die Zusagen für künftige Battlegroups werden mit größerem zeitlichem Vorlauf spärlicher, denn sie bedeuten einen erheblichen Aufwand für die nationalen Streitkräfte, da die stehenden Verbände formal dauerhaft bereitgehalten werden müssen und dann für andere Aufgaben nicht oder nur eingeschränkt zur Verfügung stehen. Der Austritt des Vereinigten Königreichs aus der EU im Jahr 2020 erschwert das Schließen der Meldelücken.

Mit den Battlegroups stehen der EU regelmäßig zwei multinationale Brigaden für Einsätze zur Verfügung. Allerdings wurden sie noch nicht eingesetzt, auch wenn EU-Mitgliedstaaten die Aktivierung in verschiedenen Situationen – so 2011 in Libyen zur Evakuierung europäischer Staatsbürgerinnen und Staatsbürger – gefordert hatten (Marchi Balossi-Restelli 2011; Meyer et al. 2022: 6). Die Gründe dafür reichen von den unterschiedlichen strategischen Interessen über Finanzierungsprobleme bis hin zur fehlenden Nachfrage für einen EU-Einsatz (Nováky 2015; Reykers 2016, 2017). Letzteres hängt unter anderem mit hohen nationalen Hürden zusammen: Da der Einsatz einer EU-Battlegroup nationalen Vorbehalten unterliegt, müsste eine Aktivierung, je nach verfassungsrechtlichen Vorgaben, gegebenenfalls durch die nationalen Parlamente der beteiligten Staaten legitimiert werden.

Infolge der dramatischen Situation beim Abzug der NATO-Truppen aus Afghanistan Ende August 2021 kam es angesichts der offensichtlichen Schwierigkeiten, diese schnelle Eingreiftruppe im Notfall zu aktivieren, in der EU erneut zu einer Diskussion um den Nutzen der EU-Battlegroups.[110] Im Strategic Compass (SC) der EU aus dem Frühjahr 2022, einem sicherheitspolitischem Strategiepapier, haben die EU-Mitgliedstaaten bis 2025 die Weiterentwicklung der EU-Battlegroups in eine EU Rapid Deployment Capacity (EU RDC) angekündigt (Council of the European Union 2022).[111] Zwei Battlegroups sollen dann innerhalb der RDC zusammenarbeiten. Zusätzlich werden Unterstützungskräfte der Luft- und Seestreitkräfte – sogenannte *strategic enablers* – hinzugefügt, sodass insgesamt 5.000 Soldaten und Soldatinnen die RDC bilden (Meyer et al. 2022). Neben dem Aufbau der RDC werden flexiblere politische Lösungen diskutiert, die politischen Hürden für den Einsatz der RDC zu senken, indem beispielsweise willige Staaten die RDC aktivieren, ohne dass andere Staaten dieses Vorhaben mit einem Veto blockieren können (Scazzieri 2022).

---

110 Es wurde die Einrichtung einer schnellen Reaktionstruppe der EU gefordert, nunmehr mit der Idee der Aufstellung einer „first entry force" (Biscop 2021).
111 Die Verabschiedung des Strategischen Kompasses geht auf eine Initiative des Hohen Vertreters der EU für Außen- und Sicherheitspolitik, Joseph Borell, vom November 2021 zurück.

Multinational Air Group

Deutschland stellt im Rahmen der NATO-Beistandsinitiative von 2018 bis zum Jahr 2026 eine Multinational Air Group (MAG) auf, in der es als Rahmennation fungiert (Glatz/Zapfe 2017: 2). Die MAG besteht aus Flugzeugen, Unterstützungs-, Kommando- und Kontrollelementen und soll im Krisenfall zur dezentralen Luftkriegführung in einem ihr zugewiesenen Operationsraum befähigt sein. Beteiligte Truppen verbleiben an ihren Heimatstandorten. Sie kommen aber regelmäßig für Übungen, „MAGDAYs" genannt, zusammen. Die MAG ist ein Kooperationsprojekt, das im Rahmen des Framework Nations Concept (FNC, siehe auch 6.1.2) betrieben wird, um einen Beitrag zur Aufstellung von *larger formations*, also größerer Truppenkörper in der NATO, zu leisten.[112]

Combined Joint Expeditionary Force

2010 vereinbarten Frankreich und das Vereinigte Königreich im UK-France Defence Cooperation Treaty eine umfangreiche verteidigungspolitische Zusammenarbeit (Gagnon 2020; Ricketts 2020). Neben Kooperationsvorhaben in den Bereichen Rüstung und Fähigkeitsentwicklung sieht die Vereinbarung auch den Aufbau einer schnellen Eingreiftruppe vor. Diese Combined Joint Expeditionary Force (CJEF) besteht aus jeweils bis zu 5.000 Soldatinnen und Soldaten aus den beiden Staaten, die jedoch nur im Rahmen von Übungen und Einsätzen gemeinsam geführt werden und ansonsten unter nationaler Führung verbleiben. Seit 2020 ist die CJEF einsatzbereit.

---

112 16 NATO-Mitglieder haben sich am Rande des Warschau-Gipfels darauf geeinigt, im Rahmen des Framework Nations Concept einsatzbereite und interoperable, als larger formations bezeichnete Truppenkörper zu aufzustellen (Badia 2020; Glatz/Zapfe 2017; NATO 2016c; siehe auch Badia 2020: 44). 2018 wurde die NATO-Bereitschaftsinitiative (NATO Readiness Initiative) ins Leben gerufen mit dem Ziel, die Bereitschaft bestehender nationaler Streitkräfte und ihre Einsatzfähigkeit im Rahmen der Bündnisverteidigung zu verbessern (NATO 2018f). NATO-Mitgliedstaaten vereinbarten, 30 mechanisierte Bataillone, 30 Luftgeschwader und 30 Kriegsschiffe als nicht permanente larger formations zu organisieren (siehe Gipfelerklärung von Brüssel, 11./12.7.2018). Die Verbände sollen interoperabel und beübt sein und im Konfliktfall der NATO zur Verfügung stehen. Im Jahr 2018 waren mittlerweile 21 Staaten am Larger-Formations-Konzept beteiligt: Belgien, Bulgarien, Kroatien, Tschechische Republik, Dänemark, Estland, Deutschland, Ungarn, Lettland, Litauen, Luxemburg, Niederlande, Norwegen, Polen, Rumänien, Slowakei, Slowenien, Österreich, Finnland, Schweden und die Schweiz (Badia 2019: 42). Watling und MacFarland (2021: 30) vermuten jedoch, dass die Ankündigung lediglich eine politische war, da eine umfassende militärische Umsetzung bisher nicht erfolgte.

UK Joint Expeditionary Force

Im Jahr 2018 ist die UK Joint Expeditionary Force (JEF) einsatzbereit erklärt worden. Bei der JEF handelt es sich um ein Projekt des Vereinigten Königreichs im Rahmen des Framework Nations Concept der NATO (Glatz/Zapfe 2017; Heier 2019; Saxi 2017, 2018). Die JEF ist kein stehender Verband, sondern ein Streitkräfte-Pool, aus dem multinationale Truppen für Einsätze in hochintensiven Operationen bereitgestellt werden können. Das Vereinigte Königreich fungiert als Rahmennation. Der britische Kern kann mit niederländischen, dänischen, estnischen, finnischen, lettischen, litauischen, norwegischen und schwedischen Verbänden verstärkt werden.

5.2.4 Nationale Formate mit multinationalem Charakter

Von multinationalen Strukturen spricht man auch dann, wenn im nationalen Rahmen Truppenteile eines anderen Staates unterstellt oder eine größere Zahl von ausländischen Soldatinnen und Soldaten in nationale Kommandos eingebunden werden. Im Gegensatz zu den bereits vorgestellten multinationalen Formaten entstehen in solchen Fällen keine neuartigen multinationalen Truppenkörper oder Kommandos. Stattdessen werden bestehende nationale Formate mit multinationalen Anteilen versehen. In ihren rechtlichen Verantwortlichkeiten bleiben sie jedoch weiterhin national.

Unterstellungen

Bereits in den frühen 1990er Jahren haben einige europäische Staaten nationale militärische Truppenkörper der Führung einer anderen Nation unterstellt. So wurde durch eine Vereinbarung im Dezember 1994 die Danish International Mechanized Brigade der 1st United Kingdom Armoured Division unterstellt. Die Italian Ariete Mechanized Brigade wurde der 3rd United Kingdom Division und die Portuguese Independent Airborne Brigade der 3rd Italian Divsion zugeordnet (Durell-Young 1997: 32–35). Die Qualität dieser Unterstellungen hat sich durchaus unterschieden. War die Danish International Mechanized Brigade der 1st United Kingdom Armoured Division lediglich auf dem Papier zugeordnet, nahmen in den beiden anderen genannten Verflechtungsbeziehungen die zugeteilten Truppenkörper an Übungen der Divisionen teil und entsandten Verbindungsoffiziere (ebd.).

Ein Beispiel für eine vertiefte gegenseitige Unterstellung ist die enge Kooperation der deutschen und niederländischen Streitkräfte. Im Jahr 2004 erfolgte die Integration der niederländischen 11. Luftbeweglichen Brigade in die damalige Division Spezielle Operationen der Bundeswehr (seit 2014 Division Schnelle Kräfte). 2016 wurde die niederländische 43. Mechanisierte Brigade mit ihren rund 3.000

Soldatinnen und Soldaten in die 1. Panzerdivision der Bundeswehr eingegliedert (siehe Abbildung 15). Gleichzeitig wurde das deutsche Panzerbataillon 414, in dem auch niederländische Kräfte dienen, dieser niederländischen Brigade unterstellt (Ruppelt 2022). Seit April 2023 wird die niederländische 13. Leichte Brigade in die deutsche 10. Panzerdivision integriert. Im Herbst 2022 haben die Landstreitkräfte beider Staaten eine „Tiefenintegration" und somit eine noch engere Kooperation beschlossen (Müller 2022).

In der deutschen Luftwaffe dienen Soldatinnen und Soldaten der deutschen Flugabwehrraketengruppe 61 im niederländischen Flugabwehrkommando. In der Marine ist geplant, das deutsche Seebataillon, das aus Marineschutzkräften, Minentauchern und Boarding-Soldaten besteht, in die niederländische Königliche Marine zu integrieren (Krause 2019: 30). Zudem soll ein niederländisches Joint Support Ship gemeinsam genutzt werden. Die Verzahnung der deutschen und niederländischen Verbände ist, nach Aussage des deutschen Kommandeurs der Einsatzflottille 1, Flottillenadmiral Christian Bock, im Jahr 2021 in vollem Gange (Mergener/Bock 2020).

Auch Deutschland und Polen haben seit 2014 Schritte unternommen, sich künftig Heeresverbände gegenseitig zu unterstellen. Es ist geplant, das deutsche Panzergrenadierbataillon 411 durch die polnische 34. Panzer-Kavalleriebrigade führen zu lassen. Gleichzeitig soll der deutschen Panzergrenadierbrigade 41 ein polnisches Panzerbataillon unterstellt werden (Müller 2018; BT 2018d).

Zwischen Tschechien und der Bundesrepublik Deutschland wurde 2017 ein Letter of Intent unterzeichnet, um die tschechische 4. Schnelle Einsatzbrigade künftig der deutschen 10. Panzerdivision zu unterstellen.

Im Jahr 2018 haben das Vereinigte Königreich und Deutschland eine Absichtserklärung für eine engere militärische Zusammenarbeit unterschrieben (Fiorenza 2018). Das vorgesehene Ziel, ein gemeinsames Schwimmbrückenbataillon, wurde im Herbst 2021 mit der Aufstellung des Deutsch/Britischen Pionierbrückenbataillons 130 (DEU/GBR PiBrBtl 130) erreicht (Kissel 2021). Zudem wird eine enge Verzahnung der deutschen und britischen Eurofighter-Flotten vorangetrieben.

Nationale Formate mit multinationaler Beteiligung

Neben einseitigen oder gegenseitigen Unterstellungen von Truppenkörpern existieren auch nationale Formate mit multinationaler Beteiligung von Militärpersonal. Ein Beispiel hierfür ist das Multinationale Kommando Operative Führung/Multinational Joint Headquarters in Ulm, das 2013 aufgestellt wurde. Es ist eine Dienststelle der Bundeswehr (Sadlowski 2020: 412 f.). Neben Deutschland als Rahmennation arbeiten im Kommando Soldatinnen und Soldaten aus Bulgarien, Italien, Kroatien, Luxemburg, Österreich, Polen, Rumänien, Slowenien, Tschechien, Ungarn und den

Abbildung 15: Gliederung der 1. Panzerdivision

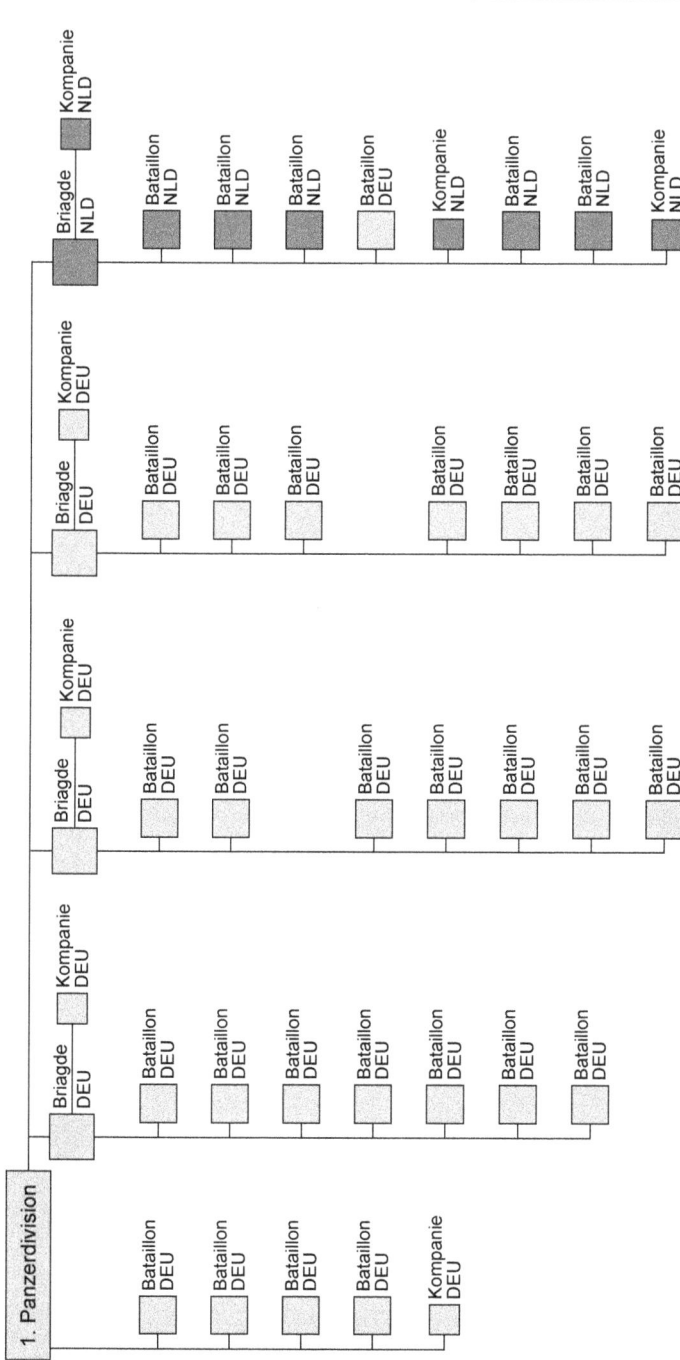

Quelle: Vereinfachte Darstellung Ina Kraft unter Mitarbeit von Catharina Gottschalk, basierend auf Kommunikation mit 1. Panzerdivision vom 27.7.2021.

©ZMSBw
09618-01

USA. Das Kommando steht sowohl der EU als auch der NATO für die Planung und Führung von humanitären und friedenssichernden Einsätzen sowie Kampfeinsätzen zu Verfügung (Ruiz Palmer 2016). Es kann auf strategisch-operativer Ebene als festes Operations Headquarters in Deutschland oder mit einem mobilen Gefechtsstand im Einsatzland als Force Headquarters eingesetzt werden (Knappe et al. 2021). Darüber hinaus ist das Kommando verantwortlich für die Koordination aller streitkräftegemeinsamen und multinationalen Übungen der Bundeswehr (Sadlowski 2020: 412).

In der Deutschen Marine, um ein anderes Beispiel für ein nationales Format mit multinationaler Beteiligung zu nennen, wird seit 2019 mit dem German Maritime Forces Staff (DEU MARFOR) ein nationaler Stab mit multinationalem Anteil aufgestellt (Clement 2021; Stockfisch 2019b).[113] Das Ziel der Aufstellung ist, bis 2023 ein Baltic Maritime Component Command (BMCC) zur Durchführung maritimer Operationen im Ostseeraum zu etablieren (Lange et al. 2019; Swistek 2020). Ein Viertel der etwa 100 Dienstposten soll dann multinational besetzt werden. Wie schon die Multinational Air Group ist DEU MARCOM ein Beitrag zum Konzept der *larger formations* im Rahmen der NATO.

Die Multinational Air Transport Unit (MNAU) ist ein Beispiel für ein nationales Format mit multinationaler Beteiligung, das letztlich nicht erfolgreich war. Der seit 2019 im Aufbau befindliche deutsche Lufttransportverband sollte von Lechfeld aus operieren. Hintergrund der Aufstellung dieses Verbands war die Absicht, den vertraglich festgelegten Kauf von 53 Flugzeugen des Typs A400M durch Deutschland um 13 Maschinen zu reduzieren (Schulz 2019). Diese 13 „überzähligen" Maschinen sollten anderen Nationen im Rahmen des Framework Nations Concept (FNC, siehe auch Kapitel 6.1.2) zur Verfügung gestellt werden.[114] Ungarn hatte sich zwar früh an dem Projekt beteiligt (Becker 2019; Gerhartz et al. 2021). Andere Nationen hatten an einer Beteiligung jedoch kein Interesse gezeigt, weswegen das Vorhaben Mitte 2022 auf Eis gelegt wurde.[115]

5.3 Schlussbetrachtungen

Institutionalisierte Streitkräftezusammenarbeit, das hat dieses Kapitel gezeigt, ist keineswegs ein neuartiges Phänomen. Militärische Multinationalität fand in

---

[113] Hintergrundgespräche im Marinekommando Rostock, 29.7.2020.

[114] Siehe auch Dorschner (2017: 40).

[115] Antwort der Parlamentarischen Staatssekretärin Siemtje Möller vom 31. August 2022 auf die schriftliche Frage des Abgeordneten Hansjörg Durz, Deutscher Bundestag, Drucksache 20/3225.

Europa schon zu Zeiten des Ost-West-Konflikts und insbesondere im Rahmen der NATO statt. Hier war das Prinzip Multinationalität vor allem in der integrierten Kommandostruktur anzutreffen. Seit 1990 ist die Zahl der militärischen Kooperationsstrukturen in Europa enorm angestiegen. Zudem haben sich die Formen der militärischen Kooperation ausdifferenziert. Neben die NATO-Kommandostruktur sind die Planungs- und Führungsstrukturen der EU getreten. Zahlreiche multinationale Truppenkörper wurden auf verschiedenen militärischen Gliederungsebenen gebildet. Hinzu kamen weitere Kooperationsstrukturen wie gegenseitige Unterstellungen oder multinationale Anteile in multinationalen Verbänden.

Insbesondere die See- und Luftstreitkräfte der europäischen Staaten waren aufgrund ihrer technischen und operativen Besonderheiten schon früh interoperabel und teilweise multinational organisiert. Als Beispiele seien die permanenten Marine-Einsatzverbände der NATO und die NATO Airborne Early Warning & Control Force genannt, die bereits vor 1990 das multinationale Gesicht der NATO prägten. Im Bereich der Luftstreitkräfte sind seit den 2000er Jahren vielfältige Lufttransport- und Aufklärungsformationen entstanden.

Bedeutsam ist vor allem die Entwicklung der multinationalen Truppenkörper in den Landstreitkräften seit 1990, ist doch das Heer traditionell jene Teilstreitkraft, in der für klassische Verteidigungsaufgaben der geringste Druck zur multinationalen Zusammenarbeit bestanden hatte und deren Charakter stärker als jene der See- und Luftstreitkräfte durch nationale Sprache, nationale Militärkultur sowie nationale oder gar regionale Symbolik geprägt war. Die Zahl multinationaler Landformationen in Europa hat sich von drei im Jahr 1990 auf 28 im Jahr 2021 fast verzehnfacht (siehe Abbildung 16).[116]

Zwischen 1990 und 2005 wuchs die Zahl der Truppenkörper in den Landstreitkräften auf 23 an. In den folgenden Jahren nahm diese Zahl aufgrund von Auflösungen wieder ab, sodass 2013 in Europa 17 derartige multinationale Truppenkörper existierten. Zwischen 2014 und 2021 kam es zu zehn weiteren Neugründungen multinationaler Truppenkörper.[117]

---

116 Betrachtet werden AMF, LANDJUT, FRA-GER Brig, ARRC, V US/GE, II GE/US, Eurocorps, MND (Central), BALTBAT, 1 (G/NL) Corps, SHIRBRIG, SIAF, LITPOLBAT, POLUKRBAT, MLF, SEEBRIG, MNC NE, ROU-HUN PK Bat, NRDC ESP, NRDC TUR, NRDC ITA, CZESLOPOLBRIG, TISA MN Eng Bat, NRDC GRC, EUROGENDFOR, NRDC FRA, LITPOLUKRBRIG, MND-SE, MNB-SE, eFP BG POL, eFP BG LIT, eFP BG LAT, eFP BG EST, MND-NE, MND-N, MND-C, MNC-SE. Reine Unterstützungseinheiten (z.B. die NFIUs oder die CSBs), nicht permanente Einheiten (z.B. EU-Battlegroups) und Einheiten der See- und Luftstreitkräfte (z.B. die NSNF oder die NAGSF) wurden nicht berücksichtigt.
117 Durch die Aufstellung weiterer eFP-Battlegroups im Jahr 2022 lag die Zahl zum Jahreswechsel 2022/2023 bei 31.

Abbildung 16: Anzahl multinationaler Truppenkörper in den Landstreitkräften in Europa (Stand 2021)

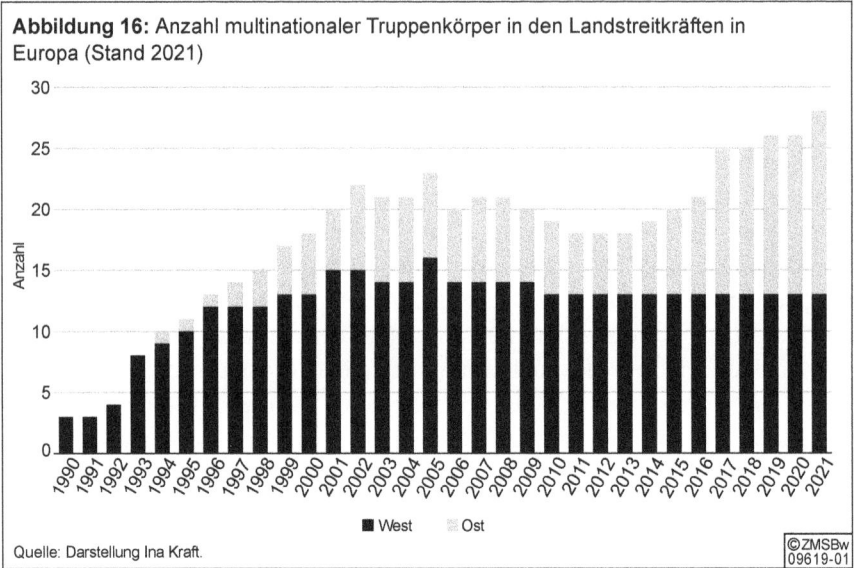

Quelle: Darstellung Ina Kraft.

©ZMSBw
09619-01

Damit ergeben sich faktisch drei Phasen der Aufstellung multinationaler Verbände in Europa: Phase 1 von 1990 bis 2004, Phase 2 von 2005 bis 2013 sowie Phase 3 seit 2014. Legt man die jeweilige politische Situation und strategisch-operative Lage in Europa gleichsam als Folien über die drei Phasen, so lassen sich begründete Aussagen über die möglichen Motive der Aufstellung und Beibehaltung multinationaler Kooperationsstrukturen durch die europäischen Staaten treffen.

Tabelle 4: Phasen der Aufstellung multinationaler Truppenkörper in den Landstreitkräften seit 1990

Zeitraum	Neuaufstellungen/ Auflösungen	Bestimmende politische und strategische Faktoren
Phase 1 1990–2004	21/3	Ende Ost-West-Konflikt, europaweite Streitkräftereduzierung NATO-Osterweiterung Konflikte auf dem Balkan Einsatz in Afghanistan
Phase 2 2005–2013	3/6	Einsatz in Afghanistan
Phase 3 seit 2014	11/0	Aggressives Vorgehen Russlands in der Ukraine Rückbesinnung der NATO auf territoriale Bündnisverteidigung

Quelle: Darstellung Ina Kraft.

Die erste Phase zwischen 1990 und 2004 war geprägt vom Ende des Ost-West-Konflikts und der darauffolgenden europaweiten Streitkräftereduzierung. Wie auf dem Gipfel von London durch die Staats- und Regierungschefs verkündet, sollte sich die NATO künftig auf multinationale Korps stützen; die meisten der NATO Rapid Deployable Corps wurden in dieser Phase aufgestellt. Multinationale Korpsstrukturen waren eine Antwort auf die absehbare Verkleinerung der NATO-Kommandostruktur sowie auf die Truppenabzüge der Alliierten aus Europa (Deni 2007: 34–36). Die NATO-Osterweiterung war ein zweites Momentum für die Entwicklung multinationaler Strukturen, boten doch multinationale Verbände eine Möglichkeit der militärfachlichen Zusammenarbeit von Ost und West. In ihnen konnten die Streitkräfte der osteuropäischen Staaten, die einen Beitritt zur NATO anstrebten, NATO-Verfahren und -Standards während der gemeinsamen Arbeit in einem Verband einüben.

In der zweiten Phase zwischen 2005 und 2013 gab es im Bereich multinationaler Strukturen nur eine geringe Dynamik. Es kam zu drei Neugründungen, aber auch zu sechs Auflösungen. Diese zweite Phase markierte zum einen das Ende der Vorbereitungen zur NATO-Osterweiterung, bei der eine ganze Reihe ost- und mitteleuropäischer Staaten dem Bündnis beitrat. Die diversen, häufig über lange Zeit parallellaufenden Operationen im Irak und in Afghanistan, aber auch in anderen Weltregionen stellten hohe Anforderungen an die Streitkräfte der europäischen Staaten. Kriseneinsätze außerhalb Europas waren in dieser Zeit die bestimmende sicherheitspolitische Herausforderung. Die Verteidigung des europäischen Territoriums schien dagegen eine weniger drängende, sekundäre Aufgabe.

Das multinationale Moment fand in dieser Phase in außereuropäischen Einsatzgebieten statt, wo die europäischen Staaten in großen internationalen Militäroperationen in Afghanistan, im Irak und in Libyen kooperierten. Daher muss geschlussfolgert werden, dass der Einsatzwert permanenter multinationaler Truppenkörper auf dem europäischen Kontinent für die teilweise robusten Kampfeinsätze außerhalb des europäischen Territoriums als gering angesehen wurde.

Der starke Anstieg multinationaler Verbände im östlichen Bündnisgebiet in der dritten Phase seit 2014 ist als Reaktion der NATO auf die offene Aggressionspolitik Russlands in der Ukraine zu verstehen. Sämtliche Neugründungen multinationaler Verbände seit 2014 fanden daher im östlichen Bündnisgebiet in relativer geografischer Nähe zu Russland statt (siehe Abbildungen 16 und 17). Anders als in der Phase 1 spielt das Integrationsmotiv nur eine geringe Rolle für die Neugründungen. Die spezifische regionale Verteilung neuer multinationaler Truppenkörper ist stattdessen ein klarer Hinweis auf die militärische Abschreckung Russlands an der NATO-Grenze und das damit zusammenhängende Bekenntnis der westlichen Partner zur gemeinsamen Verteidigung, die mit der Aufstellung multinationaler Formate bezweckt wurde.

Abbildung 17: Die Aufstellung multinationaler Verbände in Europa seit 2014

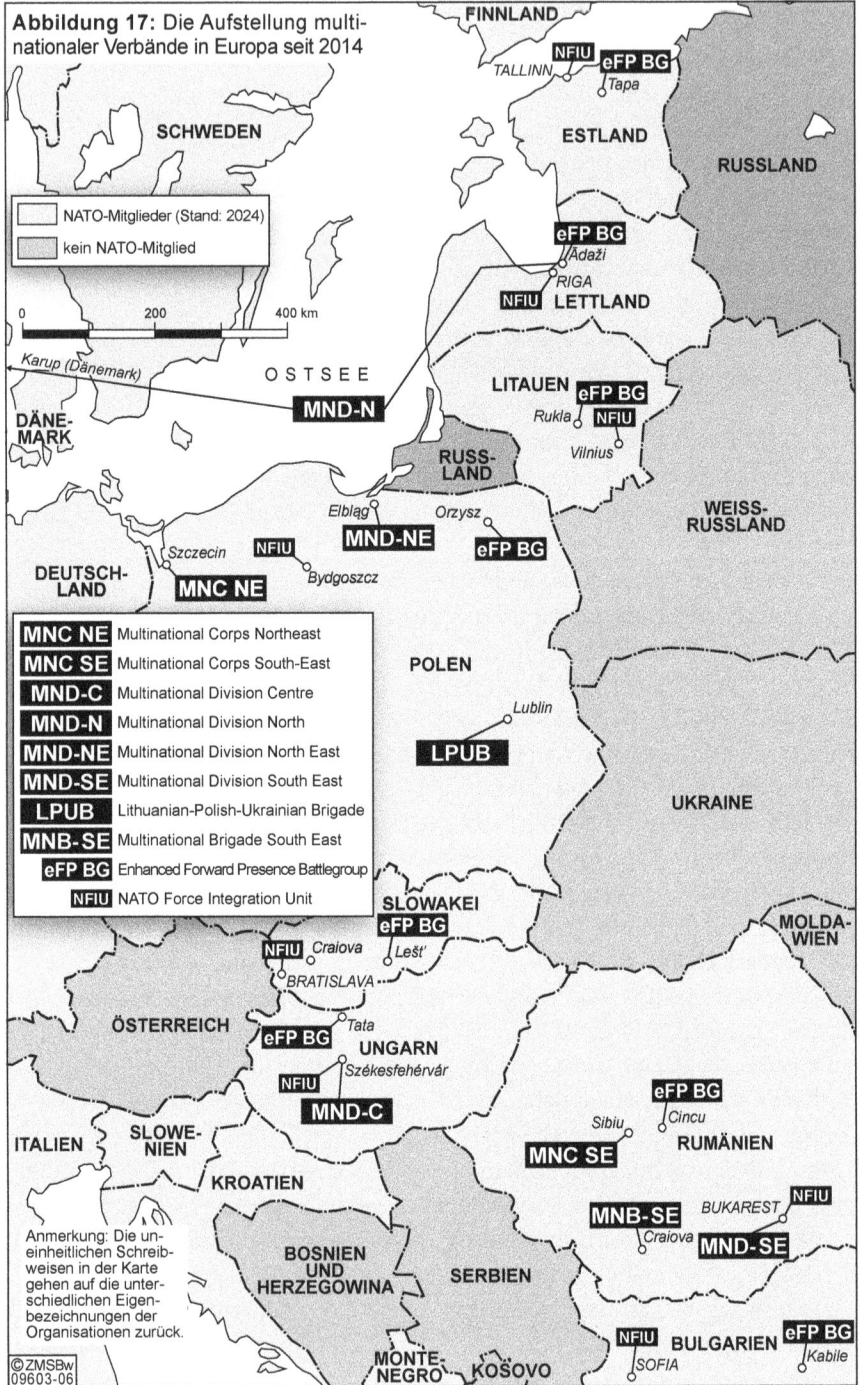

NATO-Mitglieder (Stand: 2024)	
kein NATO-Mitglied	

MNC NE	Multinational Corps Northeast
MNC SE	Multinational Corps South-East
MND-C	Multinational Division Centre
MND-N	Multinational Division North
MND-NE	Multinational Division North East
MND-SE	Multinational Division South East
LPUB	Lithuanian-Polish-Ukrainian Brigade
MNB-SE	Multinational Brigade South East
eFP BG	Enhanced Forward Presence Battlegroup
NFIU	NATO Force Integration Unit

Anmerkung: Die uneinheitlichen Schreibweisen in der Karte gehen auf die unterschiedlichen Eigenbezeichnungen der Organisationen zurück.

© ZMSBw
09603-06

Abbildung 18: Anzahl multinationaler Truppenkörper in den Landstreitkräften nach Führungsebenen (Stand 2021)

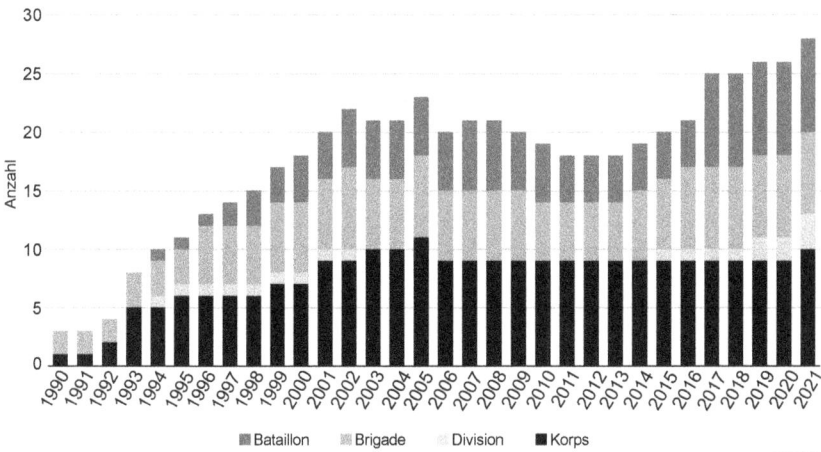

Quelle: Darstellung Ina Kraft.

©ZMSBw
09620-01

Aus organisationstheoretischer Perspektive ist zudem die Veränderung in der Stärke der neugegründeten Truppenkörper interessant (Abbildung 18). Im Zeitverlauf zeigt sich in der Phase der Krisenreaktionsoperationen außerhalb Europas eine Tendenz zu kleineren multinationalen Einheiten wie der Brigade oder dem Bataillon. Obwohl Großverbände die multinationale Truppenkörperlandschaft in Europa in dieser Phase weiterhin prägten, war ein Trend zur Aufstellung multinationaler Truppenkörper auf unteren militärischen Führungsebenen wie dem Bataillon zu verzeichnen. Zudem schienen Truppenkörper in Divisionsstärke nunmehr lediglich auf der nationalen Ebene abgebildet zu sein. Zwischen 2003 und 2015 existierte keine multinationale Division in Europa. Die Rückkehr zur Bündnisverteidigung ab 2014 hat auch hier zu einer Umkehrbewegung geführt. Seit 2015 wurden vier multinationale Divisionen in Europa aufgestellt, alle vier im östlichen Bündnisgebiet.

6 Multinationale Prozesse

Mithilfe multinationaler Prozesse entwickeln militärische Organisationen jene Fähigkeiten, die sie zur Erfüllung ihrer Aufgaben benötigen. Bereits die Festlegung, über welche Fähigkeiten Streitkräfte in Europa verfügen, wird für einen Großteil der europäischen Staaten durch multinationale Planung festgelegt. NATO und EU geben ihren Mitgliedstaaten unter Berücksichtigung ihrer Wirtschaftskraft vor, welche militärischen Fähigkeiten sie vorzuhalten und zu entwickeln haben.[1] Im Systemkonflikt zwischen Ost und West hat die NATO mithilfe zyklischer Planungsprozesse die Bereitstellung nationaler Ressourcen für die Bündnisverteidigung administriert (NATO 1989: 43 f.).[2] Seit 2009 führt die NATO ihre Verteidigungsplanung unter Anwendung des zyklischen, fünfstufigen NATO Defence Planning Process (NDPP) durch (siehe Mattelaer 2014; Müller-Seedorf 2013), der über vier Jahre läuft. Dieser wird vom Defence Policy and Planning Committee (DPPC) überwacht, einer Organisationeinheit, die im internationalen Stab der NATO angesiedelt ist. Zu Beginn legen die NATO-Verteidigungsminister und -Verteidigungsministerinnen fest, welche Aufgaben das Bündnis übernehmen soll.[3] Diese Aufgaben werden in einem zweiten Schritt in Fähigkeitsanforderungen an die Streitkräfte umgesetzt. In Schritt drei werden die Forderungen auf die einzelnen Staaten verteilt. Im vierten Schritt setzen die Staaten diese NATO-Planungsziele um. Alle zwei Jahre werden die Fortschritte in einem fünften Schritt überprüft.

In der Europäischen Union besteht mit dem Headline Goal Process ein ähnliches, aber nicht identisches Planungsinstrument.[4] Anders als im NATO-Verteidigungsplanungsprozess findet in der EU keine Formulierung von verbindlichen Fähigkeitszielen für die einzelnen Mitgliedstaaten statt. Stattdessen werden lediglich Empfehlungen an deren Streitkräfte über die vorzuhaltenden Fähigkeiten

---

1 Diese Vorgaben werden nicht immer 1:1 umgesetzt. Einige europäische Staaten erlauben den Planungsprozessen von NATO und EU nicht den Zugriff auf alle nationalen Fähigkeiten (*non-deployable forces*). Zugleich versuchen sie, nationale Forderungen über multinationale Planungen umzusetzen. Hintergrundgespräche mit BMVg Plg am 11.11.2021.

2 Damals waren die Verteidigungsrollen der NATO-Staaten in Europa fest definiert und Fähigkeitsplanung erfolgte im Rahmen der Verteidigungsplanung. Heutzutage werden Fähigkeiten generisch geplant.

3 Das derzeitige Level of Ambition umfasst die Fähigkeit zur kollektiven Verteidigung gegen einen ebenbürtigen Gegner oder zwei größere und sechs kleinere Operationen (Binnendijk/Germanovich 2018).

4 Der seit 2020 bestehende HLG-Prozess basiert auf dem Vorgänger des Capability Development Mechanism, mit dem die EU seit 2008 den künftigen Bedarf an strategischen militärischen Fähigkeiten (Capability Development Plan) erarbeitet (EDA 2018; Kepe et al. 2018).

https://doi.org/10.1515/9783111589657-006

gegeben, verbunden mit der Hoffnung, dass diese in den nationalen Verteidigungsplanungsprozessen berücksichtigt werden.

In der öffentlichen Diskussion, aber mitunter auch im wissenschaftlichen Diskurs wird unter militärischen Fähigkeiten zumeist lediglich die Ausstattung der Streitkräfte mit Waffensystemen verstanden (kritisch hierzu Biddle 2004). Die Gleichsetzung von Fähigkeiten mit Waffen greift jedoch zu kurz. Zum einen sind Kampfhandlungen nicht die einzige Aufgabe des Militärs. Als weitere Aufgabe von Streitkräften sei die Katastrophenhilfe im In- und Ausland genannt. Zum anderen berücksichtigt ein enges Verständnis von Waffensystemen als „militärische Fähigkeit" nicht, dass sie von ausgebildeten Soldatinnen und Soldaten bedient werden müssen und eine Infrastruktur benötigen, um betrieben und unterhalten zu werden. Anders ausgedrückt: Bestünde die Herstellung von Fähigkeiten lediglich darin, das Militär mit Waffensystemen auszustatten, wäre es dennoch kaum handlungsfähig, wenn es nicht zusätzlich auf ausgebildete Soldatinnen und Soldaten sowie auf eine funktionierende Infrastruktur, eine leistungsfähige Organisation und geeignete Prozesse zurückgreifen könnte.

Die Herstellung von militärischen Fähigkeiten umfasst also ein breites Spektrum an Handlungsfeldern, zumeist in den Bereichen Doktrinen, Organisation, Ausbildung, Material, Führung und Bildung, Personal, Infrastruktur sowie Politik (NATO Allied Command Transformation 2015; U.S. DoD 2003a, b). Abbildung 19 stellt idealtypisch die Bereiche dar, in denen Prozesse zur Herstellung militärischer Handlungsfähigkeit ablaufen.

Militärische Organisationen unternehmen große Anstrengungen, um dieses Spektrum zu erkennen, Fähigkeitsanforderungen zu formulieren und die benötigten Fähigkeiten zu generieren. Die Prozessbereiche finden sich in den Strukturen verschiedener Verteidigungsministerien oder den ihnen nachgeordneten Umsetzungsbereichen wieder. Demnach strukturieren militärische Organisationen einen Teil ihrer institutionellen Ressourcen derart, dass sie die benötigten Fähigkeiten generieren können, die sie zur Erfüllung ihrer Aufgaben benötigen.[5]

Dieses Kapitel untersucht, auf welche Art und Weise die Streitkräfte europäischer Staaten in ausgewählten Prozessbereichen multinational miteinander kooperieren, um ihre militärische Handlungsfähigkeit zu sichern oder zu erhöhen. Aus der Vielzahl an Prozessen wurden dafür drei für die nähere Betrachtung ausgewählt: Ausrüstung, Ausbildung und Übungen. In allen drei Bereichen fanden bereits in der frühen NATO-Geschichte Kooperationen statt. In der Ausbildung und bei Übungen hat die multinationale Verflechtung bis heute stetig zugenommen.

---

5 Auch die wissenschaftliche Analyse militärischer Prozesse greift zuweilen auf die von den Streitkräften definierten Prozessbereiche zurück (etwa Cliff 2015: 4–9).

Abbildung 19: Prozessbereiche in militärischen Organisationen

Prozesse	Handlungen
Doktrinen	Verteidigung
Organisation	Katastrophenhilfe
Ausbildung	...
Übung	CBRN-Abwehr
Ausrüstung	Sicherung eines Flugplatzes
Personal	...
Infrastruktur	
Politik	
...	
Input	Output

Quelle: Darstellung Ina Kraft.

©ZMSBw
09621-01

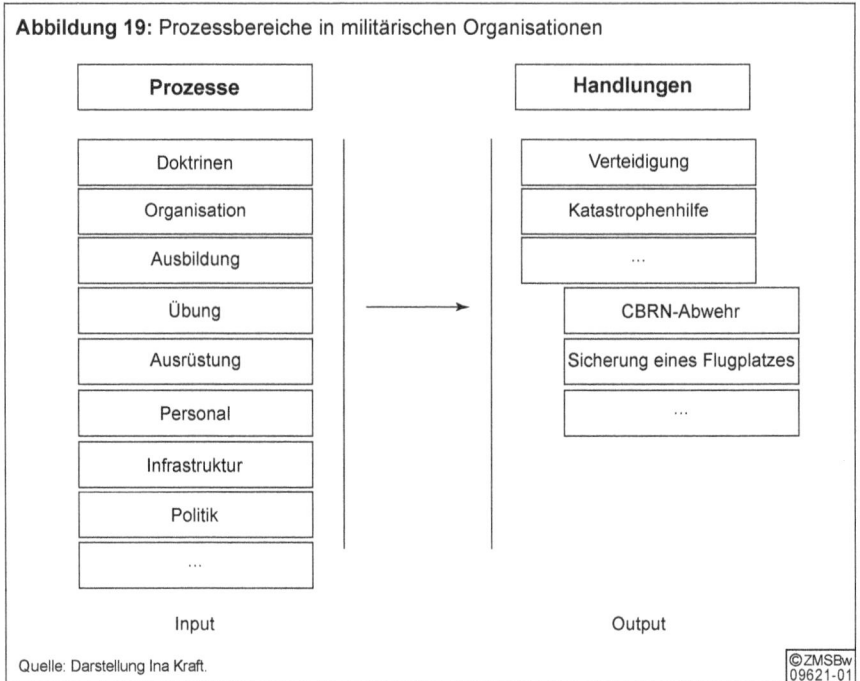

Dagegen ist der Bereich Ausrüstung zwar von einer Vielzahl an Initiativen und Kooperationsformaten geprägt, die jedoch allzu oft nicht die gewünschten Ziele erreicht haben.

6.1 Der Prozessbereich Ausrüstung

Die Bereitstellung von Rüstungsgütern ist ein Kernprozess für militärische Organisationen. Bei Rüstungsgütern handelt es sich um Kriegswaffen, etwa Kampfpanzer, und um nicht militärische Güter, die militärisch genutzt werden, wie beispielsweise Computersysteme (Kraft 2020).

Bei der Rüstungsgüterbeschaffung für die militärische Organisation tritt der Staat gegenüber der Rüstungsindustrie traditionell als Auftraggeber oder Käufer auf. Eine Besonderheit ist, dass Staaten auch Anteilseigner von Rüstungsunternehmen sein können. Zudem sind die Prozesse von Forschung und Entwicklung von Rüstungsgütern häufig staatsfinanziert, sei es durch Beteiligungen an Unternehmen oder durch den Betrieb staatseigener militärischer Forschungsinstitute oder Waffenarsenale.

Die Bereitstellung von wehrtechnischen Fähigkeiten erfolgt neuerdings nicht mehr nur über den Weg der klassischen Beschaffung, sondern ebenso über die gemeinsame Nutzung von militärischem Gerät, das entweder durch einzelne Nutzerstaaten oder eine Staatengruppe beschafft worden ist. Eine weitere Alternative zur klassischen Beschaffung ist eine militärische Arbeitsteilung, bei der Staaten bestimmte militärische Spezialfähigkeiten vorhalten und diese auch für verbündete Staaten bereitstellen.

Im Folgenden werden die multinationalen Prozesse der Bereitstellung von wehrtechnischen Fähigkeiten durch gemeinsame Beschaffung, kooperative Nutzung und Arbeitsteilung betrachtet. Während die beiden letztgenannten Möglichkeiten der Bedarfsdeckung – Nutzungskooperation und Arbeitsteilung – ihrem Wesen nach bereits multinationale Kooperationsformate sind, ist der klassische Beschaffungsprozess zu einem überwiegenden Teil national organisiert. Gleichwohl bestehen auch in diesem Bereich multinationale Verflechtungen.

6.1.1 Rüstungs- und Beschaffungskooperationen

Entwicklung, Produktion und Erwerb von Rüstungsgütern sind von einer Reihe Besonderheiten geprägt (Hartley 2020; Kraft 2020): Der Markt für Rüstungsgüter ist klein, der Staat ist für viele Güter der einzige Nutzer. Zugleich handelt es sich bei vielen Gütern – zu denken sei an Kampfflugzeuge oder U-Boote – um spezielle, anspruchsvolle Technologien. Diese Mischung aus einem kleinen Absatzmarkt mit geringen Stückzahlen bei hohem technologischem Forschungs- und Entwicklungsaufwand führt zu erheblichen Kosten für militärisches Gerät. Hinzu kommt, dass viele Staaten aus sicherheitspolitischen, aber auch aus industrie- und arbeitspolitischen Gründen Rüstungsgüter aus heimischer Produktion bevorzugen. Dies schränkt den ohnehin nur wenig ausgeprägten Wettbewerb im Rüstungsbereich weiter ein. Die besonderen gesetzlichen und internationalen Regelungen, denen die Produktion und der Transport von militärischem Gerät sowie der Handel damit unterliegen, wirken sich ebenfalls wettbewerbsbeschränkend aus.

Diese Gemengelage führt zu teilweise gegenläufigen Interessen von Militär, Industrie und Politik. So fordert das Militär ein zahlenmäßig überschaubares, dafür aber auftragsgerecht und termingetreu ausgeliefertes Material, das in Zeiten teilstreitkräfteübergreifender und multinationaler Einsätze außerdem interoperabel sein soll. Rüstungsunternehmen müssen in einem stark reglementierten Markt mit kleinen Verkaufszahlen ihr Überleben sichern und Gewinne erzielen. Im Interesse von Regierungen liegt wiederum der Schutz der nationalen wehrtechnischen Kernfähigkeiten, der darin besteht, bestimmte Technologien national zu produzieren, um sie nicht am Weltmarkt einkaufen zu müssen, sofern sie dort überhaupt verfügbar sind.[6] Gerade für größere Staaten ist eine starke heimische Rüstungsindustrie Ausdruck eines souveränen sicherheitspolitischen Handlungsspielraums. Sie wird als Machtmittel in den internationalen Beziehungen begriffen (Kollmer 2015: 8). Hinzu kommen arbeitsmarkt- und industriepolitische Bestrebungen, öffentliche Aufträge an Firmen im eigenen Land zu vergeben, selbst dann, wenn deren Produkte weniger wettbewerbsfähig sind als andere am Weltmarkt verfügbare Lösungen. Zugleich steht die öffentliche Hand unter einem Kosten- und Rechtfertigungsdruck und Militärhaushalte konkurrieren mit anderen öffentlichen Budgets. Diese unterschiedlichen Anforderungen an Politik und Streitkräfte führen nicht selten zu einer Ambivalenz bei Ausrüstung und Beschaffung.

Seit dem Ende des Zweiten Weltkriegs und dem Beginn der europäischen Verteidigungskooperation haben die europäischen Staaten verschiedene Wege beschritten, um in dem Trilemma aus operativem Bedarf der Streitkräfte, effizienter Bereitstellung von Wehrmaterial sowie Wahrung sicherheits-, industrie- und arbeitsmarktpolitischer Souveränität zu bestehen. Eine Beschränkung auf die eigene Rüstungsproduktion war vielen europäischen Staaten in hochtechnologischen Bereichen wie dem Flugzeugbau, aber auch im Panzerbau nicht möglich. Die Beschaffung am internationalen Markt wiederum war innenpolitisch nicht erwünscht.[7] Mittelwege wurden beschritten durch den Abschluss von Standardisierungsvereinbarungen, durch die Kooperation bei der Entwicklung und Produktion einzelner Rüstungsgüter sowie durch die markt- und rüstungspolitische Steuerung nationaler Beschaffungs- und Rüstungsprozesse in Europa.

---

6 Siehe für Deutschland beispielsweise das „Strategiepapier der Bundesregierung zur Stärkung der Sicherheits- und Verteidigungsindustrie" (Deutsche Bundesregierung 2020).

7 Auch im Warschauer Pakt existierten Formen der Rüstungszusammenarbeit. Zwar kam ein bereits vor seiner Gründung auf der Moskauer Konferenz von 1951 geplanter ständiger Koordinationsausschuss für die Versorgung mit Rüstungsmaterial nicht zustande, gleichwohl vereinbarten einige künftige Paktstaaten ab 1952 bilaterale Lieferungen von Rüstungsmaterial (Germuska 2011: 108). In den 1950er Jahren waren viele mit der Sowjetunion verbündete europäische Staaten von sowjetischen Waffenlieferungen abhängig (Baev 2009). Die Sowjetunion forderte von den Mitgliedstaaten des Rats für gegenseitige Wirtschaftshilfe (RGW) den Aufbau von Schwerindustrie (Diedrich 2009: 65). Der RGW richtete 1956 eine rüstungspolitische Kommission ein. In der Folge teilten die Mitgliedstaaten des Warschauer Paktes die Produktion von Rüstungsgütern untereinander auf. Die starke Abhängigkeit von sowjetischen Waffenlieferungen und die Aufteilung der restlichen Produktion führte zu einer rüstungstechnischen „Homogenität der Paktarmeen" (Diedrich 2009: 75) und einer „fast identische[n] Bewaffnung" (Wenzke 2009: 86), die durch hohe Kosten geprägt war.

6.1.1.1 Multinationale Standardisierung durch Vorschriften

Die Streitkräfte in Europa sind mit unterschiedlichen Rüstungsgütern ausgestattet. Das führt dazu, dass ihre Waffen-, Informations- und Kommunikationssysteme oftmals inkompatibel und die Streitkräfte in gemeinsamen Einsätzen nicht immer interoperabel sind, also nur schlecht zusammenarbeiten können. Multinationale Standardisierung ist ein Weg, Waffen-, Informations- und Kommunikationssysteme anzugleichen, selbst wenn diese national produziert werden (Hartley 2020: 85).

Bereits 1951 wurde in der NATO die Military Agency for Standardization gegründet, eine Vorläuferin des seit 2014 bestehenden NATO Standardization Office (NSO) (Aksit 2011; Szenes 2015). Das NSO ist mit der Formulierung von Standardization Agreements (STANAG) beauftragt. Ein STANAG beruht auf einer Vereinbarung zwischen einigen oder allen NATO-Mitgliedstaaten und implementiert einen gemeinsamen Standard. Mittlerweile verfügt die NATO über etwa 6.000 STANAGS. Diese finden sich auf der Ebene militärischer Verfahren (beispielsweise Aufbau und Inhalt von Operationsberichten), bei der Infrastruktur (Anforderungen an Brücken) oder eben beim Rüstungsmaterial. Hersteller sind angehalten, nach den vereinbarten Vorgaben zu produzieren. Durch Standardisierungsvereinbarungen wird militärisches Gerät kompatibel und austauschbar, auch wenn es von verschiedenen Herstellern in unterschiedlichen Mitgliedstaaten hergestellt wird. Zumeist werden STANAGs jedoch nicht für militärisches Großgerät formuliert, sondern für kleine Rüstungsgüter, die, wie Munition, in großer Stückzahl gefertigt werden.

Während des Ost-West-Konflikts war die NATO weltweit führend im Bereich der militärischen Standardisierung. Seit den 1990er Jahren wird Standardisierung in der NATO jedoch nicht mehr mit Nachdruck betrieben. So wurden zwischen 2010 und 2020 weniger als 200 neue Standards entwickelt, die zudem mehrheitlich doktrineller und nicht technischer Natur waren (Beckley 2020). Viele Standards sind veraltet und bedürfen der Überarbeitung. Negative Auswirkungen auf die Interoperabilität der NATO-Partner und auf die Effizienz von Beschaffungsprozessen können aus Expertensicht nicht ausgeschlossen werden (Beckley 2020).

6.1.1.2 Multinationale Entwicklungs- und Produktionskooperationen

Bei multinationalen Entwicklungs- und Produktionskooperationen schließen sich Auftraggeber und Produzenten von Wehrmaterial zusammen, um größere Stückzahlen und geringere Stückkosten zu erzielen. Hinter Entwicklungs- und Produktionskooperationen steht oftmals der Wunsch nach effizienter Aufgabenerfüllung, zugleich entstehen durch die Kooperation selbst aber nachteilige Transaktionskosten für die Kooperationsteilnehmer (Hartley 2020: 77).

Vorläufer der multinationalen Kooperation im Bereich der Entwicklung und Produktion von Rüstungsgütern waren die Lizenzproduktionen (De Vestel 1995:

Kap. 1), die nach dem Zweiten Weltkrieg aufkamen, als die Kapazitäten der Rüstungsindustrie in vielen europäischen Staaten am Boden lagen. Das 1948 von den USA initiierte European Recovery Program, besser bekannt als Marshallplan, beinhaltete daher nicht unerhebliche Rüstungshilfen, unter anderem in Form von direkten Waffenlieferungen und Lizenzrechten (De Vestel 1995: 5).[8] In den ersten Jahren wurden militärische Großprojekte zumeist als US-amerikanische Lizenzproduktionen in europäischer Kooperation realisiert. Ein bekanntes Beispiel ist der Starfighter, der von Deutschland, den Niederlanden, Belgien und Italien produziert wurde. Die erste Generation militärischen Geräts nach dem Zweiten Weltkrieg in der NATO war aufgrund dieser einheitlichen Produktionsvorgaben größtenteils interoperabel (Feldman 1984: 285). Die 1950er Jahre sahen aber auch bereits erste europäische Lizenzproduktionen im NATO-Rahmen, wie das italienische Kampfflugzeug Fiat G-91, das unter anderem von Deutschland hergestellt wurde (Lau 1978: 5).

Für viele europäische Staaten stand nicht nur die Ausrüstung ihrer Streitkräfte, sondern ebenso der Wiederaufbau ihrer nationalen Rüstungsindustrien im Vordergrund. Während nationale Rüstungsindustrien in den Staaten des Warschauer Paktes zugunsten der sowjetischen Rüstungsindustrie zurückgestellt wurden (Vollert 1977: 76), konnten sich im übrigen Europa wieder nationale Rüstungsunternehmen etablieren. Zunehmend wurden selbst entwickelte Ausrüstungsgegenstände in nationaler Produktion gefertigt, statt sie im Ausland zu kaufen oder unter einer Lizenz zu fertigen. Dieser Trend zu einer stärkeren europäischen Eigenproduktion zeigt sich in der Rüstungsimportquote, die zwischen 1965 und 1975 in Europa um 40 Prozent fiel (Lau 1978: 5 f.).

Allerdings führte diese Entwicklung zur Destandardisierung, zur Herausbildung proprietärer nationaler Standards, zu kostspieligen Parallelentwicklungen und Kostensteigerungen bei gleichzeitigen Kampfkrafteinbußen (Schnell 1980). Bereits Mitte der 1970er Jahre existierten in den europäischen Mitgliedstaaten der NATO beispielsweise 23 verschiedene, inkompatible Flugzeugtypen, sieben verschiedene Kampfpanzer sowie 23 verschiedene Systeme von Panzerabwehrraketen, was als Kampfkrafteinbuße und Geldverschwendung kritisiert wurde (Vollert 1977: 73 f.).

Um diesen Nachteilen zu begegnen und dennoch die europäischen Rüstungsindustrien nicht zu schwächen, wurde seit den 1960er Jahren ein neuer Weg beschritten: die europäische Gemeinschaftsproduktion eigener Entwicklungen. Ein frühes Beispiel hierfür ist der Seefernaufklärer Breguet Atlantic, ein Flugzeug, das seit

---

8 Bei der Aufstellung der Bundeswehr beispielsweise leisteten die USA erhebliche Unterstützung in Form von Waffenlieferungen. Siehe für Heer und Luftwaffe Corum (2011) und für den Aufbau der Bundesmarine Peifer (2011).

1959 gemeinsam von französischen, deutschen, belgischen und niederländischen Rüstungsunternehmen entwickelt und produziert worden ist (De Vestel 1995: 9). Die Kooperation bot den beteiligten Staaten die Möglichkeit, die Entwicklungs- und Produktionskapazitäten ihrer nationalen Rüstungsindustrie in so speziellen Produktionsbereichen wie der Luftfahrt zu erhalten oder zu stärken (ebd.: 11). Europäische Rüstungskooperation sollte somit paradoxerweise als Vehikel für eine nationale verteidigungspolitische Souveränität dienen.

In den 1970er und 1980er Jahren kamen immer mehr gemeinschaftliche Rüstungsprojekte zustande, deren strukturelle Ausgestaltung sich in drei Formate unterscheiden lässt (im Folgenden Flume 1984). Bei Pilotprojekten übernehmen eine nationale Rüstungsbehörde und ein nationaler Generalunternehmer die Führung. Andere Staaten oder ausländische Unternehmen tragen zur Produktion bei. Das Schul- und Jagdflugzeug Alpha Jet wurde Anfang der 1970er Jahre mit einer derartigen Pilotlösung realisiert. Als nationale Lenkungsbehörde trat die französische Direction technique des constructions aéronautiques auf. Das französische Unternehmen Dassault war Generalunternehmer, das deutsche Unternehmen Dornier war Mitauftragnehmer.

Bei sogenannten Integrationsprojekten wird dagegen oftmals ein waffensystemspezifisches Programmbüro gegründet und beauftragt, den Rüstungsprozess zu planen und zu überwachen. Ein Beispiel hierfür ist die NATO Multi-Role Combat Aircraft Development and Production Management Agency (NAMMA), die ab den 1970er Jahren die Produktion des deutsch-britisch-italienischen Tornado-Kampfflugzeugs steuerte. Parallel dazu können auch auf der Unternehmensseite multinationale Konsortien für die Produktion gegründet werden. Für das Beispiel Tornado sei das Ende der 1960er Jahre gegründete Unternehmen Panavia Aircraft genannt, das von der British Aircraft Corporation (BAC), Messerschmitt-Bölkow-Blohm (MBB) und Fiat Aviazione gegründet wurde (kritisch hierzu Walker 1974). Bis heute bietet sie Wartungsleistungen für die noch immer betriebenen Tornado-Flugzeuge an.

Eine Kooperationslösung wurde wiederum für die Entwicklung des noch im Versuchsstadium eingestellten Rüstungsprojekts Panzerhaubitze 155-1 gewählt, bei der in den 1970er Jahren Deutschland, Italien und das Vereinigte Königreich gleichberechtigt als Auftraggeber und deutsche, italienische und britische Firmen als Auftragnehmer agierten.

Zur strukturellen Organisation gemeinschaftlicher Produktionen kommen politische und militärische Aspekte hinzu, die manchmal zu ineffektiven Lösungen führen. Oftmals wird bei Rüstungskooperationen das Prinzip des *juste retour* angewandt, also das Prinzip des gerechten Ausgleichs. Es funktioniert ähnlich wie Kompensationsgeschäfte, bei denen bei einem Waffenverkauf beispielsweise gleichzeitig Waffenkäufe vereinbart werden. Das macht die Vergabe von Entwicklungs- und Produktionsaufträgen an nationale Unternehmen in gemeinsamen Rüstungsprojekten abhängig von den jeweiligen nationalen Finanzierungsanteilen. Es hat zur Folge, dass nicht immer die wettbewerbsfähigsten Firmen beauftragt werden (Bauer 1990).

Auch außenpolitische Orientierungen können eine Rolle bei Rüstungskooperationen spielen. Rüstungsexportorientierte Staaten könnten beispielsweise Bedenken haben, mit Staaten zusammenzuarbeiten, die Exporte restriktiver handhaben. Es steht dann die Befürchtung im Raum, dass gemeinsam produzierte Rüstungsgüter nicht frei exportiert werden können.

Eine weitere Besonderheit von militärischen Gemeinschaftsproduktionen ist die militärische Spezifizierung der Anforderungen. Es kommt häufig vor, dass die beteiligten Staaten teils grundlegend unterschiedliche technische Anforderungen an ein Produkt stellen, sodass am Ende, wie das Beispiel des deutsch-französischen Kampfhubschraubers Tiger zeigt, anstelle eines einzigen multinationalen Produktes verschiedene nationale Versionen produziert werden – mit teils erheblichen Kostensteigerungen (Bauer 1990: 2; Raabe 2019). Verstärkt wird das Problem der unterschiedlichen technischen Anforderungen noch dadurch, dass rüstungsexportorientierte Staaten bereits in der Entwicklungsphase nicht nur ihre eigenen militärischen Anforderungen im Blick haben müssen, sondern auch jene weiterer potenzieller Abnehmer.

Eine weitere Schwierigkeit sind die in den Kooperationsstaaten bereits im Betrieb befindlichen Waffensysteme, die durch die Neuproduktion ersetzt werden sollen. Zuweilen haben diese ganz unterschiedliche Ablösezeitpunkte und somit muss bei einem Partner ein System früher, bei einem anderen aber mitunter erst Jahre später eingeführt werden, was zur Folge hat, dass gemeinschaftlich produzierte Waffensysteme nicht gleichzeitig vom Hersteller übernommen werden können (Schnell 1980: 224).

All diesen Schwierigkeiten zum Trotz stieg die Zahl der europäischen Kooperationsprojekte im Bereich der Rüstungsentwicklung und Produktion von zehn in den 1960er Jahren auf mehr als 70 in den späten 1980er Jahren (De Vestel 1995: 22). Die Zahl der beteiligten Staaten stieg im gleichen Zeitraum von durchschnittlich 2,4 auf 2,9 (ebd.: 23). Nach dem Ende des Ost-West-Konflikts erhöhte sich die Zahl der Entwicklungs- und Produktionskooperationen zwischen europäischen Firmen weiter. Seth Jones stellt auf der Basis empirischer Daten zu Fusionen, Koproduktionen und Entwicklungskooperationen europäischer Rüstungsfirmen fest, dass vor 1990 Geschäftsbeziehungen zwischen US-amerikanischen und europäischen Firmen dominierten. Nach 1990 kam es dann zu einer Verschiebung. Seitdem übersteigen die innereuropäischen Entwicklungs- und Produktionskooperationen für militärische Güter die Zahl der Kooperationen zwischen US-Firmen und europäischen Produzenten (Jones 2007: 136–180).

Es darf jedoch bei diesem Trend zur Zusammenarbeit nicht außer Acht gelassen werden, dass bis heute der Großteil der europäischen Rüstungsproduktion in nationaler Hand verbleibt (etwa Hanel 2019). Zudem ist bei den Kooperationen die Zahl der Kooperationspartner eher klein, da scheinbar nur so „schnellere und zielgerichtetere Entscheidungen" getroffen werden und „weniger harte Kompromisse" (Renn 2019: 24) in Kauf genommen werden müssen.

6.1.1.3 Internationale marktpolitische Steuerung

Bei den Rüstungs- und Beschaffungskooperationen handelt es sich jeweils um projektgebundene multinationale Zusammenschlüsse zwecks Entwicklung und Produktion eines spezifischen Waffensystems. Eine nicht projektgebundene und somit grundsätzlichere multinationale Zusammenarbeit wurde mit geringem Erfolg auch über handels- und industriepolitische Maßnahmen versucht.

Dieser Versuch einer marktpolitischen Steuerung gründet in den transatlantischen Spannungen beim Thema Rüstung seit den 1970er Jahren. Die USA kritisierten die aus ihrer Sicht zu geringen Rüstungsinvestitionen der Europäer. Europäische Staaten bemängelten ihrerseits, dass der US-amerikanische Markt für europäische Rüstungsgüter nahezu geschlossen war. Sie führten dies darauf zurück, dass die USA um ein Vielfaches mehr Rüstungsgüter nach Europa exportierten, als sie von dort importierten (etwa Bauer 1990: 1; Schnell 1980: 228). Europäische Rüstungsfirmen hatten es schwer, ihre Güter an das US-Militär zu verkaufen. Die USA reagierten auf die Kritik, indem sie vielen europäischen Staaten bilaterale Handelsverträge anboten. Aus der vermeintlichen rüstungspolitischen „Einbahnstraße" sollte so eine Straße mit Gegenverkehr werden (Feldman 1984: 286). Die Präferenz der US-amerikanischen Streitkräfte, die eine vergleichsweise große Autonomie bei Entscheidungen für oder gegen ein Waffensystem haben, für heimisches Gerät blieb allerdings trotz dieser handelspolitischen Lockerung bestehen (Feldman 1984: 288).[9]

Nicht nur im transatlantischen, auch im innereuropäischen Verhältnis gab es Versuche, über marktpolitische Mittel eine Harmonisierung des Rüstungsmarktes zu erreichen (Bauer 1990; Guay 1998; Mörth 2003). In den 1970er Jahren wurden immer wieder Stimmen in der Europäischen Wirtschaftsgemeinschaft (EWG) laut, die forderten, die Rüstungspolitik in die gemeinsame Industriepolitik einzubeziehen (De Vestel 1995: 14).

---

9 Die Entscheidung des US-Verteidigungsministeriums von 2011, den Auftrag für den Bau eines Tankerflugzeugs an die US-amerikanische Firma Boeing zu geben, nachdem das europäische Konsortium Airbus bereits den Zuschlag erhalten hatte, ist ein aktuelles Beispiel (Ledbetter 2011).

Das war insofern eine außergewöhnliche Forderung, weil im Bereich der Rüstung bereits 1957 durch Artikel 223 des Römischen Vertrags zur Gründung der Europäischen Wirtschaftsgemeinschaft alle Regelungen für einen sich entwickelnden europäischen Binnenmarkt außer Kraft gesetzt worden waren (Bauer 1990: 10). Diese Situation besteht bis heute. Zwar gab es bis in die jüngere Vergangenheit immer wieder Vorstöße aus dem EU-Parlament und der Kommission, diesen Artikel abzuschaffen oder wenigstens zu modifizieren (Bauer 1990: 10–13; De Vestel 1995: 43; Mattelaer 2014: 33). Die Initiativen blieben aufgrund nationaler Sicherheitsinteressen und des Bestrebens, die heimische Rüstungsindustrie zu schützen (Trybus 2014: 85), jedoch folgenlos: Die Klausel findet sich daher bis heute in den Verträgen der Europäischen Union (Art. 346 Vertrag über die Arbeitsweise der Europäischen Union, AEUV).[10]

6.1.1.4 Multinationale rüstungspolitische Steuerung

Stärker als die marktpolitischen Initiativen prägen bis heute die rüstungspolitischen Steuerungsversuche der europäischen Staaten insbesondere im Rahmen von NATO und EU das Bild der Rüstungsproduktion in Europa.

Bereits 1949 wurde mit dem Military Production and Supply Board eine Organisationsstruktur ausgebildet, die die Kooperation der Rüstungsproduktion in der NATO steuern sollte. Nach einigen Kompetenzerweiterungen, beispielsweise in den Bereichen Forschung und Entwicklung sowie Namensänderungen, wurde es 1966 in die Conference of National Armaments Directors (CNAD) umgewandelt, ein Forum für den Informationsaustausch und die Kooperationsanbahnung. Rüstungsdirektoren sind die in ihren jeweiligen Heimatstaaten je nach Organisationsform zivilen oder militärischen Leiterinnen und Leiter der Ausrüstungsabteilungen in den Verteidigungsministerien.

Durch die CNAD soll beispielsweise zentral ermittelt werden, wann welche Waffensysteme in welchem Mitgliedstaat erneuert werden müssen, um frühzeitig Kooperationsmöglichkeiten innerhalb der NATO zu identifizieren; schließlich

---

10 Jedem Mitgliedstaat wurde die Möglichkeit eingeräumt, Maßnahmen zu ergreifen, „die seines Erachtens für die Wahrung seiner wesentlichen Sicherheitsinteressen erforderlich sind, soweit sie die Erzeugung von Waffen, Munition und Kriegsmaterial oder den Handel damit betreffen", Artikel 346 (vormals Artikel 296 EGV), Vertrag über die Arbeitsweise der Europäischen Union. Siehe auch Eekelen (2006: 203). Die Klausel findet konkrete Anwendung. So heißt es im „Strategiepapier der Bundesregierung zur Stärkung der Sicherheits- und Verteidigungsindustrie" an einer Stelle: „Die vom europäischen und nationalen Gesetzgeber eingeräumten Spielräume in der Anwendung der Ausnahmevorschrift des Artikels 346 des Vertrags über die Arbeitsweise der Europäischen Union (AEUV) sollen genutzt werden, um die wesentlichen nationalen Sicherheitsinteressen, insbesondere den Erhalt nationaler Souveränität, zu wahren" (Deutsche Bundesregierung 2020).

nimmt die Entwicklung und Produktion eines Hauptwaffensystems in der Regel mehrere Jahre in Anspruch. Auch wenn die CNAD von einem geringen Grad an Institutionalisierung und Verbindlichkeit geprägt ist, so war sie ein erster Versuch, in der NATO „Standardisierung von oben", das heißt auf der politischen Ebene, zu erreichen (Schlieper 1998: 16).

Im Jahr 1952 entstand die Production and Logistics Division, eine Vorgängerin der zahlreichen NATO-Programmorganisationen, die heute mit dem Management von Rüstungsprojekten betraut sind.

1958 wurde das NATO Maintenance Supply Services System (NMSSS) eingerichtet, das die Aufgabe hatte, Ersatzteile und Wartungsleistungen für gemeinsame Waffensysteme bereitzustellen. Der Service ist in der heutigen NATO Support and Procurement Agency (NSPA) aufgegangen (Weaver 2021: 113). Unterhalb der Ebene der großen und prestigeträchtigen Rüstungsprojekte hat die NATO ihren Mitgliedstaaten damit zentrale, gemeinsam finanzierte Infrastrukturen zur Verfügung gestellt, die für die gemeinsame Bündnisverteidigung unerlässlich waren: Flugplätze, ein integriertes Luftverteidigungssystem, ein integriertes Fernmeldesystem, eine Pipeline zur Versorgung mit Treibstoff, Hafenanlagen oder Lager, um nur einige zu nennen (NATO 1989; Schnell 1980: 226 f.).[11]

Das bereits in den 1950er Jahren angelegte Organisationsgefüge aus CNAD und NATO-Agenturen besteht bis heute fort. Abbildung 20 stellt die gegenwärtige NATO-Struktur im Prozessbereich Ausrüstung dar.

Auch außerhalb der NATO-Gremien gab es seit den 1950er Jahren immer wieder politische Initiativen, teils von Organisationstrukturen begleitet, um die Rüstung in Europa zu harmonisieren. Der Aufbau eines gemeinsamen Rüstungs- und Beschaffungswesens war bereits in den frühen 1950er Jahren ein wesentlicher Aspekt der von Deutschland, Frankreich, Italien, Belgien, Luxemburg und den Niederlanden geplanten Europäischen Verteidigungspolitik (EVP) (Seiller 2008). Die EVP scheiterte – und mit ihr die Idee eines gemeinsam organisierten Rüstungsmarktes (De Vestel 1995: 5 f.).

Einige europäische Staaten konnten sich 1955 darauf einigen, im Rahmen der WEU ein Konsultationsgremium der nationalen Rüstungsdirektoren, das Standing Armaments Committee, einzurichten (WEU 1955). In den vielen Jahren seiner Existenz brachte es vor allem Studien und Verabredungen, jedoch kein einziges gemeinsames Rüstungsprogramm hervor. 1989 wurde es aufgelöst (Schlieper 1998: 16).

---

11 Einen bebilderten Einblick in das NATO-Pipelinesystem, seine Funktionsweise und Administrierung bietet der Fachbeitrag des damaligen General Manager der Central Europe Pipeline Management Agency, Generalleutnant Hedwig van Remoortel (2007).

Abbildung 20: NATO-Strukturen für den Bereich Ausrüstung (Stand 2021)

Politische Ebene

Zivile Struktur	Agenturen und Organisationen	Militärische Struktur

Internationaler Stab

Defence Policy and Planning Division
– Defence Policy and Planning Committee (DPPC)
– Logistics Committee (LC)
– Civil Emergency Planning Committee (CEPC)

Defence Investment Divison
– The Conference of National Armaments Directors
– [...]

[...]

[...]

NATO Support and Procurement Agency (NSPA)

NATO Science and Technology Organization (STO)

NATO Standardization Office (NSO)

Programm Office
– NATO Alliance Ground Surveillance Management Agency (NAGSMA)
– NATO Helicopter Design and Development Production and Logistics Management Agency (NAHEMA)
– NATO Medium Extended Air Defence System Design and Development, Production and Logistics Management Agency (NAMEADSMA)
– NATO Sea Sparrow Surface Missile System Office
– NATO Airborne Early Warning and Control Programme Management Agency (NAPMA)

[...]

[...]

Quelle: Vereinfachte Darstellung Ina Kraft, basierend auf https://www.nato.int/cps/en/natohq/structure.htm (letzter Zugriff 4.5.2021).

©ZMSBw
09622-01

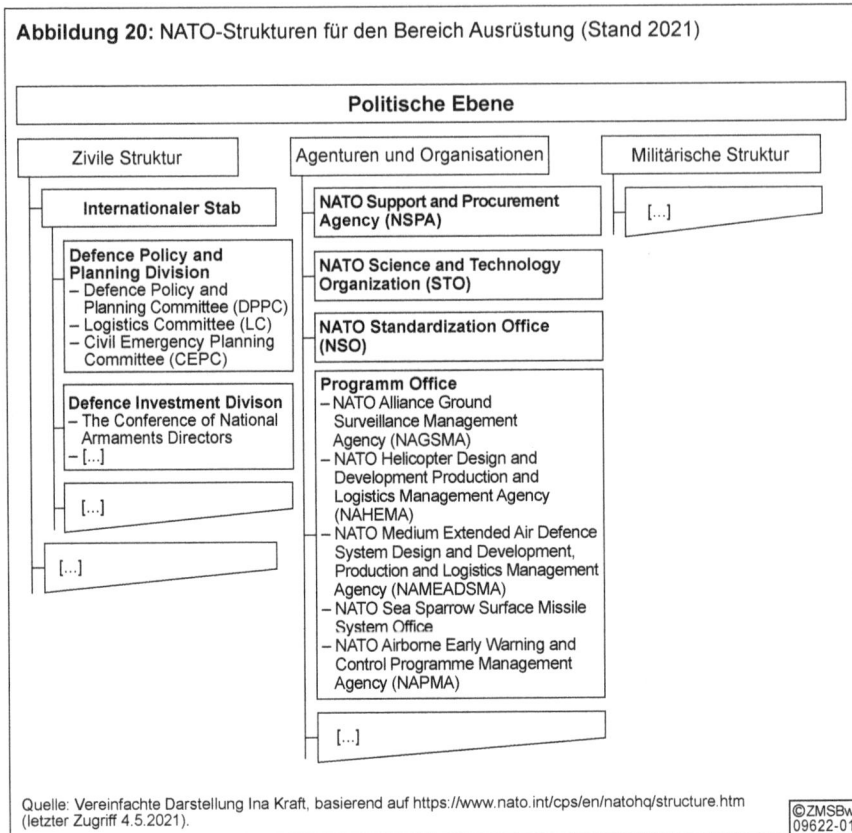

Auch die von Frankreich 1954 vorgetragene Idee der Gründung einer Euro-päischen Rüstungsagentur scheiterte zunächst (Calandri 1995). In den folgenden Jahrzehnten wurde eine derartige Agentur immer wieder eingefordert – mit so unterschiedlichen Namen wie Europäisches Verteidigungsamt, European Procurement Agency, European Defence Procurement Agency, European Bureau for Armaments, Research and Military Capabilities (etwa Callaghan 1975: 10; Eekelen 2006; Vollert 1977). Es sollte etwa 50 Jahre dauern, bis mit der Gründung der European Defence Agency (EDA) im Jahr 2004 die Idee einer Kooperationsagentur für Rüstungsprojekte in die Tat umgesetzt wurde, auch wenn die EDA nicht, wie ursprünglich einmal geplant, supranational, sondern lediglich zwischenstaatlich arbeitet.

In den späten 1960er Jahren nahm die Kritik an den immer zahlreicheren Parallelentwicklungen bei den Rüstungsgütern zu. Dann kam die Debatte über die Lastenverteilung im Bündnis auf, die bis heute das Verhältnis zwischen den USA und den Europäern prägt. Während des Vietnamkriegs forderten einige US-Politiker, die US-Truppenpräsenz in Europa zu verringern. Damit einher ging die Aufforderung, die Europäer sollten die entstehende Lücke durch eine signifikante Erhöhung ihrer eigenen, nationalen Verteidigungsinvestitionen ausgleichen (De Vestel 1995: 12). Die Forderung gewann durch den Einmarsch von Truppen des Warschauer Paktes in die Tschechoslowakische Republik im August 1968 weiter an Dringlichkeit (Lau 1978: 9).

Diese Dynamik im transatlantischen Verhältnis führte schließlich 1968 zur Gründung der Eurogroup. Ihr gehörten die europäischen NATO-Mitglieder Vereinigtes Königreich, Belgien, Niederlande, Luxemburg, Deutschland, Griechenland, Italien, Dänemark, Norwegen und Türkei an. Das informelle Forum hatte unter anderem zum Ziel, die Rüstungszusammenarbeit der Europäer zu fördern. Die Eurogroup einigte sich auf einen Plan zur Optimierung der europäischen Rüstungsinvestitionen, das European Defence Improvement Programme (EDIP). In der Folge erhöhten die Europäer ihre Investitionen (De Vestel 1995: 12). Viel mehr hat die Eurogroup allerdings nicht zur Steigerung der Effizienz der Rüstung im Bündnis beitragen können (ebd.: 12). Auch sie wurde 1994 aufgelöst.

Ein Problem bestand darin, dass Frankreich die militärischen Strukturen der NATO bereits 1966 verlassen hatte und somit auch kein Mitglied der Eurogroup war. Es war jedoch im Besitz einer leistungsstarken Rüstungsindustrie (Tiemann 1978). 1976 wurde deshalb noch die Independent European Program Group (IEPG) in Leben gerufen, die aus den Mitgliedern der Eurogroup und Frankreich bestand.[12]

Im Jahr 1953 gründeten Frankreich, Italien, die Niederlande, Belgien und Luxemburg die Vereinigung FINBEL, die 1956, nach dem Beitritt Deutschlands, in FINABEL umbenannt wurde (Seiller 2008: 74). Die Vereinigung besteht bis heute, hat derzeit 22 Mitglieder und steht allen Mitgliedern der EU offen. Sie hat zum Ziel, die Rüstungszusammenarbeit speziell im Bereich der Landstreitkräfte zu verbessern (Klein 2007; Knabe 2005).

Die letzten Absätze haben es kursorisch aufgezeigt: Nach dem Zweiten Weltkrieg und bis in die 1990er Jahre hinein gab es viele, teilweise parallele politische Zusammenschlüsse, Initiativen, Gremien und Programme, die jeweils zum Ziel hatten, die europäische Rüstung zu koordinieren. De Vestel vermutet circa 20 solcher Vorhaben (De Vestel 1995: 7). Bei ihrer Gründung haben sie oftmals ihre jeweiligen Vorgängerstrukturen überholt, bevor jene sich überhaupt als wertvoll erweisen konnten (Eekelen 2006: 199).

Einige Staaten gingen zusätzlich zu diesen gesamteuropäischen rüstungspolitischen Aktivitäten innerhalb und außerhalb der NATO-Gremien noch bi- und multinationale rüstungspolitische Vereinbarungen ein. Ein prominentes Beispiel ist der

---

12 Für eine zeitgenössische, allerdings wenig kritische Darstellung der IEP und ihrer Gründung siehe Coëme (1991).

Vertrag über die französisch-deutsche Zusammenarbeit von 1963, der vorsah, dass Deutschland und Frankreich Rüstungsvorhaben gemeinsam organisieren.[13] Im Juni 2017, um ein weiteres Beispiel zu nennen, verabschiedeten auch das norwegische und das deutsche Verteidigungsministerium eine Vereinbarung, die unter anderem eine langfristige Zusammenarbeit bei der Beschaffung und Nutzung von U-Booten vorsieht (BMVg 2020: 93 f.; Hoffmann 2021; o.A. 2019: 72; Stockfisch 2021).

Nach dem Ende des Ost-West-Konflikts stieg der Anreiz für die europäischen Staaten, ihre Rüstungsvorhaben zu harmonisieren. Grund dafür waren sinkende Verteidigungs- und damit Rüstungsbudgets. Als Reaktion wurden in den 1990er Jahren weitere Initiativen und Strukturen zur Förderung von Rüstungskooperationen gegründet. Die WEU nahm in diesem Zusammenhang erstmals eine herausragende Stellung ein. In einer Erklärung zum EU-Vertrag von Maastricht forderten die WEU-Mitglieder eine verstärkte Rüstungszusammenarbeit und nannten die Schaffung einer Europäischen Rüstungsagentur als ein Ziel ihrer Anstrengungen (Schlieper 1998: 17). Im Dezember 1992 einigten sich die Mitglieder der Independent European Program Group darauf, ihre IEPG in die WEU zu überführen und die Western European Armaments Group (WEAG) aufzustellen (CVCE 2016). Die WEAG sollte den Kern einer künftigen Rüstungsagentur bilden. 1997 wurde der WEAG mit der Western European Armaments Organisation (WEAO) ein Dach mit Rechtspersönlichkeit gegeben (Schlieper 1998: 17). Die WEAO überwachte die Forschungs- und Entwicklungstätigkeiten der WEAG und unterhielt Beziehungen sowohl zur NATO-CNAD als auch zur EU-Kommission und zur European Armaments Policy Group (POLARM), die der Rat der Europäischen Union 1995 gegründet hatte. Schließlich gingen WEAO und WEAG 2004 in der European Defence Agency (EDA) auf (Eekelen 2006: 199).

Weil jedoch auch diesen WEU-Formaten kein greifbarer Erfolg beschieden war, gründeten Deutschland, Frankreich, das Vereinigte Königreich und Italien bereits 1996 parallel zur WEAG eine eigene Rüstungsbehörde, die Organisation for Joint Armaments Cooperation (OCCAR), der später Belgien und Spanien beitraten (Schmitt 2004). Statt einen europaweiten Ansatz zu verfolgen, fokussierte die OCCAR lediglich auf die Interessen ihrer sechs Mitgliedstaaten (Schulze 2013: 47). Auch war die OCCAR eher als eine spezielle Programmmanagementorganisation gedacht und weniger als eine allgemeine politische Koordinationsorganisation. Neben der Bündelung von Ressourcen und Fachwissen hatte die OCCAR einen weiteren entscheidenden Vorteil: Durch das parallele Management mehrerer Rüs-

---

13 Urteilte Florian Seiller 2008 noch, dass diese Vereinbarung kaum Erfolge in Form gemeinsamer Produktionen hervorgebracht habe (Seiller 2008: 96), so ist zehn Jahre später die Liste deutsch-französischer Rüstungsprojekte durchaus ansehnlich (BT 2018a).

tungsprogramme musste das Prinzip der *juste retour* nicht mehr innerhalb eines einzigen Rüstungsprojekts realisiert werden. Stattdessen konnte nun nach dem Prinzip der sogenannten *global balance* ein nationaler Investitionsausgleich flexibel über mehrere Projekte und Zeiträume verwirklicht werden, was das Eingehen von Kooperationen erleichtern sollte (Darnis et al. 2007; Vlachos-Dengler 2015).

Die Bedeutung der European Defence Agency kann angesichts des jahrzehntelangen Ringens um die Gründung einer derartigen Behörde weder praktisch noch symbolisch überschätzt werden (Fiott 2019; Karampekios/Oikonomou 2015). Die EDA ist am besten als eine Fähigkeits- und Kooperationsanbahnungsagentur zu verstehen.[14] Sie hat Kompetenzen im Bereich der europäischen Fähigkeitsplanung, kann Forschungs- und Entwicklungsaufträge anstoßen und ist für die Durchführung von Rüstungsprogrammen zuständig. Zu diesem Zweck kooperiert sie seit dem Abschluss einer gemeinsamen Verwaltungsvereinbarung 2012 und einer Sicherheitsvereinbarung 2014 eng mit der Programmmanagementorganisation OCCAR (EDA 2012, 2014). Die EDA bereitet demnach kooperative Rüstungsprogramme vor und die OCCAR setzt sie um (Schulze 2013: 47). Die OCCAR ist der EDA im Fähigkeitsentwicklungsprozess also nachgeschaltet, kann Rüstungsprogramme jedoch auch allein verantworten.

Zu den Fähigkeitsplanungs- und Rüstungsmanagementaufgaben der EDA kommen marktpolitische Aufgaben hinzu. Die Agentur soll zur Schaffung einer europäischen Industriebasis und eines europäischen Marktes für Rüstung beitragen (Schulze 2013: 47). Bisher hat sich allerdings noch kein großer Erfolg der EDA bei der Harmonisierung der handels- und industriepolitischen Realitäten in Europa gezeigt. Hinderlich sind ihre zwischenstaatliche Ausrichtung und die damit verbundene Abhängigkeit von der Zustimmung ihrer Mitgliedstaaten (Becker/Kempin 2019). Durch ihre vielfältigen Aufgaben und Kompetenzen hat die EDA jedoch die Möglichkeit, auf die Verteidigungsplanungen der Mitgliedstaaten einzuwirken. Das hebt sie von der WEAG, der WEAO und ihren vielen Vorgängern ab, deren Kompetenzen sich letztlich auf die zumeist unverbindliche Initiierung gemeinsamer Forschung, Entwicklung und Beschaffung beschränkten (Eekelen 2006: 20).

6.1.2 Nutzungskooperation und Arbeitsteilung

Eine Alternative zur nationalen oder multinationalen Beschaffung von Rüstungsgütern ist die Nutzungskooperation: Staaten stellen ausgewählte militärische Fähigkeiten einer multinationalen Einrichtung zur Verfügung, die die Verteilung

---

14 Hintergrundgespräch BMVg am 11.11.2021 in Berlin.

der Fähigkeiten unter den teilnehmenden Staaten koordiniert. Nach einem ähnlichen Prinzip funktioniert die Arbeitsteilung. Damit ist gemeint, dass ein Staat oder eine Staatengruppe eine bestimmte Aufgabe für einen oder mehrere andere Staaten übernimmt.

Nutzungskooperationen und Arbeitsteilung werden seit den 2010er Jahren verstärkt innerhalb von NATO und EU verfolgt. In der EU wird das Konzept als Pooling & Sharing (P&S) bezeichnet (Mölling 2013). Die Idee wurde auf dem informellen Verteidigungsministertreffen der EU im belgischen Gent 2010 geboren und 2012 in Form einer Absichtserklärung der EU-Verteidigungsministerinnen und -Verteidigungsminister umgesetzt. P&S-Projekte werden durch die EDA betreut (Schulze 2013: 46 f.). Ebenfalls 2012 haben sich auch die Staats- und Regierungschefs auf dem NATO-Gipfel in Chicago dazu entschlossen, Nutzungskooperationen und Arbeitsteilung unter der Initiative Smart Defence zu fördern (Giegerich 2012b).

Ein Beispiel für eine Nutzungskooperation ist die Strategic Airlift Capability (SAC) (Borch 2009). Seit 2006 haben im Rahmen dieser multinationalen Initiative die NATO-Staaten Bulgarien, Estland, Ungarn, Litauen, Niederlande, Norwegen, Polen, Rumänien, Slowenien und USA drei Transportflugzeuge Boeing C17 beschafft (Cezar 2011). Finnland und Schweden waren zunächst Partnerstaaten; seit ihren Beitritten zur Allianz 2023 und 2024 sind sie NATO-Mitglieder.[15] Die Flugzeuge sind seit 2009 im Heavy Airlift Wing einsatzbereit und in Ungarn stationiert. Sie werden von multinationalen Teams unterhalten und unter ungarischer Flagge geflogen. Den Teilnehmerstaaten werden Kontingente an Flugstunden zugeteilt. Die SAC-Initiative wird von der NATO Support and Procurement Agency (NSPA) administrativ unterstützt. Vor allem kleinere Staaten, die selbst keine eigene Transportkapazität entwickeln können, profitieren von derartigen Kooperationen.

Einen anderen Ansatz der Nutzungskooperation verfolgt das European Air Transport Command (EATC) im niederländischen Eindhoven (Berghuizen 2012; Dorschner 2017). Es plant und führt Einsätze im Bereich Lufttransport, Luftbetankung sowie medizinische Evakuierung. Im Gegensatz zur SAC-Initiative greift das EATC auf die bereits vorhandenen Flugzeugkapazitäten seiner Mitglieder (Deutschland, Frankreich, Italien, Spanien, Niederlande, Belgien, Luxemburg) zurück und koordiniert deren Einsätze. Durch diese multinationale Koordinierung werden die nationalen Flugzeugkapazitäten besser ausgelastet. Die Idee für ein derartiges Kommando entstand in den 1990er Jahren (o.A. 2003a; Ricci 2016). Aufgestellt wurde das EATC 2010. Wenige Jahre später wurden bereits 60 Prozent der europäischen Lufttransportfähigkeiten über das EATC koordiniert (Ricci 2016: 9).

---

15 <https://www.nato.int/cps/en/natohq/topics_50107.htm> (letzter Zugriff 2.5.2024).

Die Idee der Arbeitsteilung findet sich auch in dem seit 2014 praktizierten Framework Nations Concept (FNC) der NATO wieder (BT 2018c: 33).[16] Militärisch starke Rahmennationen, die über ein breites Fähigkeitsspektrum verfügen, stellen gemeinsam mit kleineren Partnern militärische Fähigkeiten bereit. Die kleineren an einem FNC-Projekt beteiligten Staaten komplementieren mit ihren Beiträgen die Kernfähigkeiten der jeweiligen Rahmennationen, müssen aber selbst nicht mehr die gesamte Breite einer Fähigkeit abdecken. Damit geht das Framework Nations Concept über eine bloße Ausrüstungskooperation hinaus und kann breiter als Fähigkeitskooperation verstanden werden.

Derzeit bilden Deutschland, das Vereinigte Königreich und Italien als Rahmennationen Kristallisationspunkte für eine Reihe von FNC-Projekten. Deutschland etwa fokussiert auf die Entwicklung von militärischen Fähigkeiten sowie auf den Aufbau der *larger formations*, also größerer Truppenkörper, in Europa (Badia 2020: 44). Nach dem deutschen FNC-Ansatz bilden mehrere Staaten auf freiwilliger Basis ein sogenanntes Cluster, in dem gemeinschaftlich militärische Fähigkeiten entwickelt werden. FNC-Cluster existieren unter anderem in den Bereichen logistische Unterstützung, medizinische Behandlung und multinationale Großverbände. Das Vereinigte Königreich realisiert im Rahmen des FNC den streitkräftegemeinsamen Einsatzverband Joint Expeditionary Force (JEF) (Heier 2019). Italien wiederum hat mit seinem regionalen Fokus auf den Nahen Osten und auf Nordafrika die Fähigkeitsentwicklung für Stabilisierungsoperationen sowie einsatzfähige multinationale Kommandostrukturen in den Mittelpunkt seines FNC-Ansatzes gestellt (Glatz/ Zapfe 2017; Ruiz Palmer 2016).

Die Einführung des Framework Nations Concept in der NATO fiel zeitlich mit der russischen Annexion der Krim zusammen. Als Folge sind einige der FNC-Vorhaben mit der Umsetzung des Readiness Action Plan der NATO verknüpft, also jenem Bündel an Maßnahmen, mit dem die NATO ihre Präsenz an der Ostflanke des Bündnisses verstärkt (Badia 2020: 44). Seit 2016 wird das FNC auch in der EU verfolgt (BT 2018c: 34). Ziel ist die Verbindung des Konzepts mit der EU-eigenen Fähigkeitsinitiative im Rahmen der Ständigen Strukturierten Zusammenarbeit (SSZ, engl. Permanent Structured Cooperation, PESCO).[17]

---

16 Das Framework Nations Concept geht auf eine deutsche Initiative in der NATO aus dem Jahr 2013 zurück. Allers (2016) interpretiert dies als Deutschlands Versuch, militärische Führung zu übernehmen, ohne jedoch eine Debatte über deutsche Führung in der NATO auszulösen.

17 So wurde 2018 das FNC-Projekt Multinational Medical Coordination Centre (MMCC) mit dem PESCO-Projekt European Medical Command (EMC) vereint. Hintergrundgespräch MMCC/EMC am 17.6.2020.

Nutzungskooperation und Arbeitsteilung sind keine unumstrittenen Konzepte. Denn sie bedeuten im Zweifel auch Abhängigkeiten von den Fähigkeiten anderer. Und im Bereich Verteidigung können derartige Abhängigkeiten sowohl demokratietheoretisch als auch strategisch problematisch sein. Fähigkeitsverzahnung kann zum einen zu Kontrolleinbußen der nationalen Parlamente bei der Legitimierung von Auslandseinsätzen führen (Wiesner 2015). Zum anderen kann sie sich negativ auf die strategische Flexibilität und Handlungsfähigkeit von Staaten auswirken, wenn diese bestimmte Fähigkeiten nicht mehr national vorhalten und somit auf die Beteiligung ihrer Partner an militärischen Unternehmungen angewiesen sind (Henius 2012).

Zwischenfazit zum Prozessbereich Ausrüstung

Mit Blick auf multinationale Kooperation im Bereich der militärischen Fähigkeiten und der Rüstung fallen die zahllosen Initiativen auf, die seit dem Ende des Zweiten Weltkriegs bis zum heutigen Tage begonnen wurden. Dies wurde bereits früh erkannt und kritisiert: „Würde man die Rüstungskooperation lediglich an der Vielzahl der Willenserklärungen, Richtlinien, Gremien, Institutionen messen, wären die NATO-Partner sehr erfolgreich gewesen" (Schnell 1980: 228).

In den mehr als 40 Jahren seit dieser Feststellung scheint die Schlagzahl, mit der Fähigkeitsinitiativen gegründet wurden, nicht abgenommen zu haben. Davon zeugen die Gründung der EDA und die Verabschiedung der Initiativen P&S, Smart Defence und FNC, aber auch bi- und multinationale Formate wie die 1994 ins Leben gerufene Nordic Armaments Cooperation (NORDAC, seit 2009 Nordic Defence Cooperation, NORDEFCOM) oder der 2010 beschlossene Französisch-Britische Verteidigungspakt (Pannier 2013; Saxi 2011). Hat sich nicht aber, trotz der weiterhin hohen Zahl von Absichtserklärungen und Vereinbarungen, nach dem Ende des Ost-West-Konflikts im Prozessbereich Ausrüstung auch die Qualität der Zusammenarbeit verändert?

Bis in die 1990er Jahre hinein war die europäische Fähigkeitsentwicklung geprägt von einem „pragmatischen" (Schnell 1980) Vorgehen. Rüstungskooperationen wurden auf Fallbasis entschieden. Sie führten nicht zur Herausbildung einer dauerhaften, Projekte übergreifenden Kooperationsstruktur. Es waren aus Beobachtersicht schlicht singuläre Ereignisse, von denen keine größeren Integrationsimpulse ausgingen (etwa Merchtesheimer, zitiert in Raabe 2019: 56).

Auch den Versuchen, Harmonisierung, Standardisierung und Kooperation „von oben" durch die Einrichtung politischer Steuerungsgruppen zu erreichen, war lange Jahre kein Erfolg beschieden. Ihnen fehlte der unbedingte Wille der beteiligten Staaten zur Zusammenarbeit, die Verbindlichkeit, die Möglichkeit der Sanktionierung und letztlich die gemeinsame Finanzierung.

Die 2000er und 2010er Jahre brachten eine Reihe von Veränderungen mit sich. Mit der Gründung der EDA im Jahr 2004 mündeten die losen Versuche der europäischen Staaten, neben der NATO-CNAD eine Rüstungskooperationsstruktur in Europa zu etablieren, in eine institutionalisierte Struktur. Durch ihre Anbindung an die EU verfügt die EDA zudem über markt- und handelspolitische Ambitionen, welche die NATO als reine verteidigungspolitische Organisation bisher nicht ausgebildet hat.

2017 haben sich zudem 25 Mitgliedstaaten der EU dazu entschlossen, mit PESCO im Bereich der militärischen Fähigkeitsentwicklung eine vertiefte Zusammenarbeit zu wagen, wie sie im EU-Vertrag von Lissabon von 2009 vorgesehen ist (Blockmans/Crosson 2021).[18] Im Rahmen dieser Ständigen Strukturierten Zusammenarbeit haben sich die Mitgliedstaaten erstmals rechtlich verbindlich auf eine Fähigkeitskooperation geeinigt. Die PESCO-Staaten wollen zudem 35 Prozent ihrer Beschaffungsausgaben in Kooperation mit anderen EU-Staaten investieren. Ebenfalls besteht nun die Möglichkeit, Fähigkeitsentwicklungsprojekte aus einem neu aufgestellten Europäischen Verteidigungsfonds (European Defence Fund, EDF) zu finanzieren (European Commission 2019). In der Bewilligungsrunde 2021 wurden 60 gemeinsame Fähigkeitsprojekte im Bereich Forschung und Entwicklung mit knapp 1,2 Milliarden Euro durch den EDF finanziert (Directorate-General for Defence Industry and Space 2023).

Wenn die größere Institutionalisierung der Rüstungssteuerung, die neuartigen Initiativen Pooling & Sharing, Smart Defence und FNC, die Festlegung auf Kooperationsziele sowie die gemeinsame Finanzierung als qualitativer Sprung begriffen werden, so lohnt die Frage, welche Ereignisse diese Veränderung ausgelöst haben. Ein Blick auf die Verteidigungsbudgets kann eine Antwort liefern. Das Ende des Systemkonflikts führte zunächst zu einem deutlichen Absinken der Verteidigungsausgaben in Europa (Dunne 2009: 15; SIPRI 2020). Zwar wurden die Verteidigungshaushalte bis Ende der 2000er Jahre wieder aufgestockt, sie erreichten jedoch nicht mehr das Niveau von 1989. Aufgrund der weltweiten Finanzkrise und der Eurokrise kam es ab 2010 zu einer erneuten Verkleinerung der Verteidigungshaushalte in vielen westeuropäischen Staaten. Teilweise sanken die Verteidigungsbudgets sogar stärker ab als beim Einfahren der sogenannten Friedensdividende in den 1990er Jahren (SIPRI 2020). Hinzu kam die befürchtete Abwendung der USA von der NATO, die unter anderem mit dem ausbleibenden fähigkeitspolitischen Engagement der Europäer begründet wurde (SIPRI 2013: 6). Diese Entwicklungen mögen

---

18 Malta nimmt an PESCO nicht teil. Nachdem die Dänen in einem Referendum 2022 den jahrzehntelangen Opt-Out ihres Landes aus der Gemeinsamen Sicherheits- und Verteidigungspolitik der EU beendeten (Theussen 2022), trat Dänemark im Mai 2023 der PESCO bei.

die Bereitschaft der europäischen Staaten erhöht haben, ihre Rüstungsanstrengungen zu harmonisieren.

Trotz aller Fortschritte muss abschließend konstatiert werden: Rüstung und Beschaffung in Europa sind noch immer zu einem überwiegenden Teil national organisiert (Chagnaud et al. 2015; Giegerich 2015; McAllister 2021: 29; Raabe 2019: 15). Trotz insgesamt gestiegener Rüstungsausgaben seit 2014 haben die 27 EDA-Staaten im Jahr 2018 lediglich acht Milliarden Euro und somit statt der avisierten 35 Prozent zunächst nur rund 18 Prozent der gesamten Beschaffungsausgaben in einem gemeinsamen Rahmen realisiert (EDA 2019a: 8). Hinzu kommt, dass es in der EU bei den Hauptwaffensystemen noch immer viele Parallelentwicklungen gibt (siehe Tabelle 5). Bei Nutzungszeiten von mehreren Jahrzehnten wird sich dieser Zustand der ‚Ausrüstungsheterogenität' auch nur langsam ändern.

Tabelle 5: Ausrüstungsheterogenität in der EU und den USA (Stand 2019)

	EU	USA
Anzahl der Waffensysteme	178	30
davon Kampfpanzer	17	1
davon Zerstörer/Fregatten	29	4
davon Kampfflugzeuge	20	6

Quelle: European Commission (2019).

Die europäische Verteidigungsindustrie ist also weiterhin stark fragmentiert. Angesichts des erhöhten Bedarfs an marktverfügbaren Rüstungsgütern seit Beginn des russischen Angriffskrieges gegen die Ukraine wird die europäische Verteidigungswirtschaft vermutlich Marktanteile an US-amerikanische Firmen verlieren. Multinationale Kooperation europäischer Staaten im Rüstungsbereich könnte – wenn sie denn über die übliche Ankündigungsrhetorik hinausgeht – dieser Entwicklung zumindest mittel- bis langfristig entgegenwirken (Wille/Förster 2021). Die aktuellen Großprojekte wie das Next Generation Weapon System (Bedau 2022) oder die Eurodrone (Büttner 2022) können hier eine Vorbildfunktion entwickeln.

Auch kurzfristig könnte der Krieg Russlands gegen die Ukraine zu einer verstärkten Zusammenarbeit führen. Bereits 2021 wurde der Finanzierungsmechanismus European Peace Facility geschaffen.[19] Daraus wurden 2022 und 2023 5,6 Milli-

---

[19] Council Decision (CFSP) 2021/509 of 22 March 2021, establishing a European Peace Facility.

arden Euro für die Unterstützung der Ukraine bereitgestellt.[20] Europäische Staaten können so ihre Waffenlieferungen an die Ukraine refinanzieren. Im Sommer 2022 hat die Europäische Kommission zudem einen Vorschlag für eine „Verordnung zur Einrichtung des Instruments zur Stärkung der Europäischen Verteidigungsindustrie durch Gemeinsame Beschaffung" getätigt.[21] Vor dem Hintergrund umfangreicher Waffenlieferungen an die Ukraine stellt diese Verordnung einen neuen oder vielmehr *den* neuesten Impuls gerade für gemeinsame Fähigkeitsprojekte der EU-Staaten dar.

6.2 Der Prozessbereich Ausbildung

6.2.1 Multinationale Kooperationen im Bereich Ausbildung

Soldatinnen und Soldaten müssen sich auf dem Gefechtsfeld flexibel und geschützt bewegen können. Sie müssen in der Lage sein, ihre Waffen zu bedienen sowie sich selbst und andere bei Verwundung zu versorgen. Sie müssen die rechtlichen Grundlagen ihrer Tätigkeiten kennen. Im Rahmen ihrer Verwendung müssen sie zudem Spezialkenntnisse etwa im Bereich Fernmeldewesen erwerben. Für Soldatinnen und Soldaten der höheren Dienstgrade kommen Kenntnisse der Führung, der (internationalen) Stabsarbeit sowie der ministeriellen Arbeit hinzu.

Militärische Organisationen vermitteln ihren Soldatinnen und Soldaten Fähigkeiten, mit denen sie ihre Aufgaben erfüllen können. Zu diesem Zweck werden Soldatinnen und Soldaten individuell oder im Team aus- und weitergebildet. In einem ersten Schritt werden ihnen militärische Grundkenntnisse und Grundfertigkeiten vermittelt. Diese werden dann während der soldatischen Laufbahn zumeist durch Lehrgänge erweitert, vertieft und angepasst.

Ein Großteil der Aus-, Fort- und Weiterbildung von Soldatinnen und Soldaten geschieht in nationaler Verantwortlichkeit und im nationalen Kontext. Es existieren aber bei der Vermittlung von Spezialkenntnissen, in den Bereichen der höheren Offizierausbildung sowie bei der Weiterbildung multinationale Verflechtungen, die im Folgenden dargestellt werden.[22]

---

20 <https://www.consilium.europa.eu/de/policies/european-peace-facility/> (letzter Zugriff 21.2.2024).

21 Proposal for a Regulation of the European Parliament and of the Council on establishing the European defence industry Reinforcement through common Procurement Act, COM/2022/349 final.

22 In diesem Kapitel werden aus pragmatischen Gründen lediglich Prozessstrukturen, das heißt gemeinsame Ausbildungseinrichtungen, betrachtet. Die Entstehung multinationaler Lehrgangsformate und -inhalte, die Entwicklung der Mobilität von Lehrgangsteilnehmerinnen und -teilnehmern

Unter Ausbildung soll im Weiteren die Vermittlung von aufgabenspezifischen militärischen Grundkenntnissen und Grundfertigkeiten verstanden werden. Ausbildungskooperationen bestehen im Rahmen der NATO bereits seit mehreren Jahrzehnten.[23] Sie sind einerseits Teil von Rüstungskooperationen, da diese oftmals auch mit einer multinationalen Ausbildung des Bedienpersonals militärischen Geräts verknüpft werden. Hinzu kommt die Einrichtung gemeinsamer Ausbildungsinstitutionen und -programme. So bot beispielsweise die Naval Mine Warfare School im belgischen Ostende seit 1965 gemeinsame Kurse für Angehörige der belgischen und der niederländische Marine an. Diese Schule wurde 1975 eine binationale belgisch-niederländische Organisation und bot bis 2006 Lehrgänge für NATO-Mitglieder an, bevor sie schließlich in der neuen Struktur eines Centre of Excellence aufging (Corbe 2018b: 284; Haute/Toremans 2005; Toremans 2005).

Im Jahr 1970 wurde im Rahmen der Eurogroup die Euro-Training-Group gegründet. 1971 kamen die USA und Kanada hinzu. Das Gremium hieß fortan Euro/NATO-Training-Group (ENTG) und wurde 1993 in NATO Training Group (NTG) umbenannt (Schuwirth/Scholl 1998). Sie untersteht seit 2004 dem Supreme Allied Command Transformation.

Durch gemeinsame Ausbildungsverfahren, insbesondere durch die gemeinsame Nutzung von Ausbildungseinrichtungen, sollten Ausbildungskosten gesenkt und der Grad der Standardisierung erhöht werden sowie gegenseitiges Verständnis wachsen (BMVg 1985: 333). Im Rahmen der ENTG wurde bereits während des Ost-West-Konflikts eine Reihe gemeinsamer Ausbildungen konzipiert und initiiert, wie die Hubschrauberführerausbildung in den USA, die Forward-Air-Controller-Ausbildung in Deutschland und die Waffensystemausbildung „Lance" im Vereinigten Königreich (BMVg 1985: 333).[24]

Auch die Gründung der Internationalen Fernspähschule 1979 im baden-württembergischen Weingarten ging auf einen entsprechenden Vorschlag aus der NATO zurück. 1996 wurde sie nach Pfullendorf (gleichfalls Baden-Württemberg) verlegt und im Zuge einer Umgliederung 2003 ist sie als International Special Training Centre (ISTC) im Ausbildungszentrum Spezielle Operationen aufgegangen (Jacobs et al. 2004). Es handelt sich bei der ISTC somit um eine Abteilung innerhalb einer

---

und die Entwicklung von Absolventinnen- und Absolventenzahlen könnten darüber hinaus weitere Erkenntnisse über die Herausbildung multinationaler Ausbildungskooperationen in Europa liefern. Allerdings ist die diachrone Untersuchung von Lehrplänen und Teilnehmerzahlen in nationalen und multinationalen Ausbildungsstätten in Europa im Rahmen dieses Buches nicht möglich.

23 Auch Staaten des Warschauer Paktes gewährten befreundeten Nationen Ausbildungsunterstützung. Siehe etwa Storkmann (2011) für die durch die Nationale Volksarmee der DDR geleistete Ausbildungsunterstützung in Drittstaaten.

24 Weitere Beispiele für von der NTG initiierte Ausbildungen finden sich bei Scholl (1998: 32).

Dienststelle der Bundeswehr, die auf der Grundlage eines Memorandum of Understanding multinational betrieben und organisiert ist (Sünkler 2014). Im Jahr 2021 wurde die Abteilung von neun Nationen getragen. Seit Jahrzehnten werden hier deutsche und ausländische Kommandosoldatinnen und -soldaten ausgebildet.

Bis heute findet außerdem die Ausbildung von europäischen Jetpiloten auf der Sheppard Air Force Base im US-Bundesstaat Texas statt, im Rahmen des 1978 durch 13 Staaten gegründeten Euro-NATO Joint Jet Pilot Training Program (ENJJPT) (Karavantos 2021; Metternich 2014). Zu seiner Gründung führte nicht nur der Wunsch nach Kosteneinsparung durch Kooperation, sondern auch die Absicht, Interoperabilität zwischen den teilnehmenden Nationen zu fördern. Hinzu kamen geografische Gründe, denn der europäische Luftraum unterliegt engen rechtlichen Beschränkungen und ungünstigen Wetterlagen (Nielsen 2018: 30).[25]

Und auch das Ausbildungszentrum U-Boote der Bundeswehr (AZU) steht mit seinen kostenintensiven Simulatoren und nachgebauten U-Boot-Kommandozentralen befreundeten Staaten zu Ausbildungszwecken offen (Strauch 2015; Willet 2020).

Im Bereich der höheren Offizierausbildung finden ebenso Kooperationen statt. So bietet die Führungsakademie der Bundeswehr bereits seit 1962 eine Generalstabsausbildung für Teilnehmerinnen und Teilnehmer aus Deutschland und Nicht-NATO-Staaten an, die später durch das Angebot einer Admiralstabsausbildung ausgebaut wurde. Ziel dieses einjährigen Lehrgangs „Generalstabsdienst/Admiralstabsdienst International" (LGAI) ist unter anderem die frühzeitige Vernetzung der Teilnehmenden, die später in ihrer Karriere höhere militärische Führungsebenen besetzen werden. Den ausländischen Teilnehmerinnen und Teilnehmern soll ein „umfassendes Deutschlandbild" vermittelt werden, damit sie später, wenn sie Spitzenpositionen in ihren Ländern einnehmen, als „Fürsprecher und Freunde Deutschlands" agieren (FüAkBw 2008: 155). Mittlerweile haben etwa 3.000 Offizierinnen und Offiziere aus mehr als 120 Nationen die Ausbildung durchlaufen (Tiedau/Pokatzky 2022: 7). Aufgrund der Multinationalität ihrer Ausbildung wird die Führungsakademie der Bundeswehr auch „kleine UNO" genannt (FüAkBw 2008: 155).

Ein weiterer zweijähriger Lehrgang, „Generalstabsdienst/Admiralstabsdienst National" (LGAN) richtet sich an deutsche Offizierinnen und Offiziere. Er steht aber genauso Teilnehmerinnen und Teilnehmern aus NATO-Staaten offen. Auch die Generalstabsausbildungsprogramme anderer Nationen sind für ausländische Teilnehmerinnen und Teilnehmer geöffnet, wie in Frankreich an der École de guerre oder im Vereinigten Königreich am Joint Services Command and Staff College.

---

25 Das ENJJPT entwickelte sich aus einer zunächst bilateralen Ausbildungskooperation zwischen den deutschen und US-amerikanischen Luftwaffen, die bereits seit 1961 bestand (Ellgut 2007).

Anders als die nationalen Akademien, die ausländische Teilnehmerinnen und Teilnehmer zu nationalen Ausbildungsgängen zulassen, ist das Baltic Defence College im estnischen Tartu ein multinationales Kooperationsprojekt für die höhere Offizierausbildung. Das College wurde im Juni 1998 durch eine Vereinbarung der Regierungen Estlands, Lettlands und Litauens gegründet (Baltic Defence College 1998). Dies war zugleich ein Schritt, die künftige NATO-Mitgliedschaft der drei baltischen Staaten vorzubereiten. Immerhin unterhielten die drei Staaten nur wenige Jahre zuvor noch kein eigenes Militär. Der Besuch des Colleges steht Teilnehmerinnen und Teilnehmern aus NATO-Staaten und NATO-Partnerstaaten offen. Bei seiner Aufstellung hat insbesondere Schweden eine unterstützende Rolle eingenommen. Finanzielle Hilfe kam zudem aus Dänemark, Finnland, Norwegen und der Schweiz. Diese und weitere Staaten wie Deutschland, Frankreich, Belgien, Island, das Vereinigte Königreich, die Niederlande, Polen und die USA haben durch materielle Zuweisungen und die Abstellung von Lehrpersonal unterstützt (Clemmesen 1999; Föhrenbach 2002). Erster Kommandeur des Colleges war ein dänischer General (Ploetz 1999), sein Stellvertreter war ein schwedischer Offizier (Clemmesen 1999).

Neben der Kooperation bei der Ausbildung existieren auch Verflechtungen im Bereich der Fort- und Weiterbildung. Das NATO Defense College in Rom richtet sich mit seinem Kursangebot an hochrangige Militär- und Zivilbeamte aus den NATO-Staaten sowie der NATO-Partner. Schwerpunkt ist ein fünfeinhalbmonatiger Kurs, der die Teilnehmerinnen und Teilnehmer im Rang eines Obersts auf die Übernahme von Positionen in der NATO und in anderen multinationalen Organisationen vorbereiten soll (Jeschonnek 2009; Olboeter 2000; Papsthart 2013).

Das 1993 gegründete und in Garmisch-Partenkirchen beheimatete George C. Marshall Center ist eine Einrichtung der USA mit deutscher Beteiligung. Das Marshall Center bietet mehrtägige bis mehrwöchige Seminare zu sicherheitspolitischen Themen wie Cyber Security oder Terrorismus sowie ein Aufbaustudium Master in International Security Studies an. Im Rahmen der NATO-Osterweiterung richtete sich das Lehrangebot vor allem an zivile und militärische Führungskräfte der mittel- und osteuropäischen Staaten. Heutzutage sprechen die Kurse darüber hinaus auch Teilnehmerinnen und Teilnehmer aus zentralasiatischen und afrikanischen Staaten an.

Die 1975 eingerichtete NATO School in Oberammergau ist ebenfalls eine Fortbildungsstätte für Militärpersonal der NATO-Mitgliedstaaten sowie der NATO-Partner (Bertling 2017; Mohr 2012; o.A. 2003d; Payne et al. 2003). Sie wird jedoch, anders als ihr Name vermuten lässt, nicht von der NATO unterhalten. Es handelt sich vielmehr um eine US-amerikanische Einrichtung, die Deutschland finanziell, infrastrukturell und personell unterstützt und in die 20 weitere Staaten Lehrpersonal entsenden. Sie wird zudem von den Teilnahmegebühren der Lehrgangsteilnehmerinnen und -teilnehmer getragen. An der NATO School werden zumeist operative Spezialkenntnisse vermittelt. So bietet die Schule unter anderem einen „NATO Logistics Operational Planning Course," einen „NATO Advanced Force Protection Course", eine „Collateral Damage Estimation" und einen „NATO Electronic Warfare Operational Planning Course" an.[26] Die Lehrgänge richten sich an Soldatinnen und Soldaten im Unteroffizier- und Offizierrang.

Die lange Zeit im italienischen Latina beheimatete NATO Communications and Information Systems School (NCISS), die 2019 in der NATO Communications and Information Academy (NCI) im portugiesischen Oeiras aufging, ist ein weiteres Beispiel für eine durch die NATO getragene Fortbildungseinrichtung.[27]

Auch im Rahmen der EU wurden in den 2000er Jahren gemeinsame Ausbildungsstrukturen gegründet. Frankreich und Deutschland schlugen 2003 gemeinsam mit Belgien und Luxemburg die Aufstellung eines Europäischen Sicherheits- und Verteidigungskollegs vor. Das European Security and Defence College (ESDC) wurde schließlich 2005 gegründet (siehe Katsagounos 2020; Lindstrom 2008; Rehrl 2008). Es unterscheidet sich von anderen multinationalen Aus- und Weiterbildungseinrichtungen in Europa durch seine Netzwerkstruktur, in die nationale zivile und militärische Ausbildungsinstitutionen eingebunden sind. Sylvain Paile, Politikwissenschaftler an der belgischen Université de Liège und ESDC-Lehrkraft, bezeichnet das College als „virtuell", da es über keine eigenen Einrichtungen verfüge, um seinen Bildungsauftrag zu erfüllen (Paile 2012: 59). Seine Struktur formt sich aus Instituten wie etwa der deutschen Bundesakademie für Sicherheitspolitik, dem Crisis Management and Disaster Response Centre of Excellence in Bulgarien, dem European Union Institute for Security Studies in Paris und dem belgischen Egmont Institute. Das Kursangebot richtet sich an hochrangige Expertinnen und Experten aus EU-Mitgliedstaaten und Beitrittskandidaten, die für die Übernahme von Führungspositionen mit Berührungspunkten zur europäischen Außen- und Sicherheitspolitik vorgesehen sind. Den Schwerpunkt bildet der zehnmonatige CSDP High Level Course, bei dem die Teilnehmerinnen und Teilnehmer im Rahmen von Präsenzmodulen an den unterschiedlichen teilnehmenden Institutionen zusammenkommen. Zudem leitet das Kolleg seit 2008 das Austauschprogramm Military Erasmus. Wie beim Erasmus-Programm der EU für zivile Studierende können bei Military Erasmus studierende Offizierinnen und Offiziere einen Teil ihres Studiums an einer ausländischen Ausbildungseinrichtung absolvieren (Gell et al. 2018). Das ESDC ist Baustein der EU Training Policy in ESDP (Council of the European Union

---

26 <https://www.natoschool.nato.int/Academics/Portfolio/Course-Catalogue> (letzter Zugriff 1.3.2023).
27 <https://www.ncia.nato.int/what-we-do/nci-academy/about-the-nci-academy.html> (letzter Zugriff 1.3.2023).

2003, ESDP steht für European Security and Defence Policy) sowie des EU Training Concept in ESDP (Council of the European Union 2004), die 2003 beziehungsweise 2004 durch den Ministerrat der EU verabschiedet worden sind mit dem Ziel, den Ausbildungsstand der Streitkräfte der europäischen Staaten zu harmonisieren.[28]

Tabelle 6 fasst die wesentlichen Merkmale der unterschiedlichen multinationalen Bildungsinstitute der Streitkräfte in Europa zusammen.

Tabelle 6: Multinationale Bildungseinrichtungen in Europa

Name	Ort	Grün-dung	Betreiber	Zielgruppen	Fokus
Baltic Defence College	Tartu, EST	1998	EST, LVA, LTU	Soldatinnen und Soldaten im Offizierrang und ziviles Personal	Ausbildung (Generalstabslehrgang), Weiterbildung und Forschung (sicherheitspolitisch)
NCI Academy	Oeiras, PRT	1959 (Vorläufer)	NATO	Soldatinnen und Soldaten im Unteroffizier- und Offizierrang und ziviles Personal	Fortbildung (operative Spezialkenntnisse)
NATO School Oberammergau	Oberammergau, DEU	1975	USA, Beteiligung DEU	Soldatinnen und Soldaten im Unteroffizier- und Offizierrang	Fortbildung (operative Spezialkenntnisse)
NATO Defense College	Rom, ITA	1951	NATO	Ziviles und militärisches Führungspersonal	Weiterbildung und Forschung (sicherheitspolitisch)
George C. Marshall Center	Garmisch-Partenkirchen, DEU	1993	USA, Beteiligung DEU	Ziviles und militärisches Führungspersonal	Weiterbildung (sicherheitspolitisch)
European Security and Defence College	Netzwerk, Sitz des Sekretariats in Brüssel, BEL	2005	EU	Ziviles und militärisches Führungspersonal	Weiterbildung (sicherheitspolitisch)

Quelle: Darstellung Ina Kraft.

---

28 Im Rahmen der PESCO-Fähigkeitsinitiative plant die EU seit 2018 zudem den Aufbau einer Joint EU Intelligence School.

6.2.2 Sonderfall Centres of Excellence

Seit Mitte der 2000er Jahre sind im NATO-Rahmen mit den sogenannten Centres of Excellence (COE) weitere, neuartige Institutionen geschaffen worden, die ebenfalls unter anderem einem Ausbildungsauftrag nachkommen. Centres of Excellence stehen außerhalb der NATO-Kommandostruktur, stellen aber ihre Funktionen der NATO zur Verfügung (Klinkenberg 2023; Lundquist 2021; NATO 2020a). Die Centres of Excellence sind ein Sonderfall der multinationalen Ausbildungskooperation, denn neben Ausbildung und Training zählen auch Doktrinentwicklung, Konzeptentwicklung & Experimente sowie Lessons Learnt zu ihren Aufgaben (Corbe 2018b: 82). Sie erfüllen somit noch andere militärische Prozessfunktionen. Im Jahr 2020 existierten 26 Centres of Excellence (Tabelle 7). Einige basieren auf Ausbildungseinrichtungen, die bereits zu Zeiten des Ost-West-Konflikts bestanden, zum Beispiel das Naval Mine Warfare (NMW) COE.

COEs werden durch eine oder mehrere Rahmennationen (Framework Nations) betrieben. Diese stellen die Infrastruktur und Führung eines Centre of Excellence. Teilnehmende Staaten leisten einen finanziellen und mitunter auch einen personellen Beitrag. Die Zertifizierung von COEs sowie deren regelmäßige inhaltliche Evaluierung werden durch das Allied Command Transformation (ACT) der NATO koordiniert.

COEs bieten vor allem kleineren NATO-Mitgliedstaaten die Möglichkeit, sich mit der Ausbildung spezieller Fähigkeiten in die NATO einzubringen. Estland und Tschechien sind hierfür zwei Beispiele. Estland hat nach einer Reihe von Internetangriffen gegen Institutionen seiner Regierung im Jahr 2007 Expertise auf dem Gebiet der Cyber-Verteidigung entwickelt. Infolgedessen hat es 2008 das Cooperative Cyber Defence (CCD) COE gegründet, das Doktrinentwicklung und Ausbildung in diesem Bereich betreibt. Tschechien wiederum hat seine seit dem Ost-West-Konflikt bestehende Expertise bei der Abwehr von chemischen, biologischen, radiologischen und nuklearen Waffen weiter ausgebaut (Lane 2004) und war die erste Führungsnation des multinationalen CBRN-Verteidigungsbataillons der NATO, das 2003 aufgestellt wurde (Lane 2004). Seit 2007 leitet Tschechien zudem das Joint Chemical, Biological, Radiological and Nuclear Defence (JCBRND) COE und ist somit auch im Bereich der multinationalen Ausbildung aktiv.

Tabelle 7: Centres of Excellence im Rahmen der NATO (Stand 2020)

Bezeichnung	Aufstellung / Fokus	Rahmen-nation(en)	Teilnehmende Staaten (gesamt)
Joint Air Power Competence Centre (JAPCC)	2005 / Verbesserung der Teilstreitkräfte übergreifenden Operationen	DEU	BEL, CAN, DEU, CZE, DNK, ESP, GBR, GRC, HUN, ITA, NLD, NOR, POL, ROU, TUR, USA (16)
Combined Joint Operations from the Sea (CJOS) COE	2006 / Verbesserung der Fähigkeit Seeoperationen durchzuführen	USA	CAN, DEU, ESP, FRA, GBR, GRC, ITA, NLD, NOR, PRT, ROU, TUR, USA (13)
Defence against terrorism (DAT) COE	2006 / Maßnahmen zur Terrorismusbekämpfung	TUR	ALB, BGR, DEU, GBR, HUN, ITA, NLD, ROU, TUR, USA (10)
Naval Mine Warfare (NMW) COE	2006 / Seeminenabwehrmaßnahmen	BEL, NLD	BEL, ITA, NLD, POL (4)
Civil-Military Cooperation (CIMIC) COE	2007 / Verbesserung der zivil-militärischen Zusammenarbeit	DEU, NLD	DEU, DNK, HUN, LVA, NLD, POL, SVN (7)
Cold Weather Operations (CWO) COE	2007 / Einsätze in extremer Kälte	NOR	NOR (1)
Joint Chemical, Biological, Radiological and Nuclear Defence (JCBRND) COE	2007 / CBRN-Verteidigung	CZE	AUT, CAN, CZE, DEU, FRA, GBR, GRC, HUN, ITA, POL, ROU, SVK, SVN, USA (14)
Centre for Analysis and simulation of Air Operations (CASPOA)	2008 / Kommando und Kontrolle bei gemeinsamen und multinationalen Einsätzen	FRA	FRA (1)
Command and Control (C2) COE	2008 / Operative Führungs- und Leitungsprozesse (C2)	NLD	DEU, ESP, EST, NLD, SVK, TUR, USA (7)
Cooperative Cyber Defence (CCD) COE	2008 / Zusammenarbeit im Bereich der Computer- und Netzsicherheit	EST	AUT, BEL, BGR, CZE, DEU, DNK, ESP, EST, FIN, FRA, GBR, GRC, HUN, ITA, LTU, LVA, NLD, NOR, POL, PRT, ROU, SVK, SWE, TUR, USA (25)
Operations in Confined and Shallow Waters (CSW) COE	2008 / Führung von amphibischen Operationen	DEU	DEU, DNK, FIN, GRC, ITA, LTU, NLD, POL, TUR (9)
Military Medicine (MILMED)	2009 / Medizinische Ausbildung und Beurteilung, Interoperabilität	HUN, DEU	CZE, DEU, FRA, GBR, HUN, ITA, NLD, ROU, SVK, USA (10)
Counter- Improvised Explosive Devises (C-IED) COE	2010 / Bekämpfung von Bedrohungen durch improvisierte Sprengkörper (IEDs)	ESP	CZE, DEU, ESP, FRA, GRC, HUN, NLD, PRT, ROU, SWE, TUR, USA (13)

Bezeichnung	Aufstellung / Fokus	Rahmen-nation(en)	Teilnehmende Staaten (gesamt)
Human Intelligence (HUMINT) COE	2010 / Nachrichtendienst-liche Expertise	ROU	CZE, HUN, GRC, POL, ROU, SVK, SVN, TUR, USA (9)
Military Engineering (MILENG) COE	2010 / Interoperable Militär-technik	DEU	BEL, CAN, CZE, DEU, DNK, ESP, FRA, GBR, GRC, HUN, ITA, NLD, NOR, POL, ROU, TUR, USA (17)
Explosive Ordnance Disposal (EOD) COE	2011 / Kampfmittelbeseiti-gung	SVK	CZE, HUN, POL, ROU, SVK (5)
Energy Security (ENSEC) COE	2012 / Sicherheit der Ener-gieversorgung	LTU	DEU, EST, FIN, FRA, GEO, GBR, ITA, LTU, LVA, TUR, USA (11)
Modelling and Simu-lation (M&S) COE	2012 / Standards und Inter-operabilität im Bereich Modellierung und Simu-lation	ITA	CAN, CZE, DEU, ITA, USA (5)
Military Police (MP)	2014 / Interoperabilität im Bereich Militärpolizei	POL	BGR, CZE, DEU, GRC, HUN, HRV, ITA, NLD, POL, ROU, SVK (11)
Strategic Communi-cations (StratCom) COE	2014 / Public Diplomacy, Informationsoperationen, psychologische Operationen	LVA	CAN, DEU, EST, FIN, FRA, GBR, ITA, LTU, LVA, NLD, POL, SVK, SWE (13)
Counter-Intelligence (CI) COE	2015 / Spionageabwehr	POL, SVK	CZE, DEU, HRV, HUN, ITA, LTU, POL, ROU, SVK, SVN, USA (12)
Crisis Manage-ment and Disaster Response (CMDR) COE	2015 / Bewältigung von Krisen und Katastrophen-reaktionsoperationen	BGR	BGR, GRC, POL (3)
Mountain Warfare (MW) COE	2015 / Einsätze in schwieri-gem Gelände (z.B. Gebirge) und bei extremem Wetter	SVN	AUT, DEU, HRV, ITA, POL, ROU, SVN (7)
Stability Policing (SP) COE	2015 / polizeiliche Aktivitä-ten zur Wiederherstellung und Aufrechterhaltung der öffentlichen Ordnung	ITA	CZE, ESP, FRA, GRC, ITA, NLD, POL, ROU, TUR (9)
Security Force Assistance (SFA) COE	2018 / Wiederaufbau in Konflikt- und Postkon-fliktszenarien	ITA	ALB, ITA, SVN (3)
Maritime Security (MARSEC) COE	2020 / Seehandel, Energie-sicherheit, maritime Umwelt und Ressourcen, öffentliche Gesundheit, Seeverkehrs-logistik	TUR	GRC, ROU, TUR (3)

Quelle: Darstellung Ina Kraft, basierend auf NATO (2020a).

Mit dem European Centre of Excellence for Countering Hybrid Threats haben zunächst neun Gründungsmitglieder auch außerhalb des Koordinierungsrahmens des NATO Allied Command Transformation ein COE aufgestellt. Finnland beispielsweise, NATO-Mitglied erst seit April 2023, ist Heimat dieses 2017 gegründeten Centre, an dem mittlerweile 31 Staaten beteiligt sind.[29]

In Fachkreisen werden COEs aufgrund ihrer hohen Aufstellungs- und Betriebskosten kritisiert (etwa Mishory 2018). Ihre unklare zivile Kontrolle (Corbe 2018b: 81) sowie die Kompetenzausweitung einiger COEs in zuvor zivile Zuständigkeitsbereiche (Schwitanski 2019) werden ebenfalls kritisch kommentiert. Aller Kritik zum Trotz haben die Neuartigkeit der COE, ihre rechtliche Eigenständigkeit unter zeitgleicher zentraler Lenkung durch die NATO, ihre Spezialisierung und ihr Einfluss auf die Doktrinentwicklung das multinationale Ausbildungsportfolio auf dem europäischen Kontinent grundlegend erweitert.

Zwischenfazit zum Prozessbereich Ausbildung

Militärische Ausbildung soll sicherstellen, dass das Streitkräftepersonal über das nötige Wissen und die speziellen Kenntnisse verfügt, um seinen Auftrag zu erfüllen. Bereits während des Ost-West-Konflikts war die militärische Ausbildung in Europa teilweise multinational organisiert. Neben schon damals häufigen Öffnungen nationaler Ausbildungsstätten für ausländische Streitkräfteangehörige und der multinationalen Organisation der Ausbildung von Spezialkenntnissen wurden bereits 1951 das NATO Defense College, 1956 die NATO Communications and Information Systems School und 1975 die NATO School eingerichtet. In den 1990er Jahren kamen mit dem George C. Marshall Center und dem Baltic Defence College zwei weitere multinationale Einrichtungen in Europa hinzu. Mit der Aufstellung des European Security and Defence College als Ausbildungsnetzwerk beschreiten die EU-Mitgliedstaaten seit 2005 einen eigenen Weg in der multinationalen Ausbildungskooperation. Einen weiteren quantitativen Anstieg von multinationalen Ausbildungsstätten in Europa, vor allem aber eine qualitative Ausdifferenzierung der multinationalen Ausbildung bedingten die zahlreichen Gründungen von Centres of Excellence.

---

29 Hintergrundgespräch mit ehemaligem Angehörigen des Hybrid COE, Potsdam, 10.8.2022.

6.3 Der Prozessbereich Übungen

Anders als die Aus-, Fort- und Weiterbildung setzen militärische Übungen nicht auf der individuellen Ebene der Soldatinnen und Soldaten an, sondern auf der kollektiven Ebene militärischer Einheiten. Übungen bereiten Streitkräfte auf Einsätze vor. Entsprechend spiegeln sie die aktuellen Anforderungen an die Streitkräfte wider. Sie dienen im Besonderen dem Einüben von Verfahren, dem Testen von Konzepten, Doktrinen und Verfahren, dem Herstellen von Interoperabilität zwischen den Übungsteilnehmerinnen und -teilnehmern (Heuser 2018: 9). Im Rahmen von Übungen wird zudem die Zertifizierung von Truppenteilen vorgenommen (etwa Langenegger 2023). Die NATO-Großübung Trident Juncture, die 2016 unter anderem in Italien, Portugal und Spanien stattfand, zertifizierte beispielsweise die NATO Response Force 2017 (NRF 17) sowie das Allied Joint Force Command Brunssum als deren Führungsebene (NATO 2019b: 140). Wie andere in diesem Kapitel betrachtete Prozessbereiche auch, befähigen Übungen die Streitkräfte, ihre Aufgaben zu erfüllen.

Es existieren unterschiedliche Übungsarten: Übungen mit Truppenteilen (Live Exercise, LIVEX), Planübungen, beispielsweise die Gefechtsstandübung (Command-Post Exercise, CPX), und die Simulation ohne den Einsatz von Streitkräften (Dupuy et al. 2003; U.S. DoD 2019a). Die multinationale NATO-Übung Noble Jump 2019 ist ein Beispiel für die Kombination verschiedener Übungsarten. Sie war in zwei Phasen unterteilt: In der ersten Phase wurden in einer Table-Top Exercise (TTX) die Aktivierung, die Einsatzplanung und die Bereitschaft der multinationalen Very High Readiness Joint Task Force 19 (VJTF 19) getestet. Erst in einer zweiten Phase kamen die taktischen Elemente der VJTF und somit Soldatinnen und Soldaten vor Ort zum Übungseinsatz (NATO 2019a).

6.3.1 Multinationale Übungen zu Zeiten des Ost-West-Konflikts

Große multinationale NATO-Militärmanöver mit bis zu 100.000 Soldatinnen und Soldaten sowie multinationale NATO-Planungsübungen waren, neben den ebenso regulär stattfindenden nationalen Übungen, während des Kalten Krieges keine Seltenheit auf dem europäischen Kontinent (Blackwill/Legro 1989; Heuser/Ruiz Palmer 2018: 2; NATO 1978). Sie prägten insbesondere in dessen Hochphase in den 1970er und 1980er Jahren das öffentliche Bild der NATO. Sichtbare Übungen waren in dieser Zeit Teil der Abschreckungsstrategie der NATO und zugleich ein Weg, die Truppen der Mitgliedstaaten auf die gemeinsame Bündnisverteidigung vorzubereiten.

Die NATO-Übungsserie Return of Forces to Germany (REFORGER) erlangte größere Bekanntheit. Sie war die Folge einer 1967 getroffenen Entscheidung zum Abzug einiger US-Truppenteile aus Deutschland. Im Rahmen von REFORGER wurde ab 1969 regelmäßig die Verlegung größerer Truppenteile geübt (Seidl 1969). Es galt zu demonstrieren, dass die USA trotz des Teilabzugs der Verteidigung des europäischen Bündnisgebiets verpflichtet blieben. So wurde zu Übungszwecken jährlich eine Formation aus den USA nach Deutschland verlegt (Farndale 1988: 11). An der Übung Certain Strike im Rahmen von REFORGER 87 nahmen um die 78.000 Soldatinnen und Soldaten aus Belgien, dem Vereinigten Königreich, Deutschland, den Niederlanden, den USA sowie Frankreich teil (Farndale 1988). Seit 1975 übte die NATO zudem die Interoperabilität der Alliierten in der Übungsserie Autumn Forge (Heuser/Ruiz Palmer 2018: 3).

Gemeinsame Übungen fanden nicht nur im westlichen Europa statt, sondern regelmäßig auch auf der anderen Seite des Eisernen Vorhangs (Baev 2009; Ruiz Palmer 2014).[30] Sie stellten ein „wichtiges Feld des Zusammenwirkens der Stäbe und Truppen des Warschauer Vertrages dar" (Jakus 2011: 64).

6.3.2 Multinationale Übungen nach dem Ende des Ost-West-Konflikts

Der Warschauer Pakt löste sich 1991 auf. Die NATO bestand zwar weiterhin fort, an der Großübung REFORGER nahmen im selben Jahr mit rund 28.000 US-Soldatinnen und -Soldaten aber bereits erheblich weniger Angehörige der US-Streitkräfte teil als beispielsweise noch 1988, als rund 97.000 US-Soldatinnen und -Soldaten nach Deutschland verlegten (Childress 1992: 10). Schließlich wurde REFORGER 1993 ganz eingestellt (Heuser/Ruiz Palmer 2018: 3).[31]

Zwischen 1993 und 2013 ging die Übungstätigkeit der NATO zurück (etwa Gunner 2011), die Übungsszenarien wandelten sich tiefgreifend. Die neuen Einsatz-

---

30 Ein Beispiel hierfür ist Buria. In dieser Übung des Warschauer Paktes wurde 1961 der nukleare Erstschlag geübt (Heuser/Ruiz Palmer 2018: 3; Uhl 2006). An der Übung Moldau nahmen die Streitkräfte der DDR, Ungarns, der Tschechoslowakei sowie der Sowjetunion teil (Wenzke 2011: 42). In der Literatur sind zudem u.a. Beispiele für gemeinsame Übungen in Bulgarien (Baev 2009: 49) und in der DDR (Wenzke 2009: 87, 105) zu finden. Negoiță (2020: 106–113) bietet in Tabellenform eine „Chronologie der Übungen und Manöver der Vereinten Streitkräfte des Warschauer Paktes" von 1961 bis 1989. Eine militärfachliche Beschreibung und politische Einordnung der Shield-72-Übung finden sich bei Erickson (1972). Flor (1986) analysiert vergleichend Übungen von NATO und Warschauer Pakt.

31 Im Warschauer Pakt ging die Übungstätigkeit bereits in den 1980er Jahren aus Kostengründen zurück (Jakus 2011: 66).

realitäten und die strategische Neuorientierung der NATO in den 1990er Jahren verlangten Fähigkeiten zur Krisenreaktion. Diese wurden anders beübt als Szenarien der großflächigen Territorialverteidigung. Nach 1990 fanden Übungen daher eher auf der Ebene der Bataillone und weniger auf der Ebene der Großverbände statt (Heuser/Ruiz Palmer 2018: 4–6). Geübt wurde zudem immer weniger das Gefecht der verbundenen Waffen gegen einen großen konventionellen Gegner, sondern asymmetrische Szenarien wie beispielsweise die Aufstandsbekämpfung (ebd.).

Seit 1994 öffnete die NATO ihre Übungen mit Szenarien der Friedenssicherung zudem jenen Ländern, die Teil ihrer Initiative Partnership for Peace (PfP) waren, insbesondere ehemaligen Teilrepubliken der Sowjetunion sowie Staaten des Warschauer Pakts. Viele von ihnen strebten die Mitgliedschaft in der NATO an. Die Übungsteilnahme ermöglichte ihnen eine enge militärische Anbindung an die NATO und ihre Mitglieder.

Im Jahr 2013, nach einem Jahrzehnt verringerter gemeinsamer Übungsanstrengungen und im zeitlichen Zusammenhang mit dem Ende von ISAF in Afghanistan, vereinbarten die NATO-Verteidigungsminister die Wiederbelebung des NATO-Übungsprogramms (NATO 2014a: 15). Ein Jahr später beschloss die NATO auf ihrem Gipfel in Wales eine erhöhte Übungstätigkeit im Rahmen ihrer Rückversicherungsmaßnahmen, die sie als Reaktion auf das russische Vorgehen in der Ukraine einführte. Ergebnis waren häufigere Übungen mit Volltruppe und großformatige Übungen mit Szenarien des hochintensiven Gefechts gegen einen symmetrischen Gegner im östlichen Bündnisgebiet, wie die 2018 durchgeführte NATO-Übung Trident Juncture. An ihr waren nun wieder 50.000 Übende aus 31 Staaten beteiligt (Hesse 2019: 44). Zudem werden auf dem europäischen Kontinent unter dem Namen Defender-Europe jährlich wieder größere Verlegeübungen unter Führung der USA abgehalten (Klos 2020; Restau 2022).

Wie schon vor 1990 finden multinationale militärische Übungen in Europa auch heutzutage hauptsächlich im Rahmen der NATO statt. Zum einen werden sie von der NATO selbst initiiert und durchgeführt und in einem NATO-Kommando geplant; sie stehen den NATO-Mitgliedern und in manchen Fällen auch anderen Staaten offen. Ein Beispiel hierfür ist die luftstreitkräftebasierte NATO-Übung Ramstein Alloy, die regelmäßig stattfindet. Zum anderen kann ein einzelnes NATO-Mitglied eine Übung initiieren und führen, an der sich weitere Staaten beteiligen. Genannt sei hier etwa Spring Storm, die alljährlich von Estland durchgeführt wird (Gotkowska/Szymański 2015), sowie die von Deutschland verantwortete NATO-Luftstreitkräfteübung Air Defender 23 (Gordon 2023).

Tabelle 8 verdeutlicht exemplarisch die große Bandbreite von militärischen Übungen in Europa im NATO-Kontext.

Tabelle 8: Übungen im NATO-Rahmen (Auswahl)

Name	Jahr	Anbieter	Teilnehmer (Anzahl Teilnehmer)	Art	Beschreibung
Locked Shields	2019	NATO	AUT, BEL, BGR, CYP, CZE, DEU, ESP, EST, FIN, FRA, GRC, HRV, HUN, IRL, ITA, LUX, LTU, LVA, MLT, NLD, POL, PRT, ROU, SVK, SVN, SWE (26)	Planungs- übung	Simulation eines Cyber-Angriffs; Fokus auf Kommunikation zwischen Expertinnen und Experten und sowie Entscheidungsträgerinnen und Entscheidungsträgern
BALTOPS	2019	USA	DEU, DNK, EST, FIN, FRA, LTU, LVA, NLD, POL, SWE, USA (11)	Übung in Volltruppe	Übung zum Auffinden und Zerstören von U-Booten, Luftverteidigung, Landung von Truppen an Land und Verteidigung gegen Angriffe von Schiffen der feindlichen Marine
Summer Shield	2019	LVA	ALB, CAN, CZE, DEU, ESP, LTU, LVA, POL, SVK, SVN, USA (11)	Übung in Volltruppe	Testen von Kampfunterstützungselementen, einschließlich Artillerie, Luftverteidigung und Aufklärung
Ramstein Alloy 18 II	2018	NATO	DNK, ITA, LTU, LVA, NOR, POL, USA (7)	Übung in Volltruppe	Verbesserung der Interoperabilität von NATO-Ländern und Partnerländern; Teil der Übung ist die Luftnahunterstützung und das Such- und Rettungstraining
SIIL 18	2018	EST	BEL, CAN, DEU, DNK, EST, FIN, FRA, GBR, GEO, IRL, LTU, LVA, POL, SWE, UKR, USA (16)	Übung in Volltruppe	Landübung u.a. mit dem Ziel, die Interoperabilität zwischen den estnischen Streitkräften und den Streitkräften der NATO-Verbündeten zu verbessern.
Flaming Thunder	2017	LTU	DEU, LTU, LVA, PRT, UKR (5)	Übung in Volltruppe	Übung zum Umgang mit Artillerie- und Mörserfeuer
Tobruq Legacy	2017	USA	CZE, GBR, LTU, LVA, POL, ROU, USA (7)	Übung in Volltruppe	Ausbildung von Boden-Luftverteidigungseinheiten zur Durchführung von Verteidigungsoperationen
Brilliant Jump Alert	2016	NATO	ALB, ESP, GBR, POL (4)	Übung in Volltruppe	Testen des Aktivierungsprozesses der Very High Readiness Joint Task Force

Name	Jahr	Anbieter	Teilnehmer (Anzahl Teilnehmer)	Art	Beschreibung
Shabla 2016	2016	BGR	BGR,USA (2)	Übung in Volltruppe	Übung zur Verbesserung der operativen und taktischen Inter-operabilität

Hinweise: In die Kategorie Übung in Volltruppe fallen Live Exercises und Field Exercises. In die Katego-rie Planungsübung fallen Command Post Exercises, Simulationen, Table Top Exercises und Computer Assisted Exercises. Quelle: Darstellung Ina Kraft, basierend auf NATO 2016a, 2017a, 2018c, 2019a; <https://ccdCOE.org/exercises/locked-shields/>, <https://www.blogbeforeflight.net/2018/04/NATO-exercise-ramstein-alloy-2018.html>, <https://www.contracts.mod.uk/do-features-and-articles/natos-joint-warrior-exercise-begins-in-scotland/>,<https://www.eda.europa.eu/info-hub/press-centre/latest-news/2019/04/05/eda-supports-nato-ccd-COE-locked-shields-cyber-defence-exercise>, <https://www.joint-forces.com/exercise-news/15960-exercise-siil-2018-allies-defendinQestonia>,<https://www.navalnews.com/naval-news/2019/06/large-nato-naval-exercise-baltops-2019-kicks-off-in-the-baltic-sea>/,<https://www.opednews.com/articles/Is-NATO-military-exercise-by-Jonas-Dringelis-Army_Combat_Military-Attack_Military-Bases-190515-5.html>, <https://www.thedefensepost.com/2018/05/07/nato-exercise-siil-estonia/> (letzter Zugriff jeweils 21.9.2020). Aus den Namen der großen NATO-Übungen ist im Übrigen die durchführende Stelle abzulesen. So bezeichnet der erste Buchstabe des ersten Wortes im Übungsnamen das für Planung und Übung zuständige NATO-Kommando. S steht für Supreme Headquarters Allied Powers Europe (SHAPE), T steht für Allied Command Transformation (ACT), B steht für das Allied Joint Force Command in Brunssum und N für das Allied Joint Force Command in Neapel. Der erste Buchstabe des zweiten Wortes bezeichnet zusätzlich den Operationsraum. A für Englisch *air* steht für Übungen der Luftstreitkräfte, L für Landstreitkräfte, M für Übungen im maritimen Raum. J für *joint* steht für teilstreitkräfteübergreifende Übungen und schließlich S für Übungen der Spezialkräfte. Siehe: <https://www.nato.int/cps/en/natohq/topics_49285.htm> (letzter Zugriff 3.9.2021).

Die Gesamtzahl von Übungen im Rahmen der Allianz ist seit dem Jahr 2016 gestiegen. Da die Anzahl der NATO-Übungen annähernd gleichgeblieben ist, geht die Erhöhung somit auf ein erweitertes Übungsangebot der Mitgliedstaaten zurück (siehe Tabelle 9).

Tabelle 9: Anzahl der Übungen der NATO und der NATO-Staaten 2016–2021

Jahr	Übungen der NATO	Übungen der NATO-Staaten	gesamt
2016	107	135	242
2017	108	162	270
2018	103	183	286
2019	102*	208*	310*
2020	88**	176	264
2021	95*	220	315*

Quellen: NATO (2016a, 2017a, 2018c, 2019a, 2021a).
* nur Informationen zu geplanten Übungen verfügbar
** geringeres Übungsvolumen aufgrund Corona-Pandemie

In die Entwicklung und Durchführung von NATO-Übungen sind beide strategischen Kommandobereiche der NATO – das Allied Command Operations (ACO) und das Allied Command Transformation (ACT) – eingebunden: Während das ACO die Ausbildungsanforderungen feststellt und Übungen nach ihrem Abschluss evaluiert, ist das ACT für die Durchführung des Übungsprogramms verantwortlich. Zudem verwaltet es im Rahmen des Military Training and Exercise Programme (MTEP) Informationen über Übungen der NATO und ihrer Mitgliedstaaten (Deni 2016: 185).

Im Rahmen der Europäischen Union werden nur wenige militärische Übungen durchgeführt, da die EU keine der NATO vergleichbare Streitkräftestruktur hat. In der Regel finden militärische Übungen der EU (European Union Crisis Management Military Exercise, EU MILEX) als Command Post-Übungen statt, in denen die Zusammenarbeit der militärischen Planungseinrichtungen und der Mitgliedstaaten geübt wird.[32] Ein seltenes Beispiel für eine Übung mit Truppenbeteiligung ist die Helikopter-Übung Dark Blade 2019, bei der verschiedene Missionen in einer unübersichtlichen Umgebung inklusive Schießübungen und Abseilen durchgeführt wurden. Es handelte sich um eine Übung der EDA im Rahmen des Helicopter Exercise Program. Die Teilnehmerinnen und Teilnehmer kamen aus Belgien, Tschechien, Deutschland, Ungarn, Slowenien und Polen. In die Durchführung waren zudem Österreich, Schweden, die Niederlande und das Vereinigte Königreich eingebunden (EDA 2019b; Otten/Das 2019). Durch den russischen Angriff auf die Ukraine im Frühjahr 2022 ist das Thema militärische Übungen in den Fokus der EU gerückt. Im Strategic Compass kündigten die EU-Mitgliedstaaten an, „die Bereitschaft unserer Streitkräfte durch regelmäßige Live-Übungen (die auf EU-Ebene noch nie zuvor durchgeführt wurden) zu erhöhen" (Council of the European Union 2022). Eine erste derartige EU-Übung wurde 2023 in Spanien durchgeführt (Henckel 2023).[33]

Zwischenfazit zum Prozessbereich Übungen

Militärische Übungen sollen sicherstellen, dass militärische Truppenkörper jene Verfahren und Abläufe einüben, die sie benötigen, um ihre Aufgaben zu erfüllen. Übungen werden sowohl im nationalen als auch im multinationalen Rahmen abgehalten. Auch in diesem Prozessbereich bestand in Europa bereits im Kalten Krieg eine starke multinationale Verflechtung. Nach einem Rückgang der gemeinsamen

---

32 Etwa MILEX 2019. Siehe General Secretariat of the Council/Permanent Representatives Committee (Part 2)/Council, „Exercise Specifications (EXSPEC) for the EU Crisis Management", Council document 7209/19 Brussels, 7 March 2019.

33 <https://www.eeas.europa.eu/eeas/livex-first-ever-eu-live-military-exercise_en> (letzter Zugriff am 21.2.2024).

Übungstätigkeit in den 1990er und 2000er Jahren und einem Wandel der Szenarien hin zu kleineren Einsätzen ist in Europa seit 2015 wieder eine erhöhte Übungstätigkeit mit einem Fokus auf großformatigen Übungen zur Territorialverteidigung zu verzeichnen.

6.4 Schlussbetrachtungen

Die Londoner Erklärung der NATO von 1990 hat die gestiegene Bedeutung multinationaler Strukturen in Europa hervorgehoben (NATO 1990). Doch Multinationalität manifestiert sich nicht nur in multinationalen Kommandos und Truppenkörpern, sondern auch in jenen Prozessen, die militärische Organisationen unternehmen, um – national oder multinational – handlungsfähig zu sein. In diesem Kapitel wurden zunächst die verschiedenen Prozessdimensionen dargestellt, in denen Streitkräfte die Bereitstellung benötigter Ressourcen organisieren. Sodann wurden die drei Prozessbereiche Ausrüstung, Ausbildung und Übungen betrachtet. Grundsätzlich ist in den betrachteten Bereichen ein Trend zu mehr Zusammenarbeit festzustellen.

Der Vergleich zeigt jedoch, dass Ausbildung und Übungen von großen Kontinuitäten geprägt sind, während bei der Ausrüstung eine Vielzahl von Kooperationsinitiativen und gescheiterten Versuchen der Zusammenarbeit zu verzeichnen ist. Der Grund für diesen Unterschied liegt darin, dass Ausbildung und Übungen stärker militärisch geprägt sind als Ausrüstungsprozesse, in die bereits allein aufgrund der enormen Budgetvolumen die politische Ebene involviert ist. Bei Ausbildung und Übungen ist das Militär dagegen zugleich Konsument und Produzent. Die Entscheidungsfindung zwischen multinationalen Kooperationspartnern ist dadurch wesentlich vereinfacht. Hier überwiegen administrative Aushandlungs- und Entscheidungsprinzipien. Im Bereich Ausrüstung treten hingegen weitere Akteure auf politischer und unternehmerischer Ebene mit eigenen Interessen auf, was die Entscheidungsfindung erschwert.

7 Multinationale Aktivitäten

Abhängig von der Perspektive kann die Frage danach, was Streitkräfte tun, ganz unterschiedlich beantwortet werden (Edmunds 2006; Kümmel 2012; Nuciari 2018). Streitkräfte gewährleisten die äußere Sicherheit eines Staates (Hartmann/von Rosen 2018: 895). Sie werden jedoch auch im Innern eingesetzt (Banks/Dycus 2016). Streitkräfte befinden sich „im Krieg" (Willis 2014), bewahren aber ebenso den Frieden (siehe Payne 2020: 19). Soldatinnen und Soldaten sind somit „peacekeeping warriors" (Broesder et al. 2010). Streitkräfte stützen den Staat (Kantner/Sandawi 2012) oder sie stürzen die Regierung (Aslan 2018). Sie begehen Verbrechen (Hartmann et al. 2005; Talbert 2019). Sie retten Menschenleben (Bald/Wette 2004). Sie sichern Wahlen ab (Dobbins et al. 2008: 114). Sie bohren Brunnen (Kersten 2013). Sie vernichten Mohnfelder (Coyne et al. 2016). Sie verteilen Impfdosen (Clarke 2020). Und sie kämpfen (Warburg 2010). Schließlich sind Streitkräfte Arbeitgeber und nicht nur deshalb „Motor und Medium gesellschaftlicher Sozialintegration" (Apelt 2012: 134).

Die kursorische Auflistung verdeutlicht: Streitkräften werden ganz unterschiedliche Rollen, Techniken, Aufgaben, Funktionen, Fertigkeiten und Kompetenzen zugeschrieben. Was Streitkräfte tun, das kann in einem großen Kontinuum erfasst werden, an dessen einem Ende der „manifeste Zweck", „das potenzielle Führen von Kriegen" (Apelt 2012: 134), steht, am anderen Ende latente Funktionen wie die Sozialisierung ihrer Angehörigen (ebd.). Zwischen den beiden Polen des „Eigentlichen" und „Uneigentlichen" lässt sich verorten, was das Militär macht.

In diesem Kapitel bieten sich jene Aktivitäten als Untersuchungsgegenstand an, die Streitkräften von der politischen Ebene als Aufgaben zugewiesen werden. Diese Aufgaben werden in verteidigungspolitischen Grundlagendokumenten wie Weißbüchern (*white papers*), Sicherheitsstrategien (*security strategies*), parlamentarisch eingeforderten sicherheitspolitischen Überprüfungen (*defence reviews*) durch Regierungen oder Verteidigungsministerien kundgetan. Viele europäische Staaten veröffentlichen diese politikstrategischen Grundsatzdokumente auch in englischer Übersetzung, sodass sie sich aus forschungspraktischer Sicht als Quelle eignen, um in vergleichender Perspektive die Aufgaben der Streitkräfte in Europa zu extrahieren. Tabelle 10 bietet einen Überblick über die Aufgaben der Streitkräfte in Deutschland, dem Vereinigten Königreich, Frankreich, Italien, Spanien, Litauen sowie Ungarn, wie sie ihnen in den jeweils angegebenen englischsprachigen Versionen der nationalen Strategiedokumente zugewiesen werden.

https://doi.org/10.1515/9783111589657-007

Tabelle 10: Aufgaben der Streitkräfte in ausgewählten europäischen Staaten*

Land	Quelle	Aufgaben**
DEU	Weißbuch zur Sicherheitspolitik und zur Zukunft der Bundeswehr 2016	– Landes- und Bündnisverteidigung im Rahmen der NATO und der EU – Internationales Krisenmanagement – Heimatschutz, nationale Krisen- und Risikovorsorge und subsidiäre Unterstützungsleistungen in Deutschland – Partnerschaft und Kooperation – Humanitäre Not- und Katastrophenhilfe
GBR	National Security Strategy and Strategic Defence and Security Review 2015	– Verteidigung, Sicherheit und Widerstandsfähigkeit, auch in den Überseegebieten – nukleare Abschreckung – Stärkung des globalen Verteidigungsnetzwerks – Stärkung der internationalen Sicherheit und der kollektiven Fähigkeiten von Verbündeten, Partnern und multilateralen Institutionen – Unterstützung der humanitären Hilfe, Katastrophenhilfe, Rettungseinsätze – Angriffsoperationen – Friedens- und Stabilisierungsoperationen – Größere Militäroperationen auch gemäß Artikel 5 der NATO
FRA	French White Paper on Defence and National Security 2013	– Schutz des Staatsgebiets – Schutz der Überseegebiete – nukleare Abschreckung – Schutz von französischen Staatsangehörigen im Ausland – Schutz der strategischen Interessen Frankreichs, seiner Partner und Verbündete – Ausübung internationaler Verpflichtungen – Überwachung und Vorbereitung
ESP	National Defence Directive 2012	– Abschreckung – Verteidigung des Staatsgebiets – Überwachung des Luft- und Seeraums – Planung von militärischen Fähigkeiten zur Verteidigung der nationalen Interessen – Unterstützung der Zivilbehörden in Notfällen
ITA	White Paper for International Security and Defence 2015	– Verteidigung von nationalen Interessen, Territorium, Zugangslinien, See- und Luftraum sowie Bevölkerung im Ausland – Unterstützung der NATO und EU – Verteidigung des Euro-Atlantik und Euro-Mittelmeer-Raums – Krisenprävention und Krisenmanagementoperationen – Schutz von Institutionen und die Durchführung besonderer Aufgaben im Katastrophenfall
LTU	Military Strategy of the Republic of Lithuania 2012	– Abschreckung – individuelle und kollektive Verteidigung – regionale und internationale Sicherheit – nationale Sicherheit in Friedenszeiten

Land	Quelle	Aufgaben**
HUN	Hungary's National Military Strategy 2012	– Verteidigung – Unterstützung von Verbündeten bei der Verteidigung Ungarns – die Verhinderung von Einsätzen ziviler Flugzeuge als Renegade-Flugzeuge – Unterstützung von EU, NATO und VN – Hilfe bei Natur- oder Industriekatastrophen, Räumung von Sprengkörpern und Schutz von kritischer Infrastruktur – Pflege internationaler Beziehungen – Bewachung der Stephanskrone, Schutz des Präsidentenpalasts – Vorbereitung auf Kriegszeiten und Krisen sowie Friedensaktivitäten

Quellen: BMVg 2016; H.M. Government 2015; Lietuvos Respublikos krašto apsaugos ministerija 2012; Ministère de la Défense 2013; Ministero della Difesa 2015; Ministry of Defence 2012; Presidency of the Government 2012.
* Die Auswahl berücksichtigt sowohl große als auch kleine sowie west- und osteuropäische Staaten.
** Die Reihenfolge der Aufgaben in der Tabelle spiegelt nicht zwingend die Reihenfolge in den Grundlagendokumenten wider.

Die Aufgaben der Streitkräfte, das veranschaulicht die Zusammenstellung, ähneln sich. Durch ein induktives Vorgehen lassen sie sich in Clustern zusammenfassen. So findet sich in allen Grundsatzdokumenten die *Verteidigung* als wichtigste den Streitkräften zugewiesene Aufgabe. In Deutschland werden hierunter Landes- und Bündnisverteidigung verstanden. Ähnlich sind in Litauen individuelle und kollektive Verteidigung definiert. In einigen Fällen wird Verteidigung weiter ausdifferenziert. Für Frankreich fallen unter den Verteidigungsbegriff der Schutz des Staatsgebiets und der Überseegebiete, der Staatsangehörigen im Ausland und der strategischen Interessen. Verteidigung meint in Frankreich explizit den Schutz des Staates, der wiederum auf den drei Säulen Staatsgebiet, Staatsvolk und Staatsgewalt ruht (für eine Erläuterung der Drei-Elemente-Lehre nach Georg Jellinek siehe Böckenförde 2013: 28). Eine ähnliche Aufschlüsselung von Verteidigungsaufgaben findet sich im Vereinigten Königreich und in Italien. Die *nukleare Abschreckung* wird in Frankreich und im Vereinigten Königreich als militärische Aufgabe genannt, jenen beiden europäischen Staaten also, die über ein eigenes Nuklearwaffenarsenal verfügen. Auffällig ist, dass auch Spanien und Litauen *Abschreckung* als Aufgabe definieren, obwohl diese beiden Staaten lediglich über ein konventionelles Abschreckungspotenzial verfügen, während andere, militärisch durchaus potentere Staaten, Abschreckung nicht explizit erwähnen. Der Widerspruch lässt sich mit dem Hinweis auflösen, dass es in den strategischen Sicherheitsstudien seit Jahrzehnten eine Debatte darüber gibt, ob Abschreckung als eine Teilfunktion von

Verteidigung oder als eine eigenständige Funktion von Streitkräften zu verstehen ist (ausführlich hierzu Buzan 1987: 135–142).[1]

Eng an die Verteidigung gebunden ist auch das Cluster *Überwachung und Heimatsicherung im Frieden*, das in Spanien, Frankreich, Litauen und Ungarn als explizite Streitkräfteaufgabe formuliert ist. Hierunter fällt beispielsweise die permanente Überwachung des heimatlichen Luftraums.

Internationales Krisenmanagement im Rahmen von Systemen kollektiver Sicherheit, im Folgenden als *Internationale Einsätze* bezeichnet, ist ein weiteres Cluster, das mit Ausnahme Spaniens explizit für die hier betrachteten Streitkräfte genannt ist. Darunter fallen beispielsweise die multinationalen Militäroperationen von EU, NATO und den Vereinten Nationen.

Ein nächstes Aufgabenfeld ist *Heimatschutz und Katastrophenhilfe im Inland*, wobei sich in der Ausdifferenzierung dieser Aufgabe erhebliche Unterschiede ergeben, je nachdem, ob Streitkräfte auch polizeiliche Aufgaben übernehmen dürfen.

Humanitäre Hilfe und Internationale Katastrophenhilfe fasst die weltweite Hilfe durch Streitkräfte bei Naturkatastrophen und Unglücken im Ausland zusammen.

Schließlich ist *Partnerschaft und Kooperation* zu nennen. Dazu zählt die Zusammenarbeit mit den Streitkräften anderer Nationen außerhalb von NATO und EU zumeist mit dem Ziel, durch den Aufbau von Vertrauen zu größerer Sicherheit beizutragen. Ganz praktisch fällt hierunter die sogenannte Ertüchtigung der Streitkräfte anderer Staaten, also Beratung, Unterstützung, Ausbildungs- und Ausstattungshilfe. Diese *Equip*, *train*, *advise and assist*-Missionen haben seit den 2010er Jahren das Operationsprofil der europäischen Streitkräfte erweitert (Kraft 2018a: 60 f.).

Die empirisch ermittelten Cluster umfassen für die betrachteten Staaten das Handlungsfeld von Streitkräften. Es kann angenommen werden, dass sie sich auch in den sicherheitspolitischen Grundlagendokumenten anderer europäischer Staaten in ähnlicher Art und Weise finden. Sie sind nicht trennscharf voneinander abzugrenzen, und einzelne militärische Tätigkeiten können mehreren Bereichen zugeordnet werden. Abbildung 21 veranschaulicht exemplarisch die Aufgabenüberschneidungen.

---

1 In diesem Buch wird die Abschreckung aus pragmatischen Gründen dem Cluster Verteidigung zugeordnet. Im deutschen strategischen Diskurs werden Abschreckung und Verteidigung überwiegend als voneinander getrennte Aufgaben betrachtet (Rudolf 2020: 23; Stratmann 1981: 16).

Abbildung 21: Clusterwolke Aufgaben der Streitkräfte

Heimatschutz,
Katastrophenhilfe

Partnerschaft,
Kooperation

Verteidigung und
Abschreckung

Humanitäre Hilfe,
internationale
Katastrophenhilfe

Internationale
Einsätze

Quelle: Darstellung Ina Kraft.

©ZMSBw
09623-01

Die Cluster bilden eine gute Analysestruktur für die Untersuchung internationaler Kooperationen in den Aufgabenbereichen von Streitkräften. In den folgenden Teilkapiteln sollen die militärischen Aufgabencluster mit Blick auf den Stand der jeweiligen multinationalen Verflechtungen in Europa untersucht werden. Das Cluster *Partnerschaft und Kooperation* wird in diesem Kapitel nicht weiter beleuchtet. Operative Aspekte militärischer Partnerschaft, wie die bereits erwähnten *Equip, train, advise* and *assist*-Missionen fallen in den Bereich der internationalen Einsätze. Andere Aspekte militärischer Partnerschaft, beispielsweise im Bereich der Aus- und Weiterbildung, wurden bereits in Kapitel 6 behandelt.

Die Cluster *Heimatschutz und Katastrophenhilfe* und *Humanitäre Hilfe und Internationale Katastrophenhilfe* werden im Folgenden gemeinsam dargestellt. Eine analytische Trennung ist für eine Betrachtung der Kooperationsbeziehungen europäischer Streitkräfte in diesem Bereich nicht sinnvoll, da die praktische Zusammenarbeit, insbesondere im Rahmen des NATO-geführten Euro-Atlantic Disaster Response Coordination Centre, nicht zwischen Einsätzen innerhalb und außerhalb des NATO-Bündnisgebiets unterscheidet. Zudem ist das Militär bei Heimatschutz, humanitärer Hilfe und Katastrophenhilfe lediglich ein Akteur unter vielen, der zumeist nur dann eingesetzt wird, wenn zivile Mittel unzureichend oder erschöpft sind. Militärische Kooperation in diesen Bereichen weist einen wenig institutionalisierten Ad-hoc-Charakter auf, und die multinationale Verflechtung ist zwar nachweisbar gegeben, aber eben sehr gering.

Verteidigung und *Internationale Einsätze* werden dafür breit beleuchtet, denn in diesen beiden Feldern sind die multinationalen Kooperationsbeziehungen zwischen den europäischen Staaten stark ausgeprägt. Die umfangreiche Darstellung des Ist-Zustands militärischer Kooperation in Europa steht, wie schon in den vorherigen beiden Kapiteln, auch hier im Fokus.

7.1 Verteidigung

Verteidigung und die dazu notwendige Überwachung des eigenen Territoriums sind Kernaufgaben von Streitkräften. Die Abschreckung im Sinne einer Verteidigungsstrategie kann der Verteidigung zugeordnet werden. Abschreckung soll potenziellen Gegnern bereits im Vorfeld glaubhaft vermitteln, dass Kampfhandlungen mit hohen Kosten und Verlusten verbunden wären. Damit soll Einfluss auf die gegnerische Entscheidungsfindung genommen werden, um Angriffe zu verhindern (Brodie 1958). Sowohl konventionelle Waffen als auch Massenvernichtungswaffen – dazu zählen chemische, biologische, radiologische und nukleare Waffen – können militärisch abschreckend wirken. Chemische und biologische Waffen gehören jedoch nicht zum militärischen Ausrüstungsportfolio europäischer Staaten, da sie international geächtet sind.

Die Bereitschaft zur Verteidigung des NATO-Territoriums ist ein wesentlicher Bestandteil des NATO-Vertrags von 1949.[2] Auch die EU kennt seit dem Vertrag von Lissabon von 2009 eine Beistandsklausel.[3] Allerdings sind derartige Vertragsklauseln Ausdruck einer sicherheitspolitischen Kooperationsbeziehung und konstituieren an sich noch keinen Fall militärischer Multinationalität. Sie bilden jedoch einen

---

2 In Artikel 5 des NATO-Vertrags heißt es: „Die Parteien vereinbaren, dass ein bewaffneter Angriff gegen eine oder mehrere von ihnen in Europa oder Nordamerika als ein Angriff gegen sie alle angesehen werden wird; sie vereinbaren daher, dass im Falle eines solchen bewaffneten Angriffs jede von ihnen in Ausübung des in Artikel 51 der Satzung der Vereinten Nationen anerkannten Rechts der individuellen oder kollektiven Selbstverteidigung der Partei oder den Parteien, die angegriffen werden, Beistand leistet, indem jede von ihnen unverzüglich für sich und im Zusammenwirken mit den anderen Parteien die Maßnahmen, einschließlich der Anwendung von Waffengewalt, trifft, die sie für erforderlich erachtet, um die Sicherheit des nordatlantischen Gebiets wiederherzustellen und zu erhalten" (NATO 1949). Der Bündnisfall wurde nach den Terroranschlägen auf die USA am 11. September 2001 durch den NATO-Rat beschlossen.
3 In Artikel 42 (7) des EU-Vertrages heißt es: „Im Falle eines bewaffneten Angriffs auf das Hoheitsgebiet eines Mitgliedstaats schulden die anderen Mitgliedstaaten ihm alle in ihrer Macht stehende Hilfe und Unterstützung, im Einklang mit Artikel 51 der Charta der Vereinten Nationen" (EU 2008). Nach den Terroranschlägen von Paris am 13. November 2015 hat sich Frankreich auf die EU-Beistandsklausel berufen (Nováky 2017). Eine Reihe von EU-Staaten hat Frankreich daraufhin bei der Bekämpfung des sogenannten Islamischen Staats sowie bei anderen militärischen Operationen in der Region des Nahen Ostens und in der Sahelzone unterstützt (siehe European Council 2016).

Begründungsrahmen für die militärischen Kooperationsbeziehungen in NATO und EU. Im Konfliktfall können auf der Basis der Beistandsklauseln grundsätzlich alle Streitkräfteanteile – ob national oder multinational – für die Verteidigung zum Einsatz kommen.

Die beübte NATO-Kommando- und Streitkräftestruktur hat bereits im Frieden ein hohes Verteidigungspotenzial. Darüber hinaus kooperieren die europäischen NATO-Staaten in Friedenszeiten permanent auch in zwei Teilbereichen des Aufgabenclusters Verteidigung: bei der nuklearen Teilhabe sowie bei der Luftverteidigung.

7.1.1 Nukleare Teilhabe

Durch eine Mitgliedschaft in der NATO profitiert ein Großteil der europäischen Staaten grundsätzlich auch vom Abschreckungspotenzial der land-, see- und luftgestützten strategischen Atomwaffen der NATO-Staaten Frankreich, Vereinigtes Königreich und USA. Frankreich betont zudem in seiner Außen- und Sicherheitspolitik regelmäßig die europäische Dimension der nuklearen Abschreckung (Ostendorf 2020; Rudolf 2020: 11).[4]

Ein möglicher Schutz durch diese drei Atomwaffenstaaten findet seine Grenzen in den Beistandsregeln des NATO- und EU-Vertrags. Ein Automatismus für einen militärischen oder gar atomaren Beistand im Bündnisfall ist dort nicht kodifiziert. Die Entscheidung über einen Einsatz strategischer Nuklearwaffen liegt ausschließlich in französischer, britischer und US-amerikanischer Hand.

Zur strategischen Dimension nuklearer Abschreckung tritt eine operativ-taktische. Ein kleiner Teil der luftgestützten US-amerikanischen taktischen Atomwaffen – ihre Zahl wird auf 100 bis 150 geschätzt[5] – ist im Rahmen der nuklearen Teilhabe

---

4 Egeland/Pelopidas (2021) setzen sich kritisch mit Frankreichs Rhetorik im Bereich der europäischen nuklearen Teilhabe und ihrem Wahrheitsgehalt auseinander. Gelegentlich wird in Publikationen von Denkfabriken wie der französischen Fondation pour la recherche stratégique (FRS) und auch von deutschen Politikern die Idee einer „europäischen Atombombe" formuliert (Tertrais 2019; Volpe/Kühn 2017). Es handelt sich hierbei jedoch nur um vereinzelte Stimmen. Eine nachhaltige Debatte über eine EU-Teilhabe an den französischen Nuklearwaffen oder gar eine eigene EU-Atombombe fand in der EU bis zum Beginn des russischen Angriffskriegs 2022 nicht statt (Sauer 2020).

5 Es existieren unterschiedliche Angaben darüber, wie viele Atomwaffen während des Ost-West-Konflikts in Europa stationiert waren. Einige Experten, darunter der deutsche ehemalige General Rainer Glatz, schätzen die Zahl auf bis zu 7.000 Stück in Europa, davon 5.000 auf deutschem Territorium (Glatz et al. 2020: 3). Der ehemalige Generalinspekteur der Bundeswehr Klaus Naumann da-

(*nuclear sharing*) auf europäischem Territorium in den fünf NATO-Staaten Belgien, Deutschland, Italien, Niederlande und Türkei stationiert (Rudolf 2020: 7).[6] Bis auf die Türkei stellen diese Staaten spezielle Kampfflugzeuge bereit, um die atomaren Fallbomben auch einsetzen zu können. Das heißt, einige ihrer Flugzeuge sind technisch in der Lage und verteidigungspolitisch dafür vorgesehen, US-amerikanische Atomwaffen in ein militärisches Zielgebiet zu bringen und sie dort abzuwerfen (Rudolf 2020: 7). Daneben beteiligen sich im Rahmen der nuklearen Teilhabe mit Dänemark, Griechenland, Norwegen, Polen, Rumänien, Tschechien und Ungarn sieben weitere NATO-Staaten an Geleitschutzoperationen und Operationen zur Ausschaltung einer gegnerischen Flugabwehr (Support of Nuclear Operations with Conventional Air Tactics, SNOWCAT) (Rudolf 2020: 8).

Auch für diese taktischen Atomwaffen gilt: Ohne die Zustimmung der Präsidentin oder des Präsidenten der Vereinigten Staaten kommen sie nicht zum Einsatz. Die europäischen Teilhabestaaten können einen Abwurf von Atombomben durch ihre Flugzeuge lediglich verweigern, nicht jedoch einfordern.

1966 wurde mit der Nuklearen Planungsgruppe (Nuclear Planning Group, NPG) ein verteidigungs- und militärpolitischer Mitwirkungsmechanismus zu Fragen der NATO-Atomwaffenstrategie eingerichtet (Sayle 2021). Die NPG steht auch Staaten offen, auf deren Territorium keine Atomwaffen stationiert sind (Rudolf 2020: 8). Durch die Mitarbeit in diesem Forum können die europäischen Staaten zumindest einen „gewissen Einfluss" (Mattelaer 2019: 4) auf Einsatzszenarien und Befehlsabläufe ausüben.

Die nukleare Teilhabe hatte ihre Anfänge in den 1950er Jahren, vor der Einrichtung dieses Gremiums. Sie war aus Sicht der USA vor allem ein Mechanismus, um die Proliferation von Atomwaffen innerhalb der Gruppe europäischer Staaten zu unterbinden. Zwar statteten die USA ihren engen sicherheitspolitischen Partner, das Vereinigte Königreich, bereits in den 1950er Jahren mit Atomwaffen aus (Melis-

---

gegen schätzte die Zahl mit 10.000 Atomwaffen allein in Deutschland deutlich höher ein (Naumann 2019: 27). Während heutzutage lediglich luftgestützte Atomwaffen in Europa lagern, stationierten die USA zu Zeiten des Ost-West-Konflikts auch landgestützte Marschflugkörper und Mittelstreckenraketen (Glatz et al. 2020: 4). Für eine Darstellung über die Stationierungsorte US-amerikanischer Atombomben in Europa und die kritischen Reaktionen der ansässigen Bevölkerungen siehe Heller und Lammerant (2009).

6 Die Stationierung von Atomwaffen in den NATO-Beitrittsstaaten wurde in der aus dem Jahr 1997 stammenden „Grundakte über Gegenseitige Beziehungen, Zusammenarbeit und Sicherheit zwischen der Nordatlantikvertrags-Organisation und der Russischen Föderation" ausgeschlossen (Rudolf 2020: 8). Auch eine Stationierung von Atomwaffen in Ostdeutschland ist durch den „Vertrag über die abschließende Regelung in Bezug auf Deutschland" (auch bekannt als „Zwei-plus-Vier-Vertrag") rechtlich ausgeschlossen. Bis 2001 waren auch in Griechenland Atomwaffen stationiert.

sen 1994: 267), eine weitere Verbreitung dieser Technologie über das Vereinigte Königreich hinaus sollte jedoch verhindert werden.[7] Aber auch andere Staaten Europas waren an der neuartigen und strategisch überaus wirksam erscheinenden Waffe interessiert. Beispielsweise führten Italien, Frankreich und Deutschland 1957 offizielle Gespräche über eine dreiseitige Kooperation zur Entwicklung von Atomwaffen (Kollmer 2008; Melissen 1994: 267). Die Gespräche zeitigten jedoch kein Ergebnis und wurden in der Folge eingestellt. Ein weiterer Vorschlag betraf die Aufstellung einer multinationalen Atomstreitkraft im Rahmen der NATO. Auch diese Idee setzte sich nicht durch. Die Stationierung US-amerikanischer Atomwaffen auf europäischem Gebiet und die Einbindung europäischer Staaten bei deren Einsatz erschien schließlich als ein Kompromiss, um die unterschiedlichen sicherheitspolitischen Interessen der USA und Europas in Einklang zu bringen.[8]

Dieser Kompromiss hat bis zum heutigen Tag Bestand, auch wenn er nicht alle Bedürfnisse der beteiligten Staaten befriedigt. Für die europäischen Staaten erhöhten die nukleare Teilhabe und später die Einbindung in die Nukleare Planungsgruppe zwar die Glaubwürdigkeit der nuklearen Schutzzusage der USA (Mattelaer 2019: 2), allerdings übten die Europäer weder die Kontrolle über die auf ihrem Territorium stationierten US-amerikanischen Sprengköpfe aus, noch hatten sie ein Mitspracherecht beim Einsatz im Falle eines nuklearen Austauschs zwischen dem Warschauer Pakt und der NATO. Aber auch aus Sicht der USA führte die nukleare Teilhabe nicht vollständig zum gewünschten Resultat: Frankreich entwickelte eigene Atomwaffen und nimmt bis heute nicht an den Treffen der Nuklearen Planungsgruppe der NATO teil (Weaver 2021: 23).

Nach dem Ende des Ost-West-Konflikts und der politischen Annäherung zwischen Russland und der NATO wandelten sich Art und Umfang der nuklearen Teilhabe (Mattelaer 2019: 3). Die USA und Russland zogen einen Großteil ihrer Atomwaffen aus Europa ab. Die landgestützten Trägersysteme in Europa wurden zerstört (Glatz et al. 2020: 5). Vormals auf griechischem Territorium stationierte Atomwaffen wurden abgezogen (Rudolf 2020: 8). Trotz dieser Reduzierungen bekannten sich die NATO-Staaten grundsätzlich weiterhin zur nuklearen Teilhabe.

---

[7] Eine ausführliche Analyse der strategischen und bürokratischen Einflussfaktoren auf die amerikanische Position in der Frage der nuklearen Teilhabe findet sich bei Weber (1991).

[8] Auch in einigen verbündeten Streitkräften des Warschauer Paktes gab es die technischen Möglichkeiten, sowjetische atomare Sprengköpfe durch Trägersysteme der „Bruderarmeen" ins Ziel zu tragen (Wenzke 2011: 33-34). Die Ungarische Volksarmee übte den Einsatz nuklear bestückter Raketen (Horváth 2011: 49; Jakus 2011: 66). Der polnische Historiker Andrzej Paczkowski führt aus, dass ab 1970 sowjetische Atomsprengladungen in Polen gelagert wurden (Paczkowski 2009: 128).

Im Strategischen Konzept von 2010 bezeichneten die NATO-Staats- und Regierungschefs die Allianz als „nukleares Bündnis" (NATO 2010a).[9]

Beginnend in den 2010er Jahren, stellte Russland neue Mittelstreckenraketen
auf, verbesserte seine Abwehrfähigkeiten und führte Manöver mit nuklearfähigen
Waffensystemen durch. Dies veranlasste die USA 2019, den Intermediate Range
Nuclear Forces Treaty (INF-Vertrag) auszusetzen, mit dem sich die Sowjetunion,
später Russland, und die USA seit den 1980er Jahren gegenseitig verpflichteten,
Flugkörper mit mittlerer und kürzerer Reichweite, also Trägersysteme für taktische Atomwaffen, zu vernichten (Meier 2017, 2018). Die USA haben zudem ihre
Atomwaffendoktrin überarbeitet und dem Einsatz taktischer Atomwaffen einen
hohen Stellenwert eingeräumt (Dean 2020b). Diese Veränderungen, insbesondere
aber der Russland-Ukraine-Konflikt ab 2014, haben die Frage der nuklearen Teilhabe wieder dringlicher erscheinen lassen (Brauß/Mölling 2020; Glatz et al. 2020;
Mattelaer 2019: 4; Meier 2014; Overhaus 2019: 21). Die nukleare Abschreckung als
ein wesentlicher Beitrag zur kollektiven Verteidigung der NATO ist daher seit Mitte
der 2010er Jahre wieder in das Bewusstsein der europäischen Staaten gerückt
(NATO 2020b; Rudolf 2020: 5). Konkret wurden die Reaktionszeiten der Flugzeuge
der nuklearen Teilhabe verkürzt und die Zahl der Staaten, die an SNOWCAT-Ope-
rationen teilnehmen, erhöhte sich. Die amerikanischen Atombomben werden
erneuert und auch die europäischen Trägerflugzeuge sollen erneuert werden.
Anzahl und Umfang von NATO-Übungen mit nuklearen Szenarien stiegen an und
die NATO-Konsultationsverfahren wurden angepasst (Kamp 2019). Schließlich
führten der russische Angriffskrieg und die innenpolitische Debatte in den USA
über den Bestand US-amerikanischer Sicherheitszusagen an die Europäer zu einer
Wiederbelebung der Diskussion um eine EU-Kooperation im Bereich der atomaren
Abschreckung (Witting 2024).

7.1.2 Integrierte Luftverteidigung

Luftverteidigung ist der Einsatz luft-, boden- oder seegestützter Waffensysteme zur
Bekämpfung von Bedrohungen aus der Luft, etwa durch feindliche Flugzeuge und
Raketen. Die NATO-Staaten haben ihre Luftstreitkräfte im Aufgabenverbund der
NATO Integrated Air and Missile Defence (NATO IAMD) miteinander verflochten
und nehmen die Luftverteidigung des europäischen NATO-Gebiets gemeinsam
wahr (Engel 1997; Hartung 2022; Krüger 2006). Die Verflechtung nationaler Luft-

---

9 Egeland (2020) vollzieht die Hintergründe dieser Aussage nach und diskutiert kritisch deren
Implikationen.

streitkräfte und NATO-Kommandofähigkeiten ist mittlerweile so hoch, dass von einer integrierten Luftverteidigung gesprochen wird (Engel 1997: 86).

Im Frieden besteht der Aufgabenverbund der NATO Integrated Air and Missile Defence aus zwei regelmäßigen Schutzmissionen: dem NATO Air Policing sowie der NATO Ballistic Missile Defence (BMD). Das NATO Air Policing beruht auf dem Einsatz von Abfangjägern, die Verletzungen des alliierten Luftraums durch feindliche Flugzeuge verhindern oder darauf reagieren sollen. Die NATO Ballistic Missile Defence verteidigt das europäische NATO-Gebiet gegen ballistische Raketen.

Ihre Anfänge nahm die integrierte Luftverteidigung der NATO bereits vor Gründung der Allianz. 1948 einigten sich die Unterzeichnerstaaten des Brüsseler Pakts, das Vereinigte Königreich, Frankreich, Belgien, die Niederlande und Luxemburg, auf einen Plan zur Aufstellung eines gemeinsamen Luftverteidigungssystems (hier und im Folgenden Engel 1997; Krüger 2006). Nach der Gründung der NATO 1949 wurde dieser Plan durch das Bündnis übernommen. 1955 wurden erste Führungskompetenzen im Bereich der Luftverteidigung von der nationalen auf die NATO-Ebene verlagert.[10] In den 1960er Jahren erfolgte der Aufbau eines radargestützten gemeinsamen Frühwarnsystems sowie eines vernetzten Bodenführungssystems. Feindliche Flugzeuge sollten mit Flugabwehrraketen, wie den von vielen europäischen Staaten beschafften US-amerikanischen Systeme NIKE und HAWK, sowie mit Abfangjägern bekämpft werden. Zu diesem Zweck wurden Flugabwehrfähigkeiten der USA, Kanadas, Belgiens, Deutschlands, der Niederlande und des Vereinigten Königreichs in zwei Allied Tactical Air Forces (ATAF) koordiniert.[11]

Mitte der 1970er Jahre konnte man bereits von einer integrierten Luftverteidigung sprechen, die sich „vom südöstlichen Zipfel der Türkei bis zur Nordspitze Norwegens" erstreckte (Engel 1997: 86). Dieses NATO Integrated Air Defence System (NATINADS) bildete den Vorläufer der heutigen NATO Integrated Air and Missile Defence (NATO IAMD). NATINADS stand unter der Führung des Obersten Alliierten Befehlshabers Europa (SACEUR) und war auf die Abwehr feindlicher Flugzeuge des Warschauer Paktes ausgerichtet.

Nach dem Ende des Ost-West-Konflikts stand der Nutzen für einen fest installierten und kostspieligen Luftverteidigungsgürtel entlang der ehemaligen Grenze zum Warschauer Pakt in Frage (Leeuwen 1991; Lovel/Lorber 2009: 10). Nicht nur

---

10 Auch im Warschauer Pakt wurde zwischen 1957 und 1959 ein integriertes Luftverteidigungssystem realisiert (Baev 2009: 54; Diedrich 2009: 70).

11 Die ATAF hatten die Aufgaben, die operative Kontrolle über die ihnen zugewiesenen nationalen Luftverteidigungskräfte auszuüben. Dazu gehörte unter anderem, gemeinsame Übungen vorzubereiten und durchzuführen sowie operative Planungen durchzuführen (Gaskell/Steuer 1962; HQ 2 ATAF 1993).

war die unmittelbare Bedrohung durch die Auflösung des Paktes entfallen, auch verschoben sich die geopolitischen Grenzen durch die Beitrittsgesuche vieler ehemaliger Paktstaaten und Sowjetrepubliken.

Wie in anderen Bereichen reagierte das Bündnis zunächst nicht mit dem Einstellen oder Abschaffen von Aufgaben, sondern mit einer Funktionserweiterung. Zur Abwehr feindlicher Flugzeuge traten beim Air Policing stattdessen nun (auch) andere Aufgaben hinzu, wie die Unterstützung in Not geratener Flugzeuge, Such- und Rettungseinsätze oder die Eskortierung ziviler Flugzeuge, die sich nicht ordnungsgemäß im Luftraum angemeldet hatten (Leeuwen 1991; Lovel/Lorber 2009: 10).

Raketenabwehr wurde zunehmend einsatzbezogen im Rahmen von Krisenmanagementoperationen außerhalb des Bündnisgebiets konzeptualisiert (etwa Kiesenbauer 2002). Zudem wurde die Bedeutung von Raketenabwehr als Instrument der Abschreckung nuklearer Bedrohungen betont. Auf dem Gipfel von Lissabon 2010 vereinbarten die NATO Staats- und Regierungschefs, den Aufgabenverbund NATINADS um den Schutz vor Raketen zum NATO Integrated Air and Missile Defence System (NATINAMDS) zu erweitern (Hartung 2022: 83). Die territoriale Flugkörperabwehr und damit die Verteidigung des gesamten Bündnisgebietes gegen ballistische Flugkörper wurde zu einer Kernaufgabe der NATO. Seit 2010 beruht die Luftverteidigung des Bündnisses somit auf den beiden Säulen des NATO Air Policing und der NATO Ballistic Missile Defence.

7.1.2.1 NATO Air Policing

Das NATO Air Policing dient der Überwachung und dem Schutz des Luftraums vor feindlichen Flugzeugen und schützt als kollektive Aufgabe auch Staaten, die nicht über die dazu notwendigen Abfangjäger verfügen.[12] Mit Blick auf multinationale Zusammenarbeit ist hervorzuheben, dass beim NATO Air Policing jene Staaten, die Kampfflugzeuge in ihrem Bestand haben, Luftraumüberwachungsaufgaben für Staaten mit übernehmen, die derartige Flugzeuge nicht besitzen, wohl aber zu den Kosten alliierter Überwachungseinsätze beitragen.

---

12 Damit dient das NATO Air Policing auch indirekt der Sicherung der zivilen Luftfahrt. Russische Flugzeuge etwa, die in den NATO-Luftraum eindrangen, flogen oftmals mit ausgeschaltetem Transponder und hatten ihren Flug zuvor nicht angemeldet (Scharenborg/Wenink 2015: 95). Sie stellten eine Gefahr für Passagier- oder Transportflugzeuge dar, die sich im gleichen Luftraum befanden. Für den Ablauf einer Abfangmission siehe Grägel (2018: 28). Pöppelmann (2015: 85 f.) beschreibt anschaulich Zwischenfälle, bei denen russische Kampfflugzeuge durch Eurofighter im NATO-Air Policing im europäischen Luftraum abgefangen wurden.

Der NATO-Oberbefehlshaber trägt die Gesamtverantwortung für das Air Policing. Es wird geführt vom Allied Air Command (AIRCOM) mit Sitz in Ramstein. Die Koordination übernehmen zwei Combined Air Operations Centres (CAOC) im spanischen Torrejon für den Luftraum südlich der Alpen sowie in Uedem (Nordrhein-Westfalen) für den nördlichen europäischen Luftraum. Im Einsatzfall befehlen diese Combined Air Operations Centres das Aufsteigen von Abfangjägern (Grägel 2018).

Mit Stand 2022 findet das NATO Air Policing im Baltikum, auf dem westlichen Balkan, im Luftraum der Benelux-Staaten sowie in Island statt.

Air Policing im Baltikum

Seit 2004 waren Flugzeuge der NATO-Mitglieder rotierend beim Baltic Air Policing (BAP) in Estland, Lettland und Litauen eingesetzt, zunächst für drei, seit 2006 für jeweils vier Monate, zuweilen auch in Doppelrotationen von acht Monaten (Gräfe 2005: 47; PiZ Lw 2020; Weaver 2021: 75 f.). Bis 2014 wurden dafür jeweils vier Flugzeuge und ungefähr 100 Soldatinnen und Soldaten ins litauische Šiauliai verlegt (Scharenborg/Wenink 2015: 94). Zunächst war das Baltic Air Policing als temporäre Maßnahme gedacht, bis die baltischen Staaten ausreichend eigene Luftverteidigungskräfte aufgebaut hätten (P.M. 2008). 2012 wurde die Mission jedoch verstetigt (Scharenborg/Wenink 2015: 94).

Seit Russlands aggressiven Handlungen in der Ukraine 2014 wurden diese Überwachungsaufgaben im Rahmen der Rückversicherungsmaßnahmen der NATO verstärkt, auf den polnischen Luftraum ausgeweitet und die Zahl der eingesetzten Flugzeuge auf 16 erhöht (enhanced Air Policing, siehe Mader 2019; Scharenborg/Wenink 2015: 94). Neben dem Flugplatz in Šiauliai wurde 2014 auch der Flugplatz im estnischen Ämari für die Mission ertüchtigt. Zudem wurde zeitweise der polnische Flugplatz Malbork genutzt (Scharenborg/Wenink 2015: 97).

Auch die bulgarischen und rumänischen Luftstreitkräfte werden seither verstärkt, um dem Eindringen russischer Flugzeuge in den dortigen Luftraum zu begegnen (Dnistran 2017; Faccioli/Colla 2021; Hachmeister 2022). Die benachbarten Staaten hatten bereits 2013 vereinbart, dass sich bulgarische und rumänische Abfangjäger auf der Basis des Air Policing im Luftraum des jeweils anderen Staates bewegen dürfen.

Air Policing auf dem Balkan

Auch die Staaten des westlichen Balkans unterstützt die NATO bei der Wahrnehmung von Luftverteidigungsaufgaben (Peruzzi 2009; Pöppelmann 2015). Italien etwa schützt den Luftraum Nordmazedoniens und gemeinsam mit Ungarn beziehungsweise Griechenland jeweils den Luftraum Sloweniens sowie Albaniens und Montenegros.

Air Policing in den Benelux-Staaten

Seit 2017 legen Belgien und die Niederlande ihre Luftverteidigungsfähigkeiten zusammen, um im Rotationsprinzip das Air Policing im belgischen, niederländischen und luxemburgischen Luftraum zu übernehmen. Zuvor hatte Belgien bereits den luxemburgischen Luftraum überwacht (Grägel 2018; Scharenborg/Wenink 2015: 92).

Air Policing in Island

Bis 2006 gewährleisteten die USA das Air Policing im isländischen Luftraum. Seit 2008 übernehmen die Luftwaffen europäischer Staaten diese Aufgabe. Dabei werden Abfangjäger von NATO-Staaten dreimal pro Jahr für einige Wochen im isländischen Keflavik stationiert (Švancara 2017; Thorhallsson 2018).

Bilaterale Kooperationsbeziehungen innerhalb des NATO Air Policing

Das NATO Air Policing ist bereits ein Fall multinationaler Kooperation. In dessen Rahmen haben sich zusätzliche Kooperationsbeziehungen ausgebildet. Im Jahr 2018 haben das Vereinigte Königreich und Deutschland eine Absichtserklärung für eine engere militärische Zusammenarbeit unterschrieben (Fiorenza 2018). Ein Aspekt der Kooperation ist die Verzahnung der deutschen und britischen Eurofighter-Flotten im Eurofighter Interoperability Enhancement Programme (Renn 2018). Dazu sollen technisches Personal in den Eurofighter-Geschwadern der Partnerstreitkräfte eingesetzt werden und die deutschen und britischen Eurofighter-Kontingente im Einsatz zusammenarbeiten können. Im Juli 2020 hat die Royal Air Force während des Baltic Air Policing zwei deutsche Eurofighter in ihr Kontingent aufgenommen. Künftig sollen deutsche und britische Streitkräfte ein gemeinsames Kontingent für das NATO Air Policing stellen.[13]

7.1.2.2 Ballistic Missile Defence

Im Jahr 2010 beschlossen die NATO-Staaten offiziell den Aufbau einer gemeinsamen Verteidigung gegen Raketen (NATO 2010b). Der Fokus der Flugkörperabwehr lag bis 2022 explizit auf Bedrohungen außerhalb des euro-atlantischen Raums. Im Klartext hieß das, dass sich laut offiziellen NATO-Verlautbarungen die Flugkör-

---

13 Hintergrundgespräche im Kommando Luftwaffe in Berlin Gatow am 2.9.2021.

perabwehr nicht gegen Russland richtete (NATO 2012).[14] Seit 2016 ist diese mit einer Erstbefähigung einsatzbereit. Sie besteht aus Führungs- und Informationssystemen, Radaranlagen und Satelliten sowie boden- und seegestützten Effektoren (NATO 2016b). Nationale Überwachungskapazitäten, wie Satelliten oder Radargeräte an Land, etwa in Kürecik in Ostanatolien, oder auf Schiffen wurden hierfür mit dem Kommando- und Kontrollsystem der NATO verknüpft, das sich auf dem Luftwaffenstützpunkt Ramstein befindet. Dort kann ein Echtzeitbild der Bedrohung durch ballistische Raketen erzeugt werden. Auch die durch die NATO-Mitglieder bereitgestellten Waffensysteme sind mit dem Kommando- und Kontrollsystem der NATO verbunden. So ist beispielsweise auf zwei Stützpunkten der NATO-Raketenabwehr – im rumänischen Deveselu und im polnischen Redzikowo – das US-amerikanische System Aegis Ashore stationiert (Giuvara/Serbeszki 2015). Spanien wiederum unterhält vier raketenabwehrbefähigte Schiffe des Typs Aegis. Auch andere Raketenabwehrsysteme wie Patriot werden durch NATO-Staaten genutzt (Kemp 2015; Mladenov/Grozev 2017).

Seit Beginn des russischen Angriffskriegs gegen die Ukraine kommt der Luftverteidigung des europäischen Bündnisgebiets eine größere Bedeutung zu. Bundeskanzler Olaf Scholz schlug daher in Prag in einer Rede an der Karls-Universität am 29. August 2022 eine verstärkte Anstrengung im Bereich europäischer Luftverteidigung vor.[15]

7.2 Internationale Einsätze

Nach Verteidigung und Abschreckung sind internationale Einsätze eine zweite gewichtige Aufgabe der Streitkräfte vieler europäischer Staaten. Die wissenschaftliche Auseinandersetzung mit der Teilnahme europäischer Staaten und ihrer Streitkräfte an internationalen Militäreinsätzen erfolgt mit sehr unterschiedlichen Erkenntnisinteressen: Historisierende Abhandlungen ergründen zumeist in der Tiefe jene Ereignisse und Faktoren, die zum Ausbruch eines Konflikts geführt haben. Sie zeichnen Konfliktverläufe nach und geben Einblick in die Handlungslogiken beteiligter Akteure. Beispiele für historisierende Studien sind Alistair Hornes

---

14 Zur russischen Opposition gegen die NATO-Raketenabwehr siehe Bermant (2014). Zur Frage nach den Implikationen des seit 2019 ausgesetzten Intermediate Range Nuclear Forces Treaty (INF-Vertrag) zwischen den USA und Russland für die NATO-Raketenabwehr siehe Anderson/Nelson (2019); Lanoszka (2019).
15 Rede von Bundeskanzler Olaf Scholz an der Karls-Universität zu Prag, 29.8.2022, Bulletin der Bundesregierung Nr. 103-1/2022.

Werk über den Algerienkrieg 1954–1962 (Horne 2006), Lawrence Freedmans Studie über den Falklandkrieg (Freedman 2005a, b), die Analysen der Historikerin und Menschenrechtsaktivistin Allison Des Forges zum Bürgerkrieg in Ruanda 1994 (Des Forges 2014), die Untersuchungen von Susan Woodward zum Krieg in Bosnien und Herzegowina (Woodward 1995), Peter Kriemanns Abhandlung zum Kosovo-Krieg (Kriemann 2021) sowie Betrachtungen zum Krieg in Afghanistan aus der Perspektive der teilnehmenden Staaten und deren Streitkräften (Farrell 2017; Lafaye/Georgelin 2016; Mello 2014; Münch 2015; O'Connell 2017).

Neben derartigen Einzelfallbetrachtungen liegen sozialwissenschaftliche Studien zu außen- und sicherheitspolitischen Entscheidungsprozessen (etwa Milosevic 2018), zu Entscheidungsprozessen kollektiver Akteure (etwa Dijkstra 2013) und zu den gesellschaftlichen Diskursen zur Teilnahme in internationalen Konflikten (etwa Biehl 2012) vor.

Aspekte der Multinationalität werden dagegen nur von einem kleinen Teil der einsatzbezogenen Forschungsliteratur thematisiert. Soziologisch geprägte Arbeiten fokussieren beispielsweise auf die Herausforderungen multinationaler Einsatzumgebungen für die eingesetzten Soldatinnen und Soldaten (Leonhard et al. 2008). Auf dem Feld der Internationalen Beziehungen beschäftigen sich Studien zudem mit der Frage, wie militärische Koalitionen zustande kommen und welchen Erfolg sie aufweisen (Schmitt 2018; Tago 2007; Wolford 2015).

Im Folgenden steht die europäische Beteiligung an internationalen Einsätzen im Fokus. Die Teilnahme europäischer Staaten an internationalen Einsätzen wird querschnittlich betrachtet und losgelöst von den teilweise gut erforschten Einzelfällen im Zeitverlauf dargestellt.

Angefangen mit der Operation Masterdom, bei der britische und französische Truppen 1945 in Vietnam intervenierten, bis hin zur United Nations Mission to Support the Hudaydah Agreement (UNMHA) im Jemen, haben die europäischen Staaten – einzeln oder im Verbund mit anderen – zwischen 1945 und 2019 an 198 militärischen Einsätzen teilgenommen.[16] Sie waren dabei entweder selbst Konflikt-

---

16 Die folgenden Ausführungen basieren auf einem Datensatz, der im Rahmen dieses Buches für die Untersuchung multinationaler Kooperation europäischer Staaten in militärischen Einsätzen angelegt worden ist. In ihm sind alle Einsätze seit 1945 aufgeführt, an denen mindestens ein europäischer Staat beteiligt war. Wie im gesamten Buch werden als europäische Staaten hier NATO- und EU-Mitglieder betrachtet sowie jene europäischen Demokratien westlicher Prägung, die politisch eng mit diesen beiden Organisationen verbunden sind. Das bedeutet, dass Einsätze von Staaten des Warschauer Paktes nicht berücksichtigt sind, wohl aber Engagements dieser Staaten beispielsweise in NATO-Einsätzen seit den 1990er Jahren. Ein Auszug aus dem Datensatz sowie die Quellenangaben finden sich im Anhang.

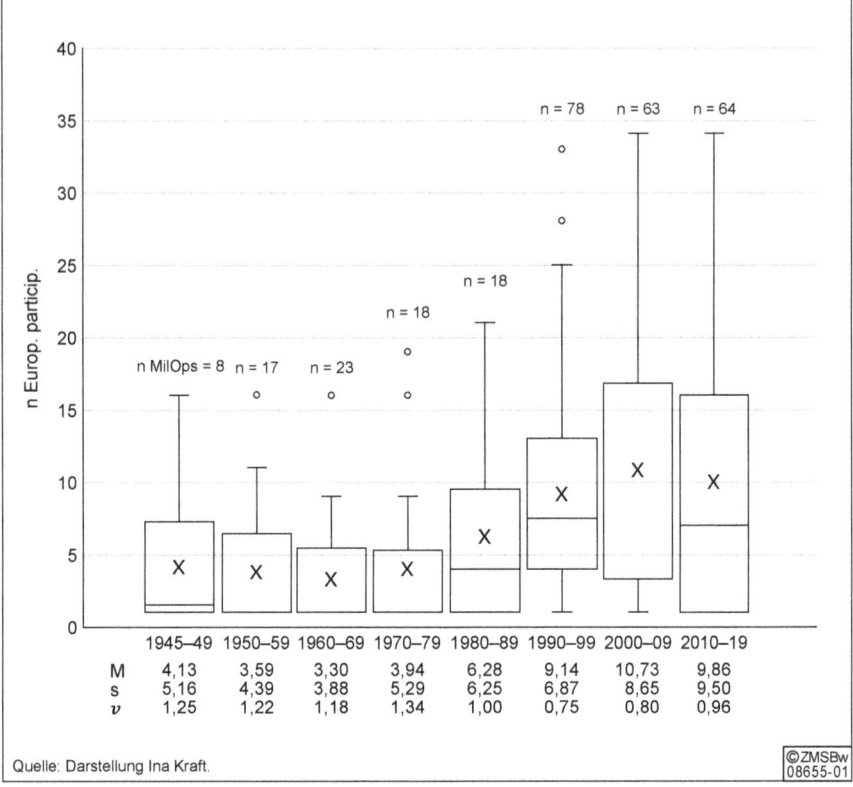

Abbildung 22: Beteiligung europäischer Streitkräfte an internationalen Militäreinsätzen

	1945–49	1950–59	1960–69	1970–79	1980–89	1990–99	2000–09	2010–19
M	4,13	3,59	3,30	3,94	6,28	9,14	10,73	9,86
s	5,16	4,39	3,88	5,29	6,25	6,87	8,65	9,50
v	1,25	1,22	1,18	1,34	1,00	0,75	0,80	0,96

Quelle: Darstellung Ina Kraft.

©ZMSBw
08655-01

partei, Angehörige humanitärer Interventionstruppen oder Teilnehmer in Friedenssicherungsmissionen.

In Abbildung 22 ist die Anzahl militärischer Einsätze unter Beteiligung europäischer Staaten zwischen 1945 und 2019 in einem Boxplot dargestellt: Die Zahl militärischer Einsätze mit einer Beteiligung europäischer Staaten (n MilOps) war bis 1989 relativ stabil – mit einem Ausschlag in den 1960er Jahren (23), der auf militärische Konflikte im Rahmen von Dekolonisation zurückzuführen ist. In den 1990er Jahren waren europäische Staaten an 78 internationalen Einsätzen beteiligt. In den 2000er und 2010er Jahren verringerte sich diese Zahl, sie verblieb jedoch mit 64 beziehungsweise 65 auf einem vergleichsweisen hohen Niveau.

Die Entwicklung der Mittelwerte (M) zeigt von den 1960er bis zu den 2000er Jahren einen klaren Trend hin zu Einsätzen mit einer durchschnittlich immer höheren Zahl teilnehmender Staaten. Ob die leicht gesunkene durchschnittliche europäische Teilnehmerzahl in den 2010er Jahren einen Abwärtstrend begründet, kann zwar zum Zeitpunkt der Erstellung dieses Buches nicht konstatiert werden.

Die Rückbesinnung der NATO auf die Verteidigung des Bündnisgebiets seit 2014 und verstärkt noch einmal seit 2022 lässt eine Abschwächung des Trends zu gemeinsamen internationalen Einsätzen jedoch wahrscheinlich erscheinen.

Eine Betrachtung des Variationskoeffizienten (v) verstärkt diese Aussage. Die starke Streuung ($v > 1$) bis zum Ende der 1970er Jahre zeigt an, dass es in diesem Zeitraum häufig uni- oder binationale Einsätze und lediglich einige wenige Missionen mit einer hohen Zahl an Beteiligten gab. In den 1990er Jahren verringert sich die Streuung ($v < 1$), da mehr Einsätze im kollektiven Rahmen oder in Ad-hoc-Koalitionen durchgeführt wurden.

Die Entwicklung der Mittelwerte seit 1945 lässt den Schluss zu, dass die internationalen Einsätze, an denen sich europäische Staaten beteiligt haben, im Laufe der Zeit multinationaler geworden sind. Das heißt, die durchschnittliche Zahl der Teilnehmer an einem Einsatz hat sich erhöht. Der kleiner werdende Variationskoeffizient deutet zudem darauf hin, dass im Mittel mehr Einsätze mit einer höheren Teilnehmerzahl stattfanden.

7.3 Heimatschutz, humanitäre Hilfe und Katastrophenhilfe

Neben Verteidigung und internationalen Einsätzen sollen in diesem Kapitel die Cluster *Heimatschutz und Katastrophenhilfe im Inland* sowie *Humanitäre Hilfe* und *Internationale Katastrophenhilfe* gemeinsam betrachtet werden. In diesen militärischen Aufgabenfeldern sind multinationalen Verflechtungen noch vergleichsweise gering ausgeprägt. Allerdings haben sich in den letzten Jahren die Kooperationsbemühungen verstärkt. Für die Zukunft ist daher auch hier eine Zunahme der Verflechtung zu erwarten, sodass im Folgenden ein kurzer Überblick über den derzeitigen Kooperationsstand gegeben wird.

Heimatschutz, humanitäre Hilfe und Katastrophenhilfe sind staatliche Aufgaben, die hauptsächlich in der Zuständigkeit ziviler Akteure wie nationaler Regierungen, internationaler Regierungsorganisationen oder Nichtregierungsorganisationen liegen. Militärische Unterstützung wird zumeist erst dann angefordert, wenn die Personalressourcen ziviler Institutionen erschöpft sind oder das Militär mit seiner besonderen technischen Ausstattung Hilfe leisten kann, zu der andere Akteure nicht oder nicht im benötigten Umfang in der Lage sind.

In den europäischen Staaten erfolgt die Ausübung hoheitlicher Aufgaben im Inland hauptsächlich durch Polizeikräfte und nicht durch das Militär. Die rechtlichen Einsatzmöglichkeiten sowie die tatsächlichen Einsätze von Streitkräften im Innern zur Ausübung hoheitlicher Aufgaben unterscheiden sich jedoch zwischen den einzelnen Staaten (Clarke 2013; BT 2007a). Während es beispielsweise in Frankreich kaum Einschränkungen für den Einsatz der Streitkräfte im Innern gibt, sind in Deutschland die Einsatzmöglichkeiten der Bundeswehr verfassungsrechtlich stark begrenzt.

Multinationale Kooperation beim Heimatschutz ist in Europa gering ausgeprägt. Einige Staaten, die über Militärpolizeien verfügen, haben die multinationale Militärpolizeitruppe European Gendarmerie Force aufgestellt (siehe Kapitel 5). Sie ist jedoch für internationale Krisen in Drittstaaten vorgesehen (European Gendarmerie Force 2007). Die Wahrnehmung hoheitlicher Aufgaben ist hingegen Kernbereich staatlicher Souveränität. Darum ist der Einsatz von Streitkräften eines Nachbarstaates, und sei es in einem multinationalen Verband, zur Wahrung der öffentlichen Ordnung im eigenen Land schwer vorstellbar. Eine Kooperation militärpolizeilicher Kräfte für den regelmäßigen innerstaatlichen Einsatz im Aufgabenbereich Heimatschutz existiert daher in Europa nicht.

Eine etwas größere Rolle spielen Streitkräfte bei der Bewältigung von Katastrophen im In- und Ausland. Regelmäßig ist, wie zu Beginn dieses Kapitels exemplarisch dargestellt, humanitäre Hilfe sowie nationale und internationale Katastrophenhilfe Teil des Aufgabenportfolios europäischer Streitkräfte.

Obwohl sie in den nationalen Strategiedokumenten zusätzlich zur humanitären Hilfe als separate Aufgabe genannt wird, ist Katastrophenhilfe als Unterfall von humanitärer Hilfe zu betrachten (NATO 2015: 2-1). Sie umfasst die schnelle Unterstützung von Menschen in Katastrophengebieten, beispielsweise durch Rettung, Evakuierung, medizinische Versorgung und Versorgung mit Nahrungsmitteln und Unterkunft. Katastrophen können einen natürlichen Ursprung haben, wie Überflutungen oder Erdbeben. Sie können aber auch durch Menschen verursacht werden, beispielsweise durch terroristische Anschläge oder Industrieunfälle (NATO 2015: 1–5).

Andere Bereiche humanitärer Hilfe, in denen die Streitkräfte Beiträge leisten, sind die Unterstützung von Vertriebenen und Geflüchteten, technische Hilfe, beispielsweise beim Betrieb von Seehäfen und Flugplätzen, Unterstützung beim Umgang mit chemischen, biologischen oder radionuklearen Stoffen sowie die militärische Sicherung, etwa von Hilfslieferungen, Zeltlagern oder zivilen Helferinnen und Helfern (NATO 2015: 2-1-2-8).

Bei der humanitären Hilfe und bei Katastropheneinsätzen unterscheidet sich die Einsatzlogik von Streitkräften wesentlich von ihren anderen Aufgaben *Verteidigung* und *Internationale Einsätze*. Ziel von internationalen Einsätzen kann beispielweise die Änderung politischer Faktoren sein. Humanitäre Hilfe hingegen sollte unterschiedslos geleistet werden und nicht vorrangig politische Ziele verfolgen (Egeland et al. 2011: 4). Humanitäre Hilfe, auch wenn sie unter dem Einsatz militärischer Mittel erfolgt, unterscheidet sich daher von der humanitären, also bewaffneten militärischen Intervention, die darauf abzielt, Menschen in anderen Ländern vor massiven Menschenrechtsverletzungen zu schützen.

Ein weiterer Unterschied zu Verteidigungs- oder Krisenreaktionsoperationen ist, dass sich die militärische Unterstützung im Rahmen humanitärer Einsätze einer übergeordneten zivilen operativen Leitung unterordnet. Zudem soll militärische Unterstützung bei humanitärer Hilfe das letzte Mittel sein und nur dann geleistet werden, wenn alle anderen Mittel ausgeschöpft sind.

Europäische multinationale Kooperation in den Bereichen humanitäre Hilfe und Katastrophenhilfe hat einen Ad-hoc-Charakter und weist im Vergleich zur ausgeprägten Kooperation in den Aufgabenclustern *Verteidigung* und *Internationale Einsätze* nur einen geringen Grad an Institutionalisierung auf. Lediglich die bereits in Kapitel 5 betrachteten militärischen Kooperationsstrukturen TISA Multinational Engineering Battalion der Staaten Rumänien, Ungarn und Ukraine und CBRN Defence Battalion für chemische, biologische radiologische und nukleare Verteidigung besitzen einen expliziten Bezug zu Aspekten des Katastrophenschutzes.

In der NATO existieren jedoch seit jeher Prozeduren zur Koordination der Katastrophenhilfe. 1951 setzte die NATO einen Zivilschutzausschuss (Civil Defence Committee) ein.[17] Sein originärer Fokus lag auf dem Schutz der Bevölkerung im Kriegsfall, allerdings wurden die Fähigkeiten recht bald auch genutzt, um Katastrophenhilfe zu organisieren. Nach verheerenden Überschwemmungen der niederländischen und britischen Nordseeküsten 1953 entwickelte die NATO ein Katastrophenhilfeprogramm. Ab 1958 existierten im Bündnis Verfahren für die Koordinierung von Hilfeleistungen zwischen den Mitgliedsländern im Katastrophenfall. Sie kamen in einigen Großlagen zum Einsatz, wenn die Möglichkeiten der betroffenen Staaten erschöpft waren: Die NATO koordinierte Hilfeleistungen der Mitgliedstaaten bei der Hochwasserkatastrophe in Florenz 1966 sowie bei Erdbeben in der Türkei 1975 und in Italien 1976.

Im Jahr 1998 hat die NATO ihre Verfahren institutionalisiert und das Euro-Atlantic Disaster Response Coordination Centre (EADRCC) geschaffen; es ist der „wichtigste zivile Katastrophenschutzmechanismus der NATO im euro-atlantischen Raum" (Wilde/Piotrowski 2022: 32).[18] Das EADRCC koordiniert im Katastrophenfall Hilfsgesuche und Unterstützungsangebote von NATO-Staaten, aber auch Nicht-NATO-Staaten (Palmeri 2000; Wilde/Piotrowski 2022).

In über 70 Operationen hat das Euro-Atlantic Disaster Response Coordination Centre seit seiner Gründung Hilfe bei Naturkatastrophen und bei Vorfällen mit che-

---

17 Siehe auch o.A. (2005).

18 Francesco Palmeri, damaliger Director of NATO's Civil Emergency Planning Directorate und Chairman of the Senior Civil Emergency Planning Committee, bezeichnet die Gründung des EADRCC gar als eine „kopernikanische Revolution", die Ausdruck des Strategiewechsels der NATO nach dem Ende des Ost-West-Konflikts sei (Palmeri 1998).

mischer, biologischer, radiologischer oder nuklearer Gefährdung koordiniert.[19] Als Beispiele seien genannt: die Unterstützung Kirgisiens nach einem Erdbeben 2008, der Aufbau von Zeltlagern für aus Syrien geflüchtete Menschen in der Türkei 2012, die Unterstützung Albaniens bei der Bewältigung einer Flutkatastrophe 2017 sowie Unterstützungsleistungen in der Corona-Pandemie 2020.

Ein Großteil der Hilfegesuche bezieht sich auf die Bereitstellung nicht militärischer Güter im Katastrophengebiet, wie Nahrungsmittel, Arzneimittel sowie Decken und Zelte. NATO-Streitkräfte übernehmen Transportleistungen, stellen aber ebenso Feldküchen und Feldlazarette bereit. So hat beispielsweise im Juli 2020 während der Corona-Pandemie die Royal Air Force des Vereinigten Königreichs ein Lazarett ins ghanaische Accra verbracht (NATO 2021d). Insgesamt wurden 2020 im Rahmen der Corona-Hilfe durch die NATO-Mitgliedstaaten mehr als 350 Flüge zum Transport von medizinischem Personal geleistet und 1.000 Tonnen medizinische Ausrüstung transportiert (ebd.). Der überwiegende Teil der Aufgaben in den militärischen Aktivitätsfeldern Heimatschutz, humanitäre Hilfe und Katastrophenhilfe findet noch immer im nationalen Rahmen statt, allerdings zeigen sich durch die zentrale Koordination auch erste multinationale Institutionalisierungstendenzen in der NATO.

7.4 Schlussbetrachtungen

Die Streitkräfte der europäischen Staaten kooperieren vor allem in den beiden Aufgabenbereichen *Verteidigung* und *Internationale Einsätze*. Aber auch bei *Heimatschutz, humanitärer Hilfe und Katastrophenhilfe* arbeiten sie in den letzten Jahren verstärkt zusammen.

Die veränderte sicherheitspolitische Situation seit dem russischen Angriffskrieg gegen die Ukraine wirkt sich mittelbar auf die multinationale Kooperation im Bereich militärischer Aufgabenerfüllung aus. Bereits seit 2014 liegt der Fokus auf der Bündnisverteidigung zulasten von Krisenmanagementeinsätzen außerhalb des europäischen Territoriums. Die Schwerpunkte multinationaler Zusammenarbeit verschieben sich weiter in Richtung gemeinsamer Verteidigung und Abschreckung. Die Rückbesinnung der Allianz auf die Bündnisverteidigung und die Erfahrungen aus dem langen Engagement vieler europäischer Staaten in Afghanistan machen künftig den Rückgang internationaler Einsätze zugunsten stärkerer multinationaler Kooperation im Bereich Verteidigung wahrscheinlich.

---

19 Siehe interaktive Weltkarte mit Informationen zu allen Unterstützungsleistungen unter https://www.nato.int/eadrcc/map/ (letzter Zugriff 27.1.2023).

8 Exkurs: Kooperationsmotive

Warum entschließen sich europäische Staaten dazu, gemeinsame Truppenkörper aufzustellen, ihre militärischen Prozesse zu verflechten und ihre Verteidigungsaktivitäten gemeinsam durchzuführen? Weil es militärisch-operativ vorteilhaft und zudem ressourcensparend ist, werden manche sagen. Weil es eine höhere gesellschaftliche oder politische Akzeptanz bringt, sagen andere.

Dieser Exkurs zu den Kooperationsmotiven knüpft noch einmal an das Kapitel 3 an, in dem die sozialwissenschaftlichen Forschungsperspektiven auf das Phänomen Multinationalität vorgestellt wurden. Er will sich der Frage annähern, warum Staaten ihre Streitkräfte verflechten. Wie bereits gezeigt, ist diese Frage verwandt mit der nach sicherheitspolitischer Kooperation. Die zwei Fragen sind jedoch nicht identisch. Kooperation auf der sicherheitspolitischen Ebene ist nicht gleichzusetzen mit der Verflechtung auf der Ebene der militärischen Organisation. Für das Phänomen der militärischen Multinationalität bedarf es daher neuer Antworten auf die Frage des Warum? Da es sich hier um ein Überblickswerk handelt, das den Stand multinationaler Verflechtung in Europa möglichst umfassend darstellt und keine Einzelfallstudien betreibt, musste in den vorangegangen drei empirischen Kapiteln auf ein theorietestendes oder theorieentwickelndes Design verzichtet werden. Studiengenerierte Aussagen über Kooperationsmotive können somit an dieser Stelle nicht getätigt werden.

Die folgenden Ausführungen greifen aus diesem Grund auf die Eigen- und Fremdbeschreibungen multinationaler Formate zurück, in denen sich unterschiedliche Begründungen für das Eingehen multinationaler Verflechtungen finden, und stellen sie in systematischer Weise vor. Zu diesem Zweck werden die Motive nach der sozialwissenschaftlichen Unterscheidung in rationalistische und legitimitätsbasierte Handlungsmotivationen geordnet, denn die Gründe für das Eingehen von multinationaler Kooperation lassen sich verorten zwischen zwei konkurrierenden, zugleich miteinander verwobenen Triebfedern sozialen Handelns, die in verschiedenen sozialwissenschaftlichen Debattenräumen mit den Konzepten von Rationalität und Legitimität beschrieben werden (DiMaggio/Powell 1991 [1984]; March/Olsen 1989; Wendt 1992, 1999).[1]

---

[1] Die Ordnung nach rationalistischen und legitimitätsbasierten Begründungen dient hier in erster Linie der Strukturierung der Argumente. Im Einzelfall können beide Begründungen vorliegen. Zudem sind manche Motive im Folgenden nicht trennscharf der einen oder anderen Kategorie zuzuordnen. Rationalistische und legitimitätsbasierte Motive sind allenfalls grobe Kategorien, die im Rahmen von Studien weiter differenziert werden müssen.

https://doi.org/10.1515/9783111589657-008

Rationale Begründungen sozialen Handelns entspringen zumeist ökonomischen Theorieansätzen. Soziale Akteure agieren aus dieser Perspektive grundsätzlich interessenmaximierend. Das heißt, sie handeln rational, wenn auch ihre Rationalität durch unzureichende Informationen eingeschränkt sein kann. Aus dieser institutionenökonomischen Perspektive ist ein multinationales Arrangement Ausdruck einer rationalen Entscheidung für das effizienteste und effektivste Format, um einen strukturellen, prozessualen oder handlungsorientierten Zweck zu erfüllen. Es scheint dabei lohnend, zwischen Effektivität und Effizienz zu unterscheiden. Unter Effektivität wird die Zielerreichung verstanden, ohne einzubeziehen, auf welche Art und Weise dieses Ziel erreicht wird (Brich 2019: 914). Effizienz beschreibt die Zielerreichung im Verhältnis zu den eingesetzten Mitteln (Black et al. 2017: 162; Brich 2019: 915). In der Forschung zum Militär werden externe militärische Aufgaben, zum Beispiel strategische und operative Einsätze, zumeist nach ihrer Effektivität bewertet, während interne Aufgaben wie die Fähigkeitsentwicklung stärker aus der Perspektive der Effizienz untersucht werden. Multinationale Arrangements werden aus einer rationalistischen Perspektive demnach entweder mit einer strategisch-operativen Zielsetzung aufgestellt oder aber sie sollen die Aufgabenerfüllung mit einem möglichst klugen Ressourceneinsatz bewerkstelligen helfen.

Eine derartige Rationalitätsperspektive auf soziales Handeln kann keine Allgemeingültigkeit für sich beanspruchen. Sogenannte (neo-)institutionalistische Ansätze sowie kulturalistische und konstruktivistische Perspektiven hinterfragen die institutionenökonomische Annahme, dass die Struktur einer Organisation ihren Auftrag widerspiegelt. Nicht Effektivitäts- oder Effizienzgesichtspunkte, sondern die komplexen Anforderungen aus der institutionellen Umwelt, in die eine Organisation eingebettet ist, formen aus dieser Sicht die Strukturen von Organisationen und prägen deren Handeln (DiMaggio/Powell 1991 [1984]). Demnach sind die Existenz und das Erscheinungsbild militärischer Organisationen – und somit auch multinationaler Formate – nicht nur durch strategische und operative Notwendigkeiten oder Kosten-Nutzen-Kalküle bedingt. Es sind vielmehr die Vorstellungen und Erwartungen aus der institutionellen Umwelt einer Organisation, die Existenz und Erscheinungsbild prägen und die definieren, wann die Organisation als effektiv und effizient gilt. Selbst die in offiziellen Verlautbarungen genannten strategischen und effizienzbasierten – und somit rationalen – Motive für die Gründung multinationaler Arrangements spiegeln aus dieser Perspektive lediglich einen Rationalitätsmythos wider, da Rationalität selbst als soziale Konstruktion angesehen wird (Meyer/Rowan 1991 [1977]). Nur dann, wenn eine Organisation die Vorstellungen und Erwartungen ihrer institutionellen Umwelt erfüllt, kann sie bestehen.

Ist Rationalität das Schlagwort der einen Sichtweise, so ist Legitimität das Schlagwort der anderen. Legitimität wird nicht konstitutionell oder normativ verstanden, sondern sozialtheoretisch als „eine generalisierte Wahrnehmung oder Annahme, dass die Handlungen einer Einheit innerhalb eines sozial konstruierten Systems von Normen, Werten, Überzeugungen und Definitionen wünschenswert, richtig oder angemessen sind" (Suchman 1995: 574). Nicht Rationalität, sondern Legitimität ist aus dieser konkurrierenden Perspektive auf soziales Handeln das Überlebenselixier für Organisationen, denn lediglich legitim erscheinende Organisationen erhalten aus der Umwelt jene Unterstützungsleistungen wie etwa finanzielle Zuwendungen, Zertifizierungen oder politischen Rückhalt, die sie zu ihrem eigenen Fortbestand benötigen.

Das Zustandekommen militärischer Kooperationsprojekte ist in vielen Fällen mit einer Mischung aus rationalistischen und legitimitätsbasierten Motiven zu erklären. Das spiegelt auch die in den sozialwissenschaftlichen Debatten vorherrschende Meinung wider, dass rationalistische und legitimitätsbasierte Gründe für soziales Handeln weniger in einem Konkurrenz- denn in einem Kompatibilitätsverhältnis stehen. Zugleich liegen in unterschiedlichen Kontexten durchaus signifikante Wertungsunterschiede vor. Das heißt, in den verschiedenen Phasen europäischer Streitkräftezusammenarbeit unterschieden sich die Motive stark, die im Schwerpunkt für die Gründung multinationaler Formate leitend gewesen sind.

8.1 Rationalistische Motive

Bei der Aufstellung multinationaler Arrangements lassen sich vier unterschiedliche interessensbasierte Begründungen ausmachen, die zum einen die Auftragserfüllung von Streitkräften, aber auch die Bestandssicherung der Organisation Militär, ihrer Teileinheiten und Organisationsmitglieder betreffen: Multinationale Kooperation führt demnach zu einer effektiveren militärischen Abschreckung, zu einer verbesserten operativen Einsatzfähigkeit und zu einer höheren Effizienz. Multinationale Kooperation kann zudem hilfreich sein, um organisationpolitische Probleme innerhalb des Militärs zu lösen oder einen Interessensausgleich mit anderen politischen oder sicherheitspolitischen Akteuren zu erreichen.

8.1.1 Effektivere militärische Abschreckung durch multinationale Kooperation

Die Bündelung militärischer Ressourcen soll einen Abschreckungseffekt erzielen, und das gleich in doppelter Hinsicht: Zum einen vergrößert die Zusammenlegung von militärischen Fähigkeiten das Abschreckungspotenzial eines Bündnisses. Gemeinsame Doktrinen, gemeinsame Führungsstrukturen und eine gemeinsame militärische Infrastruktur ergeben in der Summe ein größeres Handlungspotenzial, als es die jeweils einzelnen Streitkräfte vorweisen könnten. Das soll potenzielle Gegner von einem Angriff auf die Verbündeten abhalten. „Multinationale Verbände", heißt es mit Blick auf die Marineverbände der NATO bereits im Weißbuch zur Sicherheit der Bundesrepublik Deutschland und zur Entwicklung der Bundeswehr aus dem Jahr 1976, „zeigen [...] die Geschlossenheit des Bündnisses und bekräftigen die Abschreckung" (BMVg 1976: 103).

Aktuelle Beispiele für die Abschreckungsfunktion multinationaler Kooperation sind die integrierte Luftverteidigung[2] und die nukleare Teilhabe. An letzterer haben heutzutage insbesondere jene Staaten ein Interesse, die in räumlicher Nähe zu Russland liegen. Auch wenn sie selbst keine Teilhabestaaten sind, so ist die Aufrechterhaltung der nuklearen Teilhabe in Europa ein Motiv, das im Zusammenhang mit der Sicherheit der osteuropäischen Staaten geäußert wird (Horovitz 2014).[3] Im Konfliktfall kann die Ingangsetzung von Konsultations- und Entscheidungsprozessen über den Einsatz von Atomwaffen zudem nach außen ein Signal der Entschlossenheit an den Gegner senden (Rudolf 2020: 17).

Auch multinationale Übungen verfolgen das Ziel, die Effektivität militärischer Unternehmungen zu erhöhen. Sie übermitteln zugleich eine „strategische Nachricht an potenzielle Gegner" (Mercier 2018: xxiii). Multinationale Übungen drücken den Zusammenhalt beteiligter Nationen aus sowie deren Bereitschaft, im Falle eines Angriffs durch Dritte ihren Verbündeten mit militärischen Mitteln zu Hilfe zu kommen. Sie haben dadurch einen abschreckenden Effekt.[4]

---

2 Vor dem russischen Angriffskrieg gegen die Ukraine wurde die Einsatzfähigkeit der Luftverteidigungskapazitäten im östlichen Bündnisgebiet jedoch auch „kleingeredet", damit sich Russland durch die Stationierung nicht provoziert fühlte. So resultierte 2015 die bloße Ankündigung Dänemarks, sich an der Flugkörperabwehr der NATO zu beteiligen, in der Drohung Russlands, in diesem Fall dänische Kriegsschiffe anzugreifen (Jensen et al. 2015). Zum grundsätzlichen Zusammenhang zwischen der Effektivität nuklearer Abschreckung und Flugkörperabwehr siehe Debouzy (2012: 171–173). Zu konkreten Stationierungsvorhaben von Abwehranlagen in Europa siehe Heller und Lammerant (2009: 119–125).
3 Allerdings bestehen unter den osteuropäischen Staaten durchaus unterschiedliche nationale Sichtweisen zum Thema Atomwaffen (Overhaus 2019: 34; Rapnouil et al. 2018).
4 Militärische Übungen können aber auch eine offensive Botschaft vermitteln, wenn sie als Aggression gemeint oder wahrgenommen werden (Heuser/Ruiz Palmer 2018: 1): Im Januar 2022 verlegte Russland Truppen für eine gemeinsame Militärübung nach Belarus, was sich als russischer Truppenaufmarsch für die Invasion in die Ukraine im Februar 2022 entpuppte. Ein derartiges Vorgehen war auch in der Vergangenheit bekannt. So diente die Übung Šumava (Böhmerwald) des Warschauer Paktes im Juli 1968 der Vorbereitung der militärischen Invasion in die Tschechoslowakei (Heuser 2018: 24). Wie ernst Staaten die offensive Signalwirkung militärischer Übungen nehmen, verdeutlichte bereits der Ende der 1970er Jahre von Rumänien im Rahmen der Konferenz über Sicherheit und Zusammenarbeit in Europa (KSZE) eingebrachte Vorschlag, das Abhalten multinationaler Manöver in Grenznähe zu verbieten (BMVg 1979: 65).

Multinationale Strukturen wirken abschreckend durch die räumliche Zusammenziehung von Streitkräfteangehörigen an einem Ort. Die alliierten Streitkräfte, die zu Zeiten des Ost-West-Konflikts in Westdeutschland stationiert waren, leisteten nicht bloß einen operativen Verteidigungsbeitrag im Falle eines Angriffs. Die bloße Präsenz an der Grenze zum Warschauer Pakt bewirkte einen strategischen Abschreckungseffekt, denn ein Angriff hätte nicht nur einen Angriff auf Westdeutschland oder auf das abstrakte Bündnisgebiet, sondern eben auch einen Angriff auf dänische, niederländische, belgische, britische, kanadische und US-amerikanische Soldatinnen und Soldaten bedeutet. Die vertraglichen Beistandszusagen der NATO-Mitglieder im Falle eines Angriffs erschienen dadurch noch verlässlicher.

Dieses auch als „Stolperdraht" (*tripwire*)[5] bezeichnete Abschreckungsprinzip fand seit 2014 im östlichen Europa und somit in der Nähe der Grenzen zu Russland wieder Anwendung. Im Zuge der russischen Aggression gegen die Ukraine 2014 wurden ab 2015 viele multinationale Truppenkörper als „Stolperdraht" im östlichen Bündnisgebiet aufgestellt. So hatte Russland bis zum russischen Angriffskrieg gegen die Ukraine 2022 wohl regelmäßig ungefähr 100.000 Soldatinnen und Soldaten an seiner Grenze zum Baltikum stationiert (Stockfisch 2019a: 42). Hinzu kam die Stationierung von nuklearwaffenfähigen Iskander-M-Raketen in der Oblast Kaliningrad (Mergener 2021). Die NATO-Präsenz im östlichen Bündnisgebiet zwischen 2014 und 2022 belief sich hingegen auf wenige Tausend Soldatinnen und Soldaten.[6] Diese waren allerdings regional entlang der östlichen NATO-Außengrenze verteilt und sollten einen russischen Angriff auf das NATO-Bündnisgebiet abschrecken.

Nicht nur landgestützte Kampfverbände tragen zur Abschreckung bei. Die abschreckende Präsenz von NATO-Truppen im Rahmen der intergierten Luftverteidigung an den Außengrenzen des Bündnisses, in der geografischen Nähe zu Russland, war neben ihrer militärischen Kernfunktion, der Sicherung des Luftraums, ein weiteres Motiv für die Stationierung (etwa Mladenov 2016: 42; Scharenborg/Wenink 2015: 95). Sogar multinationale Ausbildungseinrichtungen wie das Baltic Defence College in Estland oder die Centres of Excellence im östlichen Bündnisge-

---

5 An dieser Stelle sei darauf hingewiesen, dass die Stolperdraht-Metapher ethisch nicht unproblematisch ist. So führen die Autoren eines Forschungsberichts des NATO Defense College zu den eFP-Battlegroups aus, die Bezeichnung Stolperdraht impliziere, das eingesetzte militärische Personal und ihre Familien könnten als Kanonenfutter enden (Lanoszka et al. 2020: 6).

6 Hinzu kam in einer ähnlichen Logik die Präsenz US-amerikanischer Truppen beispielsweise in Polen, wo sich in Poznań seit 2020 das taktische Vorauskommando des V. Korps der U.S. Army befindet (Dean 2020a; Overhaus 2019: 32). Zur rechtlichen Grundlage siehe das Enhanced Defense Cooperation Agreement (EDCA) zwischen den USA und Polen („Agreement between the United States of America and Poland signed at Warsaw August 15, 2020").

biet der NATO erhöhten den strategischen Fußabdruck von verbündeten Streitkräften in den Gastgeberstaaten.

Seit dem russischen Angriffskrieg gegen die Ukraine 2022 ist die Stolperdraht-Metapher als Begründung für die Aufstellung multinationaler Strukturen besonders an der östlichen Außengrenze des Bündnisses einer robusteren Verteidigungslogik gewichen, mit der eine Aufstockung von NATO-Truppen im östlichen Bündnisgebiet begründet wird.[7]

Multinationale Strukturen vergrößern also das Abschreckungspotenzial der NATO, denn dieses beruht nicht nur auf der vertraglichen Verteidigungszusage im Rahmen eines Bündnisvertrags, sondern auch auf der physischen Zusammenlegung und regionalen Präsenz der Bündnisstreitkräfte.

8.1.2 Effektiviere Erfüllung operativer Aufgaben

Eine effektivere Auftragserfüllung ist ein zweites rationalistisches Motiv für die Gründung multinationaler Formate. Multinationale Strukturen, so das Argument, erhöhten die Verteidigungsfähigkeit der beteiligten Streitkräfte.

Dieses Motiv findet sich bereits in den Anfangsjahren multinationaler Zusammenarbeit in Europa, wie sich am Beispiel der integrierten Kommandostruktur der NATO veranschaulichen lässt: Die gemeinsame Verteidigungsplanung der westeuropäischen Staaten zu Zeiten des Ost-West-Konflikts machte die einheitliche Führung der Streitkräfte der beteiligten Staaten erforderlich (BMVg 1983: 146). In der integrierten NATO-Kommandostruktur wurden die Verteidigungspläne, die Festsetzung der Stärke der erforderlichen Truppen sowie notwendige Ausbildungsstandards zentral für alle NATO-Mitglieder geregelt (Deutsche Bundesregierung 1956: 57).

Nach dem Ende des Systemkonflikts wandelte sich zwar die strategische Aufgabe der NATO von der Verteidigung zu weltweiten Stabilisierungseinsätzen, die grundsätzliche Aufgabe der integrierten Kommandostruktur, „als Katalysator" (NATO 2006d: 16) zu dienen, um die Einsatzfähigkeit der Streitkräfte der beteiligten Mitgliedstaaten zu erhöhen, veränderte sich hingegen nicht.

Im Rahmen der nuklearen Teilhabe oder der integrierten Luftverteidigung wird die Einsatz- beziehungsweise die Verteidigungsfähigkeit für einige Staaten überhaupt erst hergestellt. Auch die Teilnahme an einer gemeinsamen NATO-Luft-

---

7 Siehe exemplarisch die Rede der Bundesministerin des Auswärtigen, Annalena Baerbock, bei der Auftaktveranstaltung zur Entwicklung einer Nationalen Sicherheitsstrategie am 18. März 2022 in Berlin, Bulletin der Bundesregierung, Nr. 34-2 vom 19.3.2022. Siehe auch Holland (2023).

verteidigung war für das „schmale und zunächst entmilitarisierte Westdeutschland" die einzige Möglichkeit, sich „gegen die Sowjetunion und ihre Verbündeten [zu] verteidigen" (Krüger 2006: 555 f.). Ähnliches gilt heutzutage für einige osteuropäische Staaten, die eine Grenze zu Russland haben, zugleich aber nicht über genügend eigene Luftabwehrfähigkeiten verfügen. Für sie stellt die gemeinsame Luftverteidigung der NATO einen wichtigen Pfeiler ihrer nationalen Verteidigung dar (Overhaus 2019: 33).

Das Motiv der besseren Aufgabenerfüllung durch Bündelung findet sich auch in der Prozessdimension wieder. So ist die Rüstungskooperation demnach für jene Staaten von Interesse, die wirtschaftlich zwar stark genug und willens sind, eigene Industriezweige etwa im Bereich des Flugzeugbaus aufzubauen und zu erhalten, deren Markt aber wiederum zu klein ist, um ein langfristiges Überleben dieses Industriezweigs zu gewährleisten (De Vestel 1995: 11). Multinationale Kooperation ermöglicht diesen Staaten das Aufrechterhalten ihrer wehrtechnischen Kernfähigkeiten, da Ressourcen gebündelt und zugleich Stückzahlen erhöht werden.

In der großen Rüstungskooperationsdebatte der 1970er Jahre wurde auch immer wieder das Argument der Kampfwertsteigerung durch Rüstungskooperation angeführt (Vollert 1977: 74). Rüstungskooperation, so die Argumentation, führe im Idealfall zu einer Vereinheitlichung des militärischen Geräts, zumindest aber zu Interoperabilität, also dessen Angleichung. Dadurch seien die Streitkräfte in der Lage, gemeinsam und somit effektiver zu agieren.

Interoperabilität ist ohnehin ein Kooperationsmotiv, das nicht nur technische, sondern ebenso organisationsbezogene Aspekte des Militärs betrifft. Auch eine gemeinsame Ausbildung gewährleistet die Interoperabilität von Streitkräfteangehörigen, die möglicherweise später gemeinsam in einen Einsatz gehen. Multinationale Ausbildung wirkt sich darüber hinaus vor dem Hintergrund multinationaler Einsätze und deren Anforderungen an die streitkräfteübergreifende Zusammenarbeit positiv auf das gegenseitige Verständnis von Partnern aus.

Auch multinationale Übungen haben das Ziel, die Befähigung der beteiligten Streitkräfte zum gemeinsamen Einsatz zu erhöhen. Dabei spielt der Trainingseffekt von Truppenteilen ebenso eine Rolle wie die Möglichkeit, militärische Verfahren und militärisches Gerät zu testen und auf der Grundlage gewonnener Erkenntnis zu verbessern. Ein wichtiges Element dieser Befähigung ist die Interoperabilität der Streitkräfte aus verschiedenen Staaten insbesondere im Hinblick auf Kommunikationswege, Führungsverfahren und technisches Gerät im Einsatz. Durch das gemeinsame Üben sind Streitkräfte also im Einsatzfall besser in der Lage, gemeinsam zu handeln. Ein Motiv multinationaler Übungen ist demnach, die militärische Effektivität multinational geführter Operationen zu erhöhen.

Interessanterweise findet sich das Motiv der besseren Aufgabenerfüllung kaum in Bezug auf gemeinsame internationale Einsätze selbst. Während sich also die Effektivität einer gemeinsamen Einsatzvorbereitung im Rahmen von Ausbildung und Übungen durchaus als Motiv für multinationale Kooperation in diesen Bereichen findet, werden in der Fachdebatte nur wenige Beispiele zitiert, in denen dieses Motiv eine Rolle für gemeinsame Einsätze an sich gespielt hat. Frankreich hatte demnach nicht die Möglichkeit, im Alleingang militärisch darauf zu reagieren, dass 1990 im Zuge der irakischen Besetzung Kuwaits das Wohnquartier des französischen Botschafters in Kuwait gestürmt wurde. Frankreich trat in der Folge der durch die USA geführten Koalition gegen den Irak bei (Forster/Cimbala 2005: 78). Hingegen gibt es einige Beispiele, in denen die Teilnahme an einem Einsatz anderen sicherheitspolitischen Interessen gedient hat. So hätten einige NATO-Partner ihre militärische Teilnahme an der ISAF-Mission (2002–2014) zugesagt, um Einfluss auf militärische Entscheidungen der US-Regierung zu erlangen (Jung 2012: 46). Frankreichs Beteiligung an der Multinational Force im Libanon in den 1980er Jahren, um ein weiteres Beispiel zu nennen, war unter anderem von dem Ziel geprägt, der Vormachtstellung der USA bei internationalen Einsätzen etwas entgegenzustellen und den eigenen Einfluss auf internationaler Ebene zu stärken (Cimbala/Forster 2010: 44 f.).

8.1.3 Kosteneinsparung, Lastenteilung und Risikoverteilung

Es mag überraschen, aber Motive, die die Kosten von multinationalen Arrangements in Beziehung zu ihrem Nutzen setzen, finden sich in Fachbeiträgen eher selten, vor allem in Vergleich zu den zahllosen Hinweisen auf die strategischen Vorteile multinationaler Kooperation.

Allenfalls mittelbar lässt sich feststellen, dass die Londoner Erklärung der NATO von 1990 mit ihrer Aussage zu multinationalen Korps in einer Zeit europaweiter Streitkräftereduzierungen entstanden ist und sie daher in einem Zusammenhang mit der erwarteten Verkleinerung der NATO-Kommandostruktur, den Truppenabzügen der Alliierten aus Europa sowie der Verkleinerung des Anteils der US-Streitkräfte steht (Deni 2007: 34–36).

Schon eher spielen Kosten eine Rolle bei internationalen Einsätzen. Sie verteilen die „Risiken, Kosten und Verantwortlichkeiten" zwischen den teilnehmenden Staaten (Forster/Cimbala 2005: 44). Allerdings besteht weitgehend Einigkeit darüber, dass Multinationalität durch nationale Vorbehalte sowie technische und militärkulturelle Interoperabilitätsprobleme die Effektivität der eingesetzten Truppen eher verringert, auch wenn sich diese Annahme nicht in allen Fällen empirisch nachweisen lässt (Schmitt 2018: 7).

Weitaus häufiger als bei strategischen und militärisch-operativen Aspekten wird der Aspekt der Effizienzgewinne durch multinationale Kooperation im Bereich der Rüstungszusammenarbeit angenommen (etwa Becker/Kempin 2019). Kooperation verhindere demnach teure Parallelentwicklungen und spare Kosten. Zugleich erweitere sich der Absatzmarkt für die produzierten Rüstungsgüter. Dadurch ließen sich höhere Stückzahlen und somit geringere Stückkosten erreichen. Gemeinsame Ausbildung, Logistik und speziell die Ersatzteilversorgung, die bereits als Argument für effektivere Streitkräfte angeführt worden sind, werden auch unter Effizienzgesichtspunkten genannt, da Ausrüstungskooperation zu geringeren Sekundärkosten führt. Allerdings kann das Argument der kostengünstigeren Produktion empirisch in Zweifel gezogen werden angesichts der vielfältigen Schwierigkeiten multinationaler Gemeinschaftsproduktionen, die in diesem Buch aufgezeigt wurden.

Auch multinationale Ausbildungsstätten bieten Möglichkeiten, Ausbildungskapazitäten effizienter zu nutzen. Das Baltic Defence College ist ein Lehrstück für die Bündelung von Ressourcen: Aufgrund des Umstandes, dass die baltischen Sowjetrepubliken über keine eigenständigen Streitkräfte verfügt hatten, fehlte es nach dem Erlangen der Unabhängigkeit Estlands, Lettlands und Litauens an Strukturen und Expertise, um eine Offizierausbildung in den drei neu aufgestellten Streitkräften zu gewährleisten. Durch den Aufbau eines gemeinsamen Colleges konnte die internationale Ausbildungshilfe durch Schweden und andere Staaten gebündelt und somit allen drei Staaten ressourcenschonend zur Verfügung gestellt werden.

Besonders nachvollziehbar scheint das Kostenargument bei speziellen Geräten zur Ausbildung. Eine gemeinsame Ausbildung, etwa auf Flugzeugmustern und U-Boot-Simulatoren, erlaubt eine effizientere Auslastung kostspieligen militärischen Übungsgeräts und von Ausbildungseinrichtungen. Kosteneinsparungen sind daher Motiv, die militärischen Aus-, Fort- und Weiterbildung multinational zu organisieren (etwa BMVg 1985: 333).

8.1.4 Organisationspolitische Motive

Multinationale Kooperation liegt nicht nur im Interesse der beteiligten Staaten, sondern auch im Eigeninteresse der Streitkräfte. Sie kann vorteilhaft sein für die Streitkräfteangehörigen, für bestimmte Teilstreitkräfte oder nationale Kommandos sowie für die militärische Gesamtorganisation. So bieten multinationale Großverbände und integrierte Kommandostrukturen Staaten mit kleineren Streitkräften die Möglichkeit, ihr militärisches Führungspersonal in Strukturen einzusetzen, die sie selbst nicht anbieten können (etwa Knappe et al. 2021). Das betrifft sowohl die Verwendungshöhe als auch die Verwendungsbreite, wobei bei der Verwendungshöhe der militärische Aufstieg des Personals, bei der Verwendungsbreite der Wissenstransfer im Vordergrund steht. Dieses Motiv war beispielsweise ein Grund dafür, dass Dänemark auch nach dem Ende des Ost-West-Konflikts an seiner

Beteiligung am Headquarters Allied Land Forces Schleswig-Holstein and Jutland (LANDJUT) festhielt (Durell-Young 1997: 26). Ein anderes Beispiel ist das NATO Air Policing, das den Luftwaffen der empfangenden Staaten die Möglichkeit eröffnet, mit den militärisch einsatzerfahrenen Luftwaffen der durchführenden Staaten zu trainieren (Scharenborg/Wenink 2015: 95).

Die Teilnahme an multinationalen Hauptquartieren sichert den Informationsfluss und ermöglicht in manchen Fällen Zugang zu gemeinsamen Finanzierungsvorhaben und Trainingskapazitäten (Deni 2007: 50, 75). Die Bundeswehr ist beispielsweise größter Truppensteller im Combined Air Operations Centre (CAOC) in Uedem, das das Air Policing nördlich der Alpen führt. Zugleich besetzt die deutsche Luftwaffe aber auch einige wenige Dienstposten im Combined Air Operations Centre im spanischen Torrejón, das das Air Policing im europäischen NATO-Luftraum südlich der Alpen plant und leitet und somit eigentlich nicht im strategischen Fokus Deutschlands steht. Obwohl der Schwerpunkt der deutschen Sicherheitspolitik eher auf dem nordöstlichen Bündnisraum liegt, ist die Bundeswehr auch in Spanien präsent, um über Entwicklungen im spanischen CAOC informiert zu sein und vor Ort deutsche Sichtweisen vor Ort einzubringen.[8] Information und Einfluss ist auch ein Motiv für die Partizipation an der nuklearen Teilhabe, denn sie sichere „Deutschlands Mitsprache bei diesbezüglichen Planungen", wie der Inspekteur der Luftwaffe ausführt (Gerhartz et al. 2021: 51).

Ein weiterer organisationspolitischer Aspekt ist das Überleben von Organisationsstrukturen.[9] Multinationalität hat sich in nicht wenigen Fällen als ein Vehikel herausgestellt, durch das militärische Strukturen erhalten blieben, die andernfalls aufgelöst worden wären. Die Aufstellung multinationaler Strukturen in den 1990er Jahren war ein Weg, zu Zeiten europaweiter Streitkräftereduzierungen nationale militärische Fähigkeiten vor einer Auflösung zu retten (Durell-Young 1997: 7). Viele der heutigen multinationalen Truppenkörper gingen aus militärischen Strukturen hervor, die ihren ursprünglichen Zweck zunächst verloren hatten: Das britische I Corps der in Deutschland stationierten British Army of the Rhine bildete den Nukleus des Allied Command Europe Rapid Reaction Corps, das Headquarters Allied Land Forces Schleswig-Holstein and Jutland war Kern des Multinatio-

---

8 Hintergrundgespräche im Kommando Luftwaffe am 2.9.2021. Mittlerweile ist die Bundeswehr im Rahmen der integrierten Luftverteidigung regelmäßig im südlichen Bündnisraum aktiv, sodass die Repräsentation im spanischen CAOC nicht mehr nur dem Informationsfluss dient (Hachmeister 2022).

9 Gerade das Überleben von Organisationen ist ein Aspekt, der in der neo-institutionalistischen Theorieströmung stark betont wird. Aus diesem Grund könnten die organisationspolitischen Aspekte sowohl aus dem Blickwinkel des rationalen Interesses als auch der Legitimität betrachtet werden.

nal Corps Northeast, und die Multinational Division North ist aus der Dänischen Division im dänischen Haderslev hervorgegangen (Deni 2007: 37, 50; Durell-Young 1997). Das Eingehen multinationaler Kooperation hat zum Überleben dieser Organisationsstrukturen beigetragen. Ruiz Palmer (2016: 9) bezeichnet die Multinationalisierung der Hauptquartiere in Europa vor diesem Hintergrund gar als einen „Geniestreich", der weitere Reduzierungen der Streitkräfte vermieden hat. Sie war zudem ein Weg, insbesondere Heeresstrukturen zu erhalten, die im Vergleich zu Marine- und Luftwaffenstrukturen nach dem Ende des Ost-West-Konflikts stärker von Auflösungen betroffen waren (Kraft 2018a: 66).[10]

Der überlebenssichernde Effekt stellt sich dabei gleich doppelt ein. Nicht nur schützt die Überführung in multinationale Strukturen die militärische Organisation; zu späteren Zeitpunkten werden multinationale Strukturen im Falle von nationalen Streitkräftereformen zudem in der Regel geschont, da es einen erheblichen Aufwand bedeuten würde, multinationale Hauptquartiere aufzubrechen und nationale Lücken zu schließen.[11] Das Eintreten für multinationale Verflechtungen durch die militärische Organisation kann demnach ein selbstreferenzielles Motiv sein, das sich mit dem Interesse am Organisationserhalt begründet.

Dieses Interesse scheint nicht nur hinter der Einrichtung von permanenten Truppenkörpern zu stehen, sondern spielte auch eine Rolle bei der Durchführung internationaler Militäroperationen. Sarah Percy kommt in ihrer Studie zu den miteinander vernetzten Anti-Pirateriemissionen im Indischen Ozean, die in den 2000er und 2010er Jahren unter anderem von NATO, EU und Gruppen von Staaten geführt wurden, zu dem Schluss, dass es insbesondere die Seestreitkräfte selbst waren, die die Einrichtung dieser Missionen unterstützten. Sie hatten ein vitales Interesse daran, angesichts sinkender Verteidigungshaushalte und der prominenten Rolle der Landstreitkräfte in den Konflikten im Irak und in Afghanistan ihr eigenes Organisationsprofil zu schärfen. Multinationale Pirateriebekämpfung war demnach eine gute Methode, um die Notwendigkeit und den Einsatzwert der Seestreitkräfte zu demonstrieren (Percy 2016: 255).

Studienergebnisse legen nahe, dass die EU als Akteur aus Eigeninteresse Einfluss auf das Zustandekommen und die Durchführung internationaler militärischer Einsätze in Bosnien, in der indonesischen Provinz Aceh, im Tschad und im Kosovo genommen hat (Dijkstra 2013).[12] Im Falle von EUFOR Bosnien war es

---

10 Dass aber auch nationale Marinen den Weg der Kooperation beschreiten, um ihr organisationales Überleben zu sichern, zeigt Sauer (2015), der die belgisch-niederländische Marinekooperation als institutionelle Strategie der Bestandssicherung konzeptualisiert hat.
11 Die Autorin dankt Michael Bartscher für diesen Hinweis.
12 In seiner Studie zur Anti-Pirateriemission der EU Atalanta kann Dijkstra (2016: 178–198) diese

demnach das Interesse des institutionellen Apparats der EU und hier speziell des Hohen Vertreters für die Gemeinsame Außen- und Sicherheitspolitik Javier Solana gewesen, die erst kurz zuvor eingerichteten Institutionen im Bereich des EU-Krisenmanagements auch zur Krisenbewältigung einzusetzen (Dijkstra 2013: 102). Es haben sich darüber hinaus Hinweise dafür finden lassen, dass die EU-Operation Artemis im Kongo im Jahr 2003 ein Vehikel war, den internationalen Status der EU durch militärische Aktionen zu untermauern (Poopuu 2020: 79).

Die empirischen Befunde organisationspolitischer Interessen und deren Einfluss auf die Aufstellung multinationaler Formate weisen auf eine Principal-agent-Problemstruktur hin (etwa Burk 2002; Feaver 2003; Hawkins 2006; Hendrickson 2004). Internationale Organisationen und militärische Organisationen stellen in sicherheits- und verteidigungspolitischen Problemlagen Expertise und Koordinationsfunktionen bereit, die Regierungen in komplexen Entscheidungssituationen allein kaum leisten können. Dieser bevorzugte Zugang zum politischen Entscheidungsprozess ermöglicht ihnen jedoch auch, in diesen eigene organisationspolitische Interessen – insbesondere Organisationserhalt – einfließen zu lassen.

8.2 Legitimitätsbasierte Motive

Neben den rationalistischen Gründen existiert eine Reihe von legitimitätsbasierten Motiven, die zur Aufstellung multinationaler Arrangements führen. In Fachbeiträgen sowie Selbstdarstellungen multinationaler Formate lassen sich drei Hauptmotive ausmachen: multinationale Kooperation als ein Symbol für den allgemeinen politischen Zusammenhalt westlich-demokratischer Staaten, speziell der bündnispolitische Zusammenhalt, sowie Prestige und Glaubwürdigkeit.

8.2.1 Politischer Zusammenhalt

Multinationale Strukturen sind sichtbare Symbole politischen Zusammenhalts. Für das Eurocorps beobachtete Durell-Young Mitte der 1990er Jahre „eine Fülle von fast kunstvollen PR-Materialien (aus der weltweit wohl größten Abteilung für Öffent-

---

Erkenntnisse erneut empirisch bestätigen. Kontrafaktische Evidenz bietet in diesem Fall das Auftreten des Vereinigten Königreichs. Ursprünglich gegen eine eigenständige EU-Mission eingestellt, bot das Vereinigte Königreich der EU schließlich an, das Hauptquartier und den Operationskommandeur zu stellen. So umging es die aus britischer Sicht politisch unvorteilhafte Option, dass die Mission durch EU-Institutionen wie das damals existierende EU OPCEN selbst geführt wurde.

lichkeitsarbeit eines ,Korps'), öffentliche Paraden und pompöse Fototermine, usw."
(Durell-Young 1997: 35), die den Zusammenhalt der beteiligten Nationen demonstrieren sollten. Die Aufstellung des Korps wurde von offizieller Seite als ein „wichti-
ger Anstoß für weitere Fortschritte im europäischen Einigungsprozess" bezeichnet
(BMVg 1995a).

Auch der dem Eurocorps unterstellten Franco-German Brigade wurde
eine „Signal- und Vorbildfunktion für Europäische Streitkräfte" (Klein/Lippert
1991: 2) attestiert. Ihre wichtigste Aufgabe sei nicht etwa eine klassisch militärische, sondern die „Verwirklichung der deutsch-französischen Integration" (Alain
Carton, zitiert in Klein/Lippert 1991: 3). In einer ähnlichen Logik wurden die beiden
deutsch-amerikanischen Korps als „Zeichen der deutsch-amerikanischen ,special
relationship'" gewertet (BMVg 1995a: 15). Speziell für den Fall Deutschland hatte in
den 1990er Jahren die Demonstration politischen Zusammenhalts mithilfe multinationaler Kooperation das zusätzliche Ziel, Ängsten von europäischen Nachbarn zu
begegnen, die Herstellung der Souveränität des vereinten Deutschlands nach dem
Ende des Ost-West-Konflikts könnte zu außenpolitischen oder gar militärischen
Alleingängen der Bundesrepublik führen.[13]

In abgewandelter Form findet sich das Motiv des politischen Zusammenhalts
ab den 1990er Jahren als Integrationsmotiv bei der Einbindung von Streitkräften
osteuropäischer Staaten in multinationale Truppenkörper mit westeuropäischer
Beteiligung wieder. So diente beispielsweise das als „Integrationskorps" (Wróbel
2001) bezeichnete Multinational Corps Northeast in Szczecin der Einbindung
Polens in die NATO. Ähnlich hieß es über das Baltic Battalion:

> Das gemeinsame nordisch-baltische Bataillon BALTBAT ist in Wirklichkeit eine multinatio-
> nale Kraftanstrengung, die für die Friedensmissionen der Vereinten Nationen unternommen
> wurde sowie um gute Nachbarschaft in der Region zu demonstrieren. Es ist kein Bataillon
> zur Verteidigung der baltischen Staaten und schon gar keine Keimzelle einer Armee. Es ist
> eine multinationale Kraftanstrengung von symbolischer und politischer Bedeutung, davon
> abgesehen, ist BALTBAT militärisch nutzlos (Austin 1999: 1).

---

13 So verwies Bundesverteidigungsminister Volker Rühe 1993 in einer Rede zunächst auf die Aufstellung der zwei multinationalen Korps mit den USA, das Eurocorps sowie das geplante 1 (Ger-
man/Netherlands) Corps, und führte weiterhin aus: „Dahinter steht Programm: Durch Multinationalität wollen wir die Gemeinsamkeit vertiefen – unter den Europäern und mit Nordamerika. Wir
verstärken die Klammern zwischen den Streitkräften. Das zeigt: Wir wollen Aufgaben gemeinsam
wahrnehmen und Risiken teilen. Wir wollen Alleingänge verhindern, aber auch Sonderrollen aus-
schließen." Deutsche Sicherheitspolitik vor neuen Aufgaben. Rede von Bundesminister Rühe in
Mainz, Bulletin der Bundesregierung Nr. 83/1993 vom 8.10.1993.

Damit erfüllen multinationale Strukturen also oftmals auch das Ziel der gegenseitigen diplomatischen Anbindung der an ihnen beteiligten Staaten.

Politische Motive für die militärische Zusammenarbeit finden sich auch bei den großen Rüstungsprojekten. Multinationale Rüstungsprojekte waren und sind Motoren der europäischen Integration und dienen den wirtschaftspolitischen Beziehungen zwischen den beteiligten Staaten (Seiller 2008: 57). So wurde beispielsweise das Kampfflugzeug Eurofighter gemeinschaftlich entwickelt, um die Annäherung des Vereinigten Königreichs an die Europäische Gemeinschaft zu forcieren (Raabe 2019: 56).

Multinationale Übungen erfüllen dann eine politische Funktion, wenn sie auch für Staaten geöffnet werden, die keine Verbündeten sind. Sie demonstrieren den Willen zur Kooperation und erhöhen durch ihre Transparenz die Sicherheit in der Region (Heuser 2018: 19). So nahmen beispielsweise 1993 die damaligen Nicht-NATO-Staaten Estland, Lettland, Litauen, Polen und sogar Russland auf Einladung der NATO an der US-amerikanisch geführten maritimen Übungsserie Baltic Operations (BALTOPS) teil (French/Dombrowski 2018: 197).

Das Motiv des politischen Zusammenhalts tritt insbesondere bei internationalen Einsätzen in den Vordergrund. Neben der rechtlichen Legitimierung durch ein Votum des VN-Sicherheitsrates sind internationale Koalitionen seit jeher ein oft beschrittener Weg, um auch die soziale Legitimität von Militäreinsätzen zu erhöhen (Forster/Cimbala 2005; Kreps 2011), denn gemeinsame internationale Einsätze erwecken durch die Beteiligung mehrerer Partner bereits den „Anschein internationaler Legitimität" (Cimbala/Forster 2010: 44).

8.2.2 Demonstration von Bündnissolidarität

Stellen Kooperationsstrukturen für den militärischen Gegner eine strategische Abschreckungskommunikation nach außen dar, so kommunizieren sie zugleich nach innen an die Bündnispartner. Während die militärisch starken Partner signalisieren, dass sie im Angriffsfall ihren militärisch schwächeren Partnern beistehen, tun kleine Partner umgekehrt ihre Bereitschaft kund, einen Teil der Anstrengungen zum Gelingen der gemeinsamen Verteidigung zu übernehmen.[14]

Auch die Teilnahme an einem Einsatz kann symbolischer Ausdruck der Bündnissolidarität sein: Einige europäische Staaten haben im Golfkrieg 1991 die US-

---

[14] Die kleineren Partner „zeigen Flagge" (Hintergrundgespräche 2.9.2021, Kommando Luftwaffe). Siehe beispielsweise entsprechende Äußerungen des lettischen sowie des litauischen Verteidigungsministers zur enhanced Forward Presence (Horobets/Karoblis 2019; Villarejo/Pabriks 2020).

geführte Koalition lediglich mit marginalen Truppenanteilen oder mit Überflug-
rechten unterstützt. Sie haben damit zwar keinen substanziellen militärischen
Beitrag erbracht, jedoch die Ziele des Bündnisses und die internationale Legitimierung dieses Einsatzes mitgetragen (Forster/Cimbala 2005: 80, 87).

Großbritannien hat in der Vergangenheit oftmals an der Seite der USA gekämpft,
um sicherheitspolitische Solidarität zu demonstrieren. So war die Unterstützung
der USA ein wesentliches Motiv für die Teilnahme des Vereinigten Königreichs
an US-amerikanisch geführten Einsätzen wie der Multinational Force im Libanon
1982, dem Zweiten Golfkrieg 1990/91 sowie dem Irakkrieg (Dritter Golfkrieg) 2003
(Balcerowicz 2019: 115; Forster/Cimbala 2005: 46, 78). Gerade im Fall des Irakkriegs
wog dieses Motiv schwer, denn die britische Regierung hegte bereits früh Zweifel
daran, dass der Irak tatsächlich gegen internationales Recht verstoßen habe – was
von den USA als Interventionsgrund angeführt wurde (Balcerowicz 2019: 115).

Auch für einige osteuropäische Staaten wie Polen waren die Hauptgründe für
eine Beteiligung an den Einsätzen in Afghanistan und im Irak nicht etwa Terroris-
musbekämpfung oder humanitäre Gründe, sondern der Ausdruck von Solidarität
mit den USA und die Stärkung des transatlantischen Zusammenhalts (Bieńczyk-
Missala 2016; Madej 2019a: 79). In diesem Zusammenhang spielten die eigenen
sicherheitspolitischen Interessen wie beispielsweise ein Schutz vor russischer
Aggression in Europa eine Rolle, für die eine enge Bindung an die USA zentral
schienen (Madej 2019a: 79). Auch die Teilnahme der baltischen Staaten an VN- und
NATO-Missionen in Kroatien, Bosnien und dem Kosovo in den 1990ern und später
im Irak ist auf das Interesse der baltischen Staaten an einer NATO-Mitgliedschaft
zurückzuführen (Kasekamp 2021: 119, 129). So betrachtet, kann die Demonstration von Bündnissolidarität sogar als Verfolgung eigener strategischer Interessen
und somit als sicherheitspolitisches Kopplungsgeschäft (Tago 2007: 185) verstanden werden (siehe auch Henke 2019). In der wissenschaftlichen Literatur wird
eine derartige Verquickung denn auch als „pragmatic legitimacy" konzeptualisiert
(Suchman 1995).

Die geringe Beteiligung der europäischen Staaten am Einsatz in Libyen kann
als kontrafaktisches Beispiel aufgeführt werden. Lediglich acht Staaten unterstützten die vom Vereinigten Königreich und von Frankreich initiierte Intervention. Die
potenziellen Koalitionspartner zweifelten vor allem wegen der offensichtlichen
strategischen und ökonomischen Partikularinteressen der am Einsatz beteiligten
Staaten an deren offizieller Begründung für die Intervention – die Verhinderung
von Verbrechen gegen die Menschlichkeit (Wojciuk 2019: 141). Hinzu kam die
zunächst zögerliche Haltung der USA und ihr im Vergleich zu den Einsätzen in
Afghanistan und im Irak zurückhaltendes Engagement. Das hat dazu geführt, dass
viele europäische Staaten nicht oder nur mit Unterstützungsleistungen am Libyen-
Einsatz teilnahmen. Scheinbar bot sich also im Fall Libyen durch die Zurückhal-

tung der USA ein lohnendes Kopplungsgeschäft zur Demonstration von Bündnissolidarität nicht an.

Staaten drücken mit der Teilnahme an einem internationalen Einsatz auch ihre Zugehörigkeit zu einer Organisation kollektiver Sicherheit aus (Cimbala/Forster 2010: 157). So war die Beteiligung europäischer Staaten an der United Nations Protection Force in Bosnien und Herzegowina sowie in Kroatien neben anderen Motiven auch von der Absicht getragen, die Verlässlichkeit der Vereinten Nationen zu demonstrieren (ebd.: 119).

Die gegenseitige Versicherung der Bündnistreue ist ein oft zitiertes Motiv auch für das Abhalten multinationaler Übungen. Das galt bereits für die REFORGER-Übungen zu Zeiten des Ost-West-Konflikts. Hier war für die europäischen NATO-Partner vor allem die Demonstration der Beistandsverpflichtung der USA von Bedeutung (Heuser 2018: 19). Für die Übungen im Rahmen der Rückversicherungsmaßnahmen der NATO aus dem Jahr 2014 gilt das insbesondere für jene NATO-Mitglieder, die eine Grenze zu Russland haben.

Auch die Stationierung US-amerikanischer Atomwaffen auf europäischem Territorium kann als Schutzzusage der USA und somit als Ausdruck der Bündnissolidarität verstanden werden (Brauß/Mölling 2020; Overhaus 2019; Rudolf 2020: 17). Das Festhalten an der nuklearen Teilhabe wird zudem als grundsätzliches Bekenntnis zur Allianz nach innen gewertet (Brauß/Mölling 2020; Glatz et al. 2020; Rudolf 2020: 18). Ebenso demonstriert die gemeinsame Luftverteidigung den Zusammenhalt der Allianz. Diese Demonstration wirkt gleichfalls nach innen und versichert den Verbündeten untereinander ihre Solidarität (etwa Dnistran 2017: 68, 70; auch Mladenov 2016: 43). Friederike Hartung argumentiert unter der Kapitelüberschrift „Politische Symbolik versus militärische Relevanz", dass der NATO-Einsatz an der Südgrenze der Türkei, Active Fence (AF TUR, seit 2012), militärisch eigentlich wenig Sinn machte, da die Wahrscheinlichkeit eines syrischen Angriffs auf die Türkei gering war. Jedoch ermöglichte die Mission eine enge Zusammenarbeit mit dem NATO-Mitglied Türkei, dessen strategische Bedeutung für das Bündnis durch den Krieg in Syrien und die neue Bedrohungswahrnehmung Russlands seit 2014 gestiegen war (Hartung 2022: 274 f.).

8.2.3 Prestige und Glaubwürdigkeit

Soziales Prestige ist ein weiterer Motivator für das Handeln von sozialen Organisationen (Deephouse/Suchman 2008: 66; Strang/Soule 1998: 274). Studien haben gezeigt, dass Staaten nicht etwa aus strategischen Erwägungen heraus in neuartige Militärtechnologien investieren, sondern um die Modernität des eigenen Militärs zu demonstrieren (Franke 2015; Potter 2003). Eine ähnliche Motivlage kann für Entscheidungen zur multinationalen Kooperation festgestellt werden. In seiner Fallstudie zur Gründung des NATO Rapid Deployable Corps führt John Deni beispielsweise aus, ein Motiv für die Aufstellung eines multinationalen Korps auf dem eigenen nationalen Territorium sei die internationale Glaubwürdigkeit, die ein solcher Schritt vermittle (Deni 2007: 50, 70). Auch Jack Watling und Sean MacFarland sehen Prestige als ein wichtiges Motiv bei der Einrichtung der Korps. Insbesondere die damit verbundene Einrichtung prestigeträchtiger Dienstposten ermöglichten den NATO-Mitgliedern, ihre Beteiligung prominent zu demonstrieren (Watling/MacFarland 2021: 30). Dies geschehe aus Sicht der Autoren sogar auf Kosten der militärischen Effektivität (ebd.: 35).

Prestige und Glaubwürdigkeit als Motive für multinationale Kooperation finden sich ebenso im Bereich der internationalen Einsätze. Die Bereitschaft, sich an der durch die USA geführten Irak-Intervention (2003) zu beteiligen, sei zu einem regelrechten „Passageritus" für jene Staaten geworden, die eine NATO-Mitgliedschaft beziehungsweise eine NATO-Partnerschaft anstrebten (Forster/Cimbala 2005: 164). Das Bestreben europäischer Staaten, die militärische Handlungsfähigkeit der NATO zu beweisen, war wiederum ein Motiv, das zu ihrer Beteiligung am Kosovokrieg geführt hat (Bieńczyk-Missala 2019: 57 f.). Als sich die Sicherheitslage in Afghanistan verschlechterte und sich das Scheitern der westlichen Koalition in diesem Konflikt abzeichnete, sei die Glaubwürdigkeit des militärischen Engagements sogar zum Hauptmotiv für die Aufrechterhaltung der weiteren militärischen Beteiligung geworden, urteilt der polnische Politikwissenschaftler Marek Madej (Madej 2019a: 80).

8.3 Schlussbetrachtungen

Ziel dieses Exkurses war es, die Forschungsperspektive auf die Bedingungen von Kooperation zu stärken und somit die Forschung zu multinationalen Formaten zu beleben. Für das Eingehen multinationaler Kooperationen, denen vielfältige Akteurskonstellationen zugrunde liegen, existieren unterschiedliche Gründe und Motive. So dominieren beispielsweise im Falle der integrierten NATO-Luftverteidigung vor allem rationalistische Motivlagen, während bei der fachlichen Begründung der nuklearen Teilhabe gleichermaßen rationalistische und legitimitätsbasierte Motive vorliegen. Beim Aufgabenbereich internationale Einsätze wiederum drängen legitimitätsbasierte Begründungen für multinationale Kooperation in den Vordergrund, wohingegen der militärische Einsatzwert multinationaler Formate im internationalen Krisenmanagement sogar pointiert in Frage gestellt wurde.

Zudem wandeln sich Motivlagen für die Gründung und Beibehaltung multinationaler Formate im Zeitverlauf. Das Multinational Corps North East in Szczecin wurde gegründet, um polnische Soldatinnen und Soldaten mit NATO-Verfahren vertraut zu machen. Im Zuge der russischen Aggressionen gegen die Ukraine 2014 vergrößerte sich jedoch die strategische Bedeutung des MNC NE und der Status des Korps wurde 2017 entsprechend als High-Readiness Force Headquarters und 2019 als Regional Command aufgewertet. Eine ähnliche Bedeutungsverschiebung lässt sich bei der NATO Response Force ausmachen, die zunächst eher als organisationspolitischer Hebel zur Kampfwertsteigerung der Streitkräfte europäischer Staaten diente (Ringsmose 2009: 289), ab 2014 aber gleichsam für die Bündnisverteidigung ertüchtigt wurde (Ringsmose/Rynning 2017: 448). Organisationstheoretische Ansätze wie die Pfadabhängigkeit (Mahoney 2000; Thelen 1999) oder die Garbage-Can-Theory, nach der in Organisationen bereits Lösungen existieren, die durch Akteure mit auftretenden Problemen zusammengebracht werden (Cohen et al. 1972), können einen konzeptuellen Startpunkt bieten, um die Bedeutungsverschiebungen von Multinationalität unter der Prämisse eines gleichbleibenden Trends hin zu multinationaler Kooperation in Europa trotz sicherheitspolitischen Wandels zu verstehen.

In diesem Exkurs wurden Begründungen für das Zustandekommen von multinationaler Zusammenarbeit zusammengetragen und geordnet. Weitere Forschung ist notwendig, um generalisierbare Aussagen über die Gründe für die Aufstellung multinationaler Formate treffen zu können. Es bedarf hierzu einer größeren Anzahl fallspezifischer Untersuchungen von Gründungszusammenhängen für militärische Multinationalität (Forschungsperspektive I, siehe Kapitel 3), wie sie für die Auswirkungen der Streitkräftezusammenarbeit teilweise bereits vorliegen (Forschungsperspektive II). Es bedarf zudem der weiteren sorgsamen Erarbeitung einer ausdifferenzierten theoriebasierten Abgrenzung von Kooperationsmotiven.

9 Multinationalität im Zeichen des russischen Angriffskriegs gegen die Ukraine

Das Ende des Ost-West-Konflikts, die Ostererweiterungen von NATO und EU, die Krisenmanagementeinsätze europäischer Staaten und das Agieren Russlands in der Ukraine ab 2014 sowie der russische Angriffskrieg gegen die Ukraine seit 2022: Sicherheitspolitische Großereignisse haben in unterschiedlicher Art und Weise die Ausprägung multinationaler Kooperation auf dem europäischen Kontinent beeinflusst.

Die 1990er und 2000er Jahre standen unter dem Eindruck von europaweiten Streitkräftereduzierungen und der Annäherung vieler Staaten, die ehemals Mitglied des Warschauer Paktes oder der Sowjetunion waren, an NATO und EU. In diesen beiden Jahrzehnten haben vor allem organisationsimmanente und politische Motive die Multinationalität befördert. In der Phase der Krisenmanagementeinsätze trug die Multinationalität internationaler Einsätze der Europäer beispielsweise auf dem Balkan oder in Afghanistan zudem entscheidend zur Legitimierung dieser militärischen Unternehmungen bei.

Seit 2014 hat sich Russland durch seine Handlungen in der Ukraine (und im Übrigen auch in Syrien) mehr und mehr vom schwierigen sicherheitspolitischen Partner zu einer Bedrohung entwickelt. Dadurch treten immer deutlicher strategisch-operative Gründe für militärische Multinationalität in Europa hervor. Insbesondere im Rahmen der NATO wurde die multinationale Zusammenarbeit seit 2014 im Bereich der Strukturen verstärkt, wie die Aufstellung der Very High Readiness Joint Task Force, der eFP-Battlegroups oder der NATO Force Integration Units belegen (siehe Tabelle 11, Folgeseite).

Handlungsleitend für diese aktuellen Veränderungen seit 2014 waren weniger politische Motive wie in den Jahren zuvor, sondern vor allem strategische und operative Erwägungen. So erfolgte die Aufstellung multinationaler Landformationen seit 2014 ausschließlich im östlichen Bündnisgebiet. Sie sollten einen Stolperdraht bilden und so der Abschreckung Russlands dienen. Der russische Angriff auf die Ukraine im Februar 2022 verstärkte diese Entwicklung. Finnland und Schweden haben infolge des Angriffskrieges im Mai 2022 die NATO-Mitgliedschaft beantragt. Finnland trat dem Bündnis im April 2023 bei, Schweden im März 2024. Neue Beitritte schaffen neue Potenziale für militärische Multinationalität im NATO-Rahmen. Seit der russischen Invasion in die Ukraine stehen zudem über 40.000 NATO-Soldatinnen und -Soldaten im östlichen Bündnisgebiet. Nicht nur die Zahl der multinationalen eFP-Battlegroups wurde verdoppelt; die bataillonsstarken Verbände sollen künftig auf Brigadegröße anwachsen können (NATO 2022b). Die multinationale NATO Response Force wird abgelöst von dem über 300.000 Soldatinnen und Soldaten starken New Force Model (Stoltenberg 2022).

https://doi.org/10.1515/9783111589657-009

Tabelle 11: Meilensteine der Entwicklung von Multinationalität in der NATO 2014–2022

Jahr	Ereignis	Maßnahmen
2014	Gipfel von Wales	**Readiness Action Plan** – Erhöhung der Zahl an militärischen Übungen, – Aufstockung der NATO Response Force (NRF) von 13.000 auf 40.000 Soldatinnen und Soldaten, – Aufstellung der schnell einsatzbereiten Very High Readiness Joint Task Force (VJTF), der Speerspitze der NRF, mit 5.000 Landstreitkräften und Unterstützung durch Luft- und Seestreitkräfte sowie Spezialtruppen, – Aufstellung der NATO Force Integration Units (NFIUs), die den Einsatz alliierter Truppen im östlichen Bündnisgebiet erleichtern sollen – Erhöhung des Bereitschaftsgrades sowie Aufgabenausweitung des Multinational Corps Northeast – Aufstellung des Multinational Division Southeast Headquarters (HQ MND-SE) in Bukarest, Rumänien **Framework Nations Concept** – Initiativen zur gemeinsamen Fähigkeitsplanung
2016	Gipfel von Warschau	**Enhanced Forward Presence** – Aufstellung der eFP-Battlegroups in Polen, Litauen, Estland und Lettland **Tailored Forward Presence** – Maßnahmen in der Schwarzmeerregion: Erhöhung der Übungstätigkeit, Erhöhung der Anzahl von Patrouillenflügen über dem Schwarzen Meer, stärkere Marinepräsenz
2018	Gipfel von Brüssel	– Anpassung der NATO Command Structure, u.a. Einrichtung des Joint Support and Enabling Commands, um Truppenbewegungen in Europa zu erleichtern
2022	Gipfel von Madrid	**New Force Model** **Enhanced Forward Presence** – Aufstellung weiterer eFP-Battlegroups in Bulgarien, Rumänien, Ungarn und der Slowakei – Möglichkeit der Verstärkung der eFP-Battlegroups auf Brigadegröße

Quellen: NATO (2014b, 2016c, 2018a, 2022a, b).

Bedeutsam ist auch, dass sich die rhetorische Begründung für die Aktivitäten der Allianz im östlichen Bündnisgebiet verschiebt. Seit den aggressiven Handlungen Russlands gegen die Ukraine 2014 war die NATO bemüht, als Argument für die Truppenverstärkungen und Gründungen multinationaler Formate an der Grenze zu Russland das Abschreckungsmotiv anzuführen, was sich in der häufigen Nutzung der Stolperdraht-Metapher niederschlug. Seit dem Beginn des Angriffskriegs 2022 wird dagegen verstärkt das Verteidigungsmotiv betont, um die Aufstellung robusterer Truppenkörper im östlichen Bündnisgebiet zu legitimieren. Diese Begründungsverschiebung lässt sich exemplarisch durch eine textanalytische Auswertung von NATO-Gipfeldeklarationen nachweisen. In den Gipfelerklärungen 2016 und 2018 wächst der Anteil des Abschreckungsmotivs, gemessen an der Nennung des Begriffs Abschreckung, gegenüber dem Verteidigungsmotiv, um dann 2022 zugunsten einer stärkeren Betonung von Verteidigung wieder abzufallen.

Abbildung 23: Verhältnis von Abschreckungsmotiv zum Verteidigungsmotiv in NATO-Gipfeldokumenten

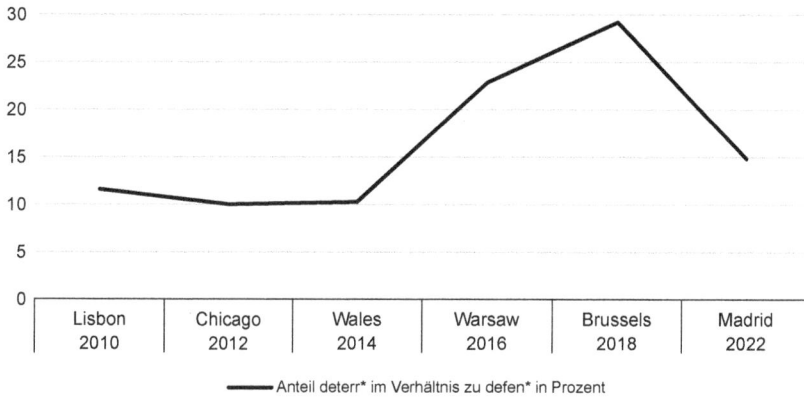

Quelle: Darstellung Ina Kraft durch Auswertung der Textvorkommen von „deterrence", „deterring", „deterrent", „deter" sowie „defence", „defending", „defend" in NATO-Gipfeldeklarationen. Siehe NATO (2010b, 2012, 2014b, 2016c, 2018a, 2022b). ©ZMSBw 09624-01

Wie wird es mit der Streitkräfteverflechtung in Europa weitergehen? In allen drei in diesem Buch betrachteten Funktionszusammenhängen – multinationalen Strukturen, multinationalen Prozessen und multinationalen Aktivitäten – ist ein Ende des Trends zu mehr Verflechtung nicht in Sicht. Im Gegenteil: Russlands außenpolitische Rhetorik und sein kriegerisches Verhalten an der Ostgrenze der NATO haben in Europa nicht nur zu einem politischen Schulterschluss geführt, sondern auch zu militärischen Maßnahmen, von denen etliche gemeinsam, das heißt multinational umgesetzt werden.

Selbst wenn der Krieg auf die Ukraine begrenzt bleiben sollte, wird Europa vermutlich eine lange Zeit des „kalten Friedens" (Ehrhart 2022) erleben, die durch militärische Präsenz und die dauerhafte Demonstration von Verteidigungsbereitschaft geprägt sein wird. Wie bereits seit 2014 wird beides in Europa vielfach im multinationalen Verbund realisiert werden. Ein weiterer Aufbau neuer und eine Verstärkung bestehender multinationaler Strukturen und Aktivitäten in Europa, etwa bei der integrierten Luftverteidigung, ist vor diesem Hintergrund zu erwarten. Auch im Bereich militärischer Prozesse liegt noch viel Potenzial für Zusammenarbeit und der Krieg in der Ukraine kann wie ein Beschleuniger wirken, die Schließung militärischer Fähigkeitslücken im Rahmen multinationaler Kooperation anzugehen.

Nach dem 24. Februar 2022, dem Beginn des russischen Angriffskrieges, hat sich die NATO zunächst als wichtigster sicherheitspolitischer Kooperationsrahmen für die Entwicklung der multinationalen Zusammenarbeit in Europa bewährt. Sie mag in den vergangenen Jahrzehnten von verschiedenen Persönlichkeiten als „out of business", „obsolet" oder gar als „hirntot" bezeichnet worden sein (zitiert in de Maizière 2021). Dennoch hat die NATO unverzüglich nach Beginn des Krieges eine entschlossene Reaktion des Zusammenhalts gezeigt. Die Zukunft der NATO ist allerdings aufgrund der außenpolitischen Haltung der USA ungewiss.

Neben der NATO hat auch die EU, die seit Jahrzehnten mit ihrer verteidigungspolitischen Rolle hadert, neue Wege in Richtung Multinationalität beschritten. Die militärische Unterstützungsmission für die Ukraine (EU Military Assistance Mission Ukraine, EUMAM) etwa bündelt die Ausbildungsangebote der europäischen Staaten für das ukrainische Militär (Trischak/Clement 2022).[1] Die EU richtete zudem mit der Europäischen Friedensfazilität (European Peace Facility, EPF) ein neues verteidigungspolitisches Finanzierungsinstrument ein und beschloss, die EU-Battlegroups in eine EU Rapid Deployment Capacity weiterzuentwickeln.

Neben NATO und EU sind es letztlich die europäischen Staaten selbst, die sich angesichts der neuen strategischen Situation untereinander weiter verflechten. So haben Dänemark, Finnland, Schweden und Norwegen beschlossen, eine integrierte Befehlsstruktur für ihre Luftstreitkräfte aufzubauen und im März 2023 eine entsprechende Vereinbarung unterzeichnet (O'Dwyer 2023). Osteuropäische Staaten gehen zudem weitreichende militärische Verflechtungen mit den USA ein, die 2014 eigens dafür ein Militärprogramm außerhalb des NATO-Rahmens aufgelegt haben und somit eine Doppelstrategie der militärischen Verflechtung innerhalb und außerhalb der Allianz verfolgen.[2]

---

1 Council Decision (CFSP) 2022/1968 of 17 October 2022 on a European Union Military Assistance Mission in support of Ukraine (EUMAM Ukraine). EUMAM Ukraine startete im November 2022. Mehr als 10.000 ukrainische Soldatinnen und Soldaten sollen unter anderem in sanitätsdienstlichen Fähigkeiten, Minenräumung, oder Logistik ausgebildet werden (Marlow/Krug 2022).

2 Zunächst European Reassurance Initiative (ERI), 2017 in European Deterrence Initiative (EDI) umbenannt. Siehe Congressional Research Service (2020) sowie U.S. European Command (2020). Bereits seit 2020 befand sich das Vorauskommando des V. Korps der U.S. Army im polnischen Poznań (Dean 2020a; Watling/MacFarland 2021). Auf dem NATO-Gipfel in Madrid 2022 kündigte US-Präsident Joe Biden an, dieses Vorauskommando nunmehr zu verstetigen. Seit 2022 stationieren die USA zudem zusätzliche Truppen im östlichen NATO-Bündnisgebiet (Sakkov 2019).

In den empirischen Kapiteln dieses Buches ist die Relevanz militärischer Multinationalität deutlich geworden. Über alle sicherheitspolitischen Großereignisse hinweg ist der Trend zu einer stärkeren Verflechtung seit 1990 zu erkennen. Der russische Angriffskrieg scheint diesen Trend zu beschleunigen. Die Streitkräfteverflechtung in Europa hat also auch in den kommenden Jahren eine starke sicherheitspolitische Relevanz. Ob weiterhin im NATO-Rahmen, ob verstärkt im Rahmen der EU oder in einem sich neu entwickelnden Verbundsystem – multinationale Kooperation ist, wie der Militärsoziologe Joseph Soeters urteilt, „gekommen, um zu bleiben" (Soeters 2022: 50). Sie sollte daher auch in ihren Ausprägungen, Bedingungen und Auswirkungen weiter erforscht und verstanden werden.

Anlage: Militäreinsätze europäischer Staaten 1945–2019

	Einsatz	Beginn/ Ende	Ort	Beschreibung	Beteiligte europäische Staaten (Anzahl europäische Staaten/ Staaten gesamt)
1	Massaker von Sétif	1945–1945	Algerien	Aufstandsbekämpfung	FRA (1/1)
2	Dekolonisation Indonesien	1945–1949	Indonesien	Dekolonisationskrieg	NLD, GBR (2/2)
3	Operation Masterdom	1945–1946	Süd-Indochina (Vietnam)	Dekolonisationskrieg	FRA, GBR (2/2)
4	Erster Indochinakrieg	1946–1954	Indochina	Dekolonisationskrieg	FRA (1/1)
5	Dekolonisation Madagaskar	1947-1948	Madagaskar	Dekolonisationskrieg	FRA (1/1)
6	Arabisch-Israelischer Krieg I	1948–1949	Israel/Palästina	Zwischenstaatlicher Krieg	GBR (1/1)
7	United Nations Truce Supervision Organization (UNTSO)	seit 1948	Israel, Arabische Staaten	VN-Friedensmission	BEL, DNK, EST, FIN, FRA, ITA, IRL, NLD, NOR, AUT, POL, SWE, CHE, SRB, SVK, SVN (16/27)
8	United Nations Military Observer Group in India and Pakistan (UNMOGIP)	seit 1949	Indien, Pakistan	VN-Beobachtungsmission	BEL, DNK, FIN, ITA, HRV, NOR, ROU, SWE, CHE (9/16)
9	United Nations Command (UNC)	1950–1953	Nord-/Süd-Korea	Militärintervention	BEL, DNK, FRA, GRC, ITA, LUX, NLD, NOR, SWE, TUR, GBR (11/22)
10	Dekolonisation Ägypten	1951–1952	Ägypten	Aufstandsbekämpfung	GBR (1/1)
11	Dekolonisation Tunesien	1952–1956	Tunesien	Aufstandsbekämpfung	FRA (1/1)
12	Mau-Mau-Aufstand	1952–1956	Kenia	Dekolonisationskrieg	GBR (1/1)
13	Dekolonisation Marokko	1952–1956	Marokko	Aufstandsbekämpfung	FRA (1/1)
14	Algerienkrieg	1954–1962	Algerien	Dekolonisationskrieg	FRA (1/1)
15	Dekolonisation Kamerun	1955–1963	Kamerun	Dekolonisationskrieg	FRA (1/1)
16	Zypern-Konflikt	1955–1959	Zypern	Dekolonisationskrieg	GBR (1/1)
17	Aden-Konflikt	1955-1958	Aden/Jemen	Zwischenstaatlicher Krieg	GBR (1/1)
18	Arabisch-Israelischer Krieg II (Suez-Krise)	1956–1956	Ägypten	Zwischenstaatlicher Krieg	FRA, GBR (2/3)
19	United Nations Emergency Force I (UNEF I)	1956–1967	Gaza (Israel), Ägypten	VN-Friedensmission	DNK, FIN, YUG, NOR, SWE (5/10)
20	Ifni-Krieg	1957–1958	Marokko/Spanisch-Westsahara	Dekolonisationskrieg	ESP (1/1)

https://doi.org/10.1515/9783111589657-010

21	Omankrieg	1957–1959	Oman	Autonomie- und Sezessionskrieg	GBR (1/1)
22	United Nations Observation Group in Lebanon (UNOGIL)	1958–1958	Libanon	VN-Beobachtungs-mission	DNK, FIN, ITA, IRL, NLD, NOR, PRT (7/20)
23	Kongo-Wirren und Katanga-Sezessions-krieg	1960–1963	Zaire (DR Kongo)	Autonomie- und Sezessionskrieg	BEL (1/1)
24	United Nations Oper-ation in the Congo (ONUC)	1960–1964	Zaire (DR Kongo)	VN-Friedensmis-sion	DNK, GRC, ITA, IRL, YUG, NLD, NOR, AUT, SWE (9/31)
25	Bizerte-Krise	1961–1961	Tunesien	Zwischenstaatlicher Krieg	FRA (1/1)
26	Dekolonisation Angola	1961–1975	Angola	Dekolonisations-krieg	PRT (1/1)
27	Brunei-Aufstand	1962–1962	Brunei	Antiregime-Krieg	GBR (1/1)
28	West-Papua-Anschluss	1962–1962	Indonesien (West-Papua)	Zwischenstaatlicher Krieg	NLD (1/1)
29	Konfrontasi (Opera-tion Claret)	1963–1966	Malaysia	Zwischenstaatlicher Krieg	GBR (1/1)
30	Dekolonisation Guinea-Bissau	1963–1974	Guinea-Bissau	Dekolonisations-krieg	PRT (1/1)
31	Dekolonisation Jemen	1962–1969	Jemen	Dekolonisations-krieg	GBR (1/1)
32	United Nations Yemen Observation Mission (UNYOM)	1963–1964	Jemen	VN-Beobachtungs-mission	DNK, ITA, YUG, NLD, NOR, SWE (6/11)
33	Militärputsch Gabun	1964–1964	Gabun	Antiregime-Krieg	FRA (1/1)
34	Dekolonisation / Unabhängigkeits-krieg	1964–1974	Mosambik	Dekolonisations-krieg	PRT (1/3)
35	Simba-Rebellion	1964–1966	DR Kongo	Antiregime-Krieg	BEL, GBR (2/3)
36	United Nations Peacekeeping Force in Cyprus (UNFICYP)	seit 1964	CYP	VN-Friedensmis-sion	AUT, SRB, SVK, UKR, HUN, GBR (6/15)
37	Dhofar Rebellion	1965–1975	Oman	Antiregime-/ Autonomie- und Sezessionskrieg	GBR (1/5)
38	United Nations India – Pakistan Observation Mission (UNIPOM)	1965–1966	Indien/Pakistan	VN-Beobachtungs-mission	BEL, DNK, FIN, ITA, IRL, NLD, NOR, SWE (8/19)
39	Operation Limousin	1969–1971	Tschad	Stabilisierungs-mission	FRA (1/1)
40	Operation Bison	1969–1972	Tschad	Militärintervention	FRA (1/1)
41	United Nations Emergency Force II (UNEF II)	1973–1979	Ägypten/Israel	VN-Friedensmis-sion	FIN, IRL, AUT, POL, SWE (5/13)
42	Operation Attila	1974–1974	CYP	Militärintervention	TUR; (1/1)
43	United Nations Disen-gagement Observer Force (UNDOF)	seit 1974	Syrien/Israel	VN-Beobachtungs-mission	IRL, NLD, CZE (3/10)

44	Dekolonisation Mauretanien	1975–1991	Mauretanien	Dekolonisations-krieg	ESP (1/3)
45	Shaba I & II	1977–1978	Zaire (DR Kongo)	Antiregime-Krieg	BEL, FRA (2/8)
46	Operation Lamantin (Western Sahara War)	1977–1978	Mauretanien	Militärintervention	FRA (1/1)
47	United Nations Interim Forces in Lebanon (UNIFIL)	seit 1978	Libanon	VN-Friedensmis-sion	DEU, EST, FIN, FRA, GRC, ITA, IRL, HRV, MLT, NLD, MKD, AUT, POL, SRB, SVN, ESP, TUR, HUN, CYP (19/46)
48	Operation Tacaud	1978–1980	Tschad	Militärintervention	FRA (1/1)
49	Operation Caban/ Barracuda	1979–1981	Zentralafrikanische Republik	Militärintervention	FRA (1/1)
50	Falkland- bzw. Malvinas-Krieg	1982–1982	Argentinien	Zwischenstaatlicher Krieg	GBR (1/1)
51	Multinational Force Lebanon (MNF)	1982–1984	Libanon	Friedenssiche-rungsmission	FRA, ITA, GBR (3/4)
52	Multinational Force and Observers (MFO)	seit 1982	Sinaï	Friedensicherungs-mission	FRA, ITA, NOR, HUN, CSK (5/15)
53	Operation Manta	1983–1984	Tschad	Militärintervention	FRA (1/1)
54	Operation Epervier	1986–2014	Tschad	Friedenssiche-rungsmission	FRA (1/1)
55	United Nations Good Offices Mission in Afghanistan and Paki-stan (UNGOMAP)	1988–1990	Afghanistan/ Pakistan	VN-Friedensmis-sion	DNK, FIN, IRL, AUT, POL, SWE (6/10)
56	United Nations Iran – Iraq Military Observer Group (UNIIMOG)	1988–1991	Iran/Irak	VN-Beobachtungs-mission	DNK, FIN, ITA, IRL, YUG, NOR, AUT, POL, SWE, TUR, HUN (11/26)
57	Operation Oside	1989–1989	Komoren	Militärintervention	FRA (1/1)
58	United Nations Angola Verification Mission I (UNAVEM I)	1989–1991	Angola	VN-Beobachtungs-mission	YUG, NOR, ESP, CSK (4/10)
59	United Nations Observer Group in Central America (ONUCA)	1989–1992	Costa Rica, El Salvador, Guate-mala, Honduras, Nicaragua	VN-Beobachtungs-mission	DDR, IRL, SWE, ESP (4/11)
60	United Nations Transition Assistance Group (UNTAG)	1989–1990	Namibia	VN-Unterstützungs-mission	BEL, DNK, DDR, DEU, FIN, FRA, GRC, ITA, IRL, YUG, NLD, NOR, AUT, POL, PRT, SWE, CHE, ESP, CSK, HUN, GBR (21/51)
61	Marineeinsätze Golfkrieg	1990–1991	Persischer Golf	WEU-Cleansweep Fortsetzung	BEL, DEU, FRA, ITA, NLD, GBR (6/6)
62	Operation Sala-mandre	1990–1990	Irak/Kuwait	Friedenssiche-rungsmission	FRA (1/1)
63	Operation Desert Shield	1990–1991	Irak/Kuwait	Zwischenstaatlicher Krieg	FRA, YUG, CSK, TUR, GBR (4/12)
64	Operation Daguet	1990–1991	Irak/Kuwait	Friedenssiche-rungsmission	FRA (1/1)
65	Operation Artimon	1990–1994	Persischer Golf	WEU-/VN-Friedens-sicherungsmission/ Embargo-Kontrolle	FRA (1/1)
66	Operation Desert Storm	1991–1991	Irak/Kuwait	Zwischenstaatlicher Krieg	BEL, DNK, DEU, FRA, GRC, ITA, NLD, POL, PRT, SWE, ESP, CSK, TUR, HUN, GBR (15/22)

67	Operation Northern/ Southern Watch	1991–2003	Irak	Luftraumsiche-rungsmission	FRA, GBR (2/4)
68	Operation Provide Comfort	1991–1996	Irak	Militärintervention	BEL, DEU, FRA, ITA, NLD, ESP, TUR, GBR (8/10)
69	Operation Haven	1991–1991	Irak	WEU-Flüchtlings-schutz	FRA, ITA, NLD, ESP, GBR (5/6)
70	The United Nations Mission for the Referendum in Western Sahara (MINURSO)	seit 1991	Westsahara	VN-Friedensmis-sion	DEU, FIN, ITA, IRL, HRV, NLD, NOR, AUT, PRT, SWE, CHE, ESP, CZE, HUN (14/40)
71	United Nations Advance Mission in Cambodia (UNAMIC)	1991–1992	Kambodscha	VN-Friedensmis-sion	BEL, DEU, FRA, IRL, AUT, POL, GBR (7/24)
72	United Nations Angola Verifica-tion Mission II (UNAVEM II)	1991–1995	Angola	VN-Beobachtungs-mission	IRL, YUG, NLD, NOR, SWE, ESP, CSK (7/25)
73	United Nations Iraq – Kuwait Observation Mission (UNIKOM)	1991-2003	Irak/Kuwait	VN-Beobachtungs-mission	DNK, DEU, FIN, FRA, GRC, ITA, IRL, NOR, AUT, POL, ROU, SWE, CHE, TUR, HUN, GBR (16/36)
74	United Nations Observer Mission in El Salvador (ONUSAL)	1991–1995	El Salvador	VN-Beobachtungs-mission	FRA, ITA, IRL, NOR, AUT, SWE, ESP (7/17)
75	United Nations Special Commission (UNSCOM)	1991–1996	Irak	VN-Überwachungs-mission	BEL, DEU, FIN, FRA, ITA, NLD, NOR, AUT, POL, SWE, CSK, CZE, GBR (13/20)
76	Operation Iskoutir	1992–1999	Somalia	Militärintervention	FRA (1/1)
77	Operation Maritime Monitor	1992–1992	Adria	NATO-Embargo-Durchsetzung	DEU, GRC, ITA, NLD, PRT, ESP, TUR, GBR (8/10)
78	Operation Maritime Guard	1992–1993	Adria	NATO-Fortsetzung Maritime Monitor	DEU, GRC, ITA, NLD, TUR, GBR (6/7)
79	Operation Sharp Vigilance	1992–1993	Adria	WEU-Embargo-Durchsetzung	BEL, DEU, FRA, ITA, LUX, NLD, PRT, ESP, GBR (9/9)
80	United Nations Oper-ation in Mozambique (ONUMOZ)	1992–1994	Mosambik	VN-Friedensmis-sion	DEU, FIN, FRA, ITA, IRL, NLD, NOR, AUT, PRT, SWE, CHE, ESP, CZE, HUN (14/40)
81	United Nations Operation in Somalia (UNOSOM I)	1992–1993	Somalia	VN-Beobachtungs-mission	BEL, FIN, NOR, AUT, CSK (5/16)
82	United Nations Protection Force (UNPROFOR)	1992–1995	Bosnien-Herzego-wina, HRV, SRB, MNE	VN-Friedensmis-sion	BEL, DNK, FIN, FRA, IRL, LTU, NLD, NOR, POL, PRT, SWE, CHE, SVK, ESP, CZE, TUR, UKR, GBR (18/38)
83	United Nations Tran-sitional Authority in Cambodia (UNTAC)	1992–1993	Kambodscha	VN-Überwachungs- und Verwaltungs-mission	BEL, BGR, DEU, FRA, ITA, IRL, NLD, NOR, AUT, POL, SWE, HUN, GBR (13/45)
84	United Task Force (UNITAF)	1992-2003	Somalia	VN-Friedensmis-sion	BEL, DEU, FRA, GRC, ITA, IRL, NOR, SWE, ESP, TUR, GBR (11/28)
85	United Nations Assistance Mission for Rwanda (UNAMIR)	1993–1996	Ruanda	VN-Friedensmis-sion	BEL, DEU, NLD, AUT, POL, ROU, CHE, SVK, ESP, GBR (10/40)
86	Operation Deny Flight	1993–1995	Bosnien-Herzego-wina, HRV	NATO-/VN-Luft-überwachungs-/-unterstützungs-/-angriffs-Mission	BEL, DNK, DEU, FRA, ITA, NLD, NOR, ESP, TUR, GBR (10/12)
87	Operation Sharp Fence	1993–1993	Adria	WEU-Embargo-Durchsetzung	BEL, DEU, FRA, ITA, NLD, PRT, ESP, GBR (8/8)

88	Operation Sharp Guard	1993–1996	Adria	WEU-/NATO-Fortsetzung Maritime Guard/Sharp Fence	BEL, DNK, DEU, FRA, GRC, ITA, NLD, NOR, PRT, ESP, TUR, GBR (12/14)
89	United Nations Mission in Haiti (UNMIH)	1993–1996	Haiti	VN-Stabilisierungsmission	FRA, IRL, NLD, AUT (4/34)
90	United Nations Observer Mission in Georgia (UNOMIG)	1993–2009	GEO	VN-Beobachtungsmission	ALB, DNK, DEU, FRA, GRC, HRV, LTU, AUT, POL, ROU, SWE, CHE, CZE, TUR, UKR, HUN, GBR (17/35)
91	United Nations Observer Mission in Liberia (UNOMIL)	1993–1997	Liberia	VN-Beobachtungsmission	BEL, NLD, AUT, POL, SWE, SVK, CZE, HUN (8/22)
92	United Nations Observer Mission Uganda – Rwanda (UNOMUR)	1993–1994	Uganda/Ruanda	VN-Beobachtungsmission	NLD, SVK, HUN (3/8)
93	United Nations Operation in Somalia II (UNOSOM II)	1993–1995	Somalia	VN-Friedensmission	BEL, DEU, FRA, GRC, ITA, IRL, NLD, NOR, ROU, SWE, TUR (11/33)
94	Operation Turquoise	1994–1994	Ruanda	Militärintervention	FRA (1/1)
95	Operation Uphold Democracy	1994–1995	Haiti	Militärintervention	POL (1/3)
96	United Nations Mission of Observers in Tajikistan (UNMOT)	1994–2000	Tadschikistan	VN-Beobachtungsmission	BGR, DNK, AUT, POL, CHE, CZE, UKR, HUN (8/15)
97	Implementation Force (IFOR)	1995–1996	Bosnien-Herzegowina, HRV	NATO-Fortsetzung UNPROFOR in Bosnien-Herzegowina	ALB, BEL, DNK, DEU, EST, FIN, FRA, ITA, LVA, LTU, LUX, NLD, NOR, AUT, POL, PRT, ROU, SWE, ESP, CZE, TUR, UKR, HUN, GBR (24/33)
98	Operation Azalée	1995–1995	Komoren	Militärintervention	FRA (1/1)
99	Operation Dead Eye	1995–1995	Bosnien-Herzegowina	NATO-Luftangriffsmission	DEU, FRA, ITA, NLD, ESP, TUR, GBR (7/8)
100	Operation Deliberate Force	1995–1995	Bosnien-Herzegowina	NATO-Luftangriffsmission	DEU, FRA, ITA, NLD, ESP, TUR, GBR (7/8)
101	Operation Joint Endeavour	1995–1996	Bosnien-Herzegowina	NATO-Aufbau der IFOR	BEL, DNK, DEU, EST, FIN, FRA, Island, GRC, ITA, LVA, LTU, LUX, NLD, NOR, AUT, POL, PRT, ROU, SWE, ESP, CZE, TUR, UKR, HUN, GBR (27/30)
102	United Nations Angola Verification Mission III (UNAVEM III)	1995–1997	Angola	VN-Beobachtungsmission	BGR, FRA, NLD, NOR, POL, PRT, ROU, SWE, SVK, UKR, HUN (11/30)
103	United Nations Confidence Restoration Operation in Croatia (UNCRO)	1995–1996	HRV	Fortsetzung UNPROFOR in HRV	BEL, DNK, DEU, EST, FIN, FRA, IRL, LTU, NLD, NOR, POL, PRT, SWE, CHE, SVK, ESP, CZE, TUR UKR, GBR (20/28)
104	United Nations Preventive Deployment Force (UNPREDEP)	1995–1999	ehemalige jugoslawische Republik Mazedonien (FYROM)	Fortsetzung UNPROFOR in FYROM	BEL, DNK, FIN, IRL, NOR, POL, PRT, SWE, CHE, CZE, TUR, UKR (12/27)
105	Stabilization Force (SFOR I & SFOR II)	1996–2004	Bosnien-Herzegowina, HRV	NATO-Fortsetzung IFOR	ALB, BEL, BGR, DNK, DEU, EST, FIN, FRA, Island, GRC, ITA, LVA, LTU, LUX, NLD, NOR, AUT, POL, PRT, ROU, SWE, SVK, SVN, ESP, CZE, TUR, HUN, GBR (28/32)

106	United Nations Mission of Observers in Prevlaka (UNMOP)	1996–2002	HRV/YUG	Fortsetzung UNCRO	BEL, DNK, FIN, IRL, NOR, POL, CHE, CZE, UKR (9/22)
107	United Nations Transitional Administration for Eastern Slovenia, Baranja and Western Sirmium (UNTAES)	1996–1998	HRV, SRB	VN-Friedensmission	BEL, DNK, FIN, IRL, LTU, NLD, NOR, AUT, POL, SWE, CHE, SVK, CZE, UKR (14/30)
108	Operation Aramis	1996–2008	Kamerun	Unterstützungsmission	FRA (1/1)
109	United Nations Observer Mission in Angola (MONUA)	1997–1999	Angola	VN-Beobachtungsmission	BGR, FRA, NLD, NOR, POL, PRT, ROU, SWE, SVK, ESP, UKR, HUN (12/36)
110	United Nations Verification Mission in Guatemala (MINUGUA)	1997–1997	Guatemala	VN-Beobachtungsmission	DEU, NOR, AUT, SWE, ESP, UKR (6/16)
111	Operation Northern Watch	1997–2003	Irak	Luftraumsicherungsmission	TUR, GBR (2/3)
112	Kosovokrieg	1998–1999	Kosovo	Teil des YUGkrieg	ALB, BEL, DNK, DEU, FRA, GRC, Island, ITA, YUG, LUX, NLD, NOR, POL, PRT, ESP, CZE, TUR, HUN, GBR (19/20)
113	NATO Kosovo Air Verification Mission (NKAVM) Operation EAGLE EYE	1998–1999	Kosovo	NATO-Luftraumüberwachung außerhalb des Bündnisgebiets	DEU, FRA, ITA, NLD, GBR (5/6)
114	Operation Desert Fox	1998–1998	Irak	Luftangriffs-Mission	GBR (1/2)
115	Operation Desert Thunder	1998–1998	Irak	Truppenaufbau	DNK, POL, ROU, CZE, HUN, GBR (6/13)
116	Standing Extraction Force (SEF I + II NATO-Operation JOINT GUARANTOR)	1998–1999	Kosovo, Mazedonien	NATO-Evakuierungseinheit	DEU, FRA, ITA, NLD, GBR (5/5)
117	United Nations Mission in the Central African Republic (MINURCA)	1998–2000	Zentralafrikanische Republik	VN-Friedensmission	FRA, PRT (2/14)
118	United Nations Observer Mission in Sierra Leone (UNOMSIL)	1998–1999	Sierra Leone	VN-Beobachtungsmission	DNK, FRA, HRV, NOR, SWE, SVK, CZE, GBR (8/28)
119	International Force for East-Timor (INTERFET)	1999–2000	Osttimor	VN-Friedensmission	DEU, FRA, ITA, IRL, NOR, PRT, GBR (7/18)
120	Kosovo Force (KFOR)	seit 1999	Kosovo	Friedenssicherungsmission	ALB, BEL, BIH, BGR, DNK, DEU, EST, FIN, FRA, Island, GRC, ITA, IRL, HRV, LVA, LTU, MNE, NLD, NOR, AUT, POL, PRT, ROU, SWE, CHE, SVK, SVN, ESP, CZE, TUR, UKR, HUN, GBR (33/46)
121	Operation Allied Force	1999–1999	Kosovo	NATO-Luftangriffs-Mission	BEL, DNK, DEU, FRA, Island, GRC, ITA, LUX, NLD, NOR, POL, PRT, ESP, CZE, TUR, HUN, GBR (17/19)
122	Operation Joint Guardian	1999–1999	Kosovo	NATO-Aufbau der KFOR	ALB, BGR, DNK, DEU, FIN, GRC, ITA, IRL, HRV, LTU, MNE, NOR, AUT, POL, ROU, SWE, CHE, SVN, CZE, TUR, UKR, HUN, GBR (23/36)

123	United Nations Mission in Sierra Leone (UNAMSIL)	1999–2005	Sierra Leone	VN-Friedensmission	DEU, HRV, NOR, SWE, SVK, UKR, GBR (7/28)
124	United Nations Organization Mission in the Democratic Republic of the Congo (MONUC)	1999–2010	DR Kongo	VN-Friedensmission	BEL, BIH, DNK, DEU, FRA, ITA, IRL, NLD, NOR, PRT, ROU, SWE, CHE, SRB, SRB-MNE, ESP, CZE, UKR, GBR (19/67)
125	United Nations Transitional Administration in East Timor (UNTAET)	1999–2002	Osttimor	VN-Beobachtungsmission	DNK, IRL, NOR, PRT, SWE, SVK, TUR, GBR (8/29)
126	United Nations Mission in Ethiopia and Eritrea (UNMEE)	2000–2008	Äthiopien, Eritrea	VN-Friedensmission	BIH, BGR, DNK, DEU, FIN, FRA, GRC, ITA, IRL, HRV, NLD, NOR, AUT, POL, ROU, SWE, CHE, SVK, ESP, CZE, UKR, GBR (22/55)
127	Operation Amber Fox	2001–2002	ehemalige jugoslawische Republik Mazedonien (FYROM)	NATO-Friedenssicherungsmission	DEU, NLD (2/2)
128	Operation Enduring Freedom (OEF)	2001–2014	Kuwait, Afghanistan, Horn von Afrika	Sonstiger/Zwischenstaatlicher Krieg	ALB, BEL, BIH, BGR, DNK, DEU, EST, FRA, GEO, ITA, LTU, MNE, NLD, NOR, POL, ROU, SVK, ESP, TUR, GBR (20/24)
129	Operation Essential Harvest	2001–2001	Former Yugoslav Republic of Macedonia (FYROM)	NATO-Friedenssicherungsmission	BEL, DEU, FRA, GRC, ITA, NLD, NOR, PRT, ESP, CZE, TUR, HUN, GBR (13/14)
130	Allied Harmony	2002–2003	Former Yugoslav Republic of Macedonia (FYROM)	NATO-Friedenssicherungsmission	DEU, FRA, GRC, ITA, NLD, ESP, TUR, GBR (8/9)
131	Operation Active Endeavour (OAE)	2001–2016	Mittelmeer	NATO Sonstiger/ Zwischenstaatlicher Krieg	ALB, BGR, DNK, DEU, EST, GRC, ITA, HRV, NOR, POL, PRT, ESP, TUR, UKR, GBR (15/22)
132	Operation Anaconda	2002–2002	Afghanistan	Militärintervention	DNK, DEU, FRA, NLD, NOR, TUR, GBR (7/12)
133	United Nations Assistance Mission in Afghanistan (UNAMA)	seit 2002	Afghanistan	VN-Unterstützungsmission	BIH, DNK, DEU, FIN, GEO, ITA, LTU, NLD, NOR, AUT, POL, PRT, ROU, SWE, CZE, TUR, GBR (17/20)
134	United Nations Mission of Support in East Timor (UNMISET)	2002–2005	Osttimor	Fortsetzung UNTAET	BIH, BGR, DNK, IRL, HRV, NOR, AUT, PRT, SWE, SRB, SVK, SVN, ESP, TUR, UKR, GBR (16/44)
135	Operation Pamir	2002–2014	Afghanistan	VN-/NATO-Friedenssicherungsmission	FRA (1/1)
136	Operation Licorne	2002–2007	Republik Côte d'Ivoire	Friedenssicherungsmission	FRA (1/1)
137	EUFOR Concordia	2003–2003	ehemalige jugoslawische Republik Mazedonien (FYROM)	EU-Fortsetzung Allied Harmony	BEL, BGR, DEU, EST, FIN, FRA, Island, GRC, ITA, LVA, LTU, LUX, NLD, NOR, AUT, POL, PRT, ROU, SWE, SVK, SVN, ESP, CZE, TUR, HUN, GBR (26/26)
138	Interim Emergency Multinational Force (IEMF)	2003–2003	DR Kongo	Unterstützungsmission für MONUC	FRA, SWE (2/2)
139	International Security Assistance Force (ISAF)	2003–2014	Afghanistan	NATO-Friedenssicherungsmission	ALB, BEL, BIH, BGR, DNK, DEU, EST, FIN, FRA, Island, GRC, ITA, IRL, HRV, LVA, LTU, LUX, MNE, NLD, MKD, NOR, AUT, POL, PRT, ROU, SWE, SVK, SVN, ESP, CZE, TUR, UKR, HUN, GBR (34/53)

140	Irakkrieg (Dritter Golfkrieg)	2003–2011	Irak	Sonstiger/Zwischenstaatlicher Krieg	ALB, BGR, DNK, EST, GEO, Island, ITA, LVA, LTU, NLD, MKD, NOR, POL, PRT, ROU, SVK, SVN, ESP, CZE, TUR, UKR, HUN, GBR (23/54)
141	EUFOR Operation Artemis	2003–2003	DR Kongo, Uganda	EU-Unterstützungsmission für MONUC	BEL, DEU, FRA, GRC, ITA, IRL, LUX, NLD, AUT, PRT, SWE, ESP, HUN, GBR, CYP (15/18)
142	Operation Boali	2003–2013	Zentralafrikanische Republik	Stabilisierungs-/Ausbildungsmission	FRA (1/1)
143	Operation Iraqi Freedom	2003–2003	Irak	Sonstiger/Zwischenstaatlicher Krieg	POL, GBR (2/4)
144	United Nations Mission in Côte d'Ivoire (MINUCI)	2003–2004	Republik Côte d'Ivoire	VN-Friedensmission	IRL, AUT, POL, ROU (4/23)
145	United Nations Mission in Liberia (UNMIL)	2003–2018	Liberia	VN-Friedensmission	BGR, DNK, DEU, FIN, FRA, HRV, POL, ROU, SRB, UKR (10/39)
146	Airlift Mission	2004–2006	Sudan	NATO-Unterstützung der UNMIS	BEL, FRA, NLD, GBR (4/5)
147	EUFOR Operation Althea	seit 2004	Bosnien-Herzegowina	EU-Fortsetzung SFOR	ALB, BGR, FRA, GRC, ITA, IRL, MKD, AUT, POL, PRT, ROU, CHE, SVK, SVN, ESP, CZE, TUR (17/17)
148	NATO Training Mission-Iraq (NTM-I)	2004–2011	Irak	NATO-Ausbildungsmission	BGR, DNK, DEU, EST, FRA, Island, GRC, ITA, LTU, NLD, NOR, POL, PRT, ROU, SVK, SVN, ESP, CSK, CZE, TUR, HUN, GBR (22/28)
149	Operation Carbet	2004–2004	Haiti	Militärintervention	FRA (1/1)
150	United Nations Operation in Burundi (ONUB)	2004–2006	Burundi	VN-Friedensmission	BEL, NLD, PRT, ROU, ESP, TUR, SRB-MNE (7/46)
151	United Nations Operations in Côte d'Ivoire (UNOCI)	2004–2017	Republik Côte d'Ivoire	VN-Friedensmission	FRA, IRL, POL, ROU, SRB, TUR, UKR (7/56)
152	United Nations Stabilization Mission in Haiti (UNSTAMIH)	2004–2017	Haiti	VN-Friedensmission	FRA, HRV (2/21)
153	Aceh Monitoring Mission (AMM)	2005–2006	Indonesien	EU-Beobachtungsmission	BEL, DNK, DEU, FIN, FRA, IRL, LTU, NLD, NOR, AUT, SWE, CHE, ESP, GBR (14/19)
154	Mission to provide Advice and Assistance for Security Sector Reform (EUSEC RD CONGO)	2005–2016	DR Kongo	EU-Unterstützungsmission	BEL, DEU, FRA, LUX, NLD, PRT, SWE, GBR (8/8)
155	United Nations Mission in Sudan (UNMIS)	2005–2011	Sudan/ Südsudan	VN-Friedensmission	BEL, BIH, DNK, DEU, FIN, GRC, HRV, NLD, NOR, POL, ROU, SWE, CHE, TUR, UKR, GBR (16/70)
156	European Union Force Republic Democratic Congo (EUFOR RD Congo)	2006–2006	DR Kongo	EU-Friedenssicherungsmission	BEL, DEU, FIN, FRA, GRC, ITA, IRL, LTU, LUX, NLD, AUT, POL, PRT, SWE, CHE, SVK, SVN, ESP, CZE, TUR, HUN, GBR, CYP (23/23)
157	United Nations Integrated Mission in Timor – Leste (UNMIT)	2006–2012	Timor-Leste	VN-Friedensmission	PRT (1/15)

158	United Nations African Union Hybrid Mission in Darfur (UNAMID)	2007–2020	Sudan	VN-Friedenssiche-rungsmission	DEU, TUR (2/33)
159	United Nations Mission in the Central African Republic and Chad (MINURCAT)	2007–2010	Zentralafrikanische Republik, Tschad	VN-Friedensmis-sion	AUT, POL, PRT, ESP (4/24)
160	EU Mission in Support of Security Sector Reform in the Repub-lic of Guinea-Bissau (EU SSR Guinea-Bissau)	2008–2010	Guinea-Bissau	EU-Ausbildungs-mission	FRA, ITA, PRT, ESP (4/4)
161	European Union Force Chad/CAR (EUFOR Tschad/RCA)	2008–2009	Zentralafrikanische Republik, Tschad	EU-Friedenssiche-rungsmission	BEL, BGR, DEU, FIN, FRA, GRC, ITA, IRL, HRV, LTU, NLD, AUT, POL, PRT, ROU, SWE, SVN, ESP, CZE, GBR (20/21)
162	European Union Naval Force Somalia Operation Atalanta (EU NAVFOR ATALANTA)	seit 2008	Südliches Rotes Meer, Golf von Aden, Indischer Ozean	EU-Anti-Piraterie-Mission	BEL, BGR, DEU, FIN, FRA, GRC, ITA, HRV, LTU, MNE, NLD, NOR, POL, PRT, ROU, SWE, SRB, SVN, ESP, CZE, UKR, GBR, CYP (23/24)
163	Operation Allied Provider	2008–2008	Somalia	NATO-Anti-Piraterie-Mission	DEU GRC, ITA, TUR, GBR (5/6)
164	Operation Allied Protector	2009–2009	Somalia	NATO-Anti-Piraterie-Mission	GRC, ITA, NLD, PRT, ESP, TUR, GBR (7/9)
165	Operation Ocean Shield	2009–2016	Indischer Ozean, Golf von Aden, Arabisches Meer, Rotes Meer	NATO-Anti-Piraterie-Mission	BEL, DNK, DEU, GRC, ITA, NLD, NOR, PRT, ESP, TUR, UKR, GBR; (12/16)
166	European Union Training Mission in Somalia (EUTM SOM)	seit 2010	Somalia	EU-Ausbildungs-mission	DEU, FIN, ITA, NLD, PRT, ROU, SWE, SRB, ESP, GBR (10/10)
167	United Nations Orga-nization Stabilization Mission in the Demo-cratic Republic of the Congo (MONUSCO)	seit 2010	DR Kongo	Fortsetzung MONUC	BEL, BIH, FRA, IRL, ROU, CHE, SRB, CZE, UKR, GBR (10/49)
168	Operation Harmattan	2011–2011	Libyen	NATO-Militärinter-vention	FRA, GBR (2/3)
169	Operation Unified Protector	2011–2011	Libyen	NATO-Waffenem-bargo, No-Fly-Zone, Angriff auf Bedrohungen von Zivilisten	BEL, BGR, DNK, FRA, GRC, ITA, NLD, NOR, ROU, SWE, ESP, TUR, GBR (13/18)
170	United Nations Interim Security Force for Abyei (UNISFA)	seit 2011	Abyei (Sudan/ Südsudan)	VN-Friedensmis-sion	UKR (1/32)
171	United Nations Mission in South Sudan (UNMISS)	seit 2011	Süd-Sudan	VN-Friedensmis-sion	ALB, DEU, NOR, POL, ROU, CHE, UKR, GBR (8/61)
172	Active Fence (AF TUR)	seit 2012	TUR	NATO-Verteidi-gungsmission	DEU, ITA, NLD, ESP, TUR (5/6)
173	EU Aviation Security Mission (EUAVSEC)	2012–2014	Süd-Sudan	EU-Luftraumsiche-rungsmission	FRA, ITA, NLD, GBR (4/4)
174	United Nations Supervision Mission in Syria (UNSMIS)	2012–2012	Syrien	VN-Beobachtungs-mission	DNK, FIN, FRA, ITA, IRL, HRV, NLD, NOR, ROU, CHE, SVN, CZE (12/41)

175	EU Training Mission Mali (EUTM Mali)	seit 2013	Mali	EU-Ausbildungs-mission	ALB, BEL, BGR, DEU, EST, FIN, FRA, GEO, GRC, ITA, IRL, LVA, LTU, LUX, MNE, NLD, AUT, PRT, ROU, SWE, SRB, SVK, SVN, ESP, CZE, HUN, GBR (27/27)
176	Multidimensional Integrated Stabiliza-tion Mission in Mali (MINUSMA)	seit 2013	Mali	VN-Friedensmis-sion	BEL, BIH, DNK, DEU, EST, FIN, FRA, ITA, IRL, LVA, LTU, LUX, NLD, NOR, AUT, PRT, ROU, SWE, CHE, ESP, CZE, UKR, GBR (23/61)
177	Operation Sangaris	2013–2016	Zentralafrikanische Republik	Militärintervention	FRA (1/1)
178	Operation Serval	2013–2014	Mali	Militärintervention	FRA (1/1)
179	European Union Force in the Central African Republic (EUFOR RCA)	2014–2015	Zentralafrikanische Republik	EU-Friedenssiche-rungsmission	DEU, EST, FIN, FRA, GEO, ITA, LTU, POL, PRT, ESP (10/10)
180	Maritime Escort Mission (MEM OPCW (CAPE RAY))	2014–2014	Mittelmeer	Maritime Begleit-mission	DEU (1/1)
181	Militärintervention gegen den IS	2014–2019	Syrien, Irak	Luftangriffs-Mission	NLD (1/1)
182	Multidimensionale Integrierte Stabili-sierungsmission der Vereinten Nationen in der Zentralafri-kanischen Republik (MINUSCA)	seit 2014	Zentralafrikanische Republik	VN-Friedensmis-sion	FRA, PRT, SRB, CZE (4/49)
183	Operation Barkhane	seit 2014	Mali, Tschad, Burkina Faso, Niger, Mauretanien	Friedenssiche-rungsmission	FRA (1/1)
184	Operation Chammal	seit 2014	Syrien	Luftangriffs-Mission	FRA (1/1)
185	Operation Shader	seit 2014	Syrien, Irak, Libyen, Tunesien, Libanon	Militärintervention	GBR (1/1)
186	AusbUstg IRAK	2015–2018	Irak	Ausbildungsmis-sion	DEU (1/1)
187	EU Military Advisory Mission in RCA (EUMAM RCA)	2015–2016	Zentralafrikanische Republik	EU-Beratungs-mission	FRA, AUT, POL, PRT, ROU, SWE, ESP (7/7)
188	European Union Naval Force Mediter-ranien (EU NAVFOR Med Operation Sophia)	2015–2020	Mittelmeer	EU-Maritime Militärmission	BGR, DEU, EST, FIN, FRA, GRC, ITA, IRL, HRV, LVA, LTU, LUX, MLT, NLD, AUT, POL, PRT, ROU, SWE, SVK, SVN, ESP, CZE, HUN, GBR, CYP (26/26)
189	Operation Counter DAESH	seit 2015	Jordanien	Unterstützungs-mission	DEU (1/1)
190	Resolute Support Mission (RSM)	seit 2015	Afghanistan	NATO-Ausbildungs-mission	ALB, BEL, BIH, BGR, DNK, DEU, EST, FIN, GEO, GRC, ITA, HRV, LVA, LTU, LUX, MNE, NLD, MKD, NOR, AUT, POL, PRT, ROU, SWE, SVK, SVN, ESP, CZE, TUR, UKR, HUN, GBR (32/40)
191	EU Training Mission in RCA (EUTM RCA)	seit 2016	Zentralafrikanische Republik	EU-Ausbildungs-mission	BIH, FRA, GEO, ITA, LTU, POL, PRT, ROU, SWE, SRB, ESP (11/11)
192	Operation Sea Guar-dian (OSG)	seit 2016	Mittelmeer	NATO-Maritime Militärmission	BGR, DEU, FRA, GRC, ITA, HRV, ROU, ESP, TUR, HUN, GBR (11/12)

193	NATO Mission Iraq (NMI)	seit 2018	Irak	NATO-Ausbildungs-mission	ALB, BEL, BGR, DNK, DEU, EST, FIN, FRA, Island, GRC, ITA, HRV, LVA, LTU, LUX, MNE, NLD, NOR, AUT, POL, PRT, ROU, SWE, SVK, SVN, ESP, CZE, TUR, HUN, GBR (30/32)
194	Operation Capacity Building Iraq (CBI)	seit 2018	Irak	Ausbildungsmis-sion	DEU (1/1)
195	Syrian Civil War	2018–2018	Syrien	Militäroffensive (Luftangriff Damas-kus/Homs)	FRA, GBR (2/3)
196	Operation Olive Branch	2018–2018	Syrien	Militäroffensive	TUR (1/1)
197	United Nations Mission to Support the Hudaydah Agree-ment (UNMHA)	seit 2019	Jemen	VN-Beobachtungs-mission	DEU (1/7)
198	Operation Aconit	2019–2019	Mali	Militärintervention	FRA (1/1)

Die Tabelle enthält eine Auflistung aller internationalen Militäreinsätze zwischen 1945 und 2019, an denen europäische Staaten beteiligt waren. Wie im gesamten Buch sind hiermit NATO- und EU-Mitglieder sowie jene europäischen Demokratien westlicher Prägung berücksichtigt, die politisch eng mit diesen beiden Organisationen verbunden sind. Die Staaten des Warschauer Paktes werden weitgehend ausgeklammert. Das gemeinsame Agieren von Streitkräften des Warschauer Paktes beispielsweise bei der Besetzung der CSK im Jahr 1968 ist daher in der Tabelle nicht berücksichtig. Gleichwohl spielen ehemalige Pakt-Mitglieder und auch einige wenige Sowjetrepubliken eine Rolle für die Untersuchung, weil ihre Streitkräfte nach dem Ende des Ost-West-Konflikts im Rahmen von NATO und EU multinational zusammenarbeiten.

AWACS-Einsätze der NATO, bewaffnete Rettungs- und Evakuierungsmissionen, Einsätze von Streitkräften im Innern und humanitäre Hilfseinsätze wurden nicht berücksichtigt. Militärische Daueraufgaben, wie beispielsweise Luftraumüberwachung im Bündnisgebiet, wurden gleichfalls nicht erfasst, auch wenn diese in einigen Staaten als einsatzgleiche Aufgaben gelten.

Die Spalte „Einsatzname" gibt die offizielle Bezeichnung von Militäroperationen wieder. War dieser nicht ermittelbar, wurde eine möglichst neutrale Einsatzbezeichnung gewählt (zum Beispiel „Dekolonisation"). Die Spalte „Beteiligte europäische Staaten (Anzahl europäische Teilnehmerstaaten/Gesamtzahl Teilnehmer)" gibt namentlich alle europäischen Staaten an, die mit militärischem Personal an einem Einsatz beteiligt waren. In der Klammer ist die Gesamtzahl der europäischen Teilnehmerstaaten angegeben sowie die Gesamtzahl aller Teilnehmer an einem Einsatz. Jeder Mission wurde einmalig die höchste ermittelte Anzahl beteiligter europäischer Staaten zugewiesen. Bei Missionen, die über mehrere Betrachtungszeiträume aktiv waren, kann die ausgewiesene Anzahl europäischer Teilnehmerstaaten daher von der tatsächlichen Anzahl im jeweiligen Betrachtungszeitraum abweichen.

Die Einsatztabelle wurde mit Rückgriff auf die Datenbanken der Arbeitsgemeinschaft Kriegsursachenforschung (AKUF) und des Uppsala Conflict Data Program (UCDP) erstellt.[1] Zudem wurde Sekundärliteratur konsultiert (Chivvis 2010; Dehez 2014; Dobbins/Jones 2008; Fritsch 2008; Gantzel/Meyer-Stamer 1986; Gaub 2013; Glenny et al. 1995; Gow 1997; Kasapoğlu/Ülgen 2018; Lubecki 2005; Ogunbadejo 1979; Siegelberg 1991; Sixdenier 2017; Springhall 2005; Sun/Zoubir 2011; Wiefelspütz 2012; Wright 1949). Eine dritte Quellenbasis waren Angaben von Systemen kollektiver Sicherheit.[2] Es wurde viertens auf Internetseiten zurückgegriffen, die redaktionell bearbeitete sicherheitspolitische Inhalte anbieten.[3] Fünftens wurde auf Beiträge von Internetplattformen mit journalistischen Inhalten zurückgegriffen.[4]

Die Einsatztabelle wurde erstellt unter wissenschaftlicher Mitarbeit von Walter Paul Clemens Sprunghofer, Amélie Karrer und Rebecca Gauls.

---

1 Siehe <https://www.wiso.uni-hamburg.de/fachbereich-sowi/professuren/jakobeit/forschung/akuf/kriegearchiv. html>; <https://ucdp.uu.se> (letzter Zugriff 28.5.2021).

2 Für die VN waren die Seiten in den Domain-Namensräumen <https://peacekeeping.un.org/> und <https:// www.unmissions.org/>. NATO: <https://nato.int>. WEU: <https://www.cvce.eu> (Archivseite). EU: <https://www. consilium.europa.eu>, <http://www.euforbih.org>, <https://www.operationsophia.eu>, <https://eeas.europa.eu>, <https://eunavfor.eu/mission/>, <https://www.eutm-somalia.eu>, <https://www.operationirini.eu>, <https://www. europarl.europa.eu> (letzter Zugriff 28.5.2021).

3 <https://fas.org/>, <https://dtic.mil>, <https://www.af.mil/>, <https://english.defensie.nl>, <https://www.canada. ca/>, <https://www.globalsecurity.org/>, <https://www.zif-berlin.org>, <https://www.swp-berlin.org>, <https:// www.bmvg.de>, <https://www.peacepalacelibrary.nl>, <http://www.eunpack.eu>, <https://www.clingendael.org>, <https://www.mvr.bg>, <http://aei.pitt.edu/>, <https://history.army.mil>, <https://archive.defense.gov, <www.raf. mod.uk>, <https://history.state.gov>, <https://www.iss.europa.eu> (letzter Zugriff 28.5.2021).

4 <https://edition.cnn.com>, <https://thearabweekly.com/>, <https://www.airforcemag.com>, <https://www.britannica.com>, <https://www.dw.com>, <https://www.politico.com>, <www.latimes.com>, <https://www.gfbv.de/ de/>, <https://www.peacewomen.org> (letzter Zugriff 28.5.2021).

Verzeichnis der Abbildungen und Tabellen

https://doi.org/10.1515/9783111589657-011

Abkürzungen

Länderkürzel nach ISO 3166 Alpha 3 wurden nicht in das Abkürzungsverzeichnis aufgenommen. Ein Gleiches gilt für die Abkürzungen aus der Übersicht „Militäreinsätze europäischer Staaten 1945–2019" im Anhang.

ABC	Atomar – Biologisch – Chemisch (ABC-Waffen)	BMCC	Baltic Maritime Component Command
ACE	Allied Command Europe	BMD	Ballistic Missile Defence
ACO	Allied Command Operations	BMVg	Bundesministerium der
ACT	Allied Command Transformation		Verteidigung
AEUV	Vertrag über die Arbeitsweise der	BPA	Bundespresseamt
	Europäischen Union	BT	Deutscher Bundestag
AF	Active Fence	CAOC	Combined Air Operations Centre
AFHQ	Allied Forces Headquarters	CBRN	chemical, biological, radiological,
AGS	Alliance Ground Surveillance		nuclear
AIRCOM	Allied Air Command	CBRN-JAT	CBRN Joint Assessment Team
AKUF	Arbeitsgemeinschaft Kriegsursa-	CCD	Cooperative Cyber Defence
	chenforschung	CENTO	Central Treaty Organization
AMF	Allied Command Europe Mobile	CEPC	Civil Emergency Planning
	Force		Committee
AMF (L)	Allied Command Europe Mobile	CFSP	Common Foreign and Security
	Force Land		Policy
ARRC	Allied Rapid Reaction Corps	CIMIC	Civil-military co-operation
ASEAN	Association of Southeast Asian	CINC	Commander-in-Chief
	Nations	CIS	Communications and Information
ASF	African Standby Force		Systems
ATAF	Allied Tactical Air Force	CivCom	Committee for Civilian Aspects of
AU	African Union/Afrikanische Union		Crisis Management
AWACS	Airborne Early Warning and Control	CJ-CBRND-TF	Combined Joint CBRN Defence Task
	System		Force
AZU	Ausbildungszentrum U-Boote der	CJEF	Combined Joint Expeditionary Force
	Bundeswehr	CJTF	Combined Joint Task Force
BAAINBw	Bundesamt für Ausrüstung,	CNAD	Conference of National Armaments
	Informationstechnik und Nutzung		Directors
	der Bundeswehr	CNRS	Centre national de la recherche
BAC	British Aircraft Corporation		scientifique
BALTBAT	Baltic Battalion	CoC	Committee of Contributors
BALTNET	Baltic Air Surveillance Network	COE	Centre of Excellence
BALTOPS	Baltic Operations	COSSAC	Chief of Staff to Supreme Allied
BALTRON	Baltic Naval Squadron		Commander
BAP	Baltic Air Policing	CPCC	Civilian Planning and Conduct
BGBl.	Bundesgesetzblatt		Capability
BLACKSEAFOR		CPX	Command-Post Exercise
	Black Sea Naval Cooperation Task Group	CSB	Command Support Brigade

https://doi.org/10.1515/9783111589657-012

CSDP	Common Security and Defence Policy
DCM	Deployable Communications and Information Systems Module
DDR	Deutsche Demokratische Republik
DEU MARFOR	
	German Maritime Forces
DJTF	Deployable Joint Task Force
DoD	Department of Defense
DPPC	Defence Policy and Planning Committee
DtA	Deutscher Anteil
EACC	European Airlift Coordination Cell
EADRCC	Euro-Atlantic Disaster Response Coordination Centre
EASBRIG	Eastern Africa Standby Brigade
EATC	European Air Transport Command
ECOBRIG	ECOWAS Standby Brigade
ECOWAS	Economic Community of West African States
EDA	European Defence Agency
EDCA	Enhanced Defense Cooperation Agreement
EDF	European Defence Fund
EDI	European Deterrence Initiative
EDIP	European Defence Improvement Programme
EDIP	European Defence Industry Programme
EEAS	European Union External Action Service
eFP	enhanced Forward Presence
eFP-BG	eFP-Battlegroup
EG	Europäische Gemeinschaft
EGKS	Europäische Gemeinschaft für Kohle und Stahl
EGV	Vertrag zur Gründung der Europäischen Gemeinschaft
EMC	European Medical Command
EMF	European Maritime Force
ENJJPT	Euro-NATO Joint Jet Pilot Training Program
ENTG	Euro/NATO-Training-Group
EPF	European Peace Facility
ERI	European Reassurance Initiative
ERRF	European Rapid-Reaction Force

I. DEU/NLD Corps	
	I. Deutsch-Niederländisches Corps
ESDC	European Security and Defence College
ESDP	European Security and Defence Policy
ESVI	Europäische Sicherheits- und Verteidigungsidentität
ESVP	Europäische Sicherheits- und Verteidigungspolitik
EU	European Union/Europäische Union
EU MILEX	European Union Crisis Management Military Exercise
EU OPCEN	European Union Operations Centre
EU RDC	European Union Rapid Deployment Capacity
EUFOR	European Union Force
EUISS	European Union Institute for Security Studies
EUMAM	European Union Military Assistance Mission Ukraine
EUMC	European Union Military Committee
EUMS	European Union Military Staff
EURATOM	Europäische Atomenergiegemeinschaft
EUROFOR	European Rapid Operational Force
EUROGENDFOR	
	European Gendarmerie Force
EUROMARFOR	
	European Maritime Force
EUSR	EU Special Representative
EUTM	European Training Mission
EXSPEC	Exercise Specifications
FAR	Fuerza de Acción Rapida
FAWEU	Forces Answerable to WEU
FINABEL	Frankreich, Italien, Niederlande, Deutschland (Allemagne), Belgien, Luxemburg
FINBEL	(Vereinigung der Länder) Frankreich, Italien, Niederlande, Belgien, Luxemburg
1GNC	1 German/Netherlands Corps
FlaRak	Flugabwehrrakete
FNC	Framework Nations Concept
FRS	Fondation pour la recherche stratégique

FüAkBw	Führungsakademie der Bundeswehr	LITPOLBAT	Litauisch-Polnisches Bataillon
FüH, Fü H	Führungsstab des Heeres	LITPOLUKRBAT	Litauisch-Polnisch-Ukrainisches Bataillon
FüS, Fü S	Führungsstab der Streitkräfte	LITPOLUKRBRIG	
FüSK	Führungsstab der Streitkräfte		Litauisch-Polnisch-Ukrainische Brigade
GASP	Gemeinsame Außen- und Sicherheitspolitik	LIVEX	Live Exercise
GSVP	Gemeinsame Sicherheits- und Verteidigungspolitik	LN	Lead Nation
HAW	Heavy Airlift Wing	LTCP	NATO Long Term Commitment Plan
HLG	Headline Goal Process	MAG	Multinational Air Group
HNS	Host Nation Support	MARCOM	Allied Maritime Command
HQ	Headquarters	MBB	Messerschmitt-Bölkow-Blohm
HR/VP	High Representative of the Union for Foreign Affairs and Security Policy/Vice President of the European Commission	MFO	Multinational Force and Observers
		MLF	Multinational Land Force
		MMCC	Multinational Medical Coordination Centre
IBSS	International Bibliography of the Social Sciences	MMF	Multinational Multirole Tanker Transport Fleet
IEPG	Independent European Program Group	MMU	Multinational Multirole Tanker Transport Unit
IFOR	Implementation Force	MNAU	Multinational Air Transport Unit
INF	Intermediate Range Nuclear Forces	MNB	Multinational Brigade
ISAF	International Security Assistance Force	MNC NE	Multinational Corps Northeast
		MNC SE	Multinational Corps South-East
ISP	Element Integrated Approach for Security and Peace Directorate	MND (C)	Multinational Division (Central)
		MND-C	Multinational Division Centre
ISTC	International Special Training Centre	MND-N	Multinational Division North
		MND-NE	Multinational Division North East
IT	Informationstechnologie	MND-SE	Multinational Division South East
JCBRND	Joint Chemical, Biological, Radiological and Nuclear Defence	MNF	Multinational Force
		MNMPBAT	Multinational Military Police Battalion
JEF	Joint Expeditionary Force	MP	Military Police
JFC	Joint Force Command	MPCC	Military Planning and Conduct Capability
JFCNF	Joint Force Command Norfolk		
JSEC	Joint Support and Enabling Command	MPFSEE	Multinational Peace Force South-Eastern Europe
KFOR	Kosovo Force	MRCA	Multi-Role Combat Aircraft
KSZE	Konferenz für Sicherheit und Zusammenarbeit in Europa	MTEP	Military Training and Exercise Programme
LANDJUT	Allied Land Forces Schleswig-Holstein and Jutland	NAEW&CF	NATO Airborne Early Warning & Control Force
LC	Logistics Committee	NAGSF	NATO Alliance Ground Surveillance Force
LGAI	Lehrgang Generalstabsdienst/ Admiralstabsdienst International		
LGAN	Lehrgang Generalstabsdienst/ Admiralstabsdienst National	NAGSMA	NATO Alliance Ground Surveillance Management Agency

NAHEMA	NATO Hellcopter Design and Development Production and Logistics Management Agency	NRDC	NATO Rapid Deployment Corps
		NRF	NATO Response Force
		NSE	National Support Element
NAMEADSMA		NSNF	NATO Standing Naval Forces
	NATO Medium Extended Air Defence System Design and Development, Production and Logistics Management Agency	NSO	NATO Standardization Office
		NSPA	NATO Support & Procurement Agency
		NTG	NATO Training Group
NAMMA	NATO Multi-Role Combat Aircraft Development and Production Management Agency	NTS	NATO-Truppenstatut
		OCCAR	Organisation conjointe de coopération en matière d'armement
NAMSA	NATO Maintenance and Supply Agency	OCHA	Office for the Coordination of Humanitarian Affairs
NAPMA	NATO Airborne Early Warning and Control Programme Management Agency	OPCOM	Operational Command
		OSZE	Organisation für Sicherheit und Zusammenarbeit in Europa
NATINADS	NATO Integrated Air Defence System	P&S	Pooling & Sharing
NATINAMDS	NATO Integrated Air and Missile Defence System	PESCO	Permanent Structured Cooperation
		PfP	Partnership for Peace
NATO	North Atlantic Treaty Organization	PiBrBtl	Pionierbrückenbataillon
NATO IAMD	NATO Integrated Air and Missile Defence	Plg	Planung (Abteilung im BMVg)
		PLO	Palestine Liberation Organiszation
NCI	NATO Communications and Information Academy	POLARM	European Armaments Policy Group
		POLUKRBAT	Polnisch-Ukrainisches Bataillon
NCISG	NATO Communications and Information Systems Group	PRT	Provincial Reconstruction Team
		PSC	Political and Security Committee
NCISS	NATO Communications and Information Systems School	R	Recht (Abteilung im BMVg)
		RAP	Readiness Action Plan
NCS	NATO Command Structure	RDC	Rapid Deployment Capacity
NCS-A	NATO Command Structure Adaptation	REFORGER	Return of Forces to Germany
		Rü	Rüstung
NDC	NATO Defense College	RGW	Rat für gegenseitige Wirtschaftshilfe
NDPP	NATO Defense Planning Process		
NFIU	NATO Force Integration Unit	SAC	Strategic Airlift Capability
NFM	New Force Model	SACEUR	Supreme Commander Allied Forces Europe
NFS	NATO Force Structure		
NISRF	NATO Intelligence, Surveillance and Reconnaissance Force	SatCen	European Union Satellite Centre
		SC	Strategic Compass
NMSSS	NATO Maintenance Supply Services System	SECDEFPOL	Security and Defence Policy
		SEDM	South-East Europe Defense Ministerial (Process)
NMW	Naval Mine Warfare		
NORDAC	Nordic Armaments Cooperation	SEEBRIG	South-Eastern Europe Brigade
NORDEFCOM		SFOR	Stabilization Force
	Nordic Defence Cooperation	SHAEF	Supreme Headquarters Allied Expeditionary Forces Europe
NORTHAG	Northern Army Group		
NPG	Nuclear Planning Group		

SHAPE	Supreme Headquarters Allied Powers Europe	UdSSR	Union der Sozialistischen Sowjet-republiken
SHIRBRIG	Standby High Readiness Brigade for UN Operations	UN	United Nations
SIAF	Spanish-Italian Amphibious Force	UNIFIL	United Nations Interim Force in Lebanon
SIPRI	Stockholm International Peace Research Institute	UNMEE	United Nations Mission to Ethiopia and Eritrea
SNMCMG	Standing NATO Mine Counter-measures Group	UNMHA	United Nations Mission to Support the Hudaydah Agreement
SNMG	Standing NATO Maritime Group	UNMIL	United Nations Mission in Liberia
SNOWCAT	Support of Nuclear Operations with Conventional Air Tactics	UNSG	United Nations Secretary General
		USA	United States of America
SOFA	Status of Forces Agreement	VJTF	Very High Readiness Joint Task Force
SOP	Standing Operating Procedure		
STANAG	Standardization Agreement	VN	Vereinte Nationen
STANAVFORCHAN	Standing Naval Force Channel	WEAG	Western European Armaments Group
STANAVFORLANT	Standing Naval Force Atlantic	WEAO	Western European Armaments Organisation
STO	NATO Science and Technology Organization	WEU	Western European Union/Westeu-ropäische Union
TEU	Treaty on European Union	WVO	Warschauer Vertragsorganisation
TTX	Table-Top Exercise	ZMZ	zivil-militärische Zusammenarbeit
UCDP	Uppsala Conflict Data Program		

Literatur

Abel, Heike (2008): Criss-Crossing. Ein alternatives Modell der Gruppenzusammensetzung. In: Leonhard, N./Gareis, S.B. (Hrsg.): Vereint marschieren – Marcher uni. Die deutsch-französische Streitkräftekooperation als Paradigma europäischer Streitkräfte? Wiesbaden: VS Verlag für Sozialwissenschaften, 183–222.

Abel, Heike/Richter, Marc-Randolf (2008): Militärkooperation im deutsch-französischen Alltag – Einflussfaktoren und Probleme aus Sicht der beteiligten Akteure. In: Leonhard, N./Gareis, S.B. (Hrsg.): Vereint marschieren – Marcher uni. Die deutsch-französische Streitkräftekooperation als Paradigma europäischer Streitkräfte? Wiesbaden: VS Verlag für Sozialwissenschaften, 137–182.

Acikmese, Sinem Akgul/Triantaphyllou, Dimitrios (2012): The NATO-EU-Turkey Trilogy: The Impact of the Cyprus Conundrum. In: Southeast European and Black Sea Studies, 12: 4, 555–573.

Adebahr, Cornelius (2012): The EU Special Representatives as a Capability for Conflict Management. In: Whitman, R./Wolff, S. (Hrsg.): The European Union as a Global Conflict Manager. London: Routledge, 155–168.

Adelmann, Detlev-Konrad/Meidenstein, Carsten (2020): Die Zivil-Militärische Zusammenarbeit der Bundeswehr (ZMZBw). In: Kern, E.-M./Richter, G./Müller, J.C./Voß, F.-H. (Hrsg.): Einsatzorganisationen. Erfolgreiches Handeln in Hochrisikosituationen. Wiesbaden: Springer Gabler, 317–329.

AFHQ – Allied Force Headquarters (1945): History of Allied Force Headquarters. Part One. August–December 1942. London: Printing and Stationery Service AFHQ.

Aksit, Cihangir (2011): NATO Standardization. 60 Years of Normative Success. PowerPoint-Präsentation, DMSMS and Standardization Conference, Hollywood, FL Aug 29–Sept 1, 2011. Brussels: NATO Standardization Agency.

Albright, Madeleine K. (1998 [2001]): „The Right Balance will Secure NATO's Future". Article published in the Financial Times, 7 December 1998. In: Rutten, M. (Hrsg.): From St. Malo to Nice. European Defence: Core Documents. Chaillot Papers 47. Paris: Institute for Security Studies of the Western European Union, 10–12.

Allers, Robin M. (2016): The Framework Nation: Can Germany Lead on Security? In: International Affairs, 92: 5, 1167–1187.

Almond, Gabriel A./Powell, G. Bingham (1978): Comparative Politics: System, Process, and Policy. Boston, MA: Little, Brown.

Anderson, Justin V./Nelson, Amy J. (2019): The INF Treaty. A Spectacular, Inflexible, Time-Bound Success. In: Strategic Studies Quarterly, 13: 2, 90–122.

Apelt, Maja (2012): Das Militär als Organisation. In: Apelt, M./Tacke, V. (Hrsg.): Handbuch Organisationstypen. Wiesbaden: VS Verlag für Sozialwissenschaften, 133–148.

Arcudi, Giovanni/Smith, Michael E. (2013): The European Gendarmerie Force: A Solution in Search of Problems? In: European Security, 22: 1, 1–20.

Argumosa Pila, Jesús Rafael (2010): NATO's Impact on the Spanish Army and Future Perspectives. In: Revista Unisci, 22, 200–223.

Arnold, John-Michael (2016): NATO's Readiness Action Plan. Strategic Benefits and Outstanding Challenges. In: Strategic Studies Quarterly, 10: 1, 74–105.

ARRC – Allied Command Europe Rapid Reaction Corps (2019): Corps Strength – Allied Rapid Reaction Corps Prepares for ‚Demanding' New Role, 29.11.2019, <https://arrc.nato.int/newsroom/archive/2019/20191129> (letzter Zugriff 27.9.2023).

Aslan, Ömer (2018): The United States and Military Coups in Turkey and Pakistan: Between Conspiracy and Reality. Cham: Springer International Publishing.

https://doi.org/10.1515/9783111589657-013

Austin, Daniel (1999): NATO Expansion and the Baltic States. Sandhurst: Conflict Studies Research Centre.

Badia, Christian (2019): Das Rahmennationenkonzept. Multinationale Fähigkeitsentwicklung als Gestaltungsprinzip deutscher Sicherheits- und Verteidigungspolitik zur Stärkung Europas. In: Europäische Sicherheit & Technik, 1, 40–44.

Badia, Christian (2020): Das Rahmennationenkonzept. Multinationale Fähigkeitsentwicklung und operativer Mehrwert. In: Europäische Sicherheit & Technik, 2, 44 f.

Baev, Jordan (2009): Bulgarisch-sowjetische militärische Zusammenarbeit 1955 bis 1964. In: Diedrich, T./Heinemann, W./Ostermann, C.F. (Hrsg.): Der Warschauer Pakt. Von der Gründung bis zum Zusammenbruch, 1955 bis 1991. Berlin: Ch. Links, 43–58.

Baev, Jordan (2018): Bulgaria and Romania. In: Meijer, H./Wyss, M. (Hrsg.): The Handbook of European Defence Policies and Armed Forces. Oxford: Oxford University Press, 263–278.

Bailey, Kenneth D. (1994): Typologies and Taxonomies. An Introduction to Classification Techniques. Thousand Oaks, CA: SAGE Publications.

Balcerowicz, Bolesław (2019): Iraq 2003–2010: A Disastrous War of Choice. In: Madej, M. (Hrsg.): Western Military Interventions after the Cold War. Evaluating the Wars of the West. London: Routledge, 108–132.

Bald, Detlef (1989): Ungenutzte Chancen? Die deutsch-französische Zusammenarbeit im Meinungsbild der deutschen Bevölkerung. SOWI-Arbeitspapier Nr. 27. München: Sozialwissenschaftliches Institut der Bundeswehr.

Bald, Detlef/Wette, Wolfram (2004): Zivilcourage: Empörte, Helfer und Retter aus Wehrmacht, Polizei und SS. Frankfurt a.M.: Fischer.

Baltic Defence College (1998): The Baltic Defence College. Tartu: Baltic Defence College.

Baltic Naval Squadron (2013): Baltic Naval Squadron. Vilnius: Lithuanian Ministry of National Defence.

Banks, William C./Dycus, Stephen (2016): Soldiers on the Home Front: The Domestic Role of the American Military. Cambridge/London: Harvard University Press.

Barrie, Douglas/Barry, Ben/Boyd, Henry/Chagnaud, Marie-Louise/Childs, Nick/Giegerich, Bastian/ Mölling, Christian/Schütz, Torben (2018): Protecting Europe: Meeting the EU's Military Level of Ambition in the Context of Brexit. London/Berlin: International Institute for Security Studies/ Deutsche Gesellschaft für Auswärtige Politik.

Basham, Victoria (2013): War, Identity and the Liberal State. Everyday Experiences of the Geopolitical in the Armed Forces. London: Routledge.

Bauer, Harald (1990): Rüstungskooperation in Westeuropa: Europäische Gemeinschaft und Independent European Programme Group. Berlin: Berghof-Stiftung.

Beaumont, Roger A. (1993): Joint Military Operations: A Short History. Westport, CT: Greenwood Press.

Becker, Peter/Kempin, Ronja (2019): Die EU-Kommission als sicherheits- und verteidigungspo- litische Akteurin. Möglichkeiten, Grenzen und Folgen der Europäisierung des Politikfelds. SWP-Aktuell 34. Berlin: Stiftung Wissenschaft und Politik.

Becker, Ralf (2019): Die Multinational Air Transport Unit. In: Europäische Sicherheit & Technik, 8, 69–71.

Beckley, Paul (2020): Revitalizing NATO's Once Robust Standardization programme. NDC Policy Brief 14. Rome: NATO Defense College.

Bedau, Marc (2022): Luftkampfsystem aus einem Guss. Der Systemgedanke wird umgesetzt. In: Europäische Sicherheit & Technik, 6, 21–23.

Behme, Christian/Baddenhausen, Heike (2007): GASP, ESVP und ihre Instrumente – Ein Überblick. Nr. 2/07, 22.1.2007. Berlin: Wissenschaftliche Dienste des Deutschen Bundestages .

Ben-Ari, Eyal/Elron, Efrat (2001): Blue Helmets and White Armor. Multi-Nationalism and Multi-Culturalism Among UN Peacekeeping Forces. In: City & Society, 13: 2, 271–302.

Ben-Ari, Eyal/Levy, Yagil (2014): Getting Access to the Field. Insider/Outsider Perspectives. In: Soeters, J./Shields, P. M./Rietjens, B. (Hrsg.): Routledge Handbook of Research Methods in Military Studies. Abingdon: Routledge, 9–18.

Bendel, Petra (2010): Kooperation. In: Nohlen, D./Schultze, R.-O. (Hrsg.): Lexikon der Politikwissenschaft. Theorien, Methoden, Begriffe. München: Beck, 512.

Berghuizen, J.H. (2012): European Air Transport Command. In: Militaire Spectator, 181: 6, 271–283.

Bergmann, Robert (2006): Multinationale Einsatzführung in Peace Support Operations. In: Gareis, S.B./Klein, P. (Hrsg.): Handbuch Militär und Sozialwissenschaften. 2., aktual. und erw. Aufl. Wiesbaden: VS Verlag für Sozialwissenschaften, 374–389.

Bermant, Azriel (2014): Russia's Opposition to the NATO BMD System. The Russian and Iranian Missile Threats. Tel Aviv: Institute for National Security Studies.

Bertling, Frank (2017): Die NATO School Oberammergau: Eine unbekannte Ausbildungseinrichtung? In: Wehrmedizin und Wehrpharmazie, 41: 2, 59–61.

Biddle, Stephen D. (2004): Military Power. Explaining Victory and Defeat in Modern Battle. Princeton, NJ: Princeton University Press.

Biehl, Heiko (2012): United We Stand, Divided We Fall? Die Haltungen europäischer Bevölkerungen zum ISAF-Einsatz. In: Seiffert, A./Langer, P. C./Pietsch, C. (Hrsg.): Der Einsatz der Bundeswehr in Afghanistan. Wiesbaden: VS Verlag für Sozialwissenschaften, 169–187.

Biehl, Heiko/Fiebig, Rüdiger/Giegerich, Bastian/Jacobs, Jörg/Jonas, Alexandra (Hrsg.) (2011): Strategische Kulturen in Europa. Die Bürger Europas und ihre Streitkräfte. Ergebnisse der Bevölkerungsbefragungen in acht europäischen Ländern 2010 des Sozialwissenschaftlichen Instituts der Bundeswehr. Forschungsbericht 96. Strausberg: Sozialwissenschaftliches Institut der Bundeswehr.

Biehl, Heiko/Giegerich, Bastian/Jonas, Alexandra (Hrsg.) (2013): Strategic Cultures in Europe. Security and Defence Policies Across the Continent. Wiesbaden: Springer VS.

Bieńczyk-Missala, Agnieszka (2016): Poland's Foreign Security Policy: Main Directions. In: Revista UNISCI, 40, 101–117.

Bieńczyk-Missala, Agnieszka (2019): Kosovo: First War for Human Rights. In: Madej, M. (Hrsg.): Western Military Interventions after the Cold War. Evaluating the Wars of the West. London: Routledge, 53–73.

Binnendijk, Hans/Germanovich, Gene (2018): NATO Needs a European Level of Ambition. Defence News, December 2018, <https://www.defensenews.com/opinion/2018/12/07/nato-needs-a-european-level-of-ambition/> (letzter Zugriff 27.9.2023).

Biscop, Sven (2021): The Strategic Compass. Entering the Fray. Security Policy Brief No. 149. Brussels: Egmont – Royal Institute for International Relations.

Black, Henry Campbell/Nolan, Joseph R./Connolly, Michael J./West Publishing Company. (1979): Black's Law Dictionary: Definitions of the Terms and Phrases of American and English Jurisprudence, Ancient and Modern. 5. Aufl. St. Paul: West Pub. Co.

Black, John/Hashimzade, Nigar/Myles, Gareth D. (2017): A Dictionary of Economics. 5. Aufl. Oxford: Oxford University Press.

Blackwill, Robert D./Legro, Jeffrey W. (1989): Constraining Ground Force Exercises of NATO and the Warsaw Pact. In: International Security, 14: 3, 68–98.

Blockmans, Steven/Crosson, Dylan Macchiarini (2021): PESCO: A Force for Positive Integration in EU Defence. In: European Foreign Affairs Review, 26, 87–110.

BMVg – Bundesministerium der Verteidigung (1976): Weißbuch 1975/1976. Zur Sicherheit der Bundesrepublik Deutschland und zur Entwicklung der Bundeswehr. Bonn: Presse- und Informationsamt der Bundesregierung.

BMVg (1979): Weißbuch 1979. Zur Sicherheit der Bundesrepublik Deutschland und zur Entwicklung der Bundeswehr. Bonn: Presse- und Informationsamt.

BMVg (1983): Weißbuch 1983. Zur Sicherheit der Bundesrepublik Deutschland. Bonn: Presse- und Informationsamt.

BMVg (1985): Weißbuch 1985. Zur Lage und Entwicklung der Bundeswehr. Bonn: Presse- und Informationsamt.

BMVg (1995a): Das deutsche Heer. Sicherheit durch Multinationalität. Begleitbroschüre zum Film. Bonn: Bundesministerium der Verteidigung, Führungsstab des Heeres.

BMVg (1995b): Multinationalität: Das Eurokorps. Stichworte für die Öffentlichkeitsarbeit und Truppeninformation. Bonn: Bundesministerium der Verteidigung.

BMVg (2016): Weißbuch 2016 zur Sicherheitspolitik und zur Zukunft der Bundeswehr. Berlin: Bundesministerium der Verteidigung.

BMVg (2020): 11. Bericht des Bundesministeriums der Verteidigung zu Rüstungsangelegenheiten, Teil 1. Berlin: Bundesministerium der Verteidigung.

Böckenförde, Stephan (2013): Grundzüge der Sicherheitspolitik der Bundesrepublik Deutschland. In: Wiesner, I. (Hrsg.): Deutsche Verteidigungspolitik. Baden-Baden: Nomos, 25–53.

Börzel, Tanja (2010): Integrationstheorien. In: Nohlen, D./Schultze, R.-O. (Hrsg.): Lexikon der Politikwissenschaft. Theorien, Methoden, Begriffe, Bd. 1: A–M. 4., aktual. und erg. Aufl. München: Beck, 413–416.

Boes, Hansjörn (1994): Auf dem Weg zum deutsch-niederländischen Korps. In: Bundeswehr (Hrsg.): Multinationale Streitkräfte in der NATO. Gemeinsamkeit verbindet. Sankt Augustin: Communication Presse Marketing GmbH, 53–56.

Borch, Gunnar (2009): Strategische Lufttransportfähigkeit. Ein Projekt für die Zukunft der NATO und ihrer Partner. In: Europäische Sicherheit & Technik, 58: 11, 32–34.

BPA – Presse- und Informationsamt der Bundesregierung (1998): NATO-Truppen und multinationale Streitkräftestrukturen in Deutschland. Bonn: Presse- und Informationsamt der Bundesregierung.

Brandstetter, Gerd (1996): AMF(L) – die Immediate Reaction Force Land. In: Erbe, J. (Red.): Multinationalität. Die Beteiligung des deutschen Heeres. Wehrtechnischer Report, November. Bonn/Frankfurt a.M.: Report-Verlag, 40–44.

Brasen, Volker (2003): Fünf Jahre erfolgreiche Kooperation im Ostseeraum. In: Europäische Sicherheit & Technik, 7, 26–29.

Brauß, Heinrich/Carstens, Nikolaus (2020): Germany as Framework Nation. In: Lanoszka, A./Leuprecht, C./Moens, A. (Hrsg.): Lessons from the enhanced Forward Presence, 2017-2020. NDC Research Paper 14. Rome: NATO Defense College, 61–70.

Brauß, Heinrich/Mölling, Christian (2020): Kaufentscheidung Tornado-Nachfolge: Die Deutsche Rolle in der nuklearen Teilhabe der NATO. DGAP Policy Brief 1. Berlin: Deutsche Gesellschaft für Auswärtige Politik.

Brettner-Messler, Gerald/Hauser, Gunther (2013): Militärische und polizeiliche Kooperationen in Mitteleuropa. Schriftenreihe der Landesverteidigungsakademie. Wien: Bundesminister für Landesverteidigung und Sport.

Brich, Stefanie (u.a.) (Red.): Gabler Wirtschaftslexikon. 6 Bde. 19. Aufl. Wiesbaden: Springer Fachmedien.

Brodie, Bernhard (1958): The Anatomy of Deterrence. Research Memoranda, Santa Monica, CA: RAND.

Broemme, Albrecht (2011): Die zivil-militärische Zusammenarbeit in Deutschland. In: Jäger, T./Thiele, R. (Hrsg.): Transformation der Sicherheitspolitik: Deutschland, Österreich, Schweiz im Vergleich. Wiesbaden: VS Verlag für Sozialwissenschaften, 195–204.

Broesder, Wendy/Vogelaar, Ad/Euwema, Martin C./op den Buijs, Tessa P. (2010): The Peacekeeping Warrior. A Theoretical Model. In: Easton, M./den Boer, M./Janssens, J./Moelker, R./Vander Beken, T. (Hrsg.): Blurring Military and Police Roles. The Hague: Eleven International Publishing, 171–184.

Brown, Garrett Wallace/McLean, Iain/McMillan, Alistair (2018): The Concise Oxford Dictionary of Politics and International Relations. 4. Aufl. Oxford: Oxford University Press.

BT – Deutscher Bundestag (2007a): Der Einsatz der Streitkräfte im Innern in ausgewählten europäischen Staaten. Ausarbeitung. Ausarbeitung WD 3 – 166/07, 2.5.2007. Berlin: Wissenschaftliche Dienste des Deutschen Bundestages.

BT (2007b): Herausforderungen für die Weiterentwicklung der Gemeinsamen Sicherheits- und Verteidigungspolitik der Europäischen Union. Ausarbeitung WD 2 – 3000, 039/14, 14.3.2014. Berlin: Wissenschaftliche Dienste des Deutschen Bundestages.

BT (2016): Zulässigkeit rotierender Truppen in den östlichen Mitgliedstaaten der NATO. Ausarbeitung. Ausarbeitung WD 2 – 3000, 077/16, 24.5.2016. Berlin: Wissenschaftliche Dienste des Deutschen Bundestages.

BT (2017): Mögliche sicherheits- und verteidigungspolitische Folgen des britischen Referendums über den Austritt des Vereinigten Königreichs aus der Europäischen Union. Ausarbeitung WD 2 – 3000, 020/17, 1.3.2017. Berlin: Wissenschaftliche Dienste des Deutschen Bundestages.

BT (2018a): Die deutsch-französische Rüstungskooperation. Bilaterale deutsch-französische sowie multilaterale Entwicklungs- und Beschaffungsprojekte mit deutscher und französischer Beteiligung. Sachstand WD 2 – 3000, 070/18, 28.6.2018. Berlin: Wissenschaftliche Dienste des Deutschen Bundestages.

BT (2018b): Die europäische Armee 1948–2018. Konzepte und Ideen zur Vertiefung der gemeinsamen europäischen Sicherheits- und Verteidigungspolitik und zur Erhöhung des Grades der Streitkräfteintegration. Sachstand WD 2 – 3000, 126/18, 28.10.2018. Berlin: Wissenschaftliche Dienste des Deutschen Bundestages.

BT (2018c): Internationale Abrüstungs- und Rüstungskontrollregime sowie multi- und bilaterale militärische Kooperationsverträge und -formate der NATO und Deutschlands. Hintergrundinformationen. Berlin: Wissenschaftliche Dienste des Deutschen Bundestages.

BT (2018d): Kurzinformation: Die Zusammenarbeit Polens und Deutschlands im militärischen Bereich. WD 2 – 3000 – 109/18, 6.8.2018. Berlin: Wissenschaftliche Dienste des Deutschen Bundestages.

Buchan, Alastair (1964): The Multilateral Force: A Study in Alliance Politics. In: International Affairs, 40: 4, 619–637.

Budu, Daniela (2018): NATO Multinational Brigade in Romania. Bucureşti: Radio Romania, <https://www.rri.ro/en_gb/nato_multinational_brigade_in_romania-2589638> (letzter Zugriff 5.1.2024).

Bühl, Nannette (2003): The „Mini-Summit" in Brussels – Impulse for European Defence? In: NATO's Nations and Partners for Peace, 2, 64 f.

Büttner, Jens (2022): Die Luftwaffe ist bereit für neue MALEs. Wie geht es weiter nach dem Bekenntnis zur Eurodrohne? In: Europäische Sicherheit & Technik, 71: 8, 57–59.

Burchfield, R. W./Murray, James Augustus Henry (1976): The Oxford English Dictionary. Being a Corrected Re-issue with an Introduction, Supplement, and Bibliography of a New English Dictionary on Historical Principles; Suppl. Vol. 2: H–N. Oxford: Oxford University Press.

Burczynska, Maria E. (2019): Multinational Cooperation: Building Capabilities in Small Air Forces. In: European Security, 28: 1, 85–104.

Burk, James (2002): Theories of Democratic Civil-Military Relations. In: Armed Forces & Society, 29: 1, 7–29.

Buzan, Barry (1987): An Introduction to Strategic Studies: Military Technology and International Relations. London: Macmillan.

Cahen, Alfred (1990): The Emergence and Role of the Western European Union. In: Clarke, M./Hague, R. (Hrsg.): European Defence Co-operation: America, Britain, and NATO. The Fulbright Papers 7. Manchester: Manchester University Press, 55–72.

Calandri, Elena (1995): The Western European Union Armaments Pool: France's Quest for Security and European Cooperation in Transition 1951–1955. In: Journal of European Integration History, 1: 1, 37–63.

Callaghan, Thomas A. (1975): Standardisierung: Ein Plan für die amerikanisch-europäische Zusammenarbeit. In: NATO*Brief*, Juli/August: 25–28.

Castagnetti, Fabrizio (2003): The NATO Rapid Deployable Corps Italy (NRDC-IT HQ). In: NATO's Nations and Partners for Peace, 2, 96 f.

Chagnaud, Marie-Louise/Mölling, Christian/Schütz, Torben (2015): The EDA and the Development of a European Defence Technological and Industrial Base. Between Nationalisation and Globalisation. In: Karampekios, N./Oikonomou, I. (Hrsg.): The European Defence Agency. London: Routledge, 207–224.

Stewart, Charles T., Jr. (1961): Who Is Mine Enemy? In: Military Review, 41: 10, 14–20.

Childress, Phillip W. (1992): REFORGER: Smaller but Smarter. In: Armed Forces Journal International, 129, 10–12.

Chivvis, Christopher S. (2010): EU Civilian Crisis Management. The Record So Far. Santa Monica, CA: RAND.

Cimbala, Stephen J./Forster, Peter Kent (2010): Multinational Military Intervention: NATO Policy, Strategy and Burden Sharing. Farnham/Burlington: Ashgate.

Clark, Robert/Foxall, Andrew/Rogers, James (2020): United Kingdom as Framework Nation. In: Lanoszka, A./Leuprecht, C./Moens, A. (Hrsg.): Lessons from the enhanced Forward Presence, 2017-2020. NDC Research Paper 14. Rome: NATO Defense College, 27–36.

Clarke, John L. (2013): Europe's Armed Forces in Civil Security. In: Connections, 12: 2, 69–82.

Clarke, John L. (2020): Pandemics and Armed Forces. Which Roles Are Appropriate? In: Connections, 19: 2, 77–88.

Clement, Rolf (2018): Der neue Direktor des Internationalen Militärstabs, Generalleutnant Hans-Werner Wiermann: Wir brauchen neue Mindsets in der NATO. In: Europäische Sicherheit & Technik, 6, 10 f.

Clement, Rolf/Horst, Michael (2021): Reibungslose Verlegung von Mensch und Material gewährleisten. Interview mit Generalleutnant Jürgen Knappe, Commander Joint Support and Enabling Command und Befehlshaber Multinationales Kommando Operative Führung. In: Europäische Sicherheit & Technik, 7, 41–45.

Clement, Rolf/Mergener, Hans-Uwe (2021): Neuer Marinestab hat 360-Grad-Blick-Einbindung in die NATO-Eingreiftruppe geplant. In: Europäische Sicherheit & Technik, 5, 67 f.

Clemmesen, Michael Hesselholt (1999): The Baltic Defence College. In: Österreichische Militärische Zeitschrift, 37: 2, 204–207.

Cliff, Roger (2015): China's Military Power: Assessing Current and Future Capabilities. New York: Cambridge University Press.

Coëme, Guy (1991): Towards a Stronger Europe – the Contribution of the Independent European Programme Group. In: NATO's Sixteen Nations, 9, 49–52.

Cohen, Michael D./March, James G./Olsen, Johan P. (1972): A Garbage Can Model of Organizational Choice. In: Administrative Science Quarterly, 17: 1, 1–25.

Congressional Research Service (2020): The European Deterrence Initiative: A Budgetary Overview. Washington, DC: Congressional Research Service <https://fas.org/sgp/crs/natsec/IF10946.pdf> (letzter Zugriff 5.1.2024).

Corbe, Marian (2018a): A Collective Response to Destabilisation: The NATO Centres of Excellence. In: Cusumano, E./Corbe, . (Hrsg.): A Civil-Military Response to Hybrid Threats. Cham: Springer, 79–100.

Corbe, Marian (2018b): NATO Centres of Excellence: A New Organisational Model and Vehicle for Multinational Knowledge Exchange (Dissertation). Hamburg: Helmut-Schmidt-Universität.

Cornish, Paul (1996): European Security: The End of Architecture and the New NATO. In: International Affairs, 72: 4, 751–769.

Corum, James S. (2011): American Assistance to the New German Army and Luftwaffe. In: Corum, J.S. (Hrsg.): Rearming Germany. Leiden/Boston: Brill, 93–116.

Council of the European Union (2003): Draft EU Training Policy in ESDP, 14176/2/03, 7. November 2003. Brussels: Council of the European Union.

Council of the European Union (2004): Draft EU Training Concept in ESDP, 11970/04, 30. August 2004. Brussels: Council of the European Union.

Council of the European Union (2022): A Strategic Compass for Security and Defence. For a European Union that Protects its Citizens, Values and Interests and Contributes to International Peace and Security. Brussels: Council of the European Union.

Coyne, Christopher J./Hall, Abigail R. /Burns, Scott (2016): The War on Drugs in Afghanistan: Another Failed Experiment with Interdiction. In: The Independent Review, 21: 1, 95–119.

Creasy, Calvin H. (1975): A Perspective of the ACE Mobile Force. In: Military Review, 55: 11, 14–22.

Croissant, Aurel (2016): Zivil-militärische Beziehungen in der Vergleichenden Politikwissenschaft. In: Lauth, H.-J./Kneuer, M./Pickel, G. (Hrsg.): Handbuch Vergleichende Politikwissenschaft. Wiesbaden: Springer VS, 783–796.

Cropper, Steve/Ebers, Mark/Huxham, Chris/Smith Ring, Peter (2008): Introducing Inter-organizational Relations. In: Cropper, St./Huxham, Ch./Ebers, M./Smith Ring, P. (Hrsg.): The Oxford Handbook of Inter-Organizational Relations. Oxford: Oxford University Press, 3–21.

CVCE – Centre Virtuel de la Connaissance sur l'Europe (2016): The Subsidiary Bodies of WEU. Luxemburg: Universität Luxemburg, <http://www.cvce.eu/obj/the_subsidiary_bodies_of_weu-en-8dab4104-ebcd-44b5-a6a1-1f5b6aa46682.html> (letzter Zugriff 8.1.2024)

da Silva, Mario (1999): Combined Joint Task Forces Concept. In: NATO's Nations and Partners for Peace, 1, 151–155.

Danish Ministry of Defence (2020): Headquarters Multinational Division North in the Baltics. Copenhagen: Danish Ministry of Defence.

Dannatt, Francis Richard (2003): Ready to Deploy on SACEUR's Order: ACE – Rapid Reaction Corps (ARRC). In: NATO Nations and Partners for Peace, 48: 2, 92 f.

Darnis, Jean-Pierre/Gasparini, Giovanni/Grams, Christoph/Keohane, Daniel/Liberti, Fabio/Maulny, Jean-Pierre/Stumbaum, May-Britt (2007): Lessons learned from European defence equipment programmes. EUISS Occasional Paper 69. Paris: European Union Institute for Security Studies.

Dawson, Raymond H. (1964): What Kind of NATO Nuclear Force? In: The Annals of the American Academy of Political and Social Science, 351: 1, 30–39.

de Maizière, Thomas (2021): NATO 2030: Die Zukunft der Allianz und die Rolle Deutschlands. In: Zeitschrift für Außen- und Sicherheitspolitik, 14, 367–379.

De Vestel, Pierre (1995): Defence Markets and Industries in Europe: Time for Political Decisions? Chaillot Papers 21. Paris: Institute for Security Studies Western European Union.

Dean, Sidney E. (2020a): Blick nach Amerika In: Europäische Sicherheit & Technik, 10, 49.

Dean, Sidney E. (2020b): Rückkehr des begrenzten Atomkrieges. Washingtons umstrittene Kernwaffenstrategie. In: Europäische Sicherheit & Technik, 3, 30 f.

Debouzy, Olivier (2012): Nuclear Deterrence and War. In: Lindley-French, J./Boyer, Y. (Hrsg.): The Oxford Handbook of War. Oxford/New York: Oxford University Press, 162–184.

Deephouse, David L./Suchman, Mark C. (2008): Legitimacy in Organizational Institutionalism. In: Greenwood, R./Oliver, Ch./Sahlin, K./Suddaby, R. (Hrsg.): The SAGE Handbook of Organizational Institutionalism. Los Angeles/London: SAGE, 49–77.

Dehez, Dustin (2014): Frankreichs Sonderrolle in Afrika. Die französische Afrika-Politik zwischen nationaler Tradition und internationaler Verantwortung. In: Vereinte Nationen. German Review on the United Nations, 62: 3, 106–112

Delgado, Francisco Ipser (1999): Los Compromisos de España en Unidades Multinacionales Europeas. In: Ejército, 11, Special Issue, 13–17.

Dembinski, Matthias (2005): Die Beziehungen zwischen NATO und EU von „Berlin" zu „Berlin plus": Konzepte und Konfliktlinien. In: Varwick, J. (Hrsg.): Die Beziehungen zwischen NATO und EU. Partnerschaft, Konkurrenz, Rivalität? Opladen: Barbara Budrich, 61–80.

Deni, John R. (2004): The NATO Rapid Deployment Corps: Alliance Doctrine and Force Structure. In: Contemporary Security Policy, 25: 3, 498–523.

Deni, John R. (2007): Alliance Management and Maintenance: Restructuring NATO for the 21st Century. Aldershot/Burlington: Ashgate.

Deni, John R. (2016): Shifting Locus of Governance? The Case of NATO's Connected Forces Initiative. In: European Security, 25: 2:, 181–196.

Des Forges, Alison (2014): Leave None to Tell the Story: Genocide in Rwanda. Trenton, NJ: Red Sea Press.

Deutsch-Französische Brigade (2019): 30 Jahre Deutsch-Französische Brigade. Müllheim: Deutsch-Französische Brigade.

Deutsche Bundesregierung (1956): Die Organisation des Nordatlantikvertrages NATO. Bonn: Presse- und Informationsamt.

Deutsche Bundesregierung (1957): Die Organisation des Nordatlantikvertrages NATO. Bonn: Presse- und Informationsamt.

Deutsche Bundesregierung (2020): Strategiepapier der Bundesregierung zur Stärkung der Sicherheits- und Verteidigungsindustrie. Berlin: Deutsche Bundesregierung.

Di Leo, Renzo (2022): Bundeswehr wieder in Bereitschaft – NATO-Speerspitze 2023. In: Europäische Sicherheit & Technik, 1, 48–53.

Diedrich, Torsten (2009): Die DDR zwischen den Blöcken. Der Einfluss des Warschauer Paktes auf Staat, Militär und Gesellschaft der DDR. In: Diedrich, T./Heinemann, W./Ostermann, C.F. (Hrsg.): Der Warschauer Pakt. Von der Gründung bis zum Zusammenbruch, 1955 bis 1991. Berlin: Ch. Links, 59–84.

Diehl, Paul F./Balas, Alexandru (2014): Peace Operations. War and Conflict in the Modern World. 2. Aufl. Cambridge/Malden: Polity.

Dijkstra, Hylke (2013): Policy-Making in EU Security and Defense: An Institutional Perspective. Houndmills/Basingstoke/Hampshire: Palgrave Macmillan.

Dijkstra, Hylke (2016): International Organizations and Military Affairs. London/New York: Routledge.

DiMaggio, Paul J./Powell, Walter W. (1991 [1984]): The Iron Cage Revisited: Institutional Isomorphism and Collective Rationality in Organizational Fields. In: Powell, W.W./DiMaggio, P.J. (Hrsg.): The New Institutionalism in Organizational Analysis. Chicago: University of Chicago Press, 63–82.

Directorate-General for Defence Industry and Space (2023): EDF 2021 Calls Results. Summary of the 60 Selected Projects. Brussels: European Commission, Directorate-General for Defence Industry and Space (DEFIS).

Dnistran, Liviu (2017): Black Sea Defenders. Enhanced Air Policing: Romania. In: AirForces Monthly, 9, 68–70.

Dobbins, James/Jones, Seth G./Crane, Keith/Chivvis, Christopher S./Radin, Andrew/Larrabee, F. Stephen/Bensahel, Nora/Stearns, Brooke K./Goldsmith, Benjamin W. (2008): Europe's Role in Nation-Building. From the Balkans to the Congo. Santa Monica, CA: RAND Corporation.

Domisiewicz, Rafal (2012): Towards „new St.-Malo:" The Europeanization of Polish Security Policy. Doctoral Thesis. Ottawa: Carleton University.

Dora, Johann-Georg/Kernchen, Andreas (2002): NATO's Own Air Force. In: NATO's Nations and Partners for Peace, 2, 148–153.

Dorschner, Jim (2017): Sharing Is Believing. In: Jane's Defence Weekly, 54: 24, 36–40.

Drent, Margriet/Wilms, Eric/Zandee, Dick (2017): Making Sense of European Defence. Clingendael Report, The Hague: Netherlands Institute of International Relations.

Drewry, Christopher (2001): NATO's Spearhead – the Allied Command Europe Rapid Reaction Corps. In: NATO Nations and Partners for Peace, 1, 94–97.

Driver, Darrell (2010): The European Union and the Comprehensive Civil-Military Approach in Euro-Atlantic Security. Matching Reality to Rhetoric. In: Strategic Studies Quarterly, 4: 3, 136–155.

DtA HQ MNC NE (2017): HQ MNC NE als „NATO Custodian for Regional Security". In: Zeitschrift der Artillerietruppe und der Streitkräftegemeinsamen Taktischen Feuerunterstützung, 2, 27–31.

Dudenredaktion (Leipzig) (1976): Der große Duden: Wörterbuch und Leitfaden der deutschen Rechtschreibung: mit einem Anhang, Vorschriften für den Schriftsatz, Korrekturvorschriften und Hinweise für das Maschinenschreiben. 17., neubearb. Aufl. Leipzig: VEB BI-Leipzig.

Dudenredaktion (Mannheim) (1973): Duden – Rechtschreibung der deutschen Sprache und der Fremdwörter. Der Duden in 10 Bänden. 17., neu bearb. und erw. Aufl. Mannheim: Bibliographisches Institut.

Dunivin, Karen O. (2016): Military Culture. Change and Continuity. In: Armed Forces & Society, 20: 4, 531–547.

Dunne, J. Paul (2009): Developments in the Global Arms Industry from the End of the Cold War to the Mid-2000s. In: Bitzinger, R.A. (Hrsg.): The Modern Defense Industry: Political, Economic and Technological Issues. Westport: Praeger, 13–37.

Dupuy, Trevor N./Johnson, Curt/Hayes, Grace P. (2003): Dictionary of Military Terms: A Guide to the Language of Warfare and Military institutions. 2. Aufl. New York: H.W. Wilson Co.

Durell-Young, Thomas (1997): Multinational Land Formations in NATO: Reforming Practices and Structures. Carlisle Barracks, PA: U.S. Army War College Press.

Durell-Young, Thomas (2001): NATO Command and Control for the 21st Century. In: Joint Force Quarterly, 4, 40–45.

Easton, David (1965): A Framework for Political Analysis. Prentice-Hall Contemporary Political Theory Series. Englewood Cliffs, NJ: Prentice-Hall.

EDA – European Defence Agency (2012): EDA & OCCAR Build Links, Seeking Efficiencies through Cooperation. EDA News & Events, 27.7.2012, <https://eda.europa.eu/news-and-events/press-office/latest-press-releases/2012/07/27/eda-occar-build-links-seeking-efficiencies-through-cooperation> (letzter Zugriff 9.1.2024).

EDA (2014): EDA signs Security Arrangement with OCCAR. EDA News & Events, <https://eda.europa.eu/news-and-events/news/2014/12/09/eda-signs-security-arrangement-with-occar> (letzter Zugriff 9.1.2024).

EDA (2018): Capabaility Development Plan (Fact Sheet). Brussels: European Defence Agency, <https://eda.europa.eu/what-we-do/all-activities/activities-search/capability-development-plan> (letzter Zugriff 9.1.2024).

EDA (2019a): Defence Data 2017–2018. Key Findings and Analysis. Brüssel: European Defence Agency, <https://eda.europa.eu/publications-and-data/latest-publications/defence-data-2017-2018> (letzter Zugriff 9.1.2024).

EDA (2019b): Exercise DARK BLADE 2019. Fact Sheet. Brussels: European Defence Agency.

Edmunds, Timothy (2006): What are Armed Forces for? The Changing Nature of Military Roles in Europe. In: International Affairs, 82: 6, 1059–1075.

Eekelen, Willem van (1998): Debating European Security, 1948–1998. The Hague/Brussels: SDU Publishers/Centre for European Policy Studies.

Eekelen, Willem van (2006): From Words to Deeds: The Continuing Debate on European Security. Brussels/Geneva: Centre for European Policy Studies/Geneva Centre for the Democratic Control of Armed Forces.

Egeland, Jan/Harmer, Adele/Stoddard, Abby (2011): To Stay and Deliver. Good Practice for Humanitarians in Complex Security Environments. Independent study commissioned by the Office for the Coordination of Humanitarian Affairs (OCHA). New York: United Nations Office for the Coordination of Humanitarian Affairs (OCHA)/Policy Development and Studies Branch (PDSB).

Egeland, Kjølv (2020): Spreading the Burden: How NATO Became a ‚Nuclear' Alliance. In: Diplomacy & Statecraft, 31: 1, 143–167, DOI: <10.1080/09592296.2020.1721086>.

Egeland, Kjølv/Pelopidas, Benoît (2021): European Nuclear Weapons? Zombie Debates and Nuclear Realities. In: European Security, 30: 2, 237–258, DOI: <10.1080/09662839.2020.1855147>.

Ehmann, Friedrich-Wilhelm (1997): NATO Airborne Early Warning. In: NATO's Sixteen Nations, 1, 73 f.

Ehrhart, Hans-Georg (2022): Langer Krieg oder „kalter Frieden" in Europa? Der Ukrainekrieg als Eskalationsrisiko. In: Zeitschrift für Außen- und Sicherheitspolitik, 15: 4, 415–427.

Ellgut, Joachim (2007): Ausbildung der Jetpiloten. Euro-NATO Joint Jet Pilot Training. In: Strategie und Technik, 50: 7, 36–41.

Ellis, James O. (1999): NATO and the European Security and Defence Identity. In: The International Spectator, 34: 2, 47–50, DOI: <http://dx.doi.org/10.1080/03932729908456862>.

Encyclopaedia Britannica (2015): Military Unit. Armed Forces. London: Encyclopaedia Britannica, <https://www.britannica.com/topic/military-unit> (letzter Zugriff 4.12.2019).

Endres, Fabian/Mader, Matthias/Schoen, Harald (2015): On the Relationship between Strategic Cultures and Support for European Defence: A Comment on Irondelle, Mérand and Foucault. In: European Journal of Political Research, 54: 4, 848–859.

Engel, Klaus (1997): Die Entwicklung der NATO-Luftverteidigung in Europa. Hintergründe, Sachstände, Perspektiven für die Zukunft. In: Führungsakademie der Bundeswehr (Hrsg.): Jahresschrift. Hamburg: Führungsakademie der Bundeswehr, 77–123.

Erickson, J. (1972): „Shield-72": Warsaw Pact Military Exercises. In: RUSI/RMAS Research Centre Bulletin/The RUSI Journal, 117: 669, 32–34.

EU – European Union (2004): Headline Goal 2010 approved by General Affairs and External Relations Council on 17 May 2004 endorsed by the European Council of 17 and 18 June 2004, <https://www.europarl.europa.eu/meetdocs/2004_2009/documents/dv/sede110705headlinegoal2010_/sede110705headlinegoal2010_en.pdf> (letzter Zugriff 9.1.2024).

EU (2008): Konsolidierte Fassungen des Vertrags über die Europäische Union und des Vertrags über die Arbeitsweise der Europäischen Union (2008/C 115/01). Brüssel: Amtsblatt der Europäischen Union

European Commission (2019): The European Defence Fund. Stepping up the EU's Role as a Security and Defence Provider (Factsheet). Brussels: European Commission.

European Parliament (2016): European Council Briefing: Activation of Article 42(7) TEU. France's Request for Assistance and Member States' Responses (PE 581.408). Brussels/Strasbourg: European Parliament.

European External Action Service (2013): EU Battlegroups (Fact Sheet). Brussels: European External Action Service, <https://www.consilium.europa.eu/uedocs/cms_data/docs/pressdata/en/esdp/91624.pdf> (letzter Zugriff 9.1.2024).

European External Action Service (2019a): EU Battlegroup Offers and Commitments (14985/19 ADD 1, COPS 361, CSDP/PSDC 576). Brüssel: European External Action Service.

European External Action Service (2019b): European Union Concept for Military Command and Control (Rev-8), EEAS 02021/8/14 REV8/ CSDP/PSDC 194 8798/19, EUMC 44, CSDP/PSDC 194. Brussels: European External Action Service, <https://data.consilium.europa.eu/doc/document/ST-8798-2019-INIT/en/pdf> (letzter Zugriff 9.1.2024).

European Gendarmerie Force (2007): Treaty between the Kingdom of Spain, the French Republic, the Italian Republic, the Kingdom of The Netherlands and the Portuguese Republic, <https://eurogendfor.org/wp-content/uploads/2018/10/20071018-treaty.pdf> (letzter Zugriff 9.1.2024).

EUISS – European Union Institute for Security Studies (Hrsg.) (2005): EU Security and Defence: Core Documents 2004. Vol. V. Paris: European Union Institute for Security Studies.

EUISS (Hrsg.) (2006): EU Security and Defence: Core Documents 2005. Vol. VI. Paris: European Union Institute for Security Studies.

Faccioli, Daniele/Colla, Giovanni (2021): Bulgaria Prepares for the Bear. In: Air Forces Monthly, 2, 62–69.

Falk, Stanley L. (1964): Disarmament. In: Military Review, 44: 12, 36–48.

Farndale, Martin (1988): Exercise Reforger 1987. In: Army Quarterly and Defence Journal, 118: 1, 8–20.

Farrell, Theo (2017): Unwinnable: Britain's War in Afghanistan, 2001-2014. London: The Bodley Head.

Feaver, Peter (2003): Armed Servants: Agency, Oversight, and Civil-Military Relations. Cambridge, MA: Harvard University Press.

Febbraro, Angela R./McKee, Brian/Riedel, Sharon L. (2008): Multinational Military Operations and Intercultural Factors. RTO TECHNICAL REPORT TR-HFM-120. Neuilly-sur-Seine Cedex: NATO Research and Technology Organization.

Feldman, Jan (1984): Collaborative Production of Defense Equipment within NATO. In: Journal of Strategic Studies, 7: 3, 282–300.

Ferreyra Wachholtz, Matías/Soeters, Joseph (2022): Multinational Military Cooperation in the Global South. In: Armed Forces & Society, 50: 1, 25–54 (first published online August 12, 2022), <https://doi.org/10.1177/0095327X221114928>.

Feuerbach, Mike/Krappmann, Philipp-Jan (2020): Eine neue Stufe der deutsch-französischen Partnerschaft. Luftwaffe und Armée de l'Air fliegen gemeinsam C-130J. In: Europäische Sicherheit & Technik, 6, 63 f.

Fieldhouse, David Kenneth (1986): The Multinational: A Critique of a Concept. In: Teichova, A./Lévy-Leboyer, M./Nussbaum, H. (Hrsg.): Multinational Enterprise in Historical Perspective. Cambridge: Cambridge University Press, 9–29.

Fiorenza, Nicholas (2001): ARRC Envy: Everyone Wants Rapid-Reaction Forces. In: Armed Forces Journal International, 139: 4, 20–22.

Fiorenza, Nicholas (2018): Germany, UK Sign Joint Vision Statement to Further Intensify Defence Co-Operation. In: Jane's Defence Weekly, 55: 42, 12.

Fiorenza, Nicholas (2022): Back to the Future: NATO Response Force. In: Jane's Defence Weekly, 59: 15, 18–23.

Fiott, Daniel (2019): Defence Industrial Cooperation in the European Union: The State, the Firm and Europe. London/New York: Routledge.

Fleck, Dieter (2000): Legal Issues of Multinational Military Units. Tasks and Missions, Stationing Law, Command and Control. In: International Law Studies, 75, 161–178.

Fleck, Dieter (2018): The Handbook of the Law of Visiting Forces. Oxford: Oxford University Press.

Flor, Roland (1986): Major Exercises of NATO and Warsaw Pact Land Forces in Europe, 1984 – A Comparative Analysis. In: Defense Analysis, 2: 3, 191–204, DOI: <10.1080/07430178608405252>.

Flume, Wolfgang (1984): Rüstungskooperation mit Frankreich. Immer stärker europäisch ausgerichtet. In: Wehrtechnik, 16: 2, 26–33.

Föhrenbach, Gerd (2002): Die Sicherheit der baltischen Staaten – Probleme und Perspektiven. In: Europäische Sicherheit & Technik, 51: 1, 22–25.

Forkert, André (2020): Division Schnelle Kräfte. Kern der European Union Battlegroup 2020. In: Europäische Sicherheit & Technik, 69: 7, 26–28.

Forster, Peter Kent/Cimbala, Stephen J. (2005): The US, NATO and Military Burden-Sharing. London/New York: Frank Cass.

Forterre, Pierre (1996): Das EUROKORPS. Streitkraft für Europa und die Atlantische Allianz. In: Erbe, J. (Red.): Multinationalität. Die Beteiligung des deutschen Heeres. Wehrtechnischer Report, November. Bonn/Frankfurt a.M.: Report-Verlag, 7–11.

Franck, Raymond/Melese, Francois (2008): Defense Acquisition: New Insights from Transaction Cost Economics. In: Defense & Security Analysis, 24: 2, 107–128.

Frank, Hans (2017): Wie das Eurokorps entstand. In: Europäische Sicherheit & Technik, 4, 34–36.

Franke, Ulrike Esther (2015): The Global Diffusion of Unmanned Aerial Vehicles (UAVs) or ‚Drones'. In: Aaronson, M./Aslam, W./Dyson, T./Rauxloh, R. (Hrsg.): Precision Strike Warfare and International Intervention: Strategic, Ethico-Legal and Decisional Implications. London/New York: Routledge, 52–72.

Frantz, Wolfgang/Klein, Paul/Lippert, Ekkehard (1988): Die „Deutsch-Französische Brigade" im Meinungsbild der Bevölkerung. SOWI-Arbeitspapier Nr. 8. Strausberg: Sozialwissenschaftliches Institut der Bundeswehr.

Fredland, J. Eric (2004): Outsourcing Military Force: A Transactions Cost Perspective on the Role of Military Companies. In: Defence and Peace Economics, 15: 3: 205–220.

Freedman, Lawrence (2005a): The Official History of the Falklands Campaign: Vol. 1: The Origins of the Falklands War. Government Official History Series. London/New York: Routledge.

Freedman, Lawrence (2005b): The Official History of the Falklands Campaign: Vol. 2: War and Diplomacy. Government Official History Series, London/New York: Routledge.

French, Ryan W./Dombrowski, Peter (2018): Exercise BALTOPS: Reassurance and Deterrence in a Contested Littoral. In: Heuser, B./Heier, T./Lasconjarias, G. (Hrsg.): Military Exercises: Political Messaging and Strategic Impact. NDC Forum Paper 26. Rom: NATO Defense College: 187–210.

Frevert, Ute (2004): Bürgersoldaten – Die Allgemeine Wehrpflicht im 19. und 20. Jahrhundert. In: Werkner, I.-J. (Hrsg.): Die Wehrpflicht und ihre Hintergründe: Sozialwissenschaftliche Beiträge zur aktuellen Debatte. Wiesbaden: VS Verlag für Sozialwissenschaften, 45–64.

Frietzsche, Helmut/Parchmann, Dirk (2001): Europäische Sicherheits- und Verteidigungspolitik. Der Erfolg von Nizza?! In: Europäische Sicherheit & Technik, 50: 2, 10–12.

Fritsch, Helmut (2008): EUFOR RD Congo: A Misunderstood Operation? Martello Papers 33. Kingston: Centre for International Relations.

Fröhling, Hans-Günther (1998): Bundeswehr und Multinationalität. Vortrag an der Marineschule Mürwik (unveröff. Manuskript). Koblenz: Zentrum Innere Führung. [Kopie des Manuskripts im Archiv der Verfasserin]

FüAkBw – Führungsakademie der Bundeswehr (2008): Multinationalität in der Ausbildung und im Alltag der Führungsakademie der Bundeswehr. In: Freundeskreis Ausbildung ausländischer Offiziere an der Führungsakademie der Bundeswehr e.V. (Hrsg.): Eine völkerverbindende Institution. Über die Internationalität an der Führungsakademie der Bundeswehr. 3. Aufl. Hamburg: Freundeskreis Ausbildung ausländischer Offiziere an der Führungsakademie der Bundeswehr e.V.

Fucsku, Sandor/Messer, Hagen/Zebec, Davor (2020): Ulmer Kommando. Stand-by für die Europäische Union. In: Europäische Sicherheit & Technik, 69: 7, 24 f.

Gärtner, Heinz (2018): Internationale Sicherheit und Frieden. Definitionen von A–Z. 3., erw. und aktual. Aufl. Baden-Baden: Nomos.

Gagnon, Frédéric-Yves (2020): The Combined Joint Expeditionary Force (CJEF): Operational Force and Vector for Franco-British Common Ambitions. In: Revue Défense Nationale, 9, 111–114.

Gantzel, Klaus Jürgen/Meyer-Stamer, Jörg (Hrsg.) (1986): Die Kriege nach dem Zweiten Weltkrieg bis 1984. Daten und erste Analysen. Weltwirtschaft und internationale Beziehungen, Diskussionsbeiträge 34. München/London: Weltforum-Verlag.

Gareis, Sven Bernhard (2006a): Das Multinational Korps Nordost in Stettin. In: Gareis, S.B./Klein, P. (Hrsg.): Handbuch Militär und Sozialwissenschaften. 2., aktual. und erw. Aufl. Wiesbaden: VS Verlag für Sozialwissenschaften, 390–400.

Gareis, Sven Bernhard (2006b): Multinationalität als europäische Herausforderung. In: ebd., 360–373.

Gareis, Sven Bernhard (2008a): Die Zusammenarbeit zwischen Deutschland und Frankreich – Ein Überblick. In: Leonhard, N./Gareis, S.B. (Hrsg.): Vereint marschieren – Marcher uni. Die deutsch-französische Streitkräftekooperation als Paradigma europäischer Streitkräfte? Wiesbaden: VS Verlag für Sozialwissenschaften, 41–73.

Gareis, Sven Bernhard (2008b): Einleitung: Deutschland und Frankreich – Die Speerspitze der gemeinsamen Verteidigung Europas? In: ebd., 11–39.

Gareis, Sven Bernhard (2012): Militärische Multinationalität. In: Leonhard, N./Werkner, I.-J. (Hrsg.): Militärsoziologie – Eine Einführung. 2., aktual. und erg. Aufl. Wiesbaden: VS Verlag für Sozialwissenschaften, 342–366.

Gareis, Sven Bernhard (2015): Multinationalität als militärsoziologisches Forschungsgebiet. In: Dörfler-Dierken, A./Kümmel, G. (Hrsg.): Am Puls der Bundeswehr: Militärsoziologie in Deutschland. Zwischen Wissenschaft, Politik, Bundeswehr und Gesellschaft. Wiesbaden: Springer, 169–188.

Gareis, Sven Bernhard/vom Hagen, Ulrich (2004): Militärkulturen und Multinationalität: Das Multinationale Korps Nordost in Stettin. Schriftenreihe des Sozialwissenschaftlichen Instituts der Bundeswehr 1. Opladen: Leske + Budrich.

Gareis, Sven Bernhard/vom Hagen, Ulrich/Bach, Per/Andreasen, Torben/Doulgerof, Ivan/Kolodziejczyk, Adam/Wachowicz, Mariusz (Hrsg.) (2003): Conditions of Military Multinationality. The Multinational Corps Northeast in Szczecin. Report of the Trinational Research Team, FORUM International. Strausberg: Sozialwissenschaftliches Institut der Bundeswehr.

Garnett, Ian (2004): The NATO Response Force. In: NATO's Nations and Partners for Peace, 1, 156.

Gaskell, John/Steuer, S. (1962): Second Allied Tactical Air Force since 1952. Mönchengladbach-Rheindahlen: Headquarters Second Allied Tactical Air Force.

Gasperini, Gianfranco/Arnejčič, Beno/Ujj, András (2001): Sociological Aspects Concerning the Relations within Contingents of Multinational Units. The Case of the Italian-Slovenian Hungarian Brigade. Gaeta: Artistic & Publ. Co.

Gaub, Florence (2013): The North Atlantic Treaty Organization and Libya. Reviewing Operation Unified Protector. Carlisle, PA: Strategic Studies Institute.

Gell, Harald/Paile-Calvo, Sylvain/Zambas, Symeon (Hrsg.) (2018): European Education and Training for Young Officers. European Initiative for the Exchange of Young Officers, Inspired by Erasmus. 2. Aufl. Wien: Theresan Military Academy.

Gerber, Manfred (1996): Korps Landjut. In: Erbe, J. (Red.): Multinationalität. Die Beteiligung des deutschen Heeres. Wehrtechnischer Report, November. Bonn/Frankfurt a.M.: Report-Verlag, 18–21.

Gerhard, Wolfgang (1979): What about Multinational Corps in NATO? In: Military Review, 59: 3, 10–16.

Gerhartz, Ingo/Clement, Rolf/Renn, Ulrich (2021): Nukleare Teilhabe ist Teil einer glaubhaften Abschreckung. Interview mit Generalleutnant Ingo Gerhartz, dem Inspekteur der Luftwaffe. In: Europäische Sicherheit & Technik, 1, 48–54.

Germond, Basil (2008): Multinational Military Cooperation and Its Challenges: The Case of European Naval Operations in the Wider Mediterranean Area. In: International Relations, 22: 2, 173–191.

Germuska, Pál (2011): Ungarische Rüstungslieferungen in die Dritte Welt. Daten, Ursachen und Wirkungen. In: Mack, H.-H./Veszprémy, L./Wenzke, R. (Hrsg.): Die NVA und die ungarische Volksarmee im Warschauer Pakt. Potsdamer Schriften zur Militärgeschichte 15. Potsdam: Militärgeschichtliches Forschungsamt, 105–114.

Geser, Hans (1983): Organisationsprobleme des Militärs. In: Wachtler, G. (Hrsg.): Militär, Krieg, Gesellschaft. Texte zur Militärsoziologie. Frankfurt a.M./New York: Campus, 139–164.

Gibler, Douglas M. (2009): International Military Alliances, 1648–2008. 2 Vols. Correlates of War Series. Washington, DC: CQ Press.

Giegerich, Bastian (2006): European Security and Strategic Culture: National Responses to the EU's Security and Defence Policy. Düsseldorfer Schriften zu internationaler Politik und Völkerrecht 1. Baden-Baden: Nomos.

Giegerich, Bastian (2012a): Die NATO. Lehrbuch. Elemente der Politik. Wiesbaden: Springer VS.

Giegerich, Bastian (2012b): NATO's Smart Defence: Who's Buying? In: Survival, 54: 3, 81–94.

Giegerich, Bastian (2015): European Cooperation and Defence Procurement. Current Trends. In: Kollmer, D.H. (Hrsg.): Militärisch-Industrieller Komplex? Rüstung in Europa und Nordamerika nach dem Zweiten Weltkrieg. Freiburg i.Br.: Rombach, 285–302.

Giegerich, Bastian/Mölling, Christian (2018): The United Kingdom's Contribution to European Security and Defence. London/Berlin: The International Institute for Security Studies/Deutsche Gesellschaft für Auswärtige Politik.

Giuvara, Florentin-Gabriel/Serbeszki, Marius (2015): Missile Defence in Romania-Implications for Security. In: Strategic Impact, 54, 38–50.

Glatz, Rainer/Major, Claudia/Richter, Wolfgang/Schneider, Jonas (2020): Abschreckung und nukleare Teilhabe. Die Bündnissolidarität als Eckpfeiler der Stabilität in Europa darf nicht gefährdet werden. SWP-Aktuell 48. Berlin: Stiftung Wissenschaft und Politik.

Glatz, Rainer/Zapfe, Martin (2017): Das Rahmennationenkonzept der Nato. CSS Analysen zur Sicher-heitspolitik 218. Zürich: Eidgenössische Technische Hochschule Zürich

Glenny, Misha (1995): Review: Jugoslawien – Der große Zerfall. In: Leviathan, 23: 4, 472–495.

Glière, Catherine (Hrsg.) (2007): EU Security and Defence: Core Documents 2006. Vol. 7. Chaillot Papers 98. Paris: European Union Institute for Security Studies.

Glière, Catherine (Hrsg.) (2008): EU Security and Defence: Core Documents 2007. Vol. 8. Chaillot Papers 112. Paris: European Union Institute for Security Studies.

Glière, Catherine (Hrsg.) (2009): EU Security and Defence: Core Documents 2008. Chaillot Papers 117. Vol. 9. Paris: European Union Institute for Security Studies.

Goodpaster, Andrew J. (1955): The Development of SHAPE: 1950–1953. In: International Organization, 9: 2, 257–262.

Gordon, Chris (2023): NATO's Biggest Air Exercise Ever Kicks Off, Led by Germany. Air & Space Forces Magazine, <https://www.airandspaceforces.com/nato-air-exercise-ever-kicks-off/> (letzter Zugriff 11.1.2023).

Gotkowska, Justyna/Szymański, Piotr (2015): NATO's Presence in the Baltic States –Reassurance for Its Allies or Deterrence for Russia? OSW Commentary 169. Warsaw: Centre for Eastern Studies.

Gow, James (1997): Triumph of the Lack of Will: International Diplomacy and the Yugoslav War. New York: Columbia University Press.

Gräfe, Frank (2005): Air Policing im Baltikum. In: Strategie und Technik, 48: 9, 44–48.

Grägel, Mathias (2018): Kampfjets in Alarmbereitschaft: Wie die NATO Europas Luftraum sichert. In: FliegerRevue. Magazin für Luft- und Raumfahrt, 12, 28–30.

Graf, Timo/Steinbrecher, Markus/Biehl, Heiko/Scherzer, Joel (2022): Sicherheits- und verteidigungs-politisches Meinungsbild in der Bundesrepublik Deutschland. Ergebnisse und Analysen der Bevölkerungsbefragung 2021. Forschungsbericht 131. Potsdam: ZMSBw.

Graham, Andrew (2012): Military Coalitions in War. In: Lindley-French, J./Boyer, Y. (Hrsg.): The Oxford Handbook of War. Oxford/New York, Oxford University Press: 319–331.

Gray, Colin. S. (1999): Strategic Culture as Context: The First Generation of Theory Strikes Back. In: Review of International Studies, 25: 1: 49–69.

Greenhalgh, Elizabeth (2005): Victory through Coalition. Britain and France during the First World War. Cambridge: Cambridge University Press.

Greiner, Christian/Maier, Klaus A./Rebhan, Heinz/Thoß, Bruno (2003): Die NATO als Militärallianz: Strategie, Organisation und nukleare Kontrolle im Bündnis, 1949 bis 1959. Entstehung und Probleme des Atlantischen Bündnisses 4. München: Oldenbourg.

Grünebach, Peter (2003): Das NATO Rapid Deployable Corps – Italy. In: Antenne. Zeitschrift der Fernmeldetruppe des Heeres, 8, 3–7.

Guay, Terrence R. (1998): At Arm's Length: The European Union and Europe's Defence Industry. New York: St. Martin's Press.

Gunner, Jenny (2011): Practice Makes Perfect. In: Air Forces Monthly, 84–88.

H.M. Government (2015): National Security Strategy and Strategic Defence and Security Review 2015. A Secure and Prosperous United King. London: Williams Lea Grop.

Hachmeister, Christoph (2022): Enhanced Air Policing South. Gemeinsamer Schutz des NATO-Luftraums am Schwarzen Meer. In: Europäische Sicherheit & Technik, 71: 5, 37 f.

Haine, Jean-Yves (Hrsg.) (2003): From Laeken to Copenhagen. European Defence: Core Documents. Vol. 3. Chaillot Papers 57. Paris: European Union Institute for Security Studies.

Haltiner, Karl W./Bennet, Jonathan/Boesch, Reinhard (2004): Das Schweizer Kontingent in KFOR: Politische Rahmenbedigungen, Motivation und Einsatzzufriedenheit. In: Haltiner, K. W./Klein, P. (Hrsg.): Multinationalität als Herausforderung für die Streitkräfte. Militär und Sozialwissen-schaften 37. Baden-Baden: Nomos, 151–162.

Haltiner, Karl W./Klein, Paul (2005): The European Post-Cold War Military Reforms and Their Impact on Civili-Military Relations. In: Kernic, F./Klein, P./Haltiner, K. (Hrsg.): The European Armed Forces in Transition: A Comparative Analysis. New York/Frankfurt a.M: Peter Lang: 9–30.

Hanel, Dieter (2019): Der deutsche Marineschiffbau im europäischen Kontext. In: Europäische Sicherheit & Technik, 68: 10, 102–106.

Harbig, Markus J.M. (2021): Führungsunterstützung für das Allied Joint Support and Enabling Command. In: Europäische Sicherheit & Technik, 3, 47–49.

Hartley, Keith (2020): NATO at 70. A Political Economy Perspective. Cham: Springer International Publishing.

Hartley, Keith/Braddon, Derek (2014): Collaborative Projects and the Number of Partner Nations. In: Defence and Peace Economics, 25: 6, 535–548.

Hartmann, Christian/Hürter, Johannes/Jureit, Ulrike (Hrsg.) (2005): Verbrechen der Wehrmacht: Bilanz einer Debatte. München: Beck.

Hartmann, Uwe/von Rosen, Claus (2018): Staat und Streitkräfte. In: Voigt, R. (Hrsg.): Handbuch Staat. Wiesbaden: Springer VS, 895–905.

Hartung, Friederike C. (2022): Ein Dach über Europa: Politische Symbolik und militärische Relevanz der deutschen bodengebundenen Luftverteidigung 1990 bis 2014. Beiträge zur Militärgeschichte 81. Berlin: De Gruyter Oldenbourg.

Hauser, Gunther (2003): NATO: Die Transformation der NATO und die neuen Streitkräftestrukturen. In: Österreichische Militärische Zeitschrift, 41: 1, 77–81.

Hauser, Gunther (2006): Regional Approaches to Comprehensive Security in Europe. In: Kernic, F./ Hauser, G. (Hrsg.): European Security in Transition. Aldershot: Ashgate, 135–144.

Häußermann, Kai-Ingmar (2016a): Neue Herausforderungen für die multinationale Logistik. In: Europäische Sicherheit & Technik, 65: 6, 47–49.

Häußermann, Kai-Ingmar (2016b): Reaktionsfähigkeit als Kernfähigkeit der Very High Readiness Joint Task Force. In: Hardthöhenkurier, 32: 3, 56–60.

Haute, Edwin Vanden/Toremans, Guy (2005): EGUERMIN Sets Mine-Warfare Training Mark. In: Jane's Navy International, 110: 7, 74.

Hawkins, Darren G. (Hrsg.) (2006): Delegation and Agency in International Organizations. Political Economy of Institutions and Decisions, Cambridge: Cambridge University Press.

Hazdra, Peter (2008): Die Europäische Gendarmerie Force: Ein Ansatz zum Schließen der Sicherheitslücke? In: Europäische Sicherheit, 57: 7, 30–32.

Hedlund, Erik (2017): Team Learning and Leadership in Multinational Military Staff Exercises. In: Armed Forces & Society, 43: 3, 459–477.

Heier, Tormod (2019): Britain's Joint Expeditionary Force: A Force of Friends? In: Johnson, R./ Haaland Matlary, J. (Hrsg.): The United Kingdom's Defence after Brexit: Britain's Alliances, Coalitions, and Partnerships. Cham: Springer International Publishing, 189–214.

Heiming, Gerhard (2020a): AGS-Drohnen in Sigonella komplett. In: Europäische Sicherheit & Technik, 12, 106

Heiming, Gerhard (2020b): Entwicklungsaufträge für die AWACS-Nachfolge. In: Europäische Sicherheit & Technik, 1, 8.

Heiming, Gerhard (2022a): Multinationale MRTT-Flotte verfügt jetzt über sieben A330 MRTT. In: Europäische Sicherheit & Technik, 10, 8.

Heiming, Gerhard (2022b): Transportflugzeug C-130J ausgeliefert. In: Europäische Sicherheit & Technik, 10, 9 f.

Heiming, Gerhard (2023): Bodenüberwachung mit NATO-AGS erstmals aus Deutschland. In: Europäische Sicherheit & Technik, 1, 7.

Heinemann, Winfried (2009): Der Warschauer Pakt von der Gründung bis zum Zusammenbruch. Einleitung. In: Diedrich, T./Heinemann, W./Ostermann, C.F. (Hrsg.): Der Warschauer Pakt. Von der Gründung bis zum Zusammenbruch, 1955 bis 1991. Berlin: Ch. Links, 1–8.

Heisbourg, François (2000): European Defence: Making It Work. Chaillot Papers 42, Paris: European Union Institute for Security Studies.

Heise, Volker (2005): Militärische Integration in Europa. Erfahrungen und neue Ansätze. SWP-Studie S 26. Berlin: Stiftung Wissenschaft und Politik

Heller, David/Lammerant, Hans (2009): U.S. Nuclear Weapons Bases in Europe. In: Lutz, C. (Hrsg.): The Bases of Empire. The Global Struggle against U.S. Military Posts. London: Pluto, 96–130.

Hemmer, Christopher/Katzenstein, Peter J. (2003): Why is There No NATO in Asia? Collective Identity, Regionalism, and the Origins of Multilateralism. In: International Organization, 56: 3, 575–607.

Henckel, Ole (2023): Die EU-Verteidigungspolitik. Kleinstaaterei oder sicherheitspolitische Rolle? In: Europäische Sicherheit & Technik, 1, 35–37.

Hendrickson, Ryan C. (2004): NATO's Secretary General and the Use of Force: Willy Claes and the Air Strikes in Bosnia. In: Armed Forces & Society, 31: 1, 95–117.

Henius, Jakob (2012): Specialization – The Gordian Knot of NATO's Smart Defence? In: Henius, J./ MacDonald, J.L. (Hrsg.): Smart Defense: A Critical Appraisal. NDC Forum Paper 21. Rome: NATO Defense College, 26–47.

Henke, Marina E. (2019): Buying Allies: Payment Practices in Multilateral Military Coalition-Building. In: International Security, 43: 4, 128–162.

Herbert, Wulf (2011): Friedensdividende. In: Gießmann, H.J./Rinke, B. (Hrsg.): Handbuch Frieden. Wiesbaden: VS Verlag für Sozialwissenschaften, 138–148.

Hesse, Timo (2019): Trident Juncture 2018. In: Europäische Sicherheit & Technik, 3, 44 f.

Heuser, Beatrice (2018): Reflections on the Purposes, Benefits and Pitfalls of Military Exercises. In: Heuser, B./Heier, T./Lasconjarias, G. (Hrsg.): Military Exercises: Political Messaging and Strategic Impact. NDC Forum Paper 26. Rom: NATO Defense College, 9–25.

Heuser, Beatrice/Ruiz Palmer, Diego (2018): Introduction. In: Heuser, B./Heier, T./Lasconjarias, G. (Hrsg.): Military Exercises: Political Messaging and Strategic Impact. NDC Forum Paper 26. Rom: NATO Defense College: 1–8.

Heyst, Norbert von (2003): Ready for Action. The 1 (German/Netherlands) Corps. In: NATO's Nations and Partners for Peace, 2, 88 f.

Hillgruber, Christian (2021): Souveränität. I Rechtlich. In: Oberreuter, H. (Hrsg.): Staatslexikon. Bd. 5. Freiburg i.Br.: Herder, 186–191.

Hoefling, John A. (1963): Logistics in the Army Group. In: Military Review, 43: 5, 50–56.

Hoffmann, Lars (2021): Europäische Rüstungskooperation. Ohne Strategiewechsel verliert Deutschland den Anschluss. In: Europäische Sicherheit & Technik, 11, 46–49.

Hoffmann, Lars (2022): Unser Beitrag ist wirklich relevant. Bilanz nach dem Einsatz in Litauen. In: Europäische Sicherheit & Technik, 71: 3: 28 f.

Holland, Emily (2023): Strategic Competition and Basing in Central and Eastern Europe. Brookings Policy Brief, February 2023. Washington, DC: Brookings Institution

Homan, Cornelis (1983): MFO. Peacekeeping in the Middle East. In: Military Review, 63: 9, 2–13.

Horne, Alistair (2006): A Savage War of Peace: Algeria, 1954–1962. New York: New York Review Books.

Horobets, Alex/Karoblis, Raimundas (2019): Sie nannten uns russophob, aber leider hatten wir recht. Interview mit dem Verteidigungsminister der Republik Litauen. In: Europäische Sicherheit & Technik, 10 f.

Horovitz, Liviu (2014): Why Do They Want American Nukes? Central and Eastern European Positions regarding US Nonstrategic Nuclear Weapons. In: European Security, 23: 1: 73–89.

Horváth, Miklós (2011): Platz und Rolle Ungarns und der Ungarischen Volksarmee in der operativ-strategischen Planung des Warschauer Paktes. In: Mack, H.-H. Veszprémy, L./Wenzke, R. (Hrsg.):

Die NVA und die ungarische Volksarmee im Warschauer Pakt. Potsdamer Schriften zur Militärge-schichte 15. Potsdam: Militärgeschichtliches Forschungsamt, 47–60.

Howorth, Joylon (2017): The European Union's Security and Defence Policy: The Quest for Purpose. In: Hill, Ch./Smith, M./Vanhoonacker, S. (Hrsg.): International Relations and the European Union. Oxford: Oxford University Press, 341–364.

HQ 2 ATAF (1993): Headquarters Second Allied Tactical Air Force from 1952 to 1993. Mönchenglad-bach-Rheindahlen: Headquarters Second Allied Tactical Air Force.

Huhle, Ulrich (1996): Multinationalität am Beispiel des V. (US) Korps. In: Erbe, J. (Red.): Multinati-onalität. Die Beteiligung des deutschen Heeres. Wehrtechnischer Report, November. Bonn/ Frankfurt a.M.: Report-Verlag, 32–35.

Hunzeker, Michael A. (2020): United States as Framework Nation. In: Lanoszka, A./Leuprecht, C./ Moens, A. (Hrsg.): Lessons from the enhanced Forward Presence, 2017–2020. NDC Research Paper 14. Rome: NATO Defense College, 9–18.

Hura, Myron/McLeod, Gary W./Larson, Eric V./Schneider, James/Gonzales, Dan/Norton, Daniel M./ Jacobs, Jody/O'Connell, Kevin M./Little, William/Mesic, Richard/Jamison, Lewis (2000): Interope-rability: A Continuing Challenge in Coalition Air Operations. Santa Monica, CA: RAND Corporation <https://www.rand.org/pubs/monograph_reports/MR1235.html> (letzter Zugriff 20.5.2020).

Hyde-Price, Adrian (2018): The Common Security and Defence Policy. In: Meijer, H./Wyss, M. (Hrsg.): The Handbook of European Defence Policies and Armed Forces. Oxford: Oxford University Press, 392–406.

International Institute for Security Studies (2019): Explanatory notes. In: The Military Balance, 119: 1, 503–510.

Irondelle, Bastien/Mérand, Frédéric/Foucault, Martial (2015): Public Support for European Defence: Does Strategic Culture Matter? In: European Journal of Political Research, 54: 2, 363–383.

Italian Army (2012): Army Report. Rapporto Esercito 2012. Rom: Rivista Militare, <http://www.esercito. difesa.it/comunicazione/editoria/Rapporto-Esercito/Documents/Rapporto_Esercito_2012.pdf> (letzter Zugriff 11.7.2021).

Ito, Pete K. (2015): Baltic Military Cooperative Projects: Case Study on Effective Military Assistance Programmes. Doctoral Thesis. [Great Britain]: Cranfield University.

Jacobs, Richard/Madlener, Egon/Fehr, Andreas (2004): Chronik Internationale Fernspähschule, Ausbil-dungszentrum Spezielle Operationen. Pfullendorf: Ausbildungszentrum Spezielle Operationen.

Jakus, János (2011): Das Vereinte Kommando der Vereinten Streitkräfte des Warschauer Vertrages und die Ungarische Volksarmee in den 1980er Jahren. In: Mack, H.-H./Veszprémy, L./Wenzke, R. (Hrsg.): Die NVA und die ungarische Volksarmee im Warschauer Pakt. Potsdamer Schriften zur Militärgeschichte 15. Potsdam: Militärgeschichtliches Forschungsamt, 61–74.

Jelušič, Ljubica/Pograjč, Bojan (2008): Diversity versus Effectiveness in Multinational Unis: Italian, Hungarian, and Slovenian Cooperation in the Multinational Land Force. In: Soeters, J./Manigart, Ph. (Hrsg.): Military Cooperation in Multinational Peace Operations: Managing Cultural Diversity and Crisis Response. London/New York: Routledge, 141–152.

Jennings, Gareth (2017): Assured Sentry: AWACS Guards NATO's Eastern Flank. In: Jane's International Defence Review, 50: 6, 26–27.

Jensen, Teis/Croft, Adrian/Graff, Peter (2015): Russia Threatens to Aim Nuclear Missiles at Denmark Ships if It Joins NATO Shield. In: Reuters Aerospace and Defence, March 22, 2015, <https://www. reuters.com/article/idUSKBN0MI0ML/> (letzter Zugriff 15.1.2024).

Jeschonnek, Friedrich Karl (2009): Das NATO Defense College in Rom: „Think Tank" der NATO für sicherheitspolitische Denkanstöße zur Lösung global-strategischer Fragen. In: Hardthöhenkurier, 25: 5, 8–14.

Jeschonnek, Friedrich Karl (2022): Das Eurocorps. Ein operatives Hauptquartier für Landoperationen von NATO und EU. In: Österreichische Militärische Zeitschrift, 60: 2, 178–186.

Johnston, Alastair Iain (1995): Thinking about Strategic Culture. In: International Security, 19: 4, 32–64.

Jones, Harold L. (1973): The Multinational Phenomenon. In: Military Review, 53: 2, 47–54.

Jones, Matthew (2017): The Official History of the UK Strategic Nuclear Deterrent. 2 Vols. Whitehall Histories: Government Official History Series. London/New York: Routledge/Taylor & Francis.

Jones, Seth G. (2007): The Rise of European Security Cooperation. Cambridge: Cambridge University Press.

JSEC – Joint Support and Enabling Command (2019): NATO's New Joint Support and Enabling Command Declares Initial Operation Capability. JSEC Newsroom, 2019, Sep. 18, <https://jsec. nato.int/newsroom/news-releases/natos-new-joint-support-and-enabling-command-declares-initial-operational-capability> (letzter Zugriff 10.5.2021).

Jung, Karsten (2012): Willing or Waning? NATO's Role in an Age of Coalitions. In: World Affairs, 174: 6, 43–52.

Kammerhoff, Holger/Cravillon, Jean-Paul/Ayala, José Enrique de (2003): Euro-Corps. Force for Europe and the Altlantic Alliance. In: NATO's Nations and Partners for Peace, 2, 90 f.

Kamp, Karl-Heinz (2019): NATO's Nuclear Resurgence. In: Ozawa, M. (Hrsg.): The Alliance Five Years after Crimea: Implementing the Wales Summit Pledges. Rome: NATO Defense College, 11–18.

Kantner, Cathleen/Sandawi, Sammi (2012): Der Nationalstaat und das Militär. In: Leonhard, N./ Werkner, I.-J. (Hrsg.): Militärsoziologie – Eine Einführung. 2., aktual. und erg. Aufl. Wiesbaden: VS Verlag für Sozialwissenschaften, 37–64.

Karadeniz, Bülent (2007): Security and Stability Architecture in the Black Sea. In: Perceptions: Journal of International Affairs, 12: 2, 95–117.

Karampekios, Nikolaos/Oikonomou, Iraklis (2015): The European Defence Agency. London: Routledge.

Karavantos, George (2021): NATO's Texan Training. In: Combat Aircraft Journal, 22: 4, 40–48.

Karpinska, Marta (2021): NATO-Corps in Stettin erfolgreich zertifiziert. In: Newsletter Verteidigung, 14: 44, 8–11.

Kasapoğlu, Can/Ülgen, Sinan (2018): Turkey's Operation Olive Branch Enters a new Phase. Istanbul: Centre for Economics and Foreign Policy Studies.

Kasekamp, Andres (2021): An Uncertain Journey to the Promised Land: The Baltic States' Road to NATO Membership. In: Radchenko, S./Sayle, T.A./Ostermann, C.F. (Hrsg.): NATO in the Cold War and after. Contested Histories and Future Directions. London/New York: Routledge, 107–134.

Katsagounos, Ilias (Hrsg.) (2020): The European Security and Defence College and Its Contribution to the Common Security and Defence Culture. A 15 Year Journey. Luxemburg: The Publications Office of the European Union.

Katzenstein, Peter J. (1996): The Culture of National Security: Norms and Identity in World Politics. New York: Columbia University Press.

Kemp, Ian (2015): Clearing the Air. In: Land Warfare International, 6: 3, 22–26.

Keohane, Robert O. (1984): After Hegemony: Cooperation and Discord in the World Political Economy. Princeton, NJ: Princeton University Press.

Kepe, Marta/Black, James/Melling, Jack/Plumridge, Jess (2018): Exploring Europe's Capability Requirements for 2035 and Beyond. Insights from the 2018 Update of the Long-Term Strand of the Capability Development Plan. Brussels: European Defence Agency/RAND Europe.

Kersten, Jan (2013): Soft Power und Militär: Eine Untersuchung zum Afghanistan-Einsatz der Bundeswehr. WeltTrends Thesis 17. Potsdam: Universitätsverlag Potsdam.

Kielmansegg, Sebastian/Krieger, Heike/Sohm, Stefan (Hrsg.) (2018): Multinationalität und Integration im militärischen Bereich: Eine rechtliche Perspektive. Baden-Baden: Nomos.

Kiesenbauer, Erich (2002): Theatre Missle Defence – an Element of NATO's Integrated Extended Air Defence. In: NATO's Nations and Partners for Peace, 2, 122–124.

Kieser, Alfred/Ebers, Mark (2019): Organisationstheorien. 8., erw. und aktual. Aufl. Stuttgart: Kohlhammer.

King, Anthony (2005): Towards a Transnational Europe. In: European Journal of Social Theory, 8: 3, 321–340.

King, Anthony (2008): The British Way in War: The UK Approach to Multinational Operations. In: Soeters, J./Manigart, Ph. (Hrsg.): Military Cooperation in Multinational Peace Operations: Managing Cultural Diversity and Crisis Response. London/New York: Routledge, 83–99.

King, Anthony (2011): The Transformation of Europe's Armed Forces: From the Rhine to Afghanistan. Cambridge/New York: Cambridge University Press.

Kingsley, Regeena (2014): Fighting against Allies: An Examination of „National Caveats" within the NATO-Led International Security Assistance Force (ISAF) Campaign in Afghanistan & Their Impact on ISAF Operational Effectiveness, 2002–2012. Doctoral Thesis. Palmerston North/Wellington/ Auckland: Massey University.

Kirkin Mrin, T.R. (1995): UK E-3D: A National Contribution. NATO's Sixteen Nations, AWACS: Sensors in the Sky (Special Issue 1995): 21 f.

Kissel, Mario (2021): Together as One: Deutsch-britisches Bataillon aufgestellt, 1.10.2021, <https:// www.bundeswehr.de/de/organisation/heer/aktuelles/together-as-one-deutsch-britisches- bataillon-aufgestellt-5225418> (letzter Zugriff 5.10.2023).

Klein, Michael (2007): Europäische Heereskooperation am Beispiel Finabel. In: Europäische Sicherheit, 56: 10, 72–74.

Klein, Paul (1993): Probleme in multinationalen militärischen Verbänden am Beispiel der Deutsch-Französischen Brigade. SOWI-Arbeitspapier Nr. 83. Strausberg: Sozialwissenschaftliches Institut der Bundeswehr.

Klein, Paul (1997): Militärische Multinationalität im Meinungsbild der deutschen Bevölkerung. SOWI-Arbeitspapier Nr. 103. Strausberg: Sozialwissenschaftliches Institut der Bundeswehr.

Klein, Paul (2008): Multinationalität als Herausforderung und Chance für die Streitkräfte. In: Haltiner, K.W./Kümmel, G. (Hrsg.): Wozu Armeen? Europas Streitkräfte vor neuen Aufgaben. Baden-Baden: Nomos, 97–108.

Klein, Paul/Haltiner, Karl W. (2004): Multinationalität als eine Herausforderung für die Streitkräfte. In: Haltiner, K.W./Klein, P. (Hrsg.): Multinationalität als Herausforderung für die Streitkräfte. Militär und Sozialwissenschaften 37. Baden-Baden: Nomos, 7–16.

Klein, Paul/Kümmel, Gerhard (2000): The Internationalization of Military Life: Necessity, Problems and Prospects of Multinational Armed Forces. In: Kümmel, G./Prüfert, A.D. (Hrsg.): Military Sociology. The Richness of a Discipline. Forum Innere Führung 9. Baden-Baden: Nomos, 311–328.

Klein, Paul/Lippert, Ekkehard (1991): Die Deutsch-Französische Brigade als Beispiel für die militärische Integration Europas. SOWI-Arbeitspapier Nr. 53. Strausberg: Sozialwissenschaftliches Institut der Bundeswehr.

Klein, Paul/Rosendahl Huber, Axel/Frantz, Wolfgang (1999): Zwei Jahre Deutsch-Niederländisches Korps. Eine Begleituntersuchung 1995–1997. SOWI-Berichte 67. Strausberg: Sozialwissen-schaftliches Institut der Bundeswehr.

Kleine, Maxim (2003): Integrated Bi- and Multinational Military Units in Europe. In: Nolte, G. (Hrsg.): European Military Law Systems. Berlin/Boston: de Gruyter, 889–909.

Klinkenberg, Michael F. (2023): NATO-akkreditierte Centres of Excellence im Spiegel der Gesamtver-teidigung. In: Bundeswehrverwaltung, 67: 1, 17–19.

Klos, Dietmar (2020): „Defender Europe 2020". Drehscheibe Deutschland. In: Europäische Sicherheit & Technik, 2, 23–27.

Knabe, Wolfram (2005): Das Heeresamt und seine Rolle in der internationalen Zusammenarbeit. In: Europäische Sicherheit, 54: 12, 58–62.

Knappe, Jürgen/Clement, Rolf/Horst, Michael (2021): Reibungslose Verlegung von Mensch und Material gewährleisten. Interview mit Generalleutnant Jürgen Knappe, Commander Joint Support and Enabling Command und Befehlshaber Multinationales Kommando Operative Führung. In: Europäische Sicherheit & Technik, 7, 41–45.

Koller, Christian (2013): Die Fremdenlegion: Kolonialismus, Söldnertum, Gewalt, 1831–1962. Paderborn: Schöningh.

Kollmer, Dieter H. (2008): German-French Armamanets Cooperation from 1954 to 1972: Between Balance of Payments and Economies of Scale. In: Cahiers du Centre d'Études d'Histoire de la Défense, 33, 65–76.

Kollmer, Dieter H. (2015): Einleitung: Militärisch-Industrielle Komplexe vs. Rüstungsinterventionismus. Rüstung in Europa und Nordamerika nach 1945 im Vergleich. In: Kollmer, D.H. (Hrsg.): Militärisch-Industrieller Komplex? Rüstung in Europa und Nordamerika nach dem Zweiten Weltkrieg. Freiburg i.Br.: Rombach, 1–26.

Kollmer, Dieter H. (2016): Der „Flugzeugträger" Schleswig-Holstein. Die Rolle Schleswig-Holsteins in den Verteidigungsplanungen der NATO während des Kalten Krieges. In: Jessen, A./Moldenhauer, E./Biermann, K. (Hrsg.): Grenzen überwinden: Schleswig-Holstein, Dänemark & die DDR. Husum: Husum Druck- und Verlagsgesellschaft, 71–89.

Koops, Joachim A. (2011): Das Ende der multinationalen UN-Eingreiftruppe (SHIRBRIG): Hintergründe, Lehren und Konsequenzen. In: Vereinte Nationen. German Review on the United Nations, 59: 1, 15–21.

Koops, Joachim A./Novosseloff, Alexandra (2017): United Nations Rapid Reaction Mechanisms: Toward a Global Force on Standby? In: Contemporary Security Policy, 38: 3, 427–442, DOI: <10.1080/1352 3260.2017.1350815>.

Koops, Joachim A./Varwick, Johannes (2008): Ten Years of SHIRBRIG. Lessons Learned, Development Prospects and Strategic Opportunities for Germany. GPPi Research Paper Series 11. Berlin: Global Public Policy Institute.

Kraft, Ina (2018a): Germany. In: Meijer, H./Wyss, M. (Hrsg.): The Handbook of European Defence Policies and Armed Forces. Oxford: Oxford University Press, 52–70.

Kraft, Ina (2018b): Hybrider Krieg – zu Konjunktur, Dynamik und Funktion eines Konzepts. In: Zeitschrift für Außen- und Sicherheitspolitik, 11: 3, 305–323.

Kraft, Ina (2019): Military Discourse Patterns and the Case of Effects-Based Operations. In: Journal of Military and Strategic Studies, 19: 3, 67–102.

Kraft, Ina (2020): Rüstungspolitik. I Politikwissenschaftlich. In: Oberreuter, H. (Hrsg.): Staatslexikon. Bd. 4. Freiburg i.Br.: Herder, 1495–1498.

Kraft, Ina (2023): Militärische Multinationalität. In: Leonhard, N./Werkner, I.-J. (Hrsg.): Militärsoziologie – Eine Einführung. 3., aktual. und erg. Aufl. Wiesbaden: VS Verlag für Sozialwissenschaften, 489–513.

Krause, Ulf von (2015): Das Parlament und die Bundeswehr. Zur Diskussion über die Zustimmung des Deutschen Bundestages zu Auslandseinsätzen. Wiesbaden: Springer VS.

Krause, Ulf von (2019): Die Bundeswehr als Teil einer Europäischen Armee. Realistische Perspektive oder unrealistische Vision? Wiesbaden: Springer VS.

Kreicker, Helmut (2007): Völkerrechtliche Exemtionen: Grundlagen und Grenzen völkerrechtlicher Immunitäten und ihre Wirkungen im Strafrecht. Bd. 2. Schriftenreihe des Max-Planck-Instituts für Ausländisches und Internationales Strafrecht, Reihe S: Strafrechtliche Forschungsberichte 107/2. Berlin/Freiburg i.Br.: Duncker & Humblot/Max-Planck-Institut.

Kreps, Sarah E. (2011): Coalitions of Convenience: United States Military Interventions after the Cold War. Oxford: Oxford University Press.

Kriemann, Hans-Peter (2021): Hineingerutscht? Deutschland und der Kosovo-Krieg. Bundeswehr im Einsatz 2. Göttingen: Vandenhoeck & Ruprecht.

Krivas, Andrius (2001): Lithuanian-Polish Military Cooperation. In: Lithuanian Foreign Policy Review, 7, 35–40.

Krüger, Dieter (2006): Die Entstehung der NATO-Luftverteidigung und die Integration der Luftwaffe. In: Lemke, B./Krüger, D./Rebhan, H./Schmidt, W. (Hrsg.): Die Luftwaffe 1950 bis 1970: Konzeption, Aufbau, Integration. Sicherheitspolitik und Streitkräfte der Bundesrepublik Deutschland 2. München: Oldenbourg, 486–556.

Krüger, Eike (2005): Combined Air Operations Centre 4. In: NATO's Nations and Partners for Peace, 4, 192 f.

Kucera, Joshua (2014): Black Sea Naval Cooperation. Another Casualty Of Ukraine War. In: eurasianet, 23.7.2014, <https://eurasianet.org/black-sea-naval-cooperation-another-casualty-of-ukraine-war> (letzter Zugriff 9.1.2024).

Kümmel, Gerhard (2012): Die Hybridisierung der Streitkräfte: Militärische Aufgaben im Wandel. In: Leonhard, N./Werkner, I.-J. (Hrsg.): Militärsoziologie – eine Einführung. 2., aktual. und erg. Aufl. Wiesbaden: VS Verlag für Sozialwissenschaften, 117–138.

Kupchan, Charles A. (1988): NATO and the Persian Gulf: Examining Intra-Alliance Behavior. In: International Organization, 42: 2, 317–346.

Kurowska, Xymena/Breuer, Fabian (2012): Explaining the EU's Common Security and Defence Policy: Theory in Action. London/New York: Palgrave Macmillan.

Kutz, Manfred/Duesmann, Marc (2016): Die Command Support Brigade des Multinational Corps Northeast: Ein gutes Beispiel für erfolgreiche polnisch-deutsche Kooperation. In: InfoBrief Heer, 21: 2, 5–7.

Lafaye, Christophe/Georgelin, Jean-Louis (2016): L'armée française en Afghanistan: Le Génie au combat (2001-2012): A l'origine des opérations de contre-insurrection du XXIe siècle. Paris: CNRS.

Lane, Roger (2004): NATO Transformation: The Development of a CBRN Defence Capability. In: RUSI Journal, 149: 4, 40 f.

Lang, Stefan (2001): Multinationalität im Spannungsfeld zwischen Tradition und Integration und im Hinblick auf die zukünftige verteidigungspolitische Entwicklung innerhalb der NATO. In: Österreichische Militärische Zeitschrift, 39: 6, 755–759.

Lange, Heinrich/Combes, Bill/Jermalavičius, Tomas/Lawrence, Tony (2019): To the Seas Again: Maritime Defence and Deterrence in the Baltic Region. Tallinn: International Centre for Defence and Security/ Baltic Defence College.

Langenegger, Johann (2023): Die deutsche Speerspitze ist scharf. In: Europäische Sicherheit & Technik, 1, 11–13.

Lanoszka, Alexander (2019): The INF Treaty. Pulling Out in Time. In: Strategic Studies Quarterly, 13: 2, 48–67.

Lanoszka, Alexander/Leuprecht, Christian/Moens, Alexander (2020): Introduction. In: Lanoszka, A./ Leuprecht, C./Moens, A. (Hrsg.): Lessons from the enhanced Forward Presence, 2017–2020. NDC Research Paper 14. Rome: NATO Defense College, 1–8.

Latawski, Paul (2001): Bilateral and Multilateral Peacekeeping Unis in Central and Eastern Europe. In: Gordon, D.S./Toase, F.H. (Hrsg.): Aspects of Peacekeeping. London: Frank Cass, 60–77.

Lau, G. (1978): Modelle, Pläne und Maßnahmen der Rüstungskooperation in NATO und EUROGROUP (unveröffentlichte Lehrgangsarbeit an der Führungsakademie der Bundeswehr, R4878). Hamburg: Führungsakademie der Bundeswehr.

Lazarsfeld, Paul/Barton, Allen (1951): Qualitative Measurement in the Social Sciences: Classification, Typologies and Indices. In: Learner, D./Laswell, H. (Hrsg.): The Policy Sciences. Stanford: Stanford University Press, 155–192.

Leander, Anna (2004): Wars and the Un-Making of States: Taking Tilly Seriously in the Contemporary World. In: Guzzini, S./Jung, D. (Hrsg.): Contemporary Security Analysis and Copenhagen Peace Research. London/New York, Routledge: 69–80.

Ledbetter, Titus (2011): Lynn: Boeing ,a Clear Winner'. Pentagon Awards Boeing $3.5 Billion Contract For Air Force KC-X Tanker. In: Inside the Air Force, 22: 8, 1–13.

Lein, Richard (2011): Pflichterfüllung oder Hochverrat? Die tschechischen Soldaten Österreich-Ungarns im Ersten Weltkrieg. Europa Orientalis 9. Wien: Lit.

Lemke, Bernd (2015): Die Allied Mobile Force 1961 bis 2002. Entstehung und Probleme des Atlantischen Bündnisses 10. Berlin/Boston: de Gruyter Oldenbourg.

Lemke, Bend/Krüger, Dieter/Rebhan, Heinz/Schmidt, Wolfgang (Hrsg.) (2006): Die Luftwaffe 1950 bis 1970: Konzeption, Aufbau, Integration. Sicherheitspolitik und Streitkräfte der Bundesrepublik Deutschland 2. München: Oldenbourg.

Leonhard, Nina/Aubry, Giulia/Santero, Manuel Casas/Jankowski, Barbara (Hrsg.) (2008): Military Co-operation in Multinational Missions: The Case of EUFOR in Bosnia and Herzegovina, FORUM International 28. Strausberg: Sozialwissenschaftliches Institut der Bundeswehr.

Leonhard, Robert (2009): The China Relief Expedition. Joint Coalition Warfare in China, Summer 1900. Baltimore: John Hopkins University.

Leuprecht, Christian/Moens, Alexander/Lanoszka, Alexander (2020): Canada as Framework Nation. In: Lanoszka, A./Leuprecht, C./Moens, A. (Hrsg.): Lessons from the enhanced Forward Presence, 2017-2020. NDC Research Paper 14. Rome: NATO Defense College, 45–52.

Libel, Tamir (2016): European Military Culture and Security Governance: Soldiers, Scholars and National Defence Universities. London/New York: Routledge.

Lichacz, Frederick M.J./Bjørnstad, A.L. (2013): Are Linguistic Differences in Multinational Coalitions as Problematic as We Think? No, Not Really. In: Military Psychology, 25: 1, 57–69, DOI: <10.1037/h0094757>.

Lietuvos Respublikos krašto apsaugos ministerija (2012): The Military Strategy of the Republic of Lithuania. Vilnius: Lietuvos Respublikos krašto apsaugos ministerija.

Lilienthal, David E. (1960): The Multinational Corporation. In: Anshen, M./Bach, G.L. (Hrsg.): Management and Corporations 1985. A Symposium Held on the Occasion of the 10. Anniversary of the Graduate School of Industrial Administration. New York: McGraw-Hill, 119–158.

Lindstrom, Gustav (2007): Enter the EU Battlegroups. Chaillot Papers 97. Paris: European Union Institute for Security Studies.

Lindstrom, Gustav (2008): The European Security and Defence College Role and Current Training Activities. In: Gänsdorfer, M. (Hrsg.): Europeanization of Officer Training. International Symposium 2008. Armis et Litteris. Wien: Bundesministerium für Landesverteidigung, 89–92, <https://miles.ac.at/medien/armis/Armis_et_Litteris_20_2.pdf> (letzter Zugriff 22.2.2024).

Lodge, Juliet/Flynn, Val (1998): The CFSP after Amsterdam: The Policy Planning and Early Warning Unit. In: International Relations, 14: 1, 7–21.

Löser, Wolf-Dieter (2005): Eurocorps. Moving Full Speed Ahead. In: NATO's Nations and Partners for Peace, 4, 182–185.

Longhurst, Kerry (2000): The Concept of Strategic Culture. In: Kümmel, G./Prüfert, A.D. (Hrsg.): Military Sociology. The Richness of a Discipline. Forum Innere Führung 9. Baden-Baden: Nomos: 301–310.

Loon, Henry van (1992): NATO Negotiates High Hurdles Creating First Multinational Division. In: Armed Forces Journal International, 130: 4/5774, 28.

Lovel, Jim/Lorber, Thomas (2009): NATO Air Policing. In: The Journal of the Joint Air Power Competence Centre, 10, 10–13.

Lubecki, Jacek (2005): Poland in Iraq. In: The Polish Review, 50: 1, 69–92.

Lundquist, Edward (2021): NATO's Maritime Centres of Excellence. In: Maritime Security & Defence, December, 50–52.

Luttwak, Edward N. (1995): Toward Post-Heroic Warfare. In: Foreign Affairs, 74: 3, 109–122.

McAfee, Rob (1996): Four Nations – One Purpose. In: NATO's Sixteen Nations, 1, 8 f..

McAllister, David (2021): Die Gemeinsame Außen- und Sicherheitspolitik der EU hat noch viel Potenzial. In: Europäische Sicherheit & Technik, 2, 26–29.

McArdl, John F. (1968): CENTO – The Forgotten Barricade. In: Military Review, 48: 9, 84–90.

McCrae, Meighen (2019): Coalition Strategy and the End of the First World War: The Supreme War Council and War Planning, 1917–1918. Cambridge: Cambridge University Press.

McGinnis, Michael L. (2005): A Deployable Joint Headquarters for the NATO Response Force. In: Joint Force Quarterly, 38, 60–67, <https://apps.dtic.mil/sti/pdfs/ADA530847.pdf> (letzter Zugriff 22.2.2024).

Mack, Hans-Hubertus/Wenzke, Rüdiger (2011): Einleitung. In: Mack, H.-H./Veszprémy, L./Wenzke, R. (Hrsg.): Die NVA und die ungarische Volksarmee im Warschauer Pakt. Potsdamer Schriften zur Militärgeschichte 15. Potsdam: Militärgeschichtliches Forschungsamt, 7–10.

Madej, Marek (2019a): Afghanistan: The Longest War, the Greatest Fiasco? In: Madej, M. (Hrsg.): Western Military Interventions after the Cold War. Evaluating the Wars of the West. London: Routledge, 74–107.

Madej, Marek (Hrsg.) (2019b): Western Military Interventions after the Cold War. Evaluating the Wars of the West. London: Routledge.

Mader, Georg (2019): Deutsche Luftpolizei im Baltikum: „… andere als russische Kontakte? Nein …!" In: Europäische Sicherheit & Technik, 1, 49–51.

Mahoney, James (2000): Path Dependence in Historical Sociology. In: Theory and Society, 29: 4, 507–548.

Mahshie, Abraham (2022): NATO Activates Nuclear Defense Element as Ukraine Prepares for Chemical Attack. In: Air & Space Forces Magazine, <https://www.airandspaceforces.com/nato-activates-nuclear-defense-element-as-ukraine-prepares-for-chemical-attack/> (letzter Zugriff 16.1.2024).

Maley, William (2007): Provincial Reconstruction Teams in Afghanistan – How They Arrived and Where They Are Going. In: NATO Review, July, <https://www.nato.int/docu/review/articles/2007/07/01/provincial-reconstruction-teams-in-afghanistan-how-they-arrived-and-where-they-are-going/index.html> (letzter Zugriff 22.2.2024).

Maniscalco, Maria Luisa (2018): Military Cooperation in Multinational Missions. In: Caforio, G./Nuciari, M. (Hrsg.): Handbook of the Sociology of the Military. Cham: Springer International Publishing, 535–551.

Mann, Michael (2012): The Sources of Social Power. 4 Vols. New York: Cambridge University Press.

Maranian, Stephen J. (2015): NATO Interoperability: Sustaining Trust and Capacity within the Alliance. NATO Research Paper 115. Rome: NATO Defence College.

March, James G./Olsen, Johan P. (1989): Rediscovering Institutions: The Organizational Basis of Politics. New York: Free Press.

Marchi Balossi-Restelli, Ludovica (2011): Flt for What? Towards Explaining Battlegroup Inaction. In: European Security, 20: 2, 155–184.

Marlow, Andreas/Krug, Rainer (2022): Interview mit Generalleutnant Andreas Marlow zur koordinierenden Rolle Deutschlands bei der Ausbildungsmission EUMAM Ukraine. In: cpm-Forum für Rüstung, Streitkräfte und Sicherheit, 5, 8–11.

Martill, Benjamin/Sus, Monica (2018): Post-Brexit EU/UK Security Cooperation: NATO, CSDP+, or ,French Connection'? In: The British Journal of Politics and International Relations, 20: 4, 846–863.

Martinsen, Kare Dahl (2004): One Size Fits All? Multinationality and the Smaller Partner. Forsvarsstudier 3. Oslo: Institutt for Forsvarsstudier.

Masala, Carlo (2003): Den Blick nach Süden? Die NATO im Mittelmeerraum (1990-2003). Fallstudie zur Anpassung militärischer Allianzen an neue sicherheitspolitische Rahmenbedingungen. Baden-Baden: Nomos.

Mattelaer, Alexander (2013): The Politico-Military Dynamics of European Crisis Response Operations. Planning, Friction, Strategy. London: Palgrave Macmillan.

Mattelaer, Alexander (2014): Preparing NATO for the Next Defence-Planning Cycle. In: The RUSI Journal, 159: 3, 30–35.

Mattelaer, Alexander (2019): Articulating the Logic of Nuclear-Sharing. Security Policy Briefs, Brussels: Egmont Institute.

Mearsheimer, John J. (1983): Conventional Deterrence. Ithaca: Cornell University Press.

Meier, Ernst-Christoph/Kamp, Karl-Heinz/Meyer zum Felde, Rainer (2021): Wörterbuch zur Sicherheitspolitik. Deutschland in einem veränderten internationalen Umfeld. 9., vollst. überarb. Aufl. Hamburg: Mittler.

Meier, Oliver (2014): Die nukleare Dimension der Ukraine-Krise. SWP-Aktuell 66. Berlin: Stiftung Wissenschaft und Politik.

Meier, Oliver (2017): Zuspitzung im Streit um den INF-Vertrag. USA werfen Russland die Stationierung neuer nuklearer Mittelstreckenwaffen vor. SWP-Aktuell 32. Berlin: Stiftung Wissenschaft und Politik.

Meier, Oliver (2018): US-Aufkündigung des INF-Vertrags: Punktsieg für Putin. SWP Kurz gesagt, 24.10.2018. Berlin: Stiftung Wissenschaft und Politik.

Meiers, Franz-Josef (2005): Die „NATO Response Force" und die „European Rapid Reaction Force": Kooperationspartner oder Konkurrenten? In: Varwick, J. (Hrsg.): Die Beziehungen zwischen NATO und EU. Partnerschaft, Konkurrenz, Rivalität? Opladen: Barbara Budrich, 119–138.

Melissen, Jan (1994): Nuclearizing NATO, 1957-1959: The ,Anglo-Saxons', Nuclear Sharing and the Fourth Country Problem. In: Review of International Studies, 20: 3, 253–275.

Mello, Patrick A. (2014): Democratic Participation in Armed Conflict: Military Involvement in Kosovo, Afghanistan, and Iraq. London: Palgrave Macmillan.

Mende, Bernhard (1994): Multinationalität – nichts Neues für die Luftstreitkräfte. In: CPM Communication (Hrsg.): Multinationale Streitkräfte in der NATO. Gemeinsamkeit verbindet. St. Augustin: CPM Communication Presse Marketing, 65–70.

Mérand, Frédéric (2003): Dying for the Union? Military Officers and the Creation of a European Defence Force. In: European Societies, 5: 3, 253–282.

Mercier, Denis (2018): Foreword. In: Heuser, B./Heier, T./Lasconjarias, G. (Hrsg.): Military Exercises: Political Messaging and Strategic Impact. NDC Forum Paper 26. Rom: NATO Defense College, xxiii–xxv.

Mergener, Hans-Uwe (2020): NATOs virtuelle Verteidigungsministertagung mit einer Botschaft an Washington: Wir liefern! In: Europäische Sicherheit & Technik, 12, 19.

Mergener, Hans-Uwe/Bléjean, Hervé (2020): Wir können nicht über die Verteidigung Europas diskutieren, ohne die Briten einzubeziehen. Interview mit Vizeadmiral Hervé Bléjean, General-direktor des Militärstabs der Europäischen Union und Direktor des militärischen Planungs- und Durchführungsstabes. In: Europäische Sicherheit & Technik, 10, 29 f.

Mergener, Hans-Uwe/Bock, Christian (2020): Neuer Schwerpunkt ist die Befähigung zu amphibischen Operationen und Kampf im maritimen Umfeld. Interview mit Flottillenadmiral Christian Bock, dem Kommandeur der Einsatzflottille 1, über den Verlauf der deutsch-niederländischen Kooperation bis heute und die Zukunft des Seebataillons. In: Europäische Sicherheit & Technik, 6, 52 f.

Mergener, Hans-Uwe (2021): Russlands Säbelrasseln – Neue Militärstrategie und mehr Nuklearwaffen. In: Europäische Sicherheit & Technik, 7, 23 f.

Metternich, Ulrich (2014): Pilotenschmiede in Texas. Jet-Ausbildung bei der Luftwaffe. In: Flug-Revue, 3, 74 f.

Meyer, Christoph O. (2005): Convergence Towards a European Strategic Culture? In: European Journal of International Relations, 11: 4, 523–549.

Meyer, Christoph O. (2006): The Quest for a European Strategic Culture: Changing Norms on Security and Defence in the European Union. Basingstoke/New York: Palgrave Macmillan.

Meyer, Christoph O./Osch, Ton van/Reykers, Yf (2022): The EU Rapid Deployment Capacity: This Time, It's for Real? In-depth Analysis. Brussels: European.

Meyer, John W./Rowan, Brian (1991 [1977]): Institutionalized Organizations: Formal Structure as Myth and Ceremony. In: Powell, W.W./DiMaggio, P.J. (Hrsg.): The New Institutionalism in Organizational Analysis. Chicago: University of Chicago Press, 41–62.

Meyers, Manfred (1996): Grundsätze und Perspektiven der Multinationalität. In: Erbe, J. (Red.): Multinationalität. Die Beteiligung des deutschen Heeres. Wehrtechnischer Report, November. Bonn/Frankfurt a.M.: Report-Verlag, 4–6.

Milewski, Thorsten (2021): Hercules C-130J. Eine neue Dimension in der europäischen Zusammenarbeit. In: Europäische Sicherheit & Technik, 10, 75–77.

Miller, David (1991): The Proposed NATO Rapid Reaction Corps. In: NATO's Sixteen Nations, 36: 7, 28–32.

Milosevic, Nik (2018): Politische Entscheidungsprozesse und multinationale Militäreinsätze. Deutschland im internationalen Vergleich. Opladen: Barbara Budrich.

Ministère de la Défense (2013): French White Paper. Defence and National Security, 2013. Paris: Ministère de la Défense/SGA/SPAC

Ministero della Difesa (2015): White Paper for International Security and Defence. Rom/Cassino: Press Office of the Cabinet of the Minister/28th Regiment „Pavia".

Ministry of Defence (2012): Hungary's National Military Strategy. Budapest: Ministry of Defence

Ministry of Foreign Affairs Denmark (1996): „Background Paper" about Establishing a Multinational UN-Standby-Forces Brigade at High Readiness (SHIRBRIG). Communiquè from the Nordic Meeting of Ministers of Foreign Affairs. New York: Ministry of Foreign Affairs Denmark.

Mishory, Jordana (2018): ‚Limited Utility' Found. DOD Rejects House Proposal for New NATO Center on Nuclear Deterrence. In: Inside the Pentagon, 31: 1, 1, 12.

Missiroli, Antonio (Hrsg.) (2003): From Copenhagen to Brussels. European Defence: Core Documents. Vol. IV. Chaillot Papers 67. Paris: European Union Institute for Security Studies.

Mitchell, Gregory Blair (2016): Peace Support Operations. Canadian Deployment and the United Nations Peacekeeping Capability Readiness System. Report for Consideration by the Senate Standing Committee on National Security and Defence in Support of the Defence Policy Review. Kingston, ON: Canadian Peacekeeping Veterans' Association.

Mladenov, Alexander (2016): Russian Roulette. Black Sea Air Policing. In: Air Forces Monthly, 7, 42–46.

Mladenov, Alexander/Grozev, Krassimir (2017): Multi-Target Specialists: Air Defence. In: Land Warfare International, 8: 2, 31–35.

Moelker, René/Soeters, Joseph (2004): Die Abhängigkeit von Sympathiebeziehungen und Stereotypen von Kontakten: Befunde aus dem Deutsch-Niederländischen Korps. In: Haltiner, K.W./Klein, P. (Hrsg.): Multinationalität als Herausforderung für die Streitkräfte. Militär und Sozialwissenschaften 37. Baden-Baden: Nomos, 73–95.

Moelker, René/Soeters, Joseph (2006): Das Deutsch-Niederländische Korps. In: Gareis, S.B./Klein, P. (Hrsg.): Handbuch Militär und Sozialwissenschaften. 2., aktual. und erw. Aufl. Wiesbaden: VS Verlag für Sozialwissenschaften, 401–415.

Moelker, René/van Ruiten, Schelte (2007): Dutch Prejudice. In: Coops, C.M./Tresch, T.S. (Hrsg.): Cultural Challenges in Military Operations. Rome: NATO Defense College, 169–183.

Mölling, Christian (2007): EU-Battlegroups. Stand und Probleme der Umsetzung in Deutschland und für die EU. SWP Diskussionspapier. Berlin: Stiftung Wissenschaft und Politik.

Mölling, Christian (2013): Pooling und Sharing in EU und NATO. In: Wiesner, I. (Hrsg.): Deutsche Verteidigungspolitik. Baden-Baden: Nomos, 361–372.

Mörth, Ulrika (2003): Organizing European Cooperation. The Case of Armaments. Lanham: Rowman & Littlefield.

Mohr, Jürgen (2012): Historie der NATO Schule Oberammergau. In: Pioniere. Magazin der Pioniertruppe und des Bundes Deutscher Pioniere, 5, 50–53

Moller, Sara Bjerg (2020): Twenty Years after: Assessing the Consequences of Enlargement for the NATO Military Alliance. In: International Politics, 57: 3, 509–529.

Morgan, Frederick (1950): Overture to Overlord. London: Hodder & Stoughton.

Morgenthau, Hans J. (1954): Politics Among Nations: The Struggle for Power and Peace. 4. Aufl. New York: Knopf.

Moskos, Charles (2004): International Military Education and Multinational Military Cooperation. Alexandria/Virginia: U.S. Army Research Institute for the Behavioral and Social Sciences.

Müller, Björn: (2018) Panzertruppen-Kooperation Deutschland-Polen: Ein zähes Unterfangen. Pivot Area, 15.1.2018, <pivotarea.eu/2018/01/15/panzertruppen-kooperation-deu-pol-kommt-nur-zaeh-in-die-gaenge/> (letzter Zugriff 12.1.2024).

Müller, Peter (2022): Deutsch-niederländische Zusammenarbeit wird ausgebaut, 2.12.2022, <https://www.bundeswehr.de/de/organisation/heer/aktuelles/deutsch-niederlaendische-zusammenarbeit-wird-ausgebaut-5535036> (letzter Zugriff 5.10.2023).

Müller, Rolf-Dieter (2007): An der Seite der Wehrmacht: Hitlers ausländische Helfer beim „Kreuzzug gegen den Bolschewismus", 1941–1945. Berlin: Ch. Links.

Müller-Seedorf, Wolfgang (2007): Aktueller Begriff: Die Deutsch-Französische Brigade. Nr. 38/13, 14.11.2013. Berlin: Wissenschaftliche Dienste des Deutschen Bundestages, <https://www.bundestag.de/resource/blob/194810/54f9e9e842640bd4574f51a31c7799d3/Die_Deutsch-Franzoesische_Brigade-data.pdf> (letzter Zugriff 17.1.2024).

Müller-Seedorf, Wolfgang (2013): Aktueller Begriff: NATO Defence Planning Process. Nr. 27/13, 19.9.2013. Berlin: Wissenschaftliche Dienste des Deutschen Bundestages, <https://www.bundestag.de/resource/blob/194704/a5d92bd86824b5854c98525c69c5a26e/NATO_Defence_Planning_Process-data.pdf> (letzter Zugriff 17.1.2024).

Münch, Philipp (2015): Die Bundeswehr in Afghanistan: Militärische Handlungslogik in internationalen Interventionen. Neueste Militärgeschichte: Analysen und Studien, 5. Freiburg i.Br.: Rombach.

Münkler, Herfried (2002): Die neuen Kriege. Reinbek bei Hamburg: Rowohlt.

Murray, Williamson/Mansoor, Peter R. (2012): Hybrid Warfare: Fighting Complex Opponents from the Ancient World to the Present. Cambridge/New York: Cambridge University Press.

NATO (1949): Der Nordatlantikvertrag. Washington, DC, 4. April 1949. Washington: North Atlantic Treaty Organization.

NATO (1954): Rapport de la section des plans logistiques et du materiel au groupe permanent sur les normes et caractéristiques proposées pour les installations d'entrainement au bombardement et au tir aérien OTAN. o.A.: NATO Standing Group Dokument, 179/3, 1.9.1954, <https://archives. nato.int/uploads/r/null/1/1/115744/SG_179_3_FRE_PDP.pdf> (letzter Zugriff 9.4.2024).

NATO (1978): International Military Excercises. Brussels: NATO Information Service.

NATO (1989): NATO Handbuch. Ein Bündnis für die Neunziger Jahre. Brussels: NATO Information Service.

NATO (1990): Londoner Erklärung. Tagung der Staats- und Regierungschefs des Nordatlantikrats am 5. und 6. Juli 1990. Bonn/Berlin: Informationsamt der Bundesregierung, <https://www. bundesregierung.de/breg-de/service/bulletin/nato-gipfelkonferenz-in-london-tagung-der-staats-und-regierungschefs-des-nordatlantikrats-am-5-und-6-juli-1990-788478> (letzter Zugriff 10.5.2020).

NATO (1991): The Alliance's New Strategic Concept agreed by the Heads of State and Government participating in the Meeting of the North Atlantic Council. Brussels: NATO, <https://www.nato. int/cps/en/natohq/official_texts_23847.htm> (letzter Zugriff 10.5.2020).

NATO (1996): Kommuniqué des Nordatlantikrates – Tagung der NATO-Verteidigungsminister am 13. Juni 1996 in Brüssel. NATO Bulletin 51–96. Brussels: NATO.

NATO (1999): The Alliance's Strategic Concept Approved by the Heads of State and Government Participating in the Meeting of the North Atlantic Council in Washington, DC. Brussels: NATO, <https://www.nato.int/cps/en/natohq/official_texts_27433.htm> (letzter Zugriff 10.5.2020).

NATO (2006a): Comprehensive Political Guidance Endorsed by NATO Heads of State and Government on 29 November 2006. Brussels: NATO, <https://www.nato.int/cps/en/natohq/official_ texts_56425.htm> (letzter Zugriff 10.5.2020).

NATO (2006b): Interoperability for Joint Operations. Brussels: NATO Public Diplomacy Division, <https://www.nato.int/nato_static_fl2014/assets/pdf/pdf_publications/20120116_interoperability-en.pdf> (letzter Zugriff 10.5.2020).

NATO (2006c): NATO Handbook. Brussels: NATO Public Diplomacy Division.

NATO (2006d): NATO-Handbuch. Brussels: NATO Office of Information and Press.

NATO (2010a): Active Engagement, Modern Defence Strategic Concept for the Defence and Security of the Members of the North Atlantic Treaty Organisation adopted by Heads of State and Government in Lisbon. Brussels: NATO, <https://www.nato.int/cps/en/natohq/official_ texts_68580.htm> (letzter Zugriff 10.5.2020).

NATO (2010b): Lisbon Summit Declaration. Issued by the Heads of State and Government Participating in the Meeting of the North Atlantic Council in Lisbon, 11. November 2010, <https://www.nato. int/cps/en/natohq/official_texts_68828.htm> (letzter Zugriff 17.1.2024).

NATO (2012): Chicago Summit Declaration. Chicago Summit Declaration. Issued by the Heads of State and Government Participating in the Meeting of the North Atlantic Council in Chicago on 20 May 2012. Brussels: NATO, <https://www.nato.int/cps/en/natohq/official_texts_87593.htm> (letzter Zugriff 17.1.2024)

NATO (2014a): The Secretary General's Report 2013. Brussels: NATO Public Diplomacy Division.

NATO (2014b): Wales Summit Declaration. Issued by the Heads of State and Government Participating in the Meeting of the North Atlantic Council in Wales, 5. Sep. 2014. Brussels: NATO, <https:// www.nato.int/cps/en/natohq/official_texts_112964.htm> (letzter Zugriff 17.1.2024).

NATO (2015): Allied Joint Doctrine for the Military Contribution to Humanitarian Assistance (AJP-3.4.3(A)). Brussels: NATO Standardization Office.

NATO (2016a): Key NATO and Allied Exercises. Fact Sheet. Brussels: NATO Public Diplomacy Division (PDD) – Press & Media Section.

NATO (2016b): NATO Ballistic Missile Defence. Fact Sheet. Brussels: NATO Public Diplomacy Division.

NATO (2016c): Warsaw Summit Communiqué. Issued by the Heads of State and Government participating in the meeting of the North Atlantic Council in Warsaw 8-9 July 2016. Brussels: NATO, <https://www.nato.int/cps/en/natohq/official_texts_133169.htm> (letzter Zugriff 17.1.2024).

NATO (2017a): Key NATO and Allied Exercises. Fact Sheet. Brussels: NATO Public Diplomacy Division (PDD) – Press & Media Section.

NATO (2017b): Warsaw Summit Key Decisions. Fact Sheet. Brussels: NATO Public Diplomacy Division.

NATO (2018a): Brussels Summit Declaration. Issued by NATO Heads of State and Government Participating in the Meeting of the North Atlantic Council in Brussels 11–12 July 2018. Brussels: NATO.

NATO (2018b): Brussels Summit Key Decisions 11–12 July 2018. Fact Sheet. Brussels: NATO Public Diplomacy Division (PDD) – Press & Media Section.

NATO (2018c): Key NATO and Allied Exercises in 2018. Fact Sheet. Brussels: NATO Public Diplomacy Division (PDD) – Press & Media Section.

NATO (2018d): The NATO Command Structure. Fact Sheet. Brussels: NATO Public Diplomacy Division (PDD) – Press & Media Section.

NATO (2018e): NATO Glossary of terms and definition. English and French, AAP-06 Edition 2018. Brussels: NATO Standardisation Office.

NATO (2018f): NATO Readiness Initiative. Brussels: NATO Public Diplomacy Division (PDD) – Press & Media Section, <https://www.nato.int/nato_static_fl2014/assets/pdf/ pdf_2018_06/20180608_1806-NATO-Readiness-Initiative_en.pdf> (letzter Zugriff 26.2.2024).

NATO (2018g): NATO-EU Relations. Fact Sheet. Brussels: NATO Public Diplomacy Division.

NATO (2019a): Key NATO and Allied Exercises in 2019.Fact Sheet. Brussels: NATO Public Diplomacy Division (PDD) – Press & Media Section.

NATO (2019b): NATO Encyclopedia 2019. Brussels: NATO Public Diplomacy Division.

NATO (2020a): 2020 COE Catalogue. Norfolk: Supreme Allied Commander Transformation.

NATO (2020b): NATO-EU Relations. Fact Sheet. Brussels: NATO Public Diplomacy Division.

NATO (2021a): Key NATO and Allied Exercises in 2019. Fact Sheet. Brussels: NATO Public Diplomacy Division (PDD) – Press & Media Section.

NATO (2021b): NATO's Enhanced Forward Presence. Fact Sheet. Brussels: NATO Public Diplomacy Division.

NATO (2021c): The Secretary General's 2020 Annual Report. Brussels: NATO.

NATO (2021d): NATO' Response to the COVID-19 Pandemic. Fact Sheet. NATO Public Diplomacy Division.

NATO (2022a): Extraordinary NATO Summit in Brussels 24 March 2022. Statement by NATO Heads of State and Government. Brussels: NATO, <https://www.nato.int/cps/en/natohq/official_ texts_193719.htm> (letzter Zugriff 17.1.2024).

NATO (2022b): Madrid Summit Declaration. Issued by NATO Heads of State and Government Participating in the Meeting of the North Atlantic Council in Madrid 29 June 2022. Brussels: NATO, <https://www.nato.int/cps/en/natohq/official_texts_196951.htm> (letzter Zugriff 17.1.2024).

NATO (2022c): Statement by NATO Heads of State and Government on Russia's attack on Ukraine, 25. Feb. 2022. Brussels: NATO, <https://www.nato.int/cps/en/natohq/official_texts_192489.htm> (letzter Zugriff 17.1.2024).

NATO Allied Command Transformation (2015): What is Transformation? An Introduction to Allied Command Transformation. Norfolk: Allied Command Transformation, Transformation Network Branch.

Naumann, Klaus (2019): Vor 40 Jahren: Der NATO-Doppelbeschluss. Meilenstein und Wendepunkt europäischer Sicherheit. In: Europäische Sicherheit & Technik, 12, 26–30.

Negoiță, Sorin-Vasile (2020): Bündnistreue oder nationales Interesse? Zur Beteiligung rumänischer Streitkräfte an den Übungen und Manövern der Vereinten Streitkräfte des Warschauer Paktes. In: Echternkamp, J. (Hrsg.): Sozialistische Waffenbrüder? Rumänien und die DDR im Warschauer Pakt. Potsdamer Schriften 31. Potsdam: ZMSBw, 91–113

Nielsen, Søren (2018): Sheppard Shapes the Future. In: Combat Aircraft, 19: 3, 30–41; auch in: Key Military, 1.2.2018, <https://www.keymilitary.com/article/sheppard-shapes-future> (letzter Zugriff 22.2.2024).

Nováky, Niklas I.M. (2015): Deploying EU Military Crisis Management Operations: A Collective Action Perspective. In: European Security, 24: 4, 491–508.

Nováky, Niklas I.M. (2017): The Invocation of the European Union's Mutual Assistance Clause: A Call for Enforced Solidarity. In: European Foreign Affairs Review, 22: 3, 357–375.

Nuciari, Marina (2018): The Study of the Military. Models for the Military Profession. In: Caforio, G./Nuciari, M. (Hrsg.): Handbook of the Sociology of the Military. Cham: Springer International Publishing, 35–60.

Nuttall, Simon (1997): Two Decades of EPC Performance. In: Regelsberger, E./de Schoutheete, P./Wessels, W. (Hrsg.): Foreign Policy of the European Union: From EPC to CFSP and Beyond. Boulder: L. Rienner, 19–39.

Nuttall, Simon (2000): European Foreign Policy. Oxford: Oxford University Press.

Nye, Joseph S. (2004): Soft Power: The Means to Success in World Politics. New York: Public Affairs.

o.A. (1999): Deutsch-Französischer Marineverband DEFRAM ,99. In: Marineforum, 11, 56.

o.A. (2001): Deutsch-Französischer Marineverband im Manövereinsatz. In: Marineforum, 4, 38.

o.A. (2003a): The European Airlift Coordination Cell (EACC). In: NATO's Nations and Partners for Peace, 2, 108–111.

o.A. (2003b): Leaner, More Flexible, More Efficient. New NATO Command Structure. In: NATO's Nations and Partners for Peace, 2, 23 f.

o.A. (2003c): The NATO Rapid Deployable Corps Spain (NRDC-S HQ). In: NATO's Nations and Partners for Peace, 2, 94 f.

o.A. (2003d): NATO School Oberammergau/Germany. 50th Anniversary. In: NATO's Nations and Partners for Peace, 2, 54 f.

o.A. (2003e): The Prague Capabilities Commitment. In: NATO's Nations and Partners for Peace, 2003, 1, 37–39.

o.A. (2005): NATO's Role in Disaster Assistance – a Resumé. In: NATO's Nations and Partners for Peace, 1, 100–106.

o.A. (2018): Adiestramiento Anfibio. In: Revista Española de Defensa, 1, 40–43.

o.A. (2019): ES&T Schwerpunkt: Das BAAINBw Abteilung See (S). In: Europäische Sicherheit & Technik, 12, 68–76.

o.A. (2021): Georgian Military Police to Become NATO Multinational MP Battalion Partner. In: Georgian Journal, 4.1.2021.

O'Connell, Aaron B. (2017): Our Latest Longest War: Losing Hearts and Minds In Afghanistan. Chicago: The University of Chicago Press.

O'Dwyer, Gerard (2023): Nordic Nations Move to Link Air Forces into 250-Strong Aircraft Fleet. In: Defence News, 24.3.2023 <https://www.defensenews.com/global/europe/2023/03/24/nordic-countries-move-toward-linking-their-air-forces-250-planes/> (letzter Zugriff 18.1.2024)

Oberreuter, Heinrich (Hrsg.) (2020): Staatslexikon. Bd. 4: Milieu – Schuldenrecht. 8. Aufl. Freiburg i.Br.: Herder.

Oerding, Jan (2005): German/US II. Corps. The Cornerstone of Defence in Southern Germany. In: NATO's Nations and Partners for Peace, 4: 191.

Ogunbadejo, Oye (1979): Conflict in Africa: A Case Study of the Shaba Crisis, 1977. In: World Affairs, 141: 3, 219–234.

Olboeter, Hartmut (2000): Ausbildung in der Multinationalität: Das neue NATO Defense College. Über die Bildung „menschlicher Interoperabilität". In: Truppenpraxis/Wehrausbildung, 44: 4, 237–241.

Oliver, Richard (1992): Logistic Support for the ARRC. In: The RUSI Journal, 137: 6, 45–48.

Olshausen, Frank (2003): Bericht aus Brüssel. In: Europäische Sicherheit & Technik, 60 f.

Olson, Mancur/Zeckhauser, Richard (1966): An Economic Theory of Alliances. Rand Corporation Memorandum (RM-4297). Santa Monica, CA: RAND Corporation.

Osgood, Robert Endicott (1968): Alliances and American Foreign Policy. Baltimore: Johns Hopkins.

Ostendorf, Julian (2020): Eine europäisch-autonome nukleare Abschreckung schwächt den Westen. In: Europäische Sicherheit & Technik, 3, 24 f.

Otten, Kees/Das, Wim (2019): Blades in the Night. In: Air Forces Monthly, 9, 14–16.

Overhaus, Marco (2019): Eine Frage der Glaubwürdigkeit. Konventionelle und nukleare Sicherheitszusagen der USA in Europa. SWP-Studie S 15. Berlin: Stiftung Wissenschaft und Politik.

P.M. (2008): Luftwaffe im baltischen Luftraum: NATO-Mission Air Policing. In: Fliegerrevue: Magazin für Luft- und Raumfahrt, 56, 24 f.

Paczkowski, Andrzej (2009): Die Polnische Volksarmee im Warschauer Pakt. In: Diedrich, T./Heinemann, W./Ostermann, C.F. (Hrsg.): Der Warschauer Pakt. Von der Gründung bis zum Zusammenbruch, 1955 bis 1991. Berlin: Ch. Links, 119–132.

Paile, Sylvain (2012): Transmission of Political-Military Information in Advanced Education. The Examples of the European Security and Defence College and the NATO Defence College. In: Studia Diplomatica, 65: 4, 55–76

Palmeri, Francesco P. (1998): A Euro-Atlantic Disaster Response Capability. In: NATO Review, 46: 3, 24–28.

Palmeri, Francesco P. (2000): The Euro-Atlantic Disaster Response Capability. In: NATO's Nations and Partners for Peace, 1, 98–100.

Pani, Massimo/Finkenbinder, Karen J. (2019): Projecting Stability: A Deployable NATO Police Command. In: Parameters, 49: 1/2, 51–58.

Pannier, Alice (2013): Understanding the Workings of Interstate Cooperation in Defence: An Exploration into Franco-British Cooperation after the Signing of the Lancaster House Treaty. In: European Security, 22: 4, 540–558.

Papsthart, Christian (2013): Bundesakademie für Sicherheitspolitik und NATO Defense College: Zwei sicherheitspolitische Kaderschmieden im Vergleich. In: Sicherheit und Frieden, 31: 4, 232–235

Parai, Louis (2006): A Note on the Economics of Standby versus Standing Peacekeeping Forces. In: Defence and Peace Economics, 17: 5, 413–419.

Payne, Keith B. (2020): The Great Divide in US Deterrence Thought. In: Strategic Studies Quarterly, 14: 2, 16–48.

Payne, Timothy/Rundle, Mark/Selles, Majoor Sjon (2003): NATO School (SHAPE), Celebrating 50 Years of Academic Excellence. Oberammergau: NATO School.

Pedlow, Gregory W. (2009): The Evolution of NATO's Command Structure, 1951-2009. Brussels: NATO, <https://shape.nato.int/resources/21/evolution%20of%20nato%20cmd%20structure%20 1951-2009.pdf> (letzter Zugriff 15.1.2024)).

Peifer, Douglas Carl (2011): Establishing the Bundesmarine: The Convergence of Central Planning and Pre-existing Maritime Organizations, 1950–1956. In: Corum, J.S. (Hrsg.): Rearming Germany. Leiden/Boston: Brill, 117–141.

Percy, Sarah (2016): Counter-Piracy in the Indian Ocean. Networks and Multinational Militay Cooperation. In: Avant, D.D./Westerwinter, O. (Hrsg.): The New Power Politics: Networks and Transnational Security Governance. New York: Oxford University Press, 245–267.

Perruche, Jean-Paul (2004): European Security and Defence Policy. In: NATO's Nations and Partners for Peace, 5; 26–29.

Peruzzi, Luca (2009): Quick Reactions: Italy's Air Force is Making Rapid Progress with the Phasing-In of Its Fleet of Eurofighter Typhoons in a Move to Strengthen Air Defence. In: Flight International, 5215, 42–47.

Pfeffer, Jeffrey/Salancik, Gerald R. (1978): The External Control of Organizations: A Resource Dependence Perspective. New York et al.: Harper & Row.

Pfützenreuter, Ulrich (2020): Das Multinationale Korps Nordost – Vom politischen Symbol zu regionaler Verantwortung. In: Europäische Sicherheit & Technik, 69: 9, 48–52.

PiZ Lw – Presse- und Informationszentrum der Luftwaffe (2020): Luftwaffe übernimmt wieder Air Policing im Baltikum. In: Newsletter Verteidigung, 12: 35, 7 f.

Ploetz, Herbert (1999): Das Baltic Defence College: Eine Neugründung mit politischer Signalwirkung. In: MarineForum, 74: 5, 3 f.

Pöppelmann, Jürgen (2013): 18 Nationen – ein Auftrag. In: Hardthöhenkurier, 29: 5, 52–55.

Pöppelmann, Jürgen (2015): „Check six!" Luftraumüberwachung durch die NATO. In: CPM-Forum. Das Magazin für Wehrtechnik und Logistik, 2, 84–87.

Poopuu, Birgit (2020): The European Union's Brand of Peacebuilding. Acting Is Everything. Cham: Palgrave Macmillan.

Pop, Adrian/Manoleli, Dan (2007): Towards a European Strategy in the Black Sea Area: The Territorial Cooperation. Strategy and Policy Studies (SPOS). Bucharest: European Institute of Romania.

Potter, William C. (2003): The Diffusion of Nuclear Weapons. In: Goldman, E.O./Eliason, L.C. (Hrsg.): The Diffusion of Military Technology and Ideas. Stanford, CA: Stanford University Press, 146–178.

Presidency of the Government (2012): National Defence Directive 2012 for a Necessary and Responsible Defence. Madrid: President of the Government of Spain.

Preylowski, Peter (2021): NATO AGS Force erhält fünfte RQ-4D. In: Europäische Sicherheit & Technik, 1, 9.

Pustay, John S. (1962): The Rearming of Japan. In: Military Review, 42: 11, 41–49.

Putnam, Robert D. (1988): Diplomacy and Domestic Politics: The Logic of Two-Level Games. In: International Organization, 42: 3, 427–460.

Raabe, Thomas (2019): Bedingt einsatzbereit? Internationale Rüstungskooperationen in der Bundes-republik Deutschland (1979–1988). Krieg und Konflikt 8. Frankfurt a.M./New York: Campus.

Raap, Christian (1991): Die Stationierung von Streitkräften in fremden Staaten unter besonderer Berücksichtigung Deutschlands. In: Archiv des Völkerrechts, 29: 1/2, 53–84.

Ramms, Egon (2005): Multinational Corps Northeast. Multinationality: The Only Way into the Future. The Danish-German-Polish Corps on Its Way to Afghanistan in 2007. In: NATO's Nations and Partners for Peace, 4, 188–190.

Rapnouil, Manuel Lafont/Varma, Tara/Witney, Nick (2018): Eyes Tight Shut. European Attitudes towards Nuclear Deterrence. Berlin et al.: European Council on Foreign Relations, <https://ecfr. eu/special/eyes_tight_shut_european_attitudes_towards_nuclear_deterrence/> (letzter Zugriff 15.1.2024).

Rapreger, Ulrich (2021): Schutzflüge über dem Ostbalkan. In: Europäische Sicherheit & Technik, 8, 21.

Redlich, Joseph (1936): German Austria and Nazi Germany. In: Foreign Affairs, 15: 1, 179–186.

Reeß, Reiner (1998): Multinationalität, Mobilität, Modularität und Interoperabilität. Die FlaRak auf dem Weg in die Zukunft. In: Soldat und Technik, 41: 6, 402–407.

Rehrl, Jochen (2008): Status and Perspectives of Training and Education with the EUs Concept. In: Gänsdorfer, M. (Hrsg.): Europeanization of Officer Training. International Symposium 2008. Armis et Litteris. Wien: Bundesministerium für Landesverteidigung, 81–89, <https://miles.ac.at/ medien/armis/Armis_et_Litteris_20_2.pdf> (letzter Zugriff 22.2.2024).

Reitsma, Ruurd (1996): The I (GE/NL) Corps – nichts Besseres, aber etwas Besonderes. In: Erbe, J. (Red.): Multinationalität. Die Beteiligung des deutschen Heeres. Wehrtechnischer Report, November. Bonn/Frankfurt a.M.: Report-Verlag, 22–27.

Renn, Ulrich (2018): Britisch-deutsches Abkommen zum Eurofighter. In: Europäische Sicherheit & Technik, 10, 57.

Renn, Ulrich (2019): Kampflugzeugbedarf in Europa. Generelle Trends und Programme. In: Europäische Sicherheit & Technik, 9, 20–24.

Rentzsch, Stefan (2018): Sicherheit und Zusammenhalt. In: Aktuell: Zeitung für die Bundeswehr, 54: 35, 4 f.

Restau, Frank (2022): Planung und Vorbereitung der Großübung „DEFENDER-Europe 2022". In: Europäische Sicherheit & Technik, 71: 5; 20–23.

Resteigne, Delphine/Soeters, Joseph (2007): Belgian Troops in UNIFIL. In: Coops, C.M./Tresch, T.S. (Hrsg.): Cultural Challenges in Military Operations. Rome: NATO Defense College, 184–200.

Reykers, Yf (2016): No Supply without Demand: Explaining the Absence of the EU Battlegroups in Libya, Mali and the Central African Republic. In: European Security, 25: 3, 346–365.

Reykers, Yf (2017): EU Battlegroups: High Costs, No Benefits. In: Contemporary Security Policy, 38: 3, 457–470.

Reykers, Yf (2019): A Permanent Headquarters under Construction? The Military Planning and Conduct Capability as a Proximate Principal. In: Journal of European Integration, 41: 6, 783–799.

Ricci, Matteo (2016): The European Air Transport Command: A Viable Model for Promoting European Military Cooperation? EU Diplomacy Paper 08/2016. Bruges/Natolin: College of Europe.

Richter, Gregor (2016): Antecedents and Consequences of Leadership Styles: Findings From Empirical Research in Multinational Headquarters. In: Armed Forces & Society, 44: 1, 72–91.

Richter, Gregor (2018): Leadership in Multinational Missions: Findings from EUFOR in Bosnia and Herzegovina Revisited. In: Res Militaris, 8: 2, 1–10, <http://resmilitaris.net>.

Ricketts, Peter (2020): France and the UK: A Decade of the Lancaster House Treaties. Rusi Commentary, 2.11.2020 <https://rusi.org/explore-our-research/publications/commentary/france- and-uk-decade-lancaster-house-treaties> (letzter Zugriff 15.1.2024).

Rimmek, Klaus W. (1983/1984): Early Warning in NATO – NATO's Multinational Air Force. In: NATO's Sixteen Nations, 28: 8, 48–51.

Ringsmose, Jens (2009): NATO's Response Force. Finally Getting It Right? In: European Security, 18: 3, 287–304.

Ringsmose, Jens/Rynning, Sten (2017): The NATO Response Force: A Qualified Failure no More? In: Contemporary Security Policy, 38: 3, 443–456.

Rollins, J.W. (2001): Civil-military Cooperation (CIMIC) in Crisis Response Operations: The Implications for NATO. In: International Peacekeeping, 8: 1, 122–129.

Romanovs, Uģis/Andžāns, Māris (2017): The Trilateral Military Cooperation of the Baltic States in the „New Normal" Security Landscape. In: Sprūds, A./Andžāns, M. (Hrsg.): Security in the Baltic Sea Region: Realities and Prospects. The Riga Conference Papers 2017. Riga: Latvian Institute of International Affairs, 14–22.

Rosenthal, Jürgen K.G. (2008): Die Ständigen NATO-Einsatzverbände. Glücksburg: PIZ Marine.

Rosenzopf, Georg (2009): Das war SHIRBRIG – Standby High Readiness Brigade. In: Truppendienst, 309, <http://www.bmlv.gv.at/truppendienst/ausgaben/artikel.php?id=878> (letzter Zugriff 18.1.2024).

Rostoks, Toms (2020): Latvia as Host Nation. In: Lanoszka, A./Leuprecht, C./Moens, A. (Hrsg.): Lessons from the enhanced Forward Presence, 2017–2020. NDC Research Paper 14. Rome: NATO Defense College, 53–60.

Rubel, Robert C. (2001): Principles of Jointness. In: Joint Force Quarterly, Winter, 45–49.

Rubinstein, Robert A./Keller, Diana M./Scherger, Michael E. (2008): Culture and Interoperability in Integrated Missions. In: International Peacekeeping, 15: 4, 540–555.

Rudolf, Peter (2020): Deutschland, die Nato und die nukleare Abschreckung. SWP-Studie S 11. Berlin: Stiftung Wissenschaft und Politik.

Rühl, Lothar (2011): Deutschland und der Libyenkrieg. In: Zeitschrift für Außen- und Sicherheitspolitik, 4: 4, 561–571.

Ruffa, Chiara (2013): What Peacekeepers Think and Do: An Exploratory Study of French, Ghanaian, Italian, and South Korean Armies in the United Nations Interim Force in Lebanon. In: Armed Forces & Society, 40: 2, 199–225.

Ruffa, Chiara (2018): Military Cultures in Peace and Stability Operations: Afghanistan and Lebanon. Philadelphia: Penn Press.

Ruggie, John Gerard (1992): Multilateralism: The Anatomy of an Institution. In: International Organization, 46: 3: 561–598.

Ruiz Palmer, Diego A. (2009a): Reforming NATO's Institutions: Pressing Need, Enduring Obstacles, New Opportunities. In: Politique étrangère (english ed.), 5, 173–186.

Ruiz Palmer, Diego A. (2009b): Von der AMF zur NRF. In: NATO Brief, März, <https://www.nato.int/docu/review/2009/0902/090204/DE/index.htm> (letzter Zugriff 21.5.2020); engl. Version: <https://www.nato.int/docu/review/articles/2009/03/25/from-amf-to-nrf/index.html> (letzter Zugriff 3.3.2024)

Ruiz Palmer, Diego A. (2014): The NATO-Warsaw Pact Competition in the 1970s and 1980s: A Revolution in Military Affairs in the Making or the End of a Strategic Age? In: Cold War History, 14: 4, 533–573.

Ruiz Palmer, Diego A. (2016): The Framework Nations' Concept and NATO: Game-Changer for a New Strategic Era or Missed Opportunity? Research Paper 132. Rome: NATO Defense College.

Rumer, Eugene B./Simon, Jeffrey (2006): Toward a Euro-Atlantic Strategy for the Black Sea Region. Occasional Paper 3. Washington, DC: National Defense University Press.

Ruppelt, Hagen (2022): Deutsch-niederländisches Panzerbataillon 414. Praxistest bei der NATO-Mission in Litauen bestanden. In: Europäische Sicherheit & Technik, 71: 7, 18–21.

Rutten, Maartje (Hrsg.) (2001): From St. Malo to Nice. European Defence: Core Documents. Vol. I. Chaillot Papers 47. Paris: Institute for Security Studies of the Western European Union.

Rutten, Maartje (Hrsg.) (2002): From Nice to Laeken. European Defence: Core Documents. Vol. II. Chaillot Papers 51. Paris: Institute for Security Studies of the Western European Union.

Sadlowski, Manfred (2020): Handbuch der Bundeswehr und der Verteidigungsindustrie. Bad Neuenahr-Ahrweiler: Bernard & Graefe.

Sakkov, Sven (2019): A View from the Frontline: Estonian Experience. In: Ozawa, M. (Hrsg.): The Alliance Five Years after Crimea: Implementing the Wales Summit Pledges. NDC Research Paper 7. Rome: NATO Defense College, 47–58.

Sauer, Tom (2015): Deep Cooperation by Belgian Defence: Absorbing the Impact of Declining Defence Budgets on National Capabilities. In: Defence Studies, 15: 1, 46–62.

Sauer, Tom (2020): Power and Nuclear Weapons: The Case of the European Union. In: Journal for Peace and Nuclear Disarmament, 3: 1, 41–59.

Sauerborn, Michael (2016): Die Deutsche Marine im HQ MARCOM. Nationale Teilhabe an NATO-/EU-Missionen im maritimen Bereich. In: Europäische Sicherheit & Technik, 12, 46–48.

Saxi, Håkon Lunde (2011): Nordic Defence Cooperation after the Cold War. Oslo Files on Defence and Security 1. Oslo: FSi – Forsvars- og Sikkerhetsindustriens Forening .

Saxi, Håkon Lunde (2017): British and German Initiatives for Defence Cooperation: The Joint Expeditionary Force and the Framework Nations Concept. In: Defence Studies, 17: 2, 171–197.

Saxi, Håkon Lunde (2018): The UK Joint Expeditionary Force (JEF). In: IFS Insights, January, 5, 1–6; auch einzusehen in: JSTOR, 1.1.2018, <http://www.jstor.org/stable/resrep25807> (letzter Zugriff 15.1.2024).

Saygun, Ergin (2003): The NATO Rapid Deployable Corps – Turkey's Contribution. In: NATO's Nations and Partners for Peace, 2, 99–102.

Sayle, Timothy Andrews (2020): Patterns of Continuity in NATO's Long History. In: International Politics, 57: 3, 322–334

Sayle, Timothy Andrews (2021): A Nuclear Education: The Origins of NATO's Nuclear Planning Group. In: Radchenko, S./Sayle, T.A./Ostermann, C.F. (Hrsg.): NATO in the Cold War and after. Contested Histories and Future Directions. London/New York: Routledge, 158–194.

Scazzieri, Luigi (2022): Could EU-Endorsed ,Coalitions of the Willing' strengthen EU Security Policy? Policy Brief. London/Brussels/Berlin: Centre for European Reform.

Scharenborg, Martin/Wenink, Ramon (2015): Baltic Guardians. In: Air International, 88: 4, 92–98.

Schlieper, Andries (1998): Die Westeuropäische Rüstungsgruppe WEAG: Fokus für die Rüstungskooperation in Europa. Vortrag bei der DWT am 21. April 1998 (unveröff. Manuskript). Bonn: Deutsche Gesellschaft für Wehrtechnik. [Kopie des Manuskripts im Archiv der Verfasserin]

Schmidt, Manfred G. (2010): Wörterbuch zur Politik. 3., überarb. und aktual. Aufl. Stuttgart: Kröner.

Schmidt, Peter/Zyla, Benjamin (Hrsg.) (2013): European Security Policy and Strategic Culture. London/New York: Routledge.

Schmidt, Stephen D. (2008): A Proud History of Operational and International Milestones. In: NATO's Nations and Partners for Peace, 53: 3, 60–66.

Schmidt-Thomèe, Johannes (1994): Der Deutsch-Französische Marineverband. In: Marineforum, 11, 4–6.

Schmitt, Burkard (2004): Armaments Cooperation in Europe. Paris: European Union Institute for Security Studies.

Schmitt, Olivier (2018): Allies that Count: Junior Partners in Coalition Warfare. Washington, DC: Georgetown University Press.

Schnell, Karl (1980): Die Rüstungskooperation in der NATO. Bilanz und Ausblick. In: Europäische Wehrkunde, 29: 5, 222–229.

Scholl, Rainer (1998): Die NATO Training Group: Ausbildung in der Allianz. In: NATO Brief, 46: 4, 32–35.

Schuchardt, Dirk/Theiler, Olaf (2021): Die NATO: Grundlagen und Deutschlands Rolle im Bündnis. In: Böckenförde, S./Gareis, S.B. (Hrsg.): Deutsche Sicherheitspolitik: Herausforderungen, Akteure und Prozesse. 3., aktual. und erw. Aufl. Opladen/Toronto: Barbara Budrich, 375–421.

Schulz, René (2019): Der A400M – deutscher Beitrag zum Aufbau eigener EU-Lufttransportfähigkeiten. Drei Optionen für eine Umsetzung unter Beteiligung der EU. SWP-Aktuell 25. Berlin: Stiftung Wissenschaft und Politik.

Schulze, Markus (2013): Internationale Rüstungskooperation in EU und NATO – Sachstand und Perspektiven. In: CPM-Forum. Das Magazin für Wehrtechnik und Logistik, 2, 46–49.

Schuwirth, Rainer/Scholl, Rainer (1998): From EUROTRAIN to NTG. In: Miliary Strategy & Technology, 2, 8–10.

Schvede, Igor (2004): The Baltic Naval Sqandron BALTRON. In: NATO's Nations and Partners for Peace, 2004, 1, 125 f.

Schweller, Randall L. (1998): Deadly Imbalances: Tripolarity and Hitler's Strategy of World Conquest. New York: Columbia University Press.

Schwitanski, Christopher (2019): NATO-Exzellenzzentren. Motor der militärischen Transformation. In: Wissenschaft & Frieden, 1, 24–26.

Seidl, Dietrich (1969): Reforger I. In: Flugrevue, 3, 44–46.

Seiller, Florian (2008): „Zusammenarbeit kann man das nicht nennen!"? Die Anfänge der deutsch-französischen Rüstungskooperation im konventionellen Bereich, 1955–1966. In: Militär-geschichtliche Zeitschrift, 67: 1, 53–104.

Šešelgytė, Margarita (2020): Lithuania as Host Nation. In: Lanoszka, A./Leuprecht, C./Moens, A. (Hrsg.): Lessons from the Enhanced Forward Presence, 2017-2020. NDC Research Paper 14. Rome: NATO Defense College, 71–78.

SHAEF/Office of the Chief of Military History (1944): History of COSSAC (Chief of Staff to Supreme Allied Commander), 1943–1944, 8-3.6A CA. Washington, DC: Center of Military History, <https://history.army.mil/documents/cossac/cossac.htm> (letzter Zugriff 3.3.2024).

Shukri, Shazwanis (2017): Security Community-Building in the Mediterranean Sea: The Roles of NATO and European Union in Managing Maritime Challenges. Doctoral Thesis. Cardiff: Cardiff School of Law and Politics.

Siegelberg, Jens (1991): Die Kriege 1985 bis 1990: Analyse ihrer Ursachen. Kriege und militante Konflikte 2. Münster: LIT.

Sixdenier, Blandine (2017): Stability Spectrum. Research Paper 42. Paris: Institut de Recherche Stratégique de l'École Militaire.

Šlekys, Deividas (2017): Lithuania's Balancing Act. In: Journal on Baltic Security, 3: 2, 43–54.

Smith, Michael E. (2004): Europe's Foreign and Security Policy: The Institutionalization of Cooperation. Cambridge/New York: Cambridge University Press.

Snider, Don M. (1996): The US Military in Transition to Jointness. Surmounting Old Notions of Interservice Rivalry. In: Airpower Journal, 10: 3, 16–27.

Soeters, Joseph (2021): Militaries' Organizational Cultures in a Globalizing World. Oxford: Research Encyclopedia of Politics.

Soeters, Joseph (2022): Multinational Military Cooperation. An Overview of the Current State of Rese. In: Elbe, M./Biel, H./Steinbrecher, M. (Hrsg.): Empirical Social Research in and on the Armed Forces: Comparative and National Perspectives. Sozialwissenschaftliche Studien des ZMSBw 24. Berlin: Berliner Wissenschafts-Verlag, 49–70.

Soeters, Joseph/Goldenberg, Irina (2019): Information Sharing in Multinational Security and Military Operations. Why and Why Not? With Whom and With Whom Not? In: Defence Studies, 19: 1, 37–48.

Søderberg, Anne-Marie/Wedell-Wedellsborg, Merete (2008): The Formation of the Global Soldier: Managing Identities in Multinational Military Units. In: Soeters, J./Manigart, P. (Hrsg.): Military Cooperation in Multinational Peace Operations. Managing Cultural Diversity and Crisis Response. London/New York: Routledge.

Sperling, James (2018): Military Alliances. In: Galbreath, D.J./Deni, J.R. (Hrsg.): Routledge Handbook of Defence Studies. London /New York: Routledge/Taylor & Francis, 350–362.

Sperling, James/Webber, Mark (2018): NATO Operations. In: Meijer, H./Wyss, M. (Hrsg.): The Handbook of European Defence Policies and Armed Forces. Oxford: Oxford University Press, 888–914.

Springhall, John (2005): ,Kicking out the Vietminh': How Britain Allowed France to Reoccupy South Indochina, 1945-46. In: Journal of Contemporary History, 40: 1, 115–130.

Staigis, Armin (2005): 1 German/Netherlands Corps. 50 Years Bundeswehr in NATO. In: NATO's Nations and Partners for Peace, 4, 186 f.

Stehlin, Paul (1963): The Evolution of Western Defense. In: Foreign Affairs, 42: 1, 70–83.

Stein, Torsten (1998): Rechtsformen multinationaler Verbände. In: Neue Zeitschrift für Wehrrecht, 40: 4, 143–151.

Stephan, Torsten (2020): Eurocorps führt NATO Response Force. In: Newsletter Verteidigung, 12: 3, 10–13.

Stillman, Richard (1964): NATO Defense College. In: Military Review, 44: 1, 32–41.

Stockfisch, Dieter (2019a): BALTOPS 2019. Multinationales Großmanöver in der Ostsee. In: Europäische Sicherheit & Technik, 68: 7, 41–43.

Stockfisch, Dieter (2019b): Maritimes Ostsee-Führungszentrum – DEU MARFOR in Dienst gestellt. In: Europäische Sicherheit & Technik, 3, 73.

Stockfisch, Dieter (2021): U-Boot-Großauftrag. In: Europäische Sicherheit & Technik, 10, 6.

SIPRI – Stockholm International Peace Research Institute (2013): Yearbook 2013. Armaments, Disarmament and International Security (deutsche Kurzfassung). Stockholm: SIPRI – Stockholm International Peace Research Institute.

SIPRI (2020): Military Expenditure by Region in Constant US Dollars. Stockholm: Stockholm International Peace Research Institute, <https://www.sipri.org/sites/default/files/ Data%20for%20world%20regions%20from%201988%E2%80%932019.pdf> (letzter Zugriff am 31.1.2020).

Stoicescu, Kalev/Hurt, Martin (2020): Estonia as Host Nation. In: Lanoszka, A./Leuprecht, C./Moens, A. (Hrsg.): Lessons from the enhanced Forward Presence, 2017–2020. NDC Research Paper 14. Rome: NATO Defense College, 37–44.

Stoltenberg, Jens (2022): Pre-Summit Press Conference by NATO Secretary General Jens Stoltenberg, 27.6.2022. Brussels: NATO, <https://www.nato.int/cps/en/natohq/opinions_197080.htm> (letzter Zugriff 3.3.2024).

Storkmann, Klaus (2011): „Globaler Kalter Krieg"? Militärhilfen der DDR für die sogenannte Dritte Welt. In: Mack, H.-H./Veszprémy, L./Wenzke, R. (Hrsg.): Die NVA und die ungarische Volksarmee im Warschauer Pakt. Potsdamer Schriften zur Militärgeschichte 15. Potsdam: Militärgeschichtliches Forschungsamt, 89–104.

Strang, David/Soule, Sarah A. (1998): Diffusion in Organizations and Social Movements: From Hybrid Corn to Poison Pills. In: Annual Review of Sociology, 24: 1, 265–290.

Stratmann, Karl-Peter (1981): NATO-Strategie in der Krise?: Militärische Optionen von NATO und Warschauer Pakt in Mitteleuropa. Internationale Politik und Sicherheit 5. Baden-Baden: Nomos.

Strauch, Frédéric (2015): Internationale Ausbildung am Ausbildungszentrum U-Boote. In: Europäische Sicherheit & Technik, 64: 4, 47–49.

Streikräfteamt (Hrsg.) (2019): Grundbegriffe der militärischen Organisation. Unterstellungsverhältnisse. Dienstliche Anweisungen, A2-500/0-0-1, Version 1.2. Bonn: Streitkräfteamt.

Strijker, Alfred (2019): NATO-Speerspitze (Land) 2019. Logistische Vorbereitung, Erfahrungen und Herausforderungen. In: Europäische Sicherheit & Technik, 68: 2, 44–47.

Suchman, Mark C. (1995): Managing Legitimacy: Strategic and Institutional Approaches. In: The Academy of Management Review, 20: 3, 571–610.

Sünkler, Sören (2014): ISTC – International Special Training Center. In: K-ISOM – International Special Operations Magazin/Die Zeitschrift der Elite- und Spezialeinheiten, 2, K2–K4.

Sun, Degan/Zoubir, Yahia (2011): Sentry Box in the Backyard. Analysis of French Military Bases in Africa. In: Journal of Middle Eastern and Islamic Studies (in Asia), 5: 3, 82–104.

Švancara, Marek Maxim (2017): The Gripens over Iceland. In: Czech Armed Forces Review, 1, 26 f.

Sweeney, Simon/Winn, Neil (2020): EU Security and Defence Cooperation in Times of Dissent: Analysing PESCO, the European Defence Fund and the European Intervention Initiative (EI2) in the Shadow of Brexit. In: Defence Studies, 20: 3, 224–249.

Swistek, Göran (2020): Abschreckung und Verteidigung im Ostseeraum. Die Nato will ihre Vorhaben im Ostseeraum besser koordinieren – Deutschland sollte die Führungsrolle übernehmen. SWP-Aktuell 100. Berlin: Stiftung Wissenschaft und Politik.

Szenes, Zoltán (2015): NATO Security Challenges and Standardization. Lecture Provided at the International Conference: Global Supply Chain Standards & Solutions in Practice of the National Defence of the Visegrad (V4) Countries (October 27, 2015). Budapest: National University of Public Service.

Szymański, Piotr (2020): Poland as Host Nation. In: Lanoszka, A./Leuprecht, C./Moens, A. (Hrsg.): Lessons from the enhanced Forward Presence, 2017–2020. NDC Research Paper 14. Rome: NATO Defense College, 19–26.

Tabory, Mala (1986): The Multinational Force and Observers in the Sinai: Organization, Structure, and Function. Westview Special Studies on the Middle East. Boulder: Westview Press.

Taghvaee, Babak (2022): Topping up the Tanks. In: Air Forces Monthly, 12, 42–47.

Tago, Atsushi (2005): Determinants of Multilateralism in US Use of Force: State of Economy, Election Cycle, and Divided Government. In: Journal of Peace Research, 42: 5, 585–604.

Tago, Atsushi (2007): Why Do States Join US-led Military Coalitions?: The Compulsion of the Coalition's Missions and Legitimacy. In: International Relations of the Asia-Pacific, 7: 2, 179–202.

Tago, Atsushi (2018): Multilateralism, Bilateralism, and Unilateralism in Foreign Policy. In: Thies, C.G. (Hrsg.): Oxford Encyclopedia of Foreign Policy Analysis. Oxford: Oxford University Press, 188–209.

Talbert, Matthew (2019): War Crimes: Causes, Excuses, and Blame. New York: Oxford University Press.

Talbott, Strobe (1999 [2001]): America's Stake in a Strong Europe. Remarks by Strobe Talbott, Deputy Secretary of State, at a Conference on the Future of NATO, The Royal Institute of International Affairs, London, October 7th, 1999. In: Rutten, M. (Hrsg.): From St. Malo to Nice. European Defence: Core Documents. Chaillot Papers 47. Paris: Institute for Security Studies of the Western European Union, 54–59.

Tardy, Thierry (Hrsg.) (2015): CSDP in Action. What Contribution to International Security?, Chaillot Papers 134. Paris: European Union Institute for Security Studies.

Tardy, Thierry (2017): MPCC: Towards an EU Military Command? EUISS Brief. Paris: European Union Institute for Security Studies.

Tardy, Thierry (2021): The Risks of NATO's Maladaptation. In: European Security, 30: 1, 24–42.

Terriff, Terry/Osinga, Frans P.B./Farrell, Theo (2010): A Transformation Gap?: American Innovations and European Military Change. Stanford, CA: Stanford University Press.

Tertrais, Bruno (2019): Will Europe Get Its Own Bomb? In: The Washington Quarterly, 42: 2, 47–66.

Thelen, Kathleen (1999): Historical Institutionalism in Comparative Politics. In: Annual Review of Political Science, 2, 369–404.

Theussen, Amelie (2022): European Strategic Autonomy. In: Česnakas, G./Juozaitis, J. (Hrsg.): European Strategic Autonomy and Small States' Security: In the Shadow of Power. London: Routledge, 138–152.

Thomas, William M. (1965): Combined Staff Leadership. In: Military Review, 45: 1, 35–42.

Thorhallsson, Baldur (2018): A Small State in World Politics: Iceland's Search for Shelter. In: Icelandic Review of Politics & Administration, 14: 1, 61–82.

Tiedau, Katja/Pokatzky, Klaus (2022): 60 Jahre LGAI. Sechs Jahrzehnte Multinationalität. Bonn: Mittler.

Tiemann, Rolf (1978): Rüstungskooperation in der NATO. Möglichkeiten für Verbesserungen. In: Marineforum, 7, 197–201.

Tilly, Charles (1990): Coercion, Capital, and European States, AD 990–1990. Studies in Social Discontinuity. Cambridge, MA: B. Blackwell.

Tomforde, Maren (2008): Towards Transnational Identities in the Armed Forces? German-Italian Military Cooperation in Kosovo. In: Soeters, J./Manigart, P. (Hrsg.): Military Cooperation in Multinational Peace Operations: Managing Cultural Diversity and Crisis Response. London/New York: Routledge, 129–140.

Tomforde, Maren (2010): Neue Militärkultur(en). In: Apelt, M. (Hrsg.): Forschungsthema: Militär. Wiesbaden: VS Verlag für Sozialwissenschaften, 193–219.

Toremans, Guy (2004): Standing Ready for NATO. In: Jane's Navy International, 109: 4, 18–25.

Toremans, Guy (2005): Eguermin Takes the Lead for NATO's Naval Mine Warfare Training. In: Naval Forces, 26: 4, 121–124.

Toynbee, Arnold J (1938): A Turning Point in History. In: Foreign Affairs, 17: 2, 305–320.

Trischak, Reinhard/Clement, Rolf (2022): Die militärische Unterstützungsmission für die Ukraine – EUMAM – EU Military Assistance Mission Ukraine. In: Europäische Sicherheit & Technik, 11, 35.

Trost, Edgar (1994): Das deutsch-amerikanische Korps. In: o.A. (Hrsg.): Multinationale Streitkräfte in der NATO. Gemeinsamkeit verbindet. Sankt Augustin: CPM.

Trost, Edgar (1996): Multinationalität. II (GE/US) Korps. In: Erbe, J. (Red.): Multinationalität. Die Beteiligung des deutschen Heeres. Wehrtechnischer Report, November. Bonn/Frankfurt a.M.: Report-Verlag, 28–30.

Trybus, Martin (2014): Buying Defence and Security in Europe: The EU Defence and Security Procurement Directive in Context. Cambridge: Cambridge University Press.

UNSG – United Nations Secretary General (2022): Implementation of Security Council Resolution 1701 (2006) during the Period from 21 June to 2 November 2022. Report of the Secretary-General (S/2022/858). New York: United Nations Secreaty General.

U.S. DoD – United States Department of Defense (2003a): Operation of the Defense Acquisition System (DODI 5000.2, 12 May 2003). Washington, DC: U.S. Department of Defense.

U.S. DoD (2003b): Transformation Planning Guidance. Washington, DC: U.S. Department of Defense.

U.S. DoD (2008): Dictionary of Military and Associated Terms. Joint Publication (Joint Doctrine Division, Joint Staff), 1-02. Washington, DC: U.S. Department of Defense.

U.S. DoD (2019a): Dictionary of Military and Associated Terms as of July 2019. Joint Publication (Joint Doctrine Division, Joint Staff), 1-02. Washington, DC: U.S. Department of Defense.

U.S. DoD (2019b): Multinational Operations (JP 3-16). Washington, DC: Chairman of the Joint Chiefs of Staff (CJCS).

U.S. European Command (2020): FY 2020 European Deterrence Initiative (EDI) Fact Sheet. Stuttgart: U.S. European Command Public Affairs Office, <https://www.eucom.mil/document/39921/fy-2020-european-deterrence-initiative-fact-s> (letzter Zugriff 15.1.2024).

Uhl, Matthias (2006): Storming on to Paris: The 1961 Buria Exercise and the Planned Solution of the Berlin Crisis. In: Mastny, V./Holtsmark, S./Wenger, A. (Hrsg.): War Plans and Alliances in the Cold War: Threat Perceptions in the East and West. London: Routledge, 46–71.

V, Anand (2020): Revisiting the Discourse on Strategic Culture: An Assessment of the Conceptual Debates. In: Strategic Analysis, 44: 3, 193–207.

van Cleave, William R. (1965): Challenges for the Atlantic Alliance. In: Military Review, 45: 10, 3–10.

van der Meulen, Jan/Kawano, Hitoshi (2008): Accidental Neighbors: Japanese and Dutch Troops in Iraq. In: Soeters, J./Manigart, P. (Hrsg.): Military Cooperation in Multinational Peace Operations: Managing Cultural Diversity and Crisis Response. London/New York: Routledge, 166–178.

van de Velde, R.W. (1958): The Neglected Deterrent. In: Military Review, 38: 5, 3–10.

van Dijk, Andrea (2008): Tough Talk: Clear and Cluttered Communication during Peace Operations. In: Soeters, J./Manigart, P. (Hrsg.): Military Cooperation in Multinational Peace Operations: Managing Cultural Diversity and Crisis Response. London/New York: Routledge, 70–80.

Vanhoonacker, Sophie/Pomorska, Karolina (2017): The Institutional Framework. In: Hill, C./Smith, M./Vanhoonacker, S. (Hrsg.): International Relations and the European Union. Oxford: Oxford University Press, 97–122.

van Remoortel, Hedwig (2007): The Central Europe Pipeline System. In: NATO's Nations and Partners for Peace, 3, 38–41.

Varady, Corrin (2017): US Foreign Policy and the Multinational Force in Lebanon: Vigorous Self-Defense. Cham: Palgrave Macmillan.

Vasilescu, Cezar (2011): Strategic Airlift Capability. From Theory to Practice. Journal of Defense Resources Management, 2: 2, 67–76.

Verrier, Anthony (1963): Note of the Month. In: The World Today, 19: 5, 181–183.

Villarejo, Esteban/Pabriks, Artis (2020): Der Artikel 5 der NATO ist kein Witz, sondern Realität. Interview mit dem lettischen Verteidigungsminister Artis Pabriks. In: Europäische Sicherheit & Technik, 1, 16 f.

Vlachos-Dengler, Katia (2015): The EDA and Armaments Collaboration. In: Karampekios, N./Oikonomou, I. (Hrsg.): The European Defence Agency. Arming Europe. London: Routledge, 84–101.

Vogel, Dominic/Schulz, René (2020): Zur Diskussion über eine 28. Armee für die Europäische Union. Voraussetzungen, Konzeption und Fähigkeitsprofil. SWP-Aktuell 19. Berlin: Stiftung Wissenschaft und Politik

Vollert, Jens (1977): Internationale Arbeitsteilung, Standardisierung und Konzentration als Komponenten der Rüstungskooperation. In: Wehrwissenschaftliche Rundschau, 26: 3, 72–83.

Volpe, Tristan/Kühn, Ulrich (2017): Germany's Nuclear Education: Why a Few Elites Are Testing a Taboo. In: The Washington Quarterly, 40: 3, 7–27.

vom Hagen, Ulrich/Klein, Paul/Moelker, René/Soeters, Joseph (Hrsg.) (2003): True Love. A Study in Integrated Multinationality within 1 (German/Netherlands) Corps. FORUM International 25. Breda/Strausberg: Sozialwissenschaftliches Institut der Bundeswehr.

vom Hagen, Ulrich/Moelker, René/Soeters, Joseph (Hrsg.) (2006): Cultural Interoperability. Ten Years of Research into Co-operation in the First German-Netherlands Corps. FORUM International 27. Breda/Strausberg: Sozialwissenschaftliches Institut der Bundeswehr.

von der Leyen, Ursula /Le Drian, Jean-Yves (2016): Erneuerung der GSVP. Hin zu einer umfassenden, realistischen und glaubwürdigen Verteidigung in der EU. Berlin: Bundesministerium der Verteidigung.

von Gersdorff, Gero (2009): Die Gründung der Nordatlantischen Allianz. München: Oldenbourg.

von Riekhoff, Harald (1966): The Changing Function of Nato. In: International Journal, 21: 2, 157–172.

von Senden, Friedrich Freiherr (1996): Die Multinational Division Central (Airmobile). In: Erbe, J. (Red.): Multinationalität. Die Beteiligung des deutschen Heeres. Wehrtechnischer Report, November. Bonn/Frankfurt a.M.: Report-Verlag, 36–39.

von Steinaecker, Günter (1997): The German Army as a Partner in Multinational Major Formations. In: Military Technology, 21: 10, 90–92.

von Winter, Thomas (2003): Aktueller Begriff: Unilateralismus/Multilateralismus. Nr. 28/03, 16.9.2003. Berlin: Wissenschaftliche Dienste des Deutschen Bundestages, <https://www.bundestag.de/resource/blob/514572/5f49e598d9407e3557e94f7e40dafd90/Unilateralismus-Multilateralismus-data.pdf>.

Walker, Michael (1996a): ARRC into Action. In: NATO's Sixteen Nations, 41: 2, 38–45.

Walker, Michael (1996b): Multinationalität auf dem Prüfstand. Das ACE Rapid Reaction Corps im Bosnieneinsatz. In: Erbe, J. (Red.): Multinationalität. Die Beteiligung des deutschen Heeres. Wehrtechnischer Report, November. Bonn/Frankfurt a.M.: Report-Verlag, 12–17.

Walker, W.B. (1974): The Multi-Role Combat Aircraft (MRCA): A Case Study in European Collaboration. In: Research Policy, 2: 4, 280–305.

Walt, Stephen M. (1987): The Origins of Alliances. Ithaca: Cornell University Press.

Waltz, Kenneth Neal (1979): Theory of International Politics. Reading, MA: Addison-Wesley.

Warburg, Jens (2010): Paradoxe Anforderungen an Soldaten im (Kriegs-)Einsatz. In: Dörfler-Dierken, A./Kümmel, G. (Hrsg.): Identität, Selbstverständnis, Berufsbild: Implikationen der neuen Einsatzrealität für die Bundeswehr. Wiesbaden: VS Verlag für Sozialwissenschaften, 57–75.

Wassenberg, Philipp (1999): Das Eurokorps: Sicherheitsrechtliches Umfeld und völkerrechtliche Bedeutung eines multinationalen Großverbands. Schriften des Europa-Instituts der Universität des Saarlandes – Rechtswissenschaft. Baden-Baden: Nomos.

Watling, Jack/MacFarland, Sean (2021): The Future of the NATO Corps. RUSI Occasional Paper 237. London: Royal United Services Institute for Defence and Security Studies.

Weaver, John Michael (2021): NATO in Contemporary Times. Purpose, Relevance, Future. Cham: Palgrave Macmillan.

Webber, Mark/Hyde-Price, Adrian G.V. (2016): Theorising NATO: New Perspectives on the Atlantic Alliance. London /New York: Routledge/Taylor & Francis.

Weber, Steve (1991): Multilateralism in NATO: Shaping the Postwar Balance of Power, 1945–1961. Berkeley: University of California at Berkeley.

Webster, Wendy (2018): Mixing It: Diversity in World War Two Britain. Oxford: Oxford University Press.

Weisl, Ioan/Rotaru, Andreea/Colceriu, Corneliu-Aurelian (2017): Romania Takes Over Command of Romanian-Hungarian Joint Peacekeeping Battalion. ForMin Fifor in attendance. AGERPRES, 25.11.2017, <https://www.agerpres.ro/english/2017/11/25/romania-takes-over-command-of-romanian-hungarian-joint-peacekeeping-battalion-formin-fifor-in-attendance-16-41-43> (letzter Zugriff 21.1.2014)

Weitsman, Patricia A. (2004): Dangerous Alliances: Proponents of Peace, Weapons of War. Stanford, CA: Stanford University Press.

Weitsman, Patricia A. (2014): Waging war Alliances, Coalitions, and Institutions of Interstate Violence. Stanford, CA: Stanford University Press.

Wendt, Alexander (1992): Anarchy Is What States Make of It: The Social Construction of Power Politics. In: International Organization, 46: 2, 391–425.

Wendt, Alexander (1999): Social Theory of International Politics. Cambridge Studies in International Relations. Cambridge/New York: Cambridge University Press.

Wenzke, Rüdiger (2009): „Sozialistische Waffenbrüder"? Über die Beziehungen der Nationalen Volksarmee der DDR zu anderen Warschauer-Pakt-Armeen. In: Diedrich, T./Heinemann, W./ Ostermann, C.F. (Hrsg.): Der Warschauer Pakt. Von der Gründung bis zum Zusammenbruch, 1955 bis 1991. Berlin: Ch. Links, 85–118.

Wenzke, Rüdiger (2011): Die NVA als Koalitionsarmee im Warschauer Pakt unter besonderer Berück-sichtigung ihrer Beziehungen zur Ungarischen Volksarmee. In: Mack, H.-H./Veszprémy, L./ Wenzke, R. (Hrsg.): Die NVA und die ungarische Volksarmee im Warschauer Pakt. Potsdamer Schriften zur Militärgeschichte 15. Potsdam: Militärgeschichtliches Forschungsamt, 31–46.

Wetzel, Claus (2015): Das Joint Task Force-Konzept – der integrierte Ansatz des Eurokorps. In: Hardthö-henkurier, 31: 5, 46–49.

WEU – Western European Union (1955): Décision du Conseil de l'UEO portant création d'un Comité permanent des armements (7 mai 1955). Brussels: Western European Union, Secretariat General.

WEU (1991): Declaration on the Role of the Western European Union and Its Relations with the European Union and with the Atlantic Alliance. Paris: Western European Union, Council of Ministers <http://www.weu.int/documents/911210en.pdf> (letzter Zugriff 11.6.2020) .

WEU (1992): Petersberg-Erklärung des WEU-Ministerrates (Bonn, 19. Juni 1992). In: Deutsche Bundes-regierung: Bulletin des Presse- und Informationsamtes (23.6.1992, Nr. 649). Bonn: Deutscher Bundesverlag.

WEU (1995): European Armed Forces. Document A/1468. Paris: Assembly of the Western European Union.

WEU (2002): Multinational European Forces. Document A/1804: Paris: Assembly of the Western European Union.

Weyher, Hein-Peter (1994): Multinationalität auf See. In: Communication Presse Marketing GmbH (CPM) (Hrsg.): Multinationale Streitkräfte in der NATO. Gemeinsamkeit verbindet. Sankt Augustin: CPM, 71–74.

Wiefelspütz, Dieter (2012): Die Bundeswehr in Libyen – Operation Pegasus aus Sicht des Völker- und Staatsrechts. In: Humanitäres Völkerrecht – Informationsschriften, 25: 2, 56–68.

Wiegold, Thomas (2018): Deutsch-Französische Brigade: Getrennt marschieren, getrennt schlagen, getrennter Einsatz im gleichen Land. In: Augen geradeaus!, 29.1.2018, <https://augengeradeaus. net/2018/01/deutsch-franzoesische-brigade-getrennt-marschieren-getrennt-schlagen-getrennter-einsatz-im-gleichen-land/> (letzter Zugriff 15.1.2024).

Wiesner, Ina (2015): Zwischen Effektivität und Legitimität. Der Parlamentsvorbehalt und das Framework Nations Konzept. In: if – Zeitschrift für Innere Führung, 2, 15–22.

Wilde, Peter/Piotrowski, Michael (2022): ZMZ im Ausland: Katastrophenhilfe und Unterstützung bei humanitärer Hilfe. In: Im Einsatz: Zeitschrift für Einsatzkräfte im Katastrophenschutz, 29: 5, 30–33.

Wilde, Roy (1991): Multinational Forces – Integration for National Security. In: NATO's Sixteen Nations, 36: 7, 25–27.

Wille, Jan H./Förster, Nils (2021): Europäische Verteidigungsindustrie – Wie Unternehmen von gestiegenen Rüstungsausgaben profitieren können. In: Europäische Sicherheit & Technik, 7, 96 f.

Willet, Lee (2020): Training Hub: AZU Provides Synthetic Training for German and Partner Submarines. In: Naval Forces, 41: 6, 21–24.

Williams, Geoffrey (1970): The Strategy of the TSR-2. In: International Journal, 25: 4, 726–744.

Williams, J.D./Germanovich, Gene/Webber, Stephen/Tarini, Gabrielle (2020): Unlocking NATO's Amphibious Potential. Lessons from the Past, Insights for the Future. Santa Monica, CA: RAND Corporation.

Willis, Sam (2014): In the Hour of Victory: The Royal Navy at War in the Age of Nelson. New York: W.W. Norton & Company.

Witting, Volker (2024): Kommt die EU-Atombombe? Deutsche Welle, 15.2.2024, <https://www.dw.com/de/nuklearwaffen-kommt-die-eu-atombombe/a-68261645> (letzter Zugriff 26.2.2024).

Wojciechowski, Sławomir/Trautmann, Balázs (2020): Two Years of Hard Work. MNCNE News. Szczecin: MNCNE.

Wojciuk, Anna (2019): Libya: When Military Success Means State Collapse. In: Madej, M. (Hrsg.): Western Military Interventions after the Cold War. Evaluating the Wars of the West. London: Routledge, 133–152.

Wolf, Klaus Dieter (1997): Intergouvernementale Kooperation und staatliche Autonomie. In: Koenig, T./Rieger, E./Schmitt, H. (Hrsg.): Europäische Institutionenpolitik. Frankfurt a.M./New York: Campus, 66–78.

Wolf, Klaus Dieter (2000): Die Zukunft des Nationalstaates in den internationalen Beziehungen. In: Frech, S./Hesse, W./Schinkel, T. (Hrsg.): Internationale Beziehungen in der politischen Bildung. Schwalbach: Wochenschau Verlag, 118–132.

Wolford, Scott (2015): The Politics of Military Coalitions. New York: Cambridge University Press.

Wood, Robert J. (1952): The First Year of SHAPE. In: International Organization, 6: 2, 175–191.

Woodward, Susan L. (1995): Balkan Tragedy: Chaos and Dissolution after the Cold War. Washington, DC: Brookings Institution Press.

Wright, Quincy (1949): The Corfu Channel Case. In: The American Journal of International Law, 43: 3, 491–494.

Wright, R.A. (2002): NATO Force Structure – a Catalyst for Change. In: NATO's Nations and Partners for Peace, 4, 38–43.

Wróbel, Martin (2001): Das Integrationskorps. In: Österreichische Militärische Zeitschrift, 39: 1, 116–120.

Yanakiev, Yantsislav (2007): Educating Adaptable Military Leaders and Training of Team for Coalition Operations. In: Coops, C.M./Tresch, T.S. (Hrsg.): Cultural Challenges in Military Operations. Rome: NATO Defense College, 203–216.

Zangl, Bernhard (1995): Der Ansatz der Zwei-Ebenen-Spiele. Eine Brücke zwischen dem Neoinstitutionalismus und seinen KritikerInnen? In: Zeitschrift für Internationale Beziehungen, 2: 2, 393–416.

Zangl, Bernhard (2010): Interdependenz. In: Nohlen, D./Schultze, R.-O. (Hrsg.): Lexikon der Politikwissenschaft. Theorien, Methoden, Begriffe. Bd. 1: A–M. 4., aktual. und erw. Aufl. München: Beck, 416 f.

Zebec, Davor (2021): 20-jähriges Jubiläum des EU-Militärstabes. Derzeit in 18 Missionen im Einsatz. In: Europäische Sicherheit & Technik, 11, 50–53.

zur Nieden, Henning/Oeltjen, Björn (2020): Gelebter Nutzen internationaler Zusammenarbeit. Anerkennung fremder Behörden für den gemeinsamen Betrieb von Luftfahrzeugen. In: Europäische Sicherheit & Technik, 5, 53–56.

Zyla, Benjamin (2020): The End of European Security Institutions? The EU's Common Foreign and Security Policy and NATO after Brexit. Cham: Springer.

Zur Autorin

Ina Kraft leitet den Projektbereich Multinationalität und internationale Streitkräfte am Zentrum für Militärgeschichte und Sozialwissenschaften der Bundeswehr in Potsdam. Sie forscht zu den Themen deutsche und europäische Verteidigungspolitik sowie Militärtechnik.

https://doi.org/10.1515/9783111589657-014